AF535819

Hagen Kunze

GESANG VOM LEBEN

Biografie der Musikmetropole Leipzig

HENSCHEL

INHALT

TEIL 3: MÄCHTE DER FINSTERNIS. LIED VOM GLÜCK

PROLOG

Biografien haben einen Anfang und ein Ende, die zeitliche Abfolge von Werden und Vergehen ist Teil der meisten Lebensbeschreibungen. Biografien von Städten aber sträuben sich gegen solch erzählerische Rahmen: Über den Anfängen liegt oft dichter Nebel, Metropolen mit Endpunkten sind die Ausnahme, und als lineare Entwicklung lässt sich Stadthistorie sowieso nur unzureichend darstellen. Auch die Musikgeschichte Leipzigs ist kein breiter Weg, der sich Punkt für Punkt abschreiten ließe. Vielmehr führt die vorliegende Erzählung, die ehrwürdige Institutionen wie Thomaner, Gewandhaus, Oper und Rundfunk mit engagierten Laienensembles und Popkultur verbindet, immer wieder auch über unzählige Seitenpfade. Wenn sich am Ende aber die Historie zu einem dichten Netz mit vielen Knoten ergänzt, mag mancher Zusammenhang verblüffen.

Anderes hingegen ist wenig überraschend: Kein Weg etwa führt in dieser Erzählung an jenem Orchester vorbei, das 1781 im Messehaus der Tuchmacher eine Heimstatt fand. Heute ist Leipzigs zentraler Platz, der Augustusplatz, geprägt von der dritten Kulturstätte innerhalb von zweihundert Jahren, die den Namen *Gewandhaus* trägt. Der Platz aber wird nicht nur vom Gebäude dominiert, sondern auch von Sighard Gilles Momumentalgemälde *Gesang vom Leben*, das aus dem Haus hinaus weit in die Stadt wirkt. Gibt es irgendwo auf der Welt eine zweite Musikstadt, in der ein Kunstwerk in einem Konzerthaus derart Teil des öffentlichen Raumes geworden ist? Tag für Tag und Nacht für Nacht greift dieses größte Deckengemälde Europas unablässig nach außen, als würde es Leipzigs Anspruch als Musikstadt von Weltrang in ein Bild überführen. Wer *Gesang vom Leben* betrachtet, braucht Zeit und die Bereitschaft zum Perspektivwechsel. Formen, Farben und Inhalte überwältigen. Zudem bricht das von Gustav Mahlers *Lied von der Erde* inspirierte Kunstwerk unzählige Erwartungen, denn es illustriert nicht Musik und deutet auch keine Musikgeschichte. Stattdessen schafft es Assoziationsräume. Die vier Bestandteile *Orchester*, *Lied der Stadt*, *Mächte der Finsternis* und *Lied vom Glück* sind keine Abfolge. Im unablässigen Abschreiten ergänzen sie sich zu einem Bild, das schon beim nächsten Betrachten ganz anders wirken kann.

Auch der Blick auf die Musikstadt Leipzig unterliegt solch unablässiger Veränderung: Mancher Fokus im Buch lässt erstaunen, manche Lücke verwundern. Die Hauptstränge dieser Biografie tragen die Titel der Abschnitte von Gilles Gemälde. *Lied der Stadt* zeigt, wie die Vielfalt wuchs, die zur Basis einer einzigartigen Musikkultur wurde. *Orchester* beschreibt – keinesfalls ausschließlich, aber vorrangig – jene Institution, deren Ruf auch dazu führte, dass Leipzig in aller Welt als Musikstadt bekannt wurde. Der abschließende Teil des Buches, der vom zerrissenen 20. Jahrhundert mit seinen Kulturbrüchen bis in die vielschichtige Gegenwart reicht, verbindet die *Mächte der Finsternis* und das *Lied vom Glück*. Schon Sighard Gille selbst hat in seinen Vorstudien zum Bild beide Abschnitte als Einheit gesehen.

Längst ist *Gesang vom Leben* Teil der Historie: Als am Abend des 9. Oktober 1989 auf dem Platz, der zu dieser Zeit noch nach Karl Marx benannt war, zehntausende Menschen Freiheit und Demokratie forderten, ging ihr Blick auch zum Gewandhaus. Aus ihm kam Stunden zuvor der von Kurt Masur initiierte Aufruf zur Gewaltlosigkeit, der wesentlichen Anteil am Erfolg der Friedlichen Revolution hatte. An diesem Abend zeigte sich die Tragweite von Gilles Kunstwerk an der hell erleuchteten Fassade des Gewandhauses mit aller Prägnanz. Denn der Abschnitt *Lied vom Glück* ist einzig von jener Stelle aus vollständig zu sehen, wo damals die Demonstranten versammelt waren. Er zeigt die Vision einer zukünftigen Welt, ein idyllisches Arkadien. Im Herbst 1989 gingen Träume in Erfüllung. Ob die folgenden Jahrzehnte die Biografie der Musikmetropole in ein *Lied vom Glück* wandelten, sollen spätere Generationen bewerten.

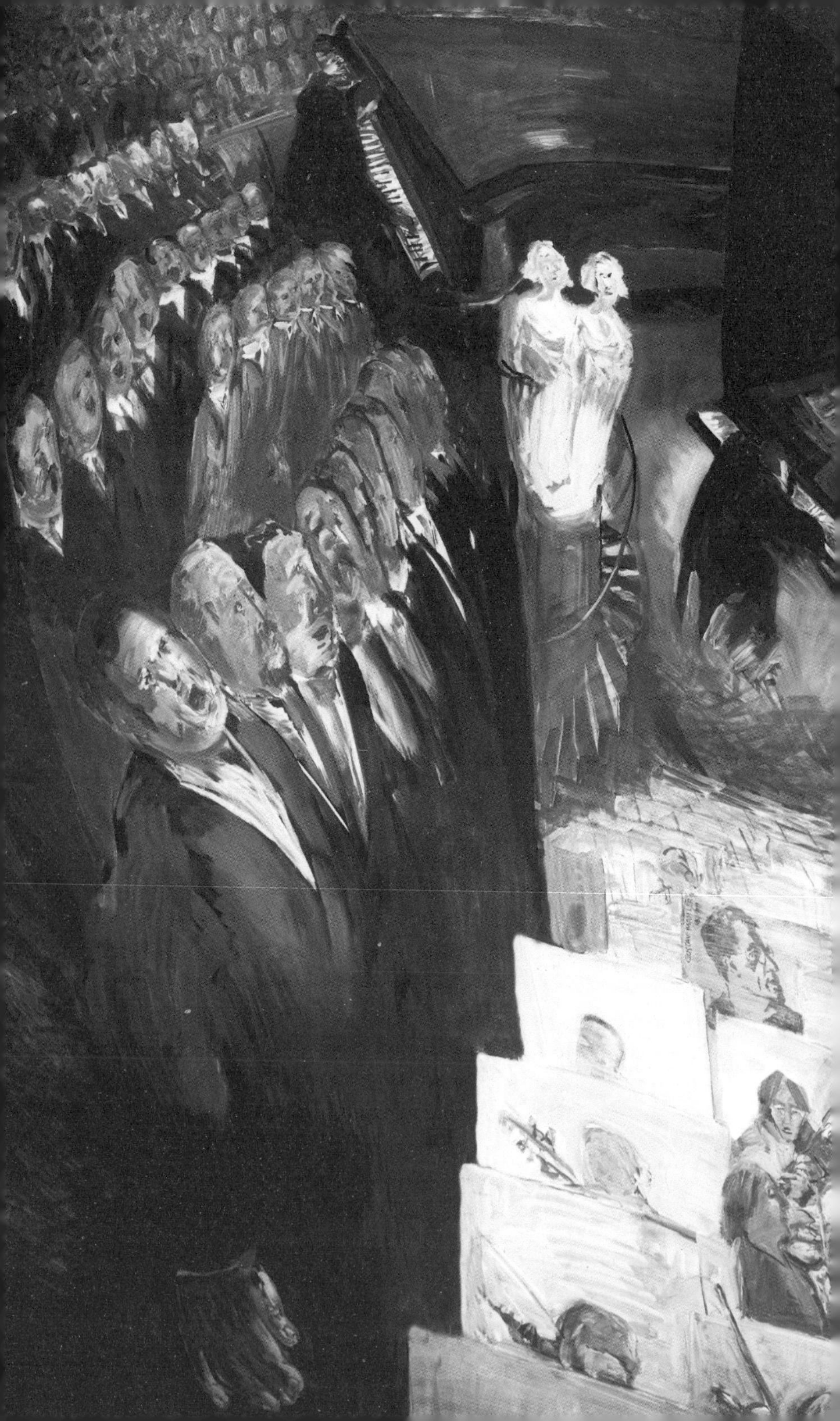

Teil Eins

LIED DER STADT

SÄNGER

1212

Die Leipziger sind wütend und setzen Bauholz in Brand · Das neue Kloster entsteht trotzdem und Minnesänger Heinrich von Morungen bringt die Reliquien mit · Eine Schule nicht nur für Geistliche · Mehr als ein Vorsänger: Das Amt des Kantors

Kann man die Chancen für sein Seelenheil bessern, indem man ein Kloster gründet? Das steht zumindest in der Urkunde, die der sächsische Markgraf Dietrich am 20. März des Jahres 1212 auf dem Reichstag in Frankfurt erhält. Tatsache ist: Leipzig braucht dringend ein Kloster. Aber Landesherr Dietrich kann im Heiligen Römischen Reich Deutscher Nation nicht einfach so eines errichten, die Genehmigung des Kaisers und sein Siegel auf besagter Urkunde sind unabdingbar. Doch es sind wohl weniger Sorgen um sein Seelenheil als vielmehr politische Gründe, die Dietrich nach Leipzig blicken lassen: Die aufblühende Stadt liegt strategisch günstig am Schnittpunkt zweier Handelsstraßen.[1] Die Leipziger scheren sich kaum um die Belange ihres Markgrafen. Da könnte ein Kloster Wunder bewirken: Weil so der Geistlichkeit, die fortan vom Landesherrn abhängig ist, dank der Beichte nichts verborgen bleibt. Die Bestätigung der Schenkung am ersten Frühlingstag des Jahres 1212 durch den Welfenkaiser Otto IV. ist zugleich das Gründungsdatum von St. Thomas, auf das sich Thomanerchor, Thomaskirche und Thomasschule bis heute berufen.[2] Genutzt wird das Kloster mehr als drei Jahrhunderte lang von den Augustinern – dem nach Franziskanern, Dominikanern und Karmelitern vierten mittelalterlichen Bettelorden.

Die Gründung fällt in eine politisch bewegte Zeit. Staufer und Welfen streiten sich in einem zwanzig Jahre währenden Bürgerkrieg um die Nachfolge des 1197 verstorbenen Heinrich VI. Als der Welfe Otto das Gründungsdokument der Thomaner siegelt, ist sein Stern jedoch schon merklich gesunken. Weil er es gewagt hat, das päpstliche Sizilien zu besetzen, wird er vom Kirchenoberhaupt mit dem Bann belegt. Die deutschen Fürsten schlagen sich nun nach und nach auf die Seite des Staufers Friedrich II., des Gegenkönigs. Der Sachse Dietrich, der Otto noch 1212 in Frankfurt die Treue schwört, nimmt das mit der Treue nicht ganz so genau und gehört zwei Jahre später zum Gefolge des Staufers. Weitere vier Jahre später erlebt er, wie die Welfen nach dem Tod ihres Oberhauptes die Reichsinsignien an Friedrich übergeben und diesen als Kaiser anerkennen.

Zurück nach Leipzig. Dort wundern sich die Einwohner über die Stiftung. Warum in aller Welt erwählt der Landesherr ausgerechnet den Jünger Thomas zum Patron für das neue Kloster? Schließlich sind Kirchen und Klöster nach Heiligen benannt, die eine besondere Beziehung zum Ort haben. Thomas aber hat so rein gar nichts mit der aufstrebenden sächsischen Handelsstadt zu tun. Der Grund für das Patrozinium sind Reliquien, die wichtigste Währung des Hochmittelalters. Überreste des Heiligen Thomas finden just zu dieser Zeit den Weg nach Leipzig, ein Sängerstar, der als einer der ersten Chorherren das Kloster bezieht, trägt sie im Reisegepäck: Zweifellos ist Heinrich von Morungen neben Walther von der Vogelweide und Wolfram von Eschenbach einer der bedeutendsten Minnesänger seiner Zeit. Als Meister mittelhochdeutscher Liedkunst genießt er ein bewegtes Leben, das ihn bis nach Indien geführt haben soll.[3] Gut möglich, dass der berühmte Sänger den sächsischen Markgrafen überhaupt erst auf die Idee mit dem Kloster bringt. Denn Heinrich hat mit knapp 60 Jahren genug von der Welt gesehen und bittet Dietrich, seinen letzten Dienstherren, sich zur Ruhe setzen zu dürfen. Für das neue Kloster lohnt sich der Eintritt des Stars gleich dreifach. Als Weltreisender übergibt Heinrich dem Stift die Kostbarkeiten, als Chorherr sorgt er für künstlerischen Ruhm. Und als ehemaligem Angestellten des Landesherrn steht ihm zudem eine jährliche Rente zu, die er bis zu seinem Tod[4] dem Kloster spendet.

Doch die Leipziger wundern sich nicht nur, sie ärgern sich auch. Denn ihnen ist nicht entgangen, dass die Klostergründung ihre Freiheit beschneidet. Dank des 1190 erteilten Messeprivilegs ist die junge Stadt ein Handelsplatz mit selbstbewusster Bürgerschaft. Die Einrichtung eines Stifts, mit dem der Landesherr in einem Bürgerkrieg Partei ergreift, begreifen die Städter als Angriff auf ihre Souveränität. Warum sonst wird dem Kloster die soeben erbaute städtische Marktkirche zugesprochen, die zur *Thomaskirche* umgewidmet und nochmals erweitert werden soll? Sie sind darum nicht zimperlich mit ihrem Protest. Sie stürmen die Baustelle, werfen Kalk und Steine in die Pleiße, setzen das Bauholz in Brand und verjagen den Propst.[5] Um einer Strafexpedition zu entgehen, verschwören sie sich sogar zum Mord am Landesherrn. Dazu kommt es jedoch nicht. Eine Magd warnt Markgraf Dietrich, die Verschwörer fliehen. Dennoch siegen die Bürger im Machtkampf: Dietrich bestätigt 1216 die Privilegien der Stadt und verzichtet sowohl auf die Fertigstellung des Kirchenbaus als auch auf Rache an den Aufständischen.

Insgeheim aber brütet er über einer Revanche. Denn allein schon, um sein Seelenheil nicht zu verwirken, muss der Bau wieder aufgenommen werden. Zu Michaelis 1217 weilt der Staufer-König Friedrich II. in Leipzig, in seinem Gefolge drängt auch Dietrich in die Stadt. Mit einer List unterwirft er die aufsässigen Städter. Eigentlich sollte er nur mit wenigen Männern eingelassen werden, aber sein Trupp schlüpft an jedem einzelnen Tor mit der erlaubten Anzahl hindurch. Weil die Soldaten zudem den Klöppel der städtischen Glocke stehlen, können die Bürger nicht gewarnt werden. Die überrumpelten Leipziger müssen zusehen, wie ihre Stadtmauer geschliffen und als Baumaterial zur Thomaskirche gebracht wird.[6]

Das von Dietrich im Jahr 1212 gestiftete Kloster braucht von Anfang an Sänger, um die zahlreichen liturgischen Dienste in den Gottesdiensten abzusichern. Dafür werden einige Knaben verpflichtet: die ersten Thomaner. Diese Rechnung funktioniert jahrhundertelang – selbst dann noch, als nach der Reformation die Stadt die Verantwortung für den Chor übernimmt. Dafür, dass die Jungen ihre musikalischen Aufgaben erledigen, werden sie im Gegenzug an einer Klosterschule unterrichtet, beherbergt und verköstigt. Obwohl die Thomasschule erst in einem Dokument von 1254 erwähnt wird,[7] ist anzunehmen, dass sie schon kurz nach der Gründung des Klosters eröffnet wird. Für das Jahr 1221 berichtet die Chronik, dass der Bau des Klosters nunmehr vollendet wäre. Zweifellos ist damit auch die Klosterschule gemeint, denn Nachwuchsgewinnung ist eine der Grundaufgaben der Augustiner. Bis zu diesem Punkt unterscheidet sich das Thomasstift kaum von anderen mitteldeutschen Klöstern ihres Ordens. Die Augustinerklöster *St. Afra* in Meißen oder das Kloster *Unser Lieben Frauen auf dem Berge* in Altenburg sind nur wenige Jahre älter,[8] auch dort gibt es von Anfang an stiftseigene Schulen.

Was die Thomasschule einzigartig macht, ist ihre Schülerschaft. *Schola exterior* nennt der Propst die Einrichtung in der Urkunde von 1254 – im Gegensatz zu den *scholae interior* in Meißen und Altenburg. Der Unterschied ist wesentlich. Dort wird nur Kleriker-Nachwuchs ausgebildet, die Thomasschule aber steht der Bürgerschaft gegen Zahlung von Schulgeld offen, arme Schüler erhalten Freiplätze. Den Unterricht – auch in Musik – leitet der Rektor, während dem Kantor (Vorsänger) nur die Ausbildung der Chorsänger obliegt. Von Anfang an sind diese späteren Thomaner nur eine Minderheit an der Schule. Die liturgischen Dienste versehen anfangs 12, dann 24 Sänger. Ihnen gegenüber stehen zu allen Zeiten deutlich mehr Schüler, die nicht Sänger sind. Es ist darum also nur gerecht, dass sich die Thomasschule aus diesem Grund als »älteste öffentliche Schule Sachsens« bezeichnet.

Heute ist die Frage, was Thomaner gewöhnlich singen, schnell beantwortet: Bach. Aber was singen die Knaben im 13. Jahrhundert? Dass die Augustiner Musik lieben, zeigt schon die Biografie des Augustiners Martin Luther, der gern Musiker geworden wäre. Die Kirchenmusik dieses Ordens kann im Mittelalter gar nicht festlich genug sein und bedient sich darum neben des in die Jahre gekommenen Klassikers des gregorianischen Chorals auch der allerneuesten

Moden. Für die steht 1212 die Musik der Pariser Kathedrale *Notre Dame*. Dort entwickelt Chormeister Pérotin die zweistimmigen, noch in der Gregorianik verhafteten Gesänge seines Lehrers Léonin weiter zu drei- und vierstimmigen Werken. Man darf die mutige Tat zu Recht als größte musikalische Sensation des vergangenen Jahrtausends bezeichnen, ist dieser Schritt doch die Basis für die gesamte mitteleuropäische Musikgeschichte. Es dauert nicht lange, bis auch die Musik liebenden Leipziger Augustiner die neuesten Gesänge aus Paris anstimmen.

Der wachsenden Schülerzahl entsprechend engagiert der Rektor schon bald *collaboratores* (Mitarbeiter) als Aushilfslehrer. Das Amt des Kantors aber wird stets einem älteren Chorherrn übertragen. Deren Namen überliefern die frühen Chroniken nicht. Erst in der Mitte des 15. Jahrhunderts lichtet sich das Dunkel: Johannes Steffani de Orba (Johannes Urban) ist der erste bekannte Thomaskantor. Er amtiert von 1436 bis 1466. Die in dieser Zeit überarbeiteten Stiftsstatuten benennen seine Aufgaben: Orba muss in der Messe die Gesänge anstimmen und außerhalb der liturgischen Dienste für die Unterweisung des Sängernachwuchses sorgen.[9]

Dass man das mittelalterliche Repertoire der Thomaner recht genau kennt, hängt mit einem kostbaren Schatz zusammen, den die Leipziger Universitätsbibliothek bewahrt: ein im 13. und 14. Jahrhundert zusammengestelltes vierhundertseitiges Chorbuch – das *St.-Thomas-Graduale*. Der mit großer kalligraphischer Sorgfalt gestaltete Kodex zählt heute zu den besterhaltenen mittelalterlichen Choralsammlungen. Gestalterisch hervorgehobene Gesänge für den Apostel Thomas belegen, dass die prachtvolle Handschrift einst direkt in Leipzig entstand. Das *Thomas-Graduale* ist nicht nur ein Dokument des hohen musikalischen Könnens der hiesigen Chorherren. Es ist auch ein Beleg für eine besondere Leipziger Aufführungspraxis des gregorianischen Chorals, die sich von der offiziellen römischen Interpretation wesentlich unterscheidet. Anhänge zeigen zudem, dass die Handschrift zweieinhalb Jahrhunderte lang ständig benutzt wird, im 16. Jahrhundert spendiert man dem Buch sogar einen neuen Einband. Nach der Einführung der Reformation in Leipzig wird der

Kodex nicht eingemottet, sondern zum Glück einfach weiterverwendet. Auch Bach blättert in der alten Handschrift und schöpft aus ihr Inspiration. Im *Credo* seiner *h-Moll-Messe*, die heute als eines der Hauptwerke geistlicher Barockmusik gilt, zitiert er zu den Worten »confiteor unum baptisma in remissionem peccatorum« notengetreu eine uralte liturgische Wendung in jener Form, wie sie im *St.-Thomas-Graduale* überliefert wird.

VON DEN HÖHEN DER KIRCHTÜRME

1230 bis 1479

Jedem Orden seine Kirche · Orgeln und Glocken, die die Lebenden rufen · Ein Refektorium wird zur Aula der neuen Universität · Vom täglich Brot und den Nöten der Stadtpfeifer

Lange Zeit ist die Leipziger Musikpflege bestimmt vom Gesang in Kirchen und Klöstern. 17 Jahre nach den Augustinern, die ihre Heimstatt an der westlichen Stadtmauer in *St. Thomas* haben, siedeln Dominikaner am entgegengesetzten Punkt der Stadt. Nahe dem Grimmaischen Tor bauen sie eine Kirche, die 1240 dem Apostel Paulus geweiht wird. Später firmiert sie als *Universitätskirche*, 728 Jahre nach ihrer Weihe wird sie von den realsozialistischen Machthabern gesprengt. Noch zwei weitere Orden werden in Leipzig heimisch: Zisterzienserinnen richten 1230 im Südwesten das *St.-Georgs-Kloster* ein, in Nordwesten bauen Franziskaner die 1253 erstmals erwähnte *Barfüßerkirche*.[10] Lediglich die *Nikolaikirche* als fünftes Gotteshaus der Stadt ist keine Klosterkirche. Sie untersteht bis 1540 der Aufsicht des Thomaspropstes, danach wird sie zum Sitz des lutherischen Superintendenten.

Zur Kirchenmusik gehört nicht nur Gesang, sondern auch die Orgel. Die älteste heute noch erhaltene sächsische »Königin der Instrumente«[11] stammt aus dem 17. Jahrhundert und steht in Pomßen in der Nähe von Grimma, zwanzig Kilometer von Leipzig entfernt. Eine Urkunde aus dem Jahr 1384 belegt, dass schon im mittelalterlichen Leipzig Orgelmusik zu hören ist. Denn die Stiftung eines

Marienaltars in der Thomaskirche durch den Markgrafen Wilhelm I. (»den Einäugigen«) schreibt vor, dass an allen Sonnabenden und an den Marienfesttagen eine Messe »mit Orgel« aufgeführt werden solle. Die pedallosen Instrumente, die sich in dieser Zeit in vielen Kirchen finden, sind die Gewinner in einem Streit um die »richtige« Sakralmusik. Den Dominikanern nämlich sind die anspruchsvollen Chorgesänge der Augustiner ein Dorn im Auge. Ganz abschaffen lassen sich diese zwar nicht, aber als Kompromiss zwischen den Orden gilt fortan, dass sich Chor und Orgel gerecht abwechseln: Mal sind innerhalb der Liturgie die Sänger zu hören, dann wieder erklingen die mehrstimmigen Sätze rein instrumental. Die Orgel der Thomaskirche hat mit den kleinen Musikapparaten, wie sie in anderen Kirchen zu finden sind, jedoch kaum etwas gemeinsam. Eine Chronik aus dem Jahr 1525 beschreibt sie als großes Instrument, das damals schon fast 170 Jahre alt ist.[12] Zwar weiß man nicht genau, wann die 1356 im Augustinerkloster Eicha bei Naunhof erbaute Orgel dem Thomaskloster übereignet wird. Aber es ist wahrscheinlich, dass sich die Stiftung Wilhelms I. aus dem Jahr 1384 bereits auf diese prachtvolle Orgel bezieht.

Es lässt sich sehr gut darüber streiten, welches Musikinstrument das lauteste sei. Zählt man die Kirchenglocke zu den Instrumenten (und es spricht mehr dafür als dagegen), dann gebührt zweifellos ihr die Krone. Denn der Klang einer Glocke trägt wesentlich weiter als jener der Orgel. Im spätmittelalterlichen Leipzig gibt es gleich zwei bewundernswerte Exemplare davon. 1452 wird die von Lucas Hall gegossene 92 Zentner schwere *Osanna* in der Nikolaikirche geweiht. Die Gemeinde hat an ihr jedoch nicht lange Freude: Während der Belagerung durch kaiserliche Truppen im Dreißigjährigen Krieg wird die *Osanna* 1633 zerstört. Ein Vierteljahrhundert nach der Nikolaikirche erhält auch die Thomaskirche 1477 eine prachtvolle Glocke. Die 100 Zentner schwere *Gloriosa* stammt aus der Werkstatt von Theodor Reinhard. Wie wertvoll das Instrument ist, zeigt die Tatsache, dass der Rat den Gießern 16 Kannen Wein spendiert. Denn die *Gloriosa* ist schon äußerlich eine der schönsten Glocken ihrer Zeit: Ritzzeichnungen von Nikolaus Eisenberg zeigen Kreuzigung und Auferstehung

Christi sowie den Heiligen Thomas als Namenspatron der Kirche. Die Inschrift verrät die Funktion: »Vivos voco, mortus plango, fulgura quoque frango« (»Die Lebenden rufe ich, die Verstorbenen betrauere ich, die Blitze breche ich«). Das gilt nach wie vor: Die *Gloriosa* wird bis heute regelmäßig geläutet – wenngleich nur noch an hohen Feiertagen, um die über 500 Jahre alte Glocke länger zu erhalten.

Doch zurück von den Höhen der Kirchtürme in die Niederungen der Pädagogik der Klosterschulen. Sogar beim Papst klopfen die Leipziger im 14. Jahrhundert mehrfach mit dem Anliegen der Gründung einer zweiten Schule an. Die Zusage, dass die Thomasschule auch Bürgersöhnen offen sein müsse, reicht den Städtern nicht. Zu eng scheint ihnen die Verbindung des Klosters mit dem sächsischen Landesherrn, in Sachen Bildung wünscht man Unabhängigkeit von Meißen. Als Papst Bonifatius IX. 1395 endlich die Erlaubnis für eine städtische Bildungseinrichtung gibt, bleibt die Vollmacht jedoch ungenutzt – ein Rätsel, das selbst mutig spekulierende Historiker nicht lösen können. Nach 1409 aber brauchen die Leipziger eine zweite Schule gar nicht mehr. Als infolge eines Streits an der Prager Karls-Universität mehr als tausend deutsche Lehrer und Studenten von dort wegziehen und am 2. Dezember 1409 mit der Wahl des Rektors eine neue Universität in Leipzig gründen, ist das Bedürfnis der Städter nach höherer Bildung erst einmal gestillt.

Die Geschichte der Universität ist mit der Thomaskirche eng verwoben. Bereits die Gründung der *Alma mater lipsiensis* erfolgt im Thomasstift, wo beim Einweihungsakt unter Anwesenheit des Landesherrn die Thomaner singen.[13] Weil es lange Zeit an geeigneten Räumen mangelt, stellt das Kloster zudem die Gebäude zur Verfügung: So wird das Refektorium zur Aula und der Kreuzgang zum Kolleg. Schon im 15. Jahrhundert sitzen Studenten nicht nur in Vorlesungen und lauschen dort den klugen Worten ihrer Professoren, sondern musizieren und singen gemeinsam. 1456 zieht es den 16-jährigen Hartmann Schedel, der später als Freund Albrecht Dürers ein berühmter Buchautor wird, nach Leipzig, wo er die sieben freien Künste studiert. An der neuen Universität teilt sich dieses traditionelle Studienprogramm in das sprachliche *Trivium* mit Grammatik, Rhetorik und Dialektik und das mathematische *Quadrivium* mit Arithmetik, Geometrie, Musik und Astronomie. Im Mittelalter sind diese *artes liberales* Grundlage, um Jura, Medizin oder Theologie zu studieren. Dementsprechend steht bei der Musik auch nicht die Praxis, sondern die regelorientierte Theorie im Vordergrund.

Doch Schedel ist an der Praxis interessiert. In Leipzig beginnt er mit der Arbeit an einem Liederbuch, das mit fast 130 überwiegend dreistimmigen Kompositionen zu den wichtigsten Quellen weltlicher spätmittelalterlicher Kunst zählt.[14] Zudem erlaubt die Sammlung, die deutsche und italienische Musikpraxis miteinander zu vergleichen. Denn Schedel führt das Liederbuch fort, als er 1460 als Magister artium Leipzig verlässt und in Padua Anatomie und Chirurgie studiert. Die weltliche Musik wird in Leipzig wenige Jahre nach seinem Weggang institutionalisiert, 1479 engagiert der Stadtrat erstmals festbesoldete Stadtpfeifer: Meister Hans Nagel und zwei seiner Söhne. Die Stadtpfeifer wohnen in der Burgstraße, später im Stadtpfeifergässchen. Ihre Aufgaben sind umfangreich: Sie sind für die Instrumentalmusik in den Kirchen verantwortlich, spielen vom Rathausturm und müssen städtische Feste musikalisch umrahmen.[15] Ihren knappen Sold bessern sie mit Musik bei Hochzeiten und anderen privaten Feiern der Leipziger Bürger auf, bei denen laut Anweisung des Rats nur sie allein spielen dürfen – ein Privileg, das sie immer wieder verteidigen müssen.[16] Im Gegenzug für diese Begünstigung halten sich die Stadtpfeifer an die mit dem Rat vereinbarten Gagen. So werden sie Teil des städtischen Zunftwesens: Wer Stadtpfeifer werden will, muss Unterricht beim Meister genossen haben. Solange es etwas zu feiern gibt, lohnt sich das Geschäft. Und zu feiern gibt es in der reichen Handelsstadt eigentlich immer etwas. Schwierig aber wird es, wenn die Musik schweigt. Lassen sich die von der kirchlichen Obrigkeit verordneten musiklosen Fastenzeiten vor Ostern und Weihnachten noch planvoll überstehen, so stürzt die Landestrauer, die nach dem Tod hoher Mitglieder der Herrscherfamilie oft für Wochen oder gar Monate befohlen wird, die Stadtpfeifer oft in erhebliche Existenznöte.

FÜRS BROT LAUFEN

1519

Am Siebenschläfertag auf der Pleißenburg · Georg Rhaus rätselhafte Zwölfstimmigkeit · Wenn Luther spricht, haben die Thomaner frei · Hungernde und frierende Kurrendesänger vor den Bürgerhäusern

Welches Wetter in Leipzig am 27. Juni 1519 herrscht, ist in keiner Chronik überliefert. Es ist Siebenschläfertag. Regnet es und dann nach der Bauernregel auch noch weitere sieben Wochen lang? Oder hält sich eine Schönwetterlage? Abgesehen vom Wetter erzählen die Chroniken aber sehr viel über diesen denkwürdigen Tag. Allesamt berichten sie, dass zu Siebenschläfer 1519 von Leipzig etwas ausgeht, das später für die ganze Welt weitreichende Konsequenzen haben wird. Heute wäre das, was da auf der Pleißenburg auf Befehl des albertinischen Landesherrn Georg passiert, wohl kaum der Rede wert: Zwei Wissenschaftler treffen sich zu einem Streitgespräch. Im Jahr 1519 aber ist dieses Gespräch eine Sensation. Denn mit seiner Erklärung, dass weder Papst noch kirchliche Konzilien höchste Autorität in Glaubensdingen für sich beanspruchen können, bricht der Wittenberger Theologieprofessor Martin Luther genau hier endgültig mit Rom.

Aus heiterem Himmel kommt dieser Bruch keineswegs. Die Leipziger Disputation zwischen Luther und Andreas Bodenstein von Karlstadt einerseits sowie dem Ingolstädter Professor Johannes Eck andererseits wird penibel vorbereitet. Schon unmittelbar nach dem

Wittenberger Thesenanschlag am 31. Oktober 1517 profiliert sich Eck als hartnäckiger Gegner der Reformation und liefert sich mit Luther eine schriftliche Auseinandersetzung. Als Karlstadt eingreift, fordert Eck ein öffentliches Streitgespräch, Schauplatz soll Leipzig werden. Weil der zuständige Bischof jedoch die Genehmigung verweigert, fällt die Disputation beinahe ins Wasser. Der theologisch interessierte Herzog Georg greift ein und befiehlt die Streithähne auf die Pleißenburg. Mit zweihundert Studenten ziehen die Wittenberger nach Leipzig. Bevor die zweiteilige Redeschlacht beginnt (eine Woche debattieren Eck und Karlstadt über den freien Willen, dann liefern sich Luther und Eck ein zwölftägiges Rededuell über das Papstamt), führt der feierliche Zug zum Gottesdienst in die Thomaskirche.

Thomaskantor ist in dieser Zeit Georg Rhau, ein Mann mit außergewöhnlicher Mehrfachbegabung. Als er Ostern 1518 nach Leipzig kommt, ernennt ihn die Universität gleich zum Assessor, denn Rhau hat bereits in Wittenberg das Grundlagenstudium abgeschlossen. Parallel zur Gelehrtenlaufbahn widmet sich Rhau an der Pleiße der praktischen Musik. Und er kommt nicht mit leeren Händen. Für den Gesangsunterricht hat er sein im Jahr zuvor erschienenes *Enchiridion musices* (*Handbüchlein der Musik*) im Gepäck – ein Elementarlehrbuch über die Grundlagen der Musiktheorie. Grund genug also für die Leitung des Thomasklosters, Rhau umgehend zum Thomaskantor zu ernennen, ihn mit der Ausbildung der Chorschüler zu betrauen und die musikalische Ausgestaltung der Messen in seine Hände zu legen. Eine Aufgabe, die Rhau überaus ernst nimmt: Für den Festgottesdienst zur Eröffnung der Disputation am 27. Juni 1519 studiert er eine neue Messe ein. Zwölfstimmig sei diese gewesen, berichtet der spätere Wittenberger Prediger Sebastian Fröschel, der als Student Ohrenzeuge der Aufführung ist.[17] Bis heute ist dieses Werk jedoch Gegenstand eines weiteren scharf geführten wissenschaftlichen Streits. Da Zwölfstimmigkeit für die Musik des 16. Jahrhunderts ungewöhnlich sei, dürfe Fröschels Bericht nicht wörtlich genommen werden, betonen manche Forscher. Die Beschreibung »zwölfstimmig« bedeute vielmehr, dass der Thomaskantor eine vierstimmige Messe von zwölf Sängern darbieten lässt. Die Fakten sprechen dagegen: Ein weiterer Bericht, das 1520 entstandene Kompositionstraktat *De compositione cantus* von Johannes Gallicus, erwähnt ausdrücklich den zwölfstimmigen Satz: »Es ist nämlich den meisten gut bekannt, dass Georg Rhau, der Leipziger Kantor, ein Mensch, der mir sowohl in Freundschaft sehr verbunden als auch tatsächlich musikalisch außerordentlich begabt ist, in der Thomaskirche unter Anwesenheit einer großen Menschenansammlung eine Messe, die aus Harmonien von zwölf Stimmen zusammenklang, zur Aufführung gebracht hat.«[18]

Sucht man in der um 1500 entstanden und noch heute erhaltenen geistlichen Musik nach zwölfstimmigen Kompositionen, so bietet sich nur ein Werk an: die *Missa Et ecce terrae motus* des 1513 verstorbenen Franzosen Antoine Brumel. Dass der auch als Verleger tätige Thomaskantor Rhau dieses Werk besessen haben könnte, ist nicht unwahrscheinlich. 1510 wurde in München eine Handschrift angefertigt, die dann ihren Weg nach Norden nahm. Zudem finden sich gleich in mehreren der von Rhau veröffentlichten Musikaliensammlungen Motetten aus Brumels Feder. Sei es, wie es sei – das Außergewöhnliche jenes Werkes, das zu Siebenschläfer 1519 in der Thomaskirche erklingt, begreifen die Gottesdienstbesucher schnell. Vor Begeisterung wären sie auf die Knie gesunken, weiß Fröschel. Der endgültige Beweis dafür, dass die Thomaner an diesem Tag Brumels *Et ecce terrae motus* singen, steht zwar bis heute aus, aber die Indizien sind kaum von der Hand zu weisen.

19 Tage dauert die Disputation: 19 Tage, in denen Luther seinem Gegner zunehmend rhetorisch unterlegen ist und darum Herzog Georg wenig für kirchliche Reformen begeistert. Luthers Anhänger sehen das anders. Der Thomaskantor selbst deutet im Abschlussgottesdienst die Niederlage zum Triumph um. Wie Fröschel schreibt, dirigiert Rhau »ein Te Deum Laudamus, darein die Stadtpfeifer auf das herrlichste geblasen haben«.[19] Als großer Lobgesang ist das *Te Deum* (*Dich, Herr, loben wir*) außergewöhnlichen Ereignissen vorbehalten: Händel komponiert ein *Te Deum* zum Dettinger Friedensschluss, Petr Eben eines aus Anlass der Friedlichen Revolution 1989. Rhau, der nicht nur die musikalischen Rahmenbedingungen setzt, sondern

auch Protokollant der lateinisch geführten Disputation ist, wird in diesen Wochen zu einem feurigen Anhänger Luthers. Das sorgt auch dafür, dass er keine Lust mehr hat, Thomaskantor im streng altgläubigen Leipzig zu bleiben. 1520 legt er das Amt nieder und gelangt über Umwege wieder nach Wittenberg. Dort beginnt Rhau die dritte Laufbahn seines Lebens. Nach den Jahren als Gelehrter und Thomaskantor wird er Buchdrucker. Bis zu seinem Tod gibt er die Werke der berühmtesten Komponisten seiner Zeit heraus, zugleich veröffentlicht er auch Luthers *Großen Katechismus* und das *Augsburger Bekenntnis*. Als Rhau am 6. August 1548 im Alter von 60 Jahren stirbt, ist er der führende Kopf jener Männer um Luther, die sich Gedanken um die Kirchenmusik machen. Wer wissen will, welchen Stellenwert die Tonkunst für die Reformatoren hat, muss nur Rhaus Sammlungen zur Hand nehmen. Zwölf Lehrbücher und Musiksammlungen geben ausreichend Zeugnis von den künstlerischen Anschauungen der Wittenberger.

Fast zwanzig Jahre lang dauert es nach dem Ende der Disputation, bis auch im albertinischen Sachsen die Reformation eingeführt wird. Zu Pfingsten 1539 predigt Luther aus diesem Anlass in der übervollen Thomaskirche. Schön wäre es, könnte man die prachtvolle Kirchenmusik beschreiben, vielleicht sogar von einem *Te Deum* berichten, das jenes von 1519 an Klangpracht noch überträfe. Doch das Gegenteil ist der Fall. An diesem Tag haben die Sänger frei: Der altgläubige Propst Ambrosius Rauch, dem die Chorknaben unterstehen, verhindert, dass die Thomaner »die lutherische Pest« und das »Gift zu Wittenberg«[20] musikalisch untermalen. Weil er auch verbietet, dass die *Gloriosa* läutet, laufen die vom Küster heimlich instruierten Knaben durch die Stadt und werben mit Handzetteln für Luthers Predigt.

Die der Reformation stehenden Fußes folgende Verwaltungsreform ist die größte Zäsur in der bis dahin immerhin schon über dreihundertjährigen Geschichte der Thomaner. Nach Auflösung des Klosters gehen Gebäude und Liegenschaften in städtischen Besitz über.[21] Chorherren, die nicht konvertieren, erhalten eine Rente und verlassen Leipzig – zuletzt 1543 der immer noch katholisch gebliebene Propst Rauch. Dessen einstige Hauptaufgabe, alle geistlichen

Angelegenheiten der Stadt zu regeln, übernimmt ein Superintendent. Um Rauch nicht zu brüskieren, tritt der Neue sein Amt 1540 an der Nikolaikirche an, die daraufhin für lange Zeit die Leipziger Hauptkirche wird.[22]

Der Dreiklang aus Schule, Alumnat und Chor an St. Thomas aber bleibt bestehen. Er geht nach der Säkularisierung in städtische Verwaltung über, so dass die Lehrkräfte, zu denen auch der Thomaskantor gehört, nun nicht mehr geistliche Angestellte sind. Städtische Lehrerstellen aber sind im 16. Jahrhundert alles andere als attraktiv, denn sie werden vergleichsweise schlecht entlohnt. So erhält der Superintendent jährlich 200 Gulden und ein gewöhnlicher Prediger immerhin noch 150 Gulden. Der Rektor der Thomasschule hingegen muss mit 80 Gulden auskommen, der Thomaskantor sogar nur mit der Hälfte.[23] Im Jahr 1562 gibt es eine Lohnerhöhung: Fortan erhält der Rektor 100 Gulden, der Kantor bekommt wie die übrigen Lehrer 50 Gulden.[24] Vielleicht ist das der Grund dafür, warum just zu dieser Zeit das Kurrendesingen auch hier Tradition wird. Der Brauch hält sich in Resten bis heute. Leipziger, die in der Nähe des Alumnats wohnen, warten das ganze Jahr auf Heiligabend. Dann nämlich laufen die Thomaner in kleinen Gruppen durchs Viertel und freuen sich nach ihren glockenklaren Ständchen über kleine Geschenke. Zweifellos ist dies ein romantisierender Spiegel früherer Zeiten, der die Tatsache, dass ihre Vorgänger noch hungernd und frierend vor den Bürgerhäusern ihren Lebensunterhalt ersangen, einfach ausblendet.

Noch heute werden in Mitteldeutschland kirchliche Kinderchöre als Kurrenden bezeichnet. Der berühmteste Kurrendesänger ist Martin Luther, der als Kind in Eisenach von Tür zu Tür zieht. Wann zum ersten Mal die Thomaner so zu erleben sind, ist nicht überliefert. Wohl in Zusammenhang mit der Einführung der sächsischen Schulordnung aber werden ab 1581 die Umgänge genau geregelt: Dreimal wöchentlich ziehen die Knaben in vier, später dann drei Kantoreien durch die Straßen, singen die jeweiligen Sonn- und Festtagslieder und sammeln Spenden. Dazu kommen noch besondere Kurrendegänge am Gregoriustag (12. März) und zu St. Martin (11. November) sowie während des zweiwöchigen Neujahrssingens, für das bereits im Advent geprobt wird.[25] Aufzeichnungen des Stiftskämmerers Martin Kramer aus dem Jahr 1521 belegen jedoch, dass das »pro pane loffenn«[26] (»fürs Brot laufen«) schon vor der Reformation existenznotwendig ist. Das gespendete Geld wird nach einem vorgegebenen Schlüssel verteilt. Auch die Lehrer brauchen den zusätzlichen Obolus, um über die Runden zu kommen. Nicht immer reichen die Gaben: Die Freigiebigkeit hätte abgenommen, berichtet Kramer betrübt. Den Grund, weshalb die Leipziger weniger geben, liefert er gleich mit. Die Bürger beschweren sich nämlich darüber, dass sonntags in der Kirche weniger Thomaner singen als während der Kurrenden.

Eine weitere Beschwerde aus dem 17. Jahrhundert verrät viel über den Alltag des Singens für das tägliche Brot. 1678 denunziert ein Stadtrichter die Kurrende beim Rat und listet fünf Punkte auf. Erstens seien nur fünf oder sechs Alumnen unterwegs gewesen – es hätten zehn sein sollen. Zweitens hätten die Knaben nicht mehrstimmig gesungen und geschwatzt. Drittens seien sie durch die Gassen gerannt, »als ob ihnen der Kopf brennete«.[27] Viertens hätten sie den Weg verkürzt und fünftens seien einige in Backhäusern verschwunden. Die daraufhin erteilte Strafe ist nicht überliefert. Aber die Schulordnung regelt, dass bei derartigen Vorfällen das Kurrendegeld eingezogen wird.

Zurück ins Leipzig des 16. Jahrhunderts. Das offenbart einen eigenartigen Widerspruch: Einerseits gilt die Thomasschule damals schon in musikalischer Hinsicht als so profiliert, dass Künstler von überregionalem Rang Thomaskantor werden. Der weit über Sachsen hinaus anerkannte Georg Rhau etwa bleibt zwar nur zwei Jahre im Amt, aber diese Zeit reicht, um in Leipzig Bleibendes zu schaffen. Andererseits zeigen die Biografien einiger seiner Nachfolger, dass die Reputation des Amtes doch nicht so groß scheint. Wie sonst ist es zu bewerten, dass Wolfgang Jünger 1539 das Amt gegen eine Kantorenstelle in Freiberg tauscht? Bei ihm spielen wohl pragmatische Gründe eine Rolle, die Silberstadt Freiberg kann in punkto Reichtum mit der Messestadt mithalten und mag Jünger besser entlohnt haben. Zudem wird auch die Tatsache, dass Jünger aus dem unweit von Freiberg gelegenen Sayda stammt, beim Wechsel nicht ganz unwichtig sein.[28]

Spätestens seit Rhaus Wirken gehört es zum guten Ton, dass Thomaskantoren komponieren, und oft genug wollen sich die Leipziger auch mit den bekanntesten Musikern ihrer Zeit schmücken. Doch offiziell herrscht im Sachsen des späten 16. Jahrhunderts kulturpolitische Stagnation. Dies liegt vor allem an der konservativen Ausrichtung des Schulwesens. Sichtbar wird das in der *Kursächsischen Kirchen- und Schulordnung* von 1580, die rigide Anweisungen für die Musikpflege enthält. »Es sollen in der Kirche nicht ihre, da sie Componisten seyn, oder anderer angehenden, sondern derer alten und dieser Kunst wohl erfahrenen und fürtrefflichen Componisten, als Josquini, Clementis non Papae, Orlandi und dergleichen Gesang gesungen werden«,[29] heißt es im Amtsdeutsch der Spätrenaissance, das letztlich den Thomaskantoren untersagt, ihre eigene Musik aufzuführen.

CHORVATER

um 1600

Thomaskantor Sethus Calvisius streitet mit Johannes Kepler · Gott erschuf die Welt an einem Donnerstag · Warum der Sopran die Melodie singen darf · »Lateinischer Singsang« oder groß besetzte Kirchenmusik

Glücklicherweise nimmt man in Leipzig diese rigiden Vorschriften nicht lange ernst: Zu Pfingsten 1594 wird der Kantor Sethus Calvisius (eigentlich Seth Kalwitz) aus Pforta zum Thomaskantor berufen. »Chorvater« wird er bis heute liebevoll genannt. Treffender wäre der Titel »Gelehrtester unter den Thomaskantoren«. Calvisius ist bereits als Autor zahlreicher musiktheoretischer Schriften in ganz Deutschland bekannt, bevor er zum wirkungsmächtigsten aller Thomaskantoren vor Johann Sebastian Bach wird. Mit Leipzig ist Calvisius schon lange verbunden. Hier studiert der 1556 in Gorsleben geborene Universalgelehrte, hier betritt er ab 1581 als Kantor an der Universitätskirche auch erstmals musikpraktisches Neuland. Doch nach der Ernennung zum Thomaskantor 13 Jahre später ist die Gelehrtenlaufbahn keineswegs zu Ende. Im Gegenteil: Die Nähe zur Universität inspiriert Calvisius erst recht zu unzähligen mathematischen, astronomischen und historischen Schriften. Zu seinen Freunden im akademischen Diskurs zählt auch Johannes Kepler, mit ihm diskutiert der Thomaskantor vor allem historische Fragen. Nachdem Calvisius 1605 stürzt und ein Jahr lang ans Bett gefesselt ist, arbeitet er an seiner umfangreichen Universalhistorie *Chronologia*. Diese soll das Datum der Erschaffung der Welt ebenso klären (Donnerstag, 26. Oktober 3947 v. Chr.) wie jenes der Geburt Christi. Zumindest in letzterer Frage widerspricht ihm Kepler aber deutlich.

Die Debatte um die *Chronologia* macht den Namen des Thomaskantors, der sich nun stolz *Musicus et Chronologus*[30] nennt, erst recht in ganz Deutschland bekannt. Gleich mehrere Universitäten wollen ihm Lehrstühle einrichten, in Frankfurt an der Oder und in Wittenberg trägt man ihm Mathematik an. Doch der Chorvater lehnt immer wieder ab, bis zu seinem Tod 1615 bleibt er Leipzig und seinen Thomanern treu. Gerade mit Blick auf das Wirken von Johann Sebastian Bach mehr als ein Jahrhundert später zeigt sich der Verdienst des Universalgelehrten im Thomaskantorat. In den 21 Jahren seiner Amtszeit hat er aus der Thomasschule eine Singschule[31] gemacht, in der bei der Auswahl der Alumnen vor allem das musikalische Talent zählt. Drei Jahre vor seinem Tod veröffentlicht Calvisius eine Art Grundgesetz für den Chorgesang: Die Atemtechnik definiert er darin ebenso wie Aussprache und Phrasierung. Noch zweihundert Jahre später schreibt der Beethoven-Zeitgenosse Johann Nikolaus Forkel, dass Calvisius' Regeln »alles in sich fassen, was zur Bildung eines Chors gehört«.[32] Vor allem diese Mischung aus Musikpädagogik und Musikpraxis rechtfertigt jene Ausnahmestellung unter allen Thomaskantoren, die auch sein 1597 veröffentlichtes praktisches Chorbuch beweist: *Harmoniae Cantionum Ecclesiasticarum: Kirchen Gesänge und geistliche Lieder D. Lutheri und anderer frommer Christen mit 4 Stimmen kontrapunktsweise richtig gesetzt* nennt sich die Sammlung. Als Grundstock für den evangelischen Gottesdienst wird sie weit über Leipzig hinaus verbreitet.

Gerade die Thomaner brauchen viel von diesem Basismaterial. Denn nicht nur für die Gottesdienste, sondern auch für das Kurrendesingen ist jede Menge Repertoire nötig. Dreimal wöchentlich ziehen die Sängerknaben durch die Stadt und bieten auf der Straße mehrstimmige Gesänge. Calvisius' neues Chorbuch enthält darum die Texte und Noten von vierstimmigen Liedern, insgesamt 115 an der Zahl. Nebenbei führt der Thomaskantor eine Neuerung ein, die seitdem eine feste Regel ist: In seinen Sätzen liegt die Choralmelodie nicht mehr in den Mittelstimmen (im führenden Tenor), sondern in der Oberstimme, während die übrigen Sänger für die Begleitung sorgen. Was heute alltäglich scheint, ist damals ein pädagogischer Trick. Denn die Oberstimme singen Knaben vor dem Stimmbruch.[33] Sie müssen so zunächst nur die Melodie lernen, bevor sie nach dem Stimmbruch im Alt, Tenor oder Bass die schwierigeren Begleitstimmen übernehmen. Calvisius, ein durch und durch lutherischer Pädagoge, ist sich in der Vorrede zu seinem Chorbuch sicher, »daß nichts leichters eingehe, auch bey den Kindern, als was man ihnen mit Gesang beybringet.«[34] Auch als Komponist groß besetzter Kirchenmusik tritt der Chorvater in Erscheinung. In Leipzig komponiert er sechs- bis zwölfstimmige Motetten. Allerdings wäre es nicht gerecht, diesen Teil seines Schaffens mit den Werken moderner Zeitgenossen wie Schütz oder Monteverdi zu vergleichen. Sein Stil offenbart, dass der Thomaskantor zwar die neuesten Moden kennt, im Vergleich zu diesen aber die polyphone Tradition der Spätrenaissance höher in Ehren hält.

1603 gibt in Pforta Erhard Bodenschatz, Calvisius' dortiger Nachfolger als Kantor, die Sammlung *Florilegium selectissimarium cantionum* heraus, die auch zahlreiche Werke seines Vorgängers enthält. Richtig berühmt wird das Chorbuch aber erst 15 Jahre später in einer erweiterten Ausgabe als *Florilegium Portense*. Denn die Sammlung enthält jene Musik, die bis weit über Bachs Zeit hinaus das übliche Repertoire der Thomaner bleibt und die bis ins späte 18. Jahrhundert bei Beerdigungen, Hochzeiten und in Gottesdiensten gesungen wird. Erst Johann Adam Hiller verbannt in den 1790er Jahren den »lateinischen Singsang, den Meister Bodenschatz zusammengeschleppt hat«,[35] aus den Chormappen.

Um die oft groß besetzten Werke der Sammlung auch instrumental adäquat aufzuführen, reichen Calvisius die vier fest besoldeten Stadtpfeifer bald nicht mehr. Mit Hilfe des Bürgermeisters Theodor Möstel, von dem später noch die Rede sein wird, setzt er durch, dass das Quartett erweitert wird: Drei vormals freie Geiger, einst Konkurrenten der Stadtpfeifer, werden 1607 in städtische Dienste übernommen und nennen sich nun *Stadtgeiger*, später *Kunstgeiger*. Sie unterstützten die

Darbietungen des neu eingerichteten zweiten Sängerensembles, das in der Nikolaikirche die musikalischen Dienste verrichtet. Dass die Thomaner auch hier zu hören sind, ist eine Leipziger Besonderheit, deren Grund weit zurückreicht. Nach Einrichtung der Nikolaischule als zweiter Leipziger Schule im Jahr 1512 verhindert die Leitung des Thomasstifts, dass die Schüler der neuen Einrichtung in der Nikolaikirche singen und musizieren. Man befürchtet, nicht zu Unrecht, dass ein *Nikolaichor* die Einnahmen der Thomaner reduzieren könnte. So wird der Grundstock gelegt für die jahrhundertelange Teilung der Leipziger Schulen: hier die Singschule zu *St. Thomas*, dort die Gelehrtenschule zu *St. Nikolai*.

BÜRGERSTOLZ

1616 bis 1630

Wie Geld mit vollen Händen ausgegeben wird · Die Stadt ist bankrott · Johann Hermann Schein ernennt sich zum »General Director der Music« · Anmaßende Musik mit Pauken, Trompeten und »Drommeln«

Die Singschule bedarf mehr als nur eines gewöhnlichen Musiklehrers. Und Leipzig braucht demzufolge auch mehr als den sonst üblichen städtischen Kantor, der in der Hierarchie der Lehrer oft an unterster Stelle rangiert. Solche Gedanken macht sich Bürgermeister Möstel nach Calvisius' Tod 1615 tagtäglich. Dass das Stadtoberhaupt die Musik liebt, hat er bereits acht Jahre zuvor bewiesen, als er den Stadtpfeifern die Kunstgeiger zur Seite stellte und dafür das Stadtsäckel öffnete. In den nächsten Jahren wird dies das gängige Modell Leipziger Kulturpolitik sein: Um das Beste zu bekommen, wird mit vollen Händen in die Stadtkasse gegriffen. Mehrfach lässt man Michael Praetorius Geld zukommen. Mal als Bezahlung für die Übersendung neuester Motetten an die Thomasschule, dann wieder als Danksagung dafür, dass der Wolfenbütteler Kapellmeister gedruckte Werke dem Leipziger Rat widmet. So ist es auch selbstverständlich, dass Praetorius 1619 den zweiten Band seines epochalen Kompendiums *Syntagma Musicum* ebenfalls dem Rat zueignet und sich in der Vorrede in wahren Elogen über die »hoch- und wohlweisen« Stadtväter ergießt.[36] 12 Reichstaler bringt ihm die Lobhudelei ein. Im Buch beschreibt er zudem die Orgeln aus Thomaskirche und

Nikolaikirche mit derartiger Genauigkeit, dass es heute möglich wäre, diese nachzubauen. Im gleichen Jahr musiziert Praetorius persönlich in der Nikolaikirche mit »drei Knaben«, wofür er ebenfalls reichlich belohnt wird.[37]

Auch beim Stipendium geht man in Leipzig neue Wege. Für die damalige Zeit völlig ungewohnt, finanzieren die Stadtoberen die Ausbildung eines Nachwuchsmusikers beim berühmtesten Organisten der Welt – Jan Pieterszoon Sweelinck. Der hat sich im calvinistisch gewordenen Amsterdam, wo an liturgischer Orgelmusik kein Bedarf mehr besteht, ein neues Berufsfeld erschlossen: Gegen Bezahlung unterrichtet er junge Komponisten, die aus ganz Europa zu ihm pilgern. 1614 möchte sich Bürgermeister Möstel die Dienste von Andreas Düben d. J., des Sohnes des Thomasorganisten, sichern und vermittelt ihn zum Unterricht zu Sweelinck. Für die Stadt bringt die vermeintliche Investition in die Zukunft jedoch wenig. Denn nach Abschluss des Studiums wird Düben Hofkapellmeister in Stockholm.

Wieder einmal hat man in Leipzig viel Geld ausgegeben. Geld, das nicht da ist, wie man 1625 erschreckt feststellt. Dann nämlich ist die Stadt bankrott und muss mehr als sechzig Jahre lang zwangsverwaltet werden. Auf 4 Millionen Taler sind die Schulden angewachsen, eine Hypothek, die bei jährlichen Einnahmen von rund 100 000 Talern nicht mehr zu tilgen ist. Die Hälfte des Schuldenberges stammt aus den Jahren 1619 bis 1621: In dieser Zeit investiert die Stadt in den Mansfelder Kupferbergbau und verspekuliert sich.[38] Man staunt über die Parallelen: Auch am Ende des 20. Jahrhunderts werden viele deutsche Städte ihr Tafelsilber bei hochriskanten Geschäften verscherbeln. Die Folgen sind vergleichbar. Während der Zwangsverwaltung geraten alle Ausgaben auf den Prüfstand. Sparen wird zur Pflicht, Ratswahlen werden erst bestätigt, wenn ein ausgeglichener Haushalt vorliegt. Besonders hart trifft es die Kultur: Zuwendungen werden gestrichen, der Rotstift bedroht sogar die Stadtpfeifer. Zudem stürzen die fehlenden Zinsen des Stiftungskapitals die Thomaner in Finanznöte.

Es ist zu kurz gedacht, den Grund für den kommunalen Bankrott lediglich im überzogenen Repräsentationsbedürfnis einer wirtschaftlich wachsenden Stadt im frühen 17. Jahrhundert zu sehen. Denn Möstels Wunsch ist ja durchaus nachvollziehbar: Das von Calvisius Geschaffene soll auch nach dessen Tod erhalten bleiben – und zwar in jener Qualität, für die der Chorvater zuvor mehr als zwanzig Jahre lang bürgte. So sucht der Bürgermeister im Jahr 1616, als sich der Bankrott noch nicht abzeichnet, unter den namhaftesten Musikern seiner Zeit nach einem geeigneten Thomaskantor. Er findet ihn im Weimarer Hofkapellmeister Johann Hermann Schein, mit dem die Barockmusik endgültig in Leipzig einzieht. Gelockt wird Schein durch das Versprechen, dass er bei der Auswahl der Sänger freie Hand haben werde. Selbstbewusst definiert der einstige Hofmusiker sein neues Amt nun nicht mehr als nachrangiger Lehrer, sondern begreift sich als städtischer Musikdirektor,[39] dessen Aufgabe es sei, der »vornehmen Handelsstadt zu Ruhm und Aufmunterung zu dienen«. Mehrfach beschenkt Schein Leipzig mit prachtvoller Kirchenmusik. 1618 erklingt ein 24-stimmiges deutsches *Te Deum* zu sechs Chören. Von den erhaltenen Musiken aus Scheins Feder ist dieses Werk mit Abstand das üppigste.

So viel Pracht fällt auch dem Dresdner Hof auf. Am 11. August 1618 tritt Jonas Möstel, jüngster Sohn des Bürgermeisters und enger Freund des neuen Thomaskantors, vor den Traualtar. Im Hochzeitsgottesdienst dirigiert Schein groß besetzte Musik – den 98. Psalm *Singet dem Herrn ein neues Lied*. Drei Tage später geht beim Rat der Stadt eine Beschwerde ein: Musik mit Pauken und Trompeten stünde einem Bürgerlichen nicht zu, ebenso seien die von 120 Pferden gezogenen Kutschen anmaßend. Der Rat gibt sich kleinlaut: Die genaue Anzahl der Pferde sei nicht bekannt, die Hochzeitsmusik zudem nur die Wiederaufführung von Scheins Festmusik zur Hundertjahrfeier des Wittenberger Thesenanschlags. Die Psalmvertonung hat Schein im Jahr zuvor drucken lassen und den örtlichen Geistlichen gewidmet, weshalb ihm Bürgermeister Möstel schon damals 20 Reichstaler zukommen ließ. Die Antwort scheint den Landesherrn nicht zu befriedigen: 1000 Taler – das doppelte Jahresgehalt des Bürgermeisters – muss Möstel Junior als Strafe zahlen.[40] Doch das zeigt kaum Wirkung. Auch für die Hochzeiten der übrigen Möstel-Kinder liefert der Thomaskantor groß besetzte Musik, und selbst auf die höfischen Pauken und Trompeten mag Schein nicht verzichten. Im Frühjahr 1620 wird aus Kirchenmitteln »eine Drommel, so der Cantor zur Musica gebrauchten will«,[41] angeschafft. Im gleichen Jahr vertont Johann Hermann Schein für eine weitere Hochzeit den 150. Psalm *Lobet Gott in seinem Heiligtum* und lässt dabei, wie es Luthers Übersetzung »Lobet ihn mit Posaunen! Lobet ihn mit Psalter und Harfen! Lobet ihn mit Pauken und Reigen« nahelegt, kein Instrument aus. Um aber erneute Debatten zu umgehen, vermerkt der Komponist sogleich auf dem Notendruck »Der 150. Psalm. Mit 8, 16 oder 24 Stimmen. Nach Anleitung des Textes auf Drommeten und Paucken gerichtet.«

Scheins selbstgewählter Titel »General Director der Music« ist für den Thomaskantor stets auch Anspruch, weltliche Werke zu komponieren. In erster Linie sind diese für Studenten gedacht. Zu Beginn seiner Amtszeit veröffentlicht er 1617 das *Banchetto Musicale*, eine gedruckte Sammlung betörend schöner Tanzsätze. Deftiger wird es 1626 mit dem *Studenten-Schmauß*, den er einer »löblichen Compagnie de la Vino-biera« widmet. Schon das erste der fünfstimmigen Trinklieder, »Frisch auf, ihre Klosterbrüder mein«, zeigt die Richtung. In sechs Strophen wird sämtlichen Gelüsten gefrönt: Zunächst musizieren die Mönche, dann saufen sie Bier, dann saufen sie noch mehr Bier, und weil der Abt auch die Äbtissin mitgenommen hat, werden schließlich noch die »zarten Nönnlein« beglückt. Eher sanfter und für die feinsinnige bürgerliche Kammermusik gedacht sind hingegen die 1621 und 1627 erschienenen zwei Teile der *Musica boscareccia* (*Waldliederlein*). Die Generalbassmadrigale nach neuester italienischer Mode werden Scheins größter Verkaufserfolg. Der Barockdichter Paul Fleming, unter Schein selbst Thomaner, setzt beiden Sammlungen 1636 ein dichterisches Denkmal: »Uns freudenvollen Gästen / ermangelt keine Lust. / Wir tönen nach dem Besten / ein Waldlied aus dem Schein / und sein Studentenschmaus / muss ganz von vornen an / gesungen werden aus!«[42]

WELTUNTERGANG

1631 bis 1648

Krieg und Pest kommen nach Leipzig · Bei Beerdigungen wird gespart · Eine neue Schulordnung für die Thomaner mitten im Krieg · Bürger spenden für die »armen, verlassenen Sing-Schüler«

Der städtische Bankrott und seine Folgen[43] sind nicht die einzigen Probleme der Leipziger Kultur in dieser Zeit. 1631 zieht der Dreißigjährige Krieg, vor dem die Stadt bis dahin verschont geblieben ist, endgültig nach Mitteldeutschland. Im Mai plündern die kaiserlichen Truppen Magdeburg. Mit ungeahnter Grausamkeit wird die Stadt dem Erdboden gleichgemacht – »magdeburgisiert« nennt der Volksmund dies später. Unmittelbar danach fallen die Kaiserlichen auch in Sachsen ein. Vor den Toren Leipzigs kommt es im September 1631 zu einer der größten Schlachten des Krieges mit insgesamt 80 000 Soldaten: Das neue Bündnis aus Sachsen und Schweden unter deren König Gustav Adolf schlägt Tillys kaiserliche Armee bei Breitenfeld vernichtend. Doch der Krieg kehrt zurück: 14 Monate später stehen sich bei Lützen die Heere des Schwedenkönigs und Wallensteins gegenüber. Gustav Adolf fällt, die Schlacht endet ohne Sieger und hat letztlich keine Bedeutung für den Kriegsverlauf.

Bis 1642 wird Leipzig sechsmal belagert und fünfmal eingenommen. Bei einer dieser Belagerungen wird die große Glocke der Nikolaikirche, die *Osanna*, von einem Feuerball zerstört. Hungersnöte, Plünderungen und die Pest führen dazu, dass zwischen 1631 und

1633 jeder dritte Einwohner stirbt. In dieser Situation werden die Gehälter der Lehrer nur noch sporadisch ausgezahlt, zudem entfallen viele Einnahmen aus Kasualien wie Hochzeiten, Beerdigungen oder Taufen. 1634 klagt Thomaskantor Tobias Michael, der seit drei Jahren als Nachfolger Scheins amtiert, es gäbe unter den Einwohnern keine »liberalia mehr«. Selbst bei den Beerdigungen würde nach Kräften gespart, und aus den Vorstädten habe er »nach ihrer Einäscherung« fast ganz und gar nichts mehr zu hoffen.[44]

Der Name Michael wird in den Chroniken gern übersehen. Doch ist es wichtig, sich mit der Familie näher zu befassen. In der Mitte des 17. Jahrhunderts sind die Michaels in Sachsen das, was die Bachs in Thüringen sind – eine Familie, deren Mitglieder zahlreiche hohe musikalische Ämter bekleiden. Oberhaupt der Familie ist Rogier Michael. Der 1553 in Brabant geborener Musiker kommt mit 22 Jahren nach Dresden an die Kursächsische Hofkapelle, die er bis 1615 leitet. Als Kapellmeister ist er auch für die Ausbildung der Dresdner Kapellknaben bis zu deren Stimmbruch zuständig. Danach endet jedoch nicht die Dienstzeit der einstigen Sängerknaben. Die sächsische Schulordnung sieht vor, dass die jungen Männer nach der Mutation an die Fürstenschule Pforta wechseln, um sich dort auf ihre Tätigkeit als spätere Kantoren in Kursachsen vorzubereiten.

Hier überschneiden sich die Kreise zwischen Dresden, Pforta und Leipzig: Denn nicht nur den damaligen Pfortaer Kantor Sethus Calvisius, sondern auch zahlreiche seiner Schüler zieht es nach Leipzig – den einen als Thomaskantor, die anderen als Studenten. Auch die drei Söhne des Hofkapellmeisters Michael, allesamt einstige Kapellknaben, gelangen auf diesem Weg an die Pleiße: Der 1592 geborene Tobias wird mit 17 Jahren Schüler in Pforta, später schreibt er sich an der Universität Leipzig ein. Noch bevor er 1631 Thomaskantor wird, erhält sein acht Jahre jüngerer Bruder ein musikalisches Amt in Leipzig. 1628 wird Samuel zum Organisten an der Nikolaikirche ernannt. Die Pest rafft ihn bereits vier Jahre später dahin. Sein Nachfolger wird ein dritter Spross der Musikerfamilie, Christian. Doch auch dieser stirbt wenige Jahre später nur 44-jährig an den Entbehrungen des Dreißigjährigen Krieges. Allerdings sorgt eine posthum veröffentlichte Orgeltabulatur dafür, dass sein Name nicht ganz vergessen wird.[45]

Es sind schlimme Zeiten, in denen nicht nur zahlreiche Familienmitglieder der Michaels an der Pest sterben. 1633 ruft darum der Rat die Bürger auf, Naturalien für »arme verlassene Sing-Schüler in der Thomas Schul« zu spenden. Ansonsten würde »forthin wegen Mangelung der Schul- und Singknaben nicht mehr figuriret sondern nur schlecht Choral und deützsche Lieder vor und nach der Predigt, Sonntags in Kirchen und andern Feyertagen gesungen werden müsse, welches dieser vornehmen Handelßstatt nicht zu geringen Schimpf und Verkleinerung gereichen würde.«[46] Mitten in der Krise führen die Stadtoberen die möglichen Auswirkungen von Krieg und Bankrott drastisch vor Augen und erinnern an das Selbstverständnis der Handelsstadt. Wie würde man im Vergleich mit Konkurrenten dastehen, wenn der Chor, der einst prachtvolle Kirchenmusik sang, nur noch Choräle auf dem Niveau eines Schulchores böte? Nein, das mag man sich selbst in schlimmsten Albträumen nicht vorstellen. Darum setzt sich auch im Stadtrat die Ansicht durch, dass die Besonderheit der Thomasschule nur erhalten bleiben wird, wenn man sich auf die Prinzipien des Chorvaters Calvisius und das von ihm postulierte Primat der Musik besinnt.

Eine Kommission erarbeitet 1634 eine neue Schulordnung. Sie regelt, dass sich an der Thomasschule alles der Musik unterzuordnen habe. Der wissenschaftliche Unterricht, der schon seit Calvisius von 14 auf 10 Wochenstunden reduziert ist, wird noch einmal halbiert: Nur noch fünf Stunden pro Woche muss der Kantor in den Nicht-Musik-Fächern unterrichten – montags, dienstags, mittwochs und freitags je eine Stunde Latein, sonnabends eine Stunde Katechismus. Im Gegenzug wird für die Thomasschüler der sowieso schon üppig bemessene Musikunterricht noch ausgebaut – auf sieben Stunden pro Woche, die teilweise vom Kantor gehalten werden. Festgeschrieben wird auch die Regelung zur Aufnahme in den Chor. Die Alumnatsplätze werden zukünftig an Schüler vergeben, die mindestens zwölf Jahre alt und musikalisch soweit vorgebildet sind, dass sie ohne Hilfe anderer singen können. Auch an einen Vorbereitungskurs wird gedacht. Jungs, die musikalisch noch unsicher sind, aber motiviert genug, die Lücken zu schließen, sollen einige Zeit lang als externe Schüler elementaren Musikunterricht genießen, ehe sie in den Chor aufrücken.

Die in der Schulordnung geforderte Einmütigkeit zwischen Kantor und Rektor bezüglich der Aufnahme neuer Schüler lässt Tobias Michael zunächst stutzen: Was wäre, wenn ein Musik-Hasser Rektor würde, fragt der Thomaskantor auf einem Entwurf der Schulordnung. Der Rat wischt den Einwand beiseite, Kantoren und Rektoren seien hier seit Jahrzehnten stets ein Herz und eine Seele. Konflikte gäbe es eher zwischen den Schulleitern und den übrigen Lehrern, vor allem den Konrektoren.[47] Die Zukunft zeigt, dass Michael zu Recht skeptisch ist. Nicht einmal einhundert Jahre später kommen sich ein Kantor und ein Rektor unablässig in die Haare. Dann offenbart die visionäre Schulordnung von 1634, mit der die Doppelkrise aus Bankrott und Kriegswirren abgewendet wird, ihren grundsätzlichen Fehler. Thomaskantor Johann Sebastian Bach und Thomasrektor Johann August Ernesti blockieren sich in ihrer Uneinigkeit gegenseitig so sehr, dass sie ihre Konflikte auf höheren Ebenen austragen müssen.

Noch eine Besonderheit bringt die neue Schulordnung, die 54 musikalische Alumnen definiert, mit sich. Der drastische Aufruf des Rats führt dazu, dass innerhalb kurzer Zeit das traditionelle Stiftungssystem wieder auf die Füße gestellt wird. Viele Bürger spenden für die »armen verlassenen Sing-Schüler«, erhalten den Chor so am Leben und verbinden die Zuwendungen oft auch mit musikalischen Auflagen. Dann aber verknüpft ein Stifter seine Gabe mit einer besonderen Bedingung. 2000 Taler stellt der Leipziger Ratsherr Johann Franz Born im Jahr 1709 zur Verfügung. Von den Zinsen soll die Schulspeisung der Thomaner finanziert werden. Im Gegenzug muss ein neu zu schaffender 55. Alumnatsplatz ausdrücklich einem Knaben vorbehalten sein, »der zum Singen und der Music nicht qualifiziert sein müsste«.[48] Der Passus widerspricht der Schulordnung massiv. Dennoch bestätigt der Stadtrat die Stiftung und legt so den Grundstein für den legendären unmusikalischen Thomaner, der fortan »der Bunte« genannt wird. Wie es zu diesem Namen kommt? Weil der Thomaner mit der Nummer 55 von sämtlichen Gesangsdiensten befreit ist, muss er nicht einmal die sonst übliche schwarze Chorkleidung tragen.

Im Jahr 1648 ist der unmusikalische Thomaner jedoch noch Zukunftsmusik, und der Chor singt für alle hörbar wieder auf höchstem Niveau. Anders ist es nicht zu verstehen, dass der Dresdner Hofkapellmeister Heinrich Schütz, zweifellos der berühmteste deutsche Komponist dieser Zeit, seine *Geistliche Chormusik* den Thomanern widmet. Er habe »in der Tat befunden, wie der Musicalische Chor zu Leipzig allezeit vor andern einen großen Vorzug gehabt«, lobt Schütz überschwänglich. Geschickt verbindet der namhafte Musiker sein Geschenk mit einer Bitte. Die Stadt solle den Chor »wie bisher erhalten und stärken«.[49] Die Widmung lässt sich Leipzig viel kosten, und die kurfürstliche Zwangsverwaltung bestätigt die Zuwendung: 22 Gulden und 18 Groschen sendet man an Schütz. Eine Summe, die die zu dieser Zeit üblichen Zahlungen nach Widmungen weit übersteigt. Wenn es also um ein Geschenk an den eigenen Hofkapellmeister geht, drückt man in Dresden gern mal ein Auge zu.

BÖSES GESCHREI

1653 bis 1655

Johann Rosenmüller wird »heimlicher Musikdirektor« · Weltliche Musik und geistliche Chorwerke, die Bach später Note für Note abschreibt · Der designierte Thomaskantor flieht aus dem Gefängnis

Der Vorgang ist von äußerster Eile. Denn was der Leipziger Rat am 19. Dezember 1653 beschließt, ist in der Leipziger Musikgeschichte einmalig: Johann Rosenmüller bekommt die Bestätigung der »expectanz oder succession zur Cantorstelle«. Das bedeutet nichts weniger als dass die Leipziger dem 34-Jährigen eine Garantie auf eine Anstellung als Thomaskantor nach dem Tod des Amtsinhabers ausstellen. Diese Absicherung nämlich hatte Rosenmüller in den Tagen zuvor unmissverständlich verlangt. Und mit einem Ultimatum verbunden: Verweigert der Rat den Beschluss, verlässt er Leipzig.

Was ist vorgefallen in jenen Dezembertagen? In Dresden liegt der langjährige Kreuzkantor Michael Lohr im Sterben – ein Musiker, der den Kreuzchor seit 1625 fast drei Jahrzehnte lang durch die Wirren von Krieg und Besatzung geführt hat. Nun aber lässt die Kraft des 62-jährigen Lohr nach, und noch bevor er im Februar 1654 stirbt, ziehen die Dresdner Erkundigungen nach einem möglichen Nachfolger ein. Der ideale Kandidat lebt in Leipzig: Johann Rosenmüller, der sich rasant zum heimlichen Musikdirektor der Stadt entwickelt hat. Der um 1619 im vogtländischen Oelsnitz geborene Rosenmüller schreibt sich 1640 in Leipzig als Student der Theologie ein und leitet bald die Musikaufführungen in der Universitätskirche. Zwei Jahre später wird er an der Thomasschule zum *collaborator ultimus*, dem nachrangigen Elementarlehrer, ernannt. Auf diesem Posten unterrichtet er in den unteren Klassen Musik. Noch bevor er 1649 in der Lehrerhierarchie aufrückt und ab 1651 als Organist an die Nikolaikirche wechselt, macht sich Rosenmüller bereits als Komponist von weltlicher Musik einen Namen. Zweifellos hängt das mit einer Bildungsreise 1645/46 nach Venedig zusammen, wo er die neueste Musik studiert. Parallel dazu veröffentlicht er einen Band von *Paduanen, Allemanden, Couranten, Balletten und Sarabanden* – Tanzsätze für das studentische Musizieren. Für die Sammlung verfasst sein einflussreicher Förderer Heinrich Schütz eine lobende Vorrede: »So fahre fort, mein Freund, obgleich die Dornen stechen, der edlen Music-Kunst die Rosen abzubrechen, dass deines Namens Ruhm in Deutschland bald angehn, durch Famam ausgebreit, und löblich wird bestehn.«[50] 1653 finanziert Schütz sogar den Druck des zweiten Teils von Rosenmüllers geistlicher Komposition *Kern-Sprüche. Mehrentheils aus Heiliger Schrift*. Offensichtlich hat der Vogtländer den kränkelnden Thomaskantor Tobias Michael bereits mehrfach vertreten. Denn der Rat begründet die im gleichen Jahr ausgesprochene Ämtergarantie mit der Tatsache, dass Rosenmüller den Chor bereits seit längerer Zeit mit Erfolg leite.

Die Leipziger bekommen nicht genug von Rosenmüllers Melodien. Zahlreiche Auftragswerke belegen den Ruhm des jungen Komponisten. Sein bekanntestes Chorwerk, die fünfstimmige Trauermotette *Welt ade, ich bin dein müde* entsteht 1649 für das Begräbnis einer Tochter des Nikolaidiakons Abraham Teller. Als 1652 eine weitere Tochter des Geistlichen stirbt, führt Rosenmüller die Motette nochmals auf und lässt sie drucken. 74 Jahre später wird Johann Sebastian Bach an seiner Kantate *Wer weiß, wie nahe mir mein Ende* BWV 27 arbeiten und erstaunlicherweise auf einen eigenen Schlusschoral verzichten. Stattdessen schreibt er Rosenmüllers Motette Note für Note ab – eine tiefe Ehrbezeugung.

Wie hätte diesem Mann das Amt des Thomaskantors gestanden! Eigentlich ist auch alles dafür vorbereitet, als der Stadtrat im

Dezember 1653 die erwünschte Garantie ausspricht. Aber wie so oft in der Historie der Stadt kommt es eben doch anders als geplant. Zunächst erholt sich der kranke Thomaskantor Michael wieder. Als er dann vier Jahre später stirbt, nützt Rosenmüller die ausgesprochene Garantie nichts mehr. Denn im Frühjahr 1655 erschüttert ein einzigartiger Skandal Leipzig. Öffentlich wird der Kantor in spe der Pädophilie (der »Sodomiterey«, wie es damals heißt) bezichtigt und arrestiert. Die Akten enthalten kein juristisch verwertbares Material, sondern ergehen sich in vagen Andeutungen. Noch Tage nach der Verhaftung des Künstlers diskutiert der Rat mit der Kirchenleitung vor allem über die Frage, wer für die Aufklärung der Vorwürfe zuständig sei. So beschwert sich der Superintendent, dass der Rat »des bei dieser Stadt von Johann Rosenmüller erschollenen bösen Geschreis etliche Schulknaben habe abholen lassen«[51] und diese inhaftiert seien. Ein wenig klingt bei der Formulierung auch Skepsis durch, was den Kern des Gerüchts betrifft. Im Gegenzug aber wird der Rat deutlich und übermittelt der Kirchenleitung Details. Es werde »Rosenmüllern per publicam famam grober Exzesse bezichtigt, so auch etliche Schulknaben in Verdacht gezogen«.[52] Der wichtigste Zeuge ist ein ehemaliger Alumne des Thomanerchores. Liest man seinen Bericht, so sagt dieser jedoch das genaue Gegenteil der erhobenen Vorwürfe. Denn der einstige Thomasschüler versichert, er habe 1655 die Thomasschule verlassen, »um dem grundlosen Gerede zu entgehen, Rosenmüller habe seine schändliche Lust an mir befriedigt«.[53]

Zu diesem Zeitpunkt ist der Beschuldigte schon über alle Berge. Wenige Tage nach seiner Inhaftierung, als die Behörden noch über die Zuständigkeiten diskutieren, gelingt Rosenmüller die Flucht über Hamburg nach Venedig. Gut möglich, dass von offizieller Seite dabei nachgeholfen wird, denn der Skandal hätte im Falle einer juristischen Aufarbeitung die Thomasschule in ihren Grundfesten erschüttert. Eine erst vor wenigen Jahren aufgefundene Nachricht[54] bringt Licht ins Dunkel jener Frühlingstage des Jahres 1655: Am 10. Mai geht am sächsischen Hof eine vertrauliche Nachricht ein, in welcher der Leipziger Rat die Vorwürfe genauer darlegt. Der Dresdner Kanzleischreiber Johannes Daum kopiert den Brief heimlich und sendet ihn an seinen Bruder Christian, den Rektor der Zwickauer Ratsschule. Möglicherweise will Daum seinen Bruder warnen. Denn der Flüchtige könnte sich ja vielleicht an der renommierten Zwickauer Schule bewerben. So beschreibt Daum auch recht plastisch die Vorfälle der zurückliegenden Wochen. Seinem Bericht zufolge habe Rosenmüller innerhalb von zwei Jahren mit mehr als 20 seiner untergebenen Schüler das »sodomitische Knabenschänden auf gut italienisch getrieben«.[55] Im April 1655 habe er dann weiteren sechs Knaben schriftlich eindeutige Avancen gemacht. Diese Briefe aber habe der Konrektor gefunden und sie dem Superintendenten übergeben – jenem Geistlichen übrigens, der wenige Wochen später die Stadt für das »böse Geschrei« verantwortlich machen wird.

Was im Frühjahr 1655 in Leipzig wirklich passiert ist, kann angesichts der Mischung aus Vertuschung, Gerüchten und überhasteter Flucht wohl nie komplett aufgeklärt werden. Eine Tatsache aber bleibt: Einer der hochbegabtesten Musiker, den Leipzig je hatte, bringt sich innerhalb weniger Wochen nicht nur um seine bisherigen Ämter, sondern verwirkt auch das Thomaskantorat, das ihm zwei Jahre später zugefallen wäre. In sein Geburtsland Sachsen kehrt Johann Rosenmüller nie wieder zurück. Obwohl der Komponist beim Kurfürsten standesgemäß mit der Vertonung eines Bußpsalms um Begnadigung bittet, lehnt der Landesherr auch noch Jahrzehnte später einen Straferlass ab. So übersiedelt der 63-jährige Rosenmüller 1682 nach Wolfenbüttel, wo er Kapellmeister wird und zwei Jahre später stirbt.

LOBE DEN HERRN, MEINE SEELE

1657 bis 1701

Sebastian Knüpfers Arbeitsvertrag regelt viele Dinge, nur nicht die Arbeit · Für den Rat ist katholisch nicht gleich katholisch · Der »sächsische Mars« kämpft gegen die Türken und Johann Schelle kämpft gegen das Latein

1657 stirbt Tobias Michael, jener Thomaskantor, den Rosenmüller eigentlich beerben sollte. Ganz Leipzig erwartet nun, dass dem erst 23 Jahre alten Adam Krieger das Amt übertragen wird. Schließlich hatte dieser nach Rosenmüllers überstürzter Flucht den vakanten Posten des Nikolaiorganisten übernommen und an St. Nikolai für eine Blüte der Kirchenmusik gesorgt. Mit zwei gedruckten Liedersammlungen erwarb sich der später sogenannte »Schubert des Barockliedes«[56] auch bald die Gunst des sächsischen Kurfürsten. Doch mit seinem Bewerbungsschreiben fürs Thomaskantorat verbaut sich der Kandidat alle Chancen. Er sei nicht gewillt, außermusikalischen Unterricht zu erteilen, weil darunter die Lust am Musizieren und Komponieren verlorenginge, schreibt er. Pech gehabt: Die Leipziger bevorzugen danach den nahezu unbekannten Sebastian Knüpfer. Der gleichaltrige Vogtländer hat nämlich nicht nur Freude am Unterrichten, sondern verfasst als einziger Kandidat seine Bewerbung auch in Latein.

Dabei kann Knüpfer so gut wie keine Referenzen vorweisen. Nach seiner Schulzeit in Regensburg schreibt er sich an der Universität Leipzig ein und wirkt lediglich vereinzelt als Bassist an einigen Musikaufführungen der Hauptkirchen mit. Dennoch lobt der Rat neben der Gelehrsamkeit des in Musiktheorie, Philologie und Poetik ausgebildeten jungen Mannes explizit auch dessen musikalische Fähigkeiten. Und die stellt er nach seiner Wahl zum Thomaskantor seinen Dienstherren auch bis ans Lebensende zur Verfügung. Ein verlockendes Angebot aus Hamburg schlägt er aus. Als er 1676 mit erst 43 Jahren nach immerhin 19 Dienstjahren stirbt, bezeichnet ihn ein Nachruf als »Musiker, wie ihn Leipzig vorher nicht gesehen hat und vermutlich nicht wieder sehen wird.«[57] Obwohl viele seiner Kompositionen heute vergessen sind, singen die Thomaner fast jährlich ein prächtiges Weihnachtswerk aus seiner Feder, die Choralkantate *Vom Himmel hoch, da komm ich her.*

Den Anstellungsvertrag, den der junge Mann am 21. Juli 1657 unterschreibt, sollte man genau anschauen. Denn es handelt sich um den ältesten noch erhaltenen Kontrakt eines Thomaskantors, einzelne Bestandteile werden auch für Knüpfers Nachfolger bindend. In Leben und Wandel solle er den Thomanern ein Vorbild sein, Reisen muss er sich vom Bürgermeister genehmigen lassen. Bei Beerdigungen soll er selbst Dienst tun und darf diesen nicht delegieren. Vor allem aber wird ihm auferlegt, dass er ohne Einverständnis des Rates kein Amt bei der Universität antritt. Was auffällt: Von der eigentlichen Arbeit ist wenig die Rede. Wie die Kirchenmusik in der Mitte des 17. Jahrhunderts auszusehen habe und ob Knüpfer selbst komponieren solle oder dürfe, regelt dieser Vertrag im Gegensatz zu denen seiner Nachfolger nicht.

Mittlerweile wächst die Stadt Leipzig wieder: Leben im Jahr 1648, am Ende des folgenreichen Dreißigjährigen Krieges nur noch rund 14 000 Menschen innerhalb der Mauern,[58] so steigt die Einwohnerzahl innerhalb der nächsten einhundert Jahre rasch an. Am Ende des 17. Jahrhunderts durchbricht man die Schwelle von 20 000 Einwohnern und erreicht damit den bisherigen Höchstwert aus dem Jahr 1600. Zu Beginn von Bachs Amtszeit 1723 leben schon fast 30 000 Menschen in Leipzig, in seinem Todesjahr 1750 sind es noch einmal 5000 mehr. Das aber ist für lange Zeit der vorläufige Höhepunkt. Erst im 19. Jahrhundert beginnt ein neuer rasanter Anstieg.

Da liegt es nahe, dass sich in dieser Zeit des Wachstums auch die musikalischen Institutionen der Stadt neu sortieren: Die immer noch handwerklich organisierte Stadtmusik erreicht während der Ära Knüpfer ein erstaunlich hohes Niveau. Zu verdanken ist das vor allem Johann Christoph Pezel. Der Oberschlesier kommt 1664 mit 25 Jahren in die Stadt, wird hier Kunstgeiger und steigt bald zum Stadtpfeifer auf. Die gedruckten Sammlungen seiner zahlreichen Instrumentalwerke finden weit über Leipzig hinaus Beachtung. Wohl auch darum bewirbt sich Pezel 1676 um die Nachfolge Knüpfers. Doch Standesdünkel, der später noch häufig ein Element Leipziger Kulturpolitik ist, verhindert, dass der anerkannte Praktiker Thomaskantor wird. Dass ein Stadtpfeifer ohne jede Universitätsausbildung das renommierte Amt erhält, ist für den Rat undenkbar. In den Akten wird noch ein weiterer Grund genannt: Pezel sei einst Katholik gewesen und wäre für das Amt daher untragbar. Dass dies nur ein vorgeschobenes Argument ist, zeigt sich vier Jahre später. 1681 wird der ehemalige Dresdner Hofkapellmeister Vincenzo Albrici von den gleichen Räten zum Thomasorganisten gekürt, als Katholik gelobt er seinen Übertritt zur »wahren Religion«. In Leipzig aber gefällt es dem Italiener dann wohl doch nicht. Nach nicht einmal einem Jahr flieht er nach Prag und wird dort umgehend wieder katholisch.

Eigentlich kann man nicht verstehen, warum ein Musiker 1682 aus Leipzig fliehen will. Denn wenn es eine Zeit gibt, in der sich die Musen in dieser Stadt entfalten, dann in den letzten Jahrzehnten des 17. Jahrhunderts. Da werden die Weichen für etwas gestellt, das zu ganz Großem wächst. Da wird die Saat ausgebracht, die spätere Generationen geduldig pflegen. Dabei geht es zunächst unscheinbar los. An der *Alma Mater Lipsiensis* gibt es in diesen Jahren eine ganze Reihe musikalischer Studenten, die am liebsten im Ensemble spielen – mal Instrumentalwerke, dann wieder musiktheatralische Szenen. Und weil die Handelsstadt eben keine Residenz ist, wartet man nicht ab, bis der Hof etwas »von oben herab« dekretiert, sondern nimmt die Dinge selbst in die Hand. 1663 etwa, immerhin drei Jahrzehnte vor der Gründung des ersten Leipziger Opernhauses, gibt es in der Stadt eine Reihe »angenehm großer Ballette mit beinahe 100 Mitwirkenden«, wie der aus Chemnitz stammende Student Johann Caspar Horn berichtet. Ob damit Opern gemeint sind oder Schauspiele mit Musik- und Tanzeinlagen, lässt sich nicht mehr recherchieren. Dass es aber Studenten wie Horn selbst sind, die für jene Aufführungen sorgen, ist kaum von der Hand zu weisen. Zumal der einstige Student später als Kantor in Dresden das musische Klima in Leipzig über den grünen Klee loben und zum nachahmenswerten Ideal stilisieren wird.[59] Schon wenige Jahre vor diesen denkwürdigen Aufführungen räumt der Leipziger Rat dem Thomaskantor zudem einen recht ordentlichen Etat ein, der es ihm erlaubt, Studenten für die Kirchenmusik zu verpflichten. Das sorgt einige Jahrzehnte lang für einen ungeheuren Aufschwung an prachtvollen Sakralkompositionen, wie etwa den Psalm *Lobe den Herrn, meine Seele* aus der Feder von Johann Schelle.

Mit seiner Wahl zum Nachfolger von Knüpfer haben die Stadtväter eine glückliche Hand bewiesen: Schelle ist zum Amtsantritt 1677 zwar erst 28 Jahre alt, aber der Kantorensohn aus dem Erzgebirge hat schon eine umfangreiche Vita vorzuweisen. Als Kind singt er bei Heinrich Schütz in der Dresdner Hofkapelle, nach dem Stimmbruch wird er Thomaner, schreibt sich an der Universität ein und wird 1670 auf Empfehlung Knüpfers zunächst Kantor in Eilenburg, bevor er dann das Thomaskantorat antritt. Seine Psalmvertonung *Lobe den Herrn* ist das wohl gigantischste Sakralwerk, das die Leipziger im 17. Jahrhundert zu hören bekommen. Aus der Taufe gehoben wird es im September 1683 in der Thomaskirche. Vorangegangen ist der Sieg eines kaiserlichen Heeres vor den Toren Wiens über die Osmanen, der seitdem als *Schlacht am Kahlenberg* in Chroniken bejubelt wird. Das Gemetzel unter Führung des Polen Johann III. und des Sachsen Johann Georg III. beendet am 12. September 1683 die türkische Belagerung Wiens. Für das vom Kurfürsten befohlene Dankfest im ganzen Land holt man in Leipzig das richtig große Besteck heraus. Thomaskantor Schelle komponiert einen 25-stimmigen Lobpreis in der Art venezianischer Psalmen. Zudem richtet man für den Landesherrn in der Thomaskirche einen Fürstenstuhl ein: Auf der Nordempore des Gotteshauses erhält Johann Georg III. aus Dankbarkeit für seinen Beitrag zur Befreiung des Heiligen Römischen Reiches von der Türkengefahr eine eigene Loge. Deutlich sichtbar wird der Zusammenhang durch die fast ein Meter große Figur eines gefangenen türkischen Soldaten, der den Fürstenstuhl ziert. Mit kunstvollem Schnitzwerk, einem sächsischen Wappen und dem Porträt des Fürsten, der seit der Schlacht am Kahlenberg der »sächsische Mars« genannt wird, gestalten die Leipziger dessen Loge zu einem prachtvollen Ehrenplatz in ihrer Kirche, der dort bis zum Umbau zweihundert Jahre später vom Glanz sächsischer Herrscher kündet.

Spannend ist, dass Schelle den Ruhm, dem ihm die Psalmvertonung einbringt, sofort zu nutzen weiß. Gar zu gern nämlich würde er eine Neuerung, die er in Eilenburg bereits ausprobiert hat, auch in Leipzig einführen: Kirchenmusik in der Volkssprache. So ersetzt der junge Thomaskantor nun die bisherige lateinische Kirchenmusik fremder Komponisten durch deutschsprachige Evangelienmusiken aus seiner eigenen Feder – also Vertonungen des sonntäglichen Evangeliums, ergänzt um frei gedichtete, auslegende Textpassagen und Strophen aus Kirchenliedern. Dem Bürgermeister aber passt diese Reform überhaupt nicht. Christian Lorenz von Adlershelm lässt dem Thomaskantor unmittelbar vor Weihnachten, wenn die Musik wieder besonders festlich werden soll, mitteilen, dass er die neue Praxis zu unterlassen habe und stattdessen italienische Kompositionen mit lateinischen Texten aufführen solle. Dem widerspricht Schelle so heftig, dass sich der Stadtrat mit der Kirchenmusik beschäftigen muss. Für den Thomaskantor endet der Machtkampf glücklich: Das Gremium genehmigt die Neuerungen. Hätte es gegen Schelle entschieden, wäre die Musikgeschichte anders verlaufen. Dann gäbe es auch von Johann Sebastian Bach keine deutschsprachigen Leipziger Kirchenkantaten.

MEHRFACHBEGABUNG

1701 bis 1722

Teure Messebesuche · Gebirgswasser als Garant für Musikalität · Johann Kuhnau, ein Unermüdlicher zwischen Orgel, Gerichtssaal und Schreibstube · Ein folgenreiches Versprechen sorgt für jahrzehntelangen Frust

Wenige Tage nach dem glorreichen Sieg am Kahlenberg kommt der Landesherr am 1. Oktober 1683 selbst in Leipzig vorbei. Wieder sind es Studenten, die zur Ehre des Kurfürsten groß besetzte Musik aufführen. Dass Johann Georg III. die Stadt besucht, hat mit der Messe zu tun: Längst sind die drei mit umfangreichen Privilegien gesicherten tagelangen Handelstreffen rund um Neujahr, Ostern und Michaelis (29. September) die wichtigsten wirtschaftlichen Termine weit und breit. Der jeweils regierende Herrscher lässt es sich nicht nehmen, dabei mit dem sächsischen Reichtum zu prahlen: Johann Georgs jüngerer Sohn August, der von 1697 bis 1733 das Kurfürstentum völlig neu gestaltet, ist 30 Mal Messegast. Zu Ostern des Jahres 1710 zeigt August, der bald überall nur noch »der Starke« genannt wird, in Leipzig stolz das Meißner Porzellan. Jenes »weiße Gold«, das sein Privatgefangener Johann Friedrich Böttger in langer Kleinarbeit entdeckt hat. Jeder Besuch der Fürsten kostet die Leipziger 30 000 Taler. Dennoch sehnt sich die ganze Stadt alljährlich nach diesen wenigen Tagen des fürstlichen Besuchs mit ihrem höfischen Glanz, ihren rauschenden Festen, ihrer prachtvoller Musik, ihrem klangvollen Theater und ihren heißen Ballnächten.

Um zu erklären, warum die, lapidar formuliert, bunten Jahrmärkte und Gauklertreffen, die seit Jahrhunderten an einer Handelsstraßenkreuzung veranstaltet werden, solch eine Anziehungskraft besitzen, müssen wir die Zeit zurückdrehen und aus dem Herbst 1683 in den Frühsommer 1497 springen. Da reitet Kunz Krell, Kaufmann und Ratsherr aus Leipzig, in großer Eile gen Süden nach Innsbruck zum Hof des Erzherzogs Maximilian von Österreich, der zugleich gewählter deutscher König ist und später noch zum Kaiser des Heiligen Römischen Reiches Deutscher Nation gekrönt werden wird. Im Gepäck hat Krell ein kleines Vermögen: 178 Gulden aus der Stadtkasse. Im Auftrag der Leipziger will er damit seiner Heimatstadt das Messeprivileg sichern.

Denn an diesem günstig gelegenen Ort blüht der Handel seit Jahrhunderten. Hier kreuzen Via Regia und Via Imperii, Königs- und Reichsstraße. Zwei Handelsrouten, die sich von Ost nach West und von Süd nach Nord durch ganz Europa ziehen. Leipzig wird darum schon ab dem 12. Jahrhundert zum Tauschplatz vieler Kaufleute. Ein für alle Mal soll der König verfügen, dass einzig Leipzig Messen veranstalten darf. Krell wünscht nichts weniger als eine Garantie für ewigen Reichtum. Dabei ist die Stadt zu dieser Zeit schon immens reich. Doch woanders ahmt man das Messe-Modell nach, Merseburg, Halberstadt und Meißen halten eigene Jahrmärkte ab, Magdeburg lädt gar zweimal im Jahr die Händler ein. Die Konkurrenten schmälern den Gewinn der Leipziger Kaufleute, die jedoch Glück haben: Am 20. Juli 1497 unterzeichnet Maximilian das ersehnte Privileg, »für alle Zeit« verbietet er den umliegenden Bistümern die Veranstaltung neuer Märkte. Zehn Jahre später wird das Verbot auf einen Umkreis von 15 Meilen (120 Kilometer) ausgedehnt. Jetzt ist auch der letzte Rivale Erfurt in zufälligerweise genau jener Entfernung ausgeschaltet – und Leipzig der größte Handelsplatz im Güteraustausch zwischen West- und Osteuropa. Darum kann es also gar nicht prächtig genug sein, wenn zu Michaelis 1683 der vor Wien siegreiche Kurfürst in die Stadt einzieht. Und darum auch sind die zigtausend Taler, die für diese Repräsentation stets aus dem Stadtsäckel geholt werden, gut angelegtes Geld.

Es lohnt ein genauer Blick auf die studentische Ehrung für den »sächsischen Mars«. Denn in einem Bericht über die heute verschollene nächtliche Serenade taucht erstmals der Name eines Mannes auf, der dann bis zu Bachs Amtsantritt 1723 jahrzehntelang das kulturelle Leben der Stadt prägen wird: Johann Kuhnau, ein 23-jähriger ehemaliger Kruzianer, der an der Universität Leipzig Jura studiert. Er ist zwölf Jahre jünger als Thomaskantor Schelle, und dass er wie dieser auch aus Geising im Erzgebirge stammt (ein Onkel Schelles ist im Jahr 1660 Kuhnaus Taufpate), erstaunt schon die Zeitgenossen. Johann Heinrich Ernesti, Rektor der Thomasschule, wird 1701 zu Kuhnaus Amtseinführung als Thomaskantor die erstaunliche These aufstellen, die Musikalität der Erzgebirgler sei dem dort besonders mineralreichen Wasser zuzuschreiben. Das verleihe den Stimmen besondere Lieblichkeit, »wohingegen man in Leipzig schwerlich einen Knaben findet, dem man wegen der Vortrefflichkeit seiner Stimme ein Denkmal setzen kann«.[60]

1683 ist Kuhnau jedoch vom Amt des Thomaskantors noch weit entfernt. Die Leipziger sichern sich in weiser Voraussicht die Dienste des begabten jungen Mannes und ernennen ihn zum Thomasorganisten. Ein Job, der ihn offensichtlich nicht ausfüllt. Mit heutigen Worten muss man Kuhnau als Workaholic bezeichnen: 1688 wird er an der Universität promoviert, danach ist er nicht nur als Organist, sondern auch als Anwalt tätig. Zudem lässt er richtungsweisende »Clavierwerke«[61] drucken, veröffentlicht Romane und komponiert mehrere Opern. Noch im ersten Jahr seines Thomaskantorats sorgt er zur Neujahrsmesse 1702 dafür, dass die fünf Jahre zuvor von ihm gedichtete und komponierte *Galathea* auch im Opernhaus am Brühl aufgeführt wird. Glaubt man dem Musikschriftsteller Johann Adolph Scheibe, dann ist die Produktion jedoch ein peinlicher Reinfall. Das Problem ist nur: Der erst 1708 geborene Scheibe berichtet ausschließlich vom Hörensagen in einer Kritik, die Jahrzehnte nach der Premiere erscheint.

Dass Kuhnau kaum Theatererfolge hat, liegt mit Sicherheit nicht an seiner Musik. Talent hat er auf jeden Fall. Im Jahr 1700 lässt Kuhnau sechs Cembalosonaten zu alttestamentlichen Geschichten drucken. Diese *Biblischen Historien* sind regelrechte Mini-Opern, wie *David und Goliath* zeigt: Da erscheint mit schweren Akkorden der kraftmeiernde Riese, bei dessen Anblick der Mut der Israeliten in musikalisch absteigender Linie bedrohlich sinkt. Doch dann taucht David mit einem munteren Lied auf, schleudert einen Stein, den man keck durch die Luft sirren hört, und schon poltert Goliath zu Boden. Plastischer hätte man das auch auf der Bühne nicht darstellen können.

Leider passiert Kuhnau, dem die Arbeit so locker von der Hand geht, 1701 ein folgenschwerer Fehler, unter dem später nicht nur er, sondern auch noch Bach leiden wird. Während der Suche nach einem Nachfolger für Schelle beklagen sich die Räte öffentlich über die kaum noch passablen musikalischen Fähigkeiten der Thomaner. Flugs verspricht Kuhnau, als Kantor den Knaben auch Instrumentalunterricht zu geben. Damit ist die Sache klar: Der arbeitswütige Bewerber wird gewählt und der seit 1660 üppig ausgestattete Etat gestrichen, aus dem Studenten für die Unterstützung der Kirchenmusik bezahlt werden. Nun muss sich der Thomaskantor selbst kümmern. Nicht immer ist es von Vorteil, sich für jede Arbeit zu melden …

Doch noch einmal zurück zu jener Tatsache, dass Kuhnau nicht nur Opern schreibt, sondern diese auch aufführen lässt. Eigentlich passt das nicht zusammen, zumindest dann, wenn man den Komponisten aus dem Blickwinkel der Nachwelt betrachtet. Wenn man nur seine Eingaben, Streitschriften und Entgegnungen liest und daraus Kuhnaus künstlerisches Selbstverständnis ableitet, dann ist eine Oper das, was man vom Thomaskantor am wenigsten erwartet. Im Dezember 1709 etwa erläutert Kuhnau im Textbuch zu einem neuen Kantatenjahrgang, warum er ab sofort, anders als in den Jahren zuvor, auf Arien und Rezitative verzichten werde: »Weil ich dem Verdachte der Theatralischen Musik desto leichter zu entgehen gedencke«.[62] Doch spricht aus diesen Zeilen wirklich jene rückwärtsgewandte Ablehnung des Musiktheaters, wie sie Forscher immer wieder herauslesen? Wohl eher nicht. Vielmehr wird zu dieser Zeit für den Thomaskantor die 1701 voreilig unterschriebene Bereitschaft, seine Zöglinge auch instrumental zu errichten, zu einer immer ernsthafteren Angelegenheit. Da der Etat für Aushilfen gestrichen wird, hat Kuhnau keinen

Zugriff mehr auf musizierende Studenten. Das Arbeitspensum ist enorm angewachsen. Erst recht, da die Sänger schon kurze Zeit später für Musik in nun schon vier Kirchen zu sorgen haben.

Ein Problem ist weniger die ab 1712 wieder eröffnete Peterskirche,[63] in der die Thomaner nur vierstimmige Choräle singen. Doch die schon einige Jahre zuvor ebenfalls wieder in Betrieb genommene Barfüßerkirche mutiert unter ihrem volkstümlichen Namen *Neukirche* zum Zankapfel. Zwar wird nach der Weihe am 24. September 1699 für die Kirchenmusik an diesem Gotteshaus sogar ein dritter Chor der Thomaner gebildet. Aber schon kurze Zeit später stellt hier Georg Philipp Telemann die Musikwelt gehörig auf den Kopf. Unterstützt wird er dabei von einer ganzen Heerschar musizierender Studenten, für die es an der Thomaskirche eben kaum noch lukrative Aufträge gibt. Kein Wunder, dass sich Telemann, der seit 1704 als Organist an der Neukirche tätig ist und zudem ein ebenfalls im Opernhaus tätiges studentisches *Collegium musicum* leitet, als Musikdirektor der Stadt versteht. Der Thomaskantor, der in musikalischen Dingen traditionell die Nummer Eins ist, will das aus der Welt schaffen. So schreibt Kuhnau Eingabe um Eingabe gegen Telemann und seine »Operisten«. Jedoch nicht, wie die Forschung oft glaubt, weil dem Thomaskantor das Musiktheater generell ein Dorn im Auge ist. Sondern, weil er die örtlichen Institutionen so strukturiert sehen will, dass ihm die Richtlinienkompetenz obliegt.

Im Streit leistet sich Kuhnau manch erstaunliche Polemik. In der schon erwähnten Vorrede zum 1709 begonnenen Kantatenjahrgang wirft er den Kollegen vor, die Unterschiede zwischen Kirchen- und Theatermusik zu verwischen, weil sie »fleischlich gesinneten immer mehr und mehr Nahrung ihrer Begierden giebet, und gar selten die unordentliche Hitze des auffsiedenden Geblütes dämpffet«.[64] Auch Vorgesetzte werden in die Reibereien hineingezogen. Als 1710 der junge Johann Friedrich Fasch dem Rat anbietet, die Musik in der Universitätskirche unentgeltlich zu übernehmen und Kuhnau sofort protestiert, springt Thomasschulrektor Ernesti seinem Kantor mit einem Totschlagargument bei: Hat dieser Fasch mit seinem *Collegium musicum* nicht unchristlich im Kaffeehaus und in der Oper musiziert?

Die Stadträte schütteln energisch ihre Perückenhäupter und lehnen das Ansinnen des jungen Mannes ab. Der wiederum zieht beleidigt davon, tritt aber gehörig nach: Kein einziger Student werde sich unter Kuhnaus Dirigat zwingen lassen, und ohne die akademische Hilfe werde der Thomaskantor in Leipzig kaum noch etwas reißen können. Das feinere Florett im Kampf mit dem unbeliebten Thomaskantor wählt der 1683 geborene ehemalige Thomaner Johann David Heinichen. In seiner 1711 verlegten *Generalbasslehre* widerlegt er Punkt für Punkt die harschen Vorwürfe aus dem Vorwort von Kuhnaus Kantatenjahrgang. Den Namen des Kritisierten nennt er zwar pietätvoll nicht (er schreibt nur vom »Musicalischen Horribilicribrifax«), kanzelt dann aber die Lehren des seiner Meinung nach »vortrefflichen Contra-Punctisten« kurzerhand apodiktisch als »ein paar hundert verschimmelte überflüssige Regeln«[65] ab.

Es sind jene Streitereien aus dem zweiten Jahrzehnt des 18. Jahrhunderts, die das Bild von Bachs Amtsvorgänger prägen. Dem zu dieser Zeit schon 55-jährigen Kuhnau schaden seine unablässigen Beschwerden dabei am meisten. Als nämlich 1715 nach dem Tod des Neukirchenkantors Melchior Hoffmann über die Frage diskutiert wird, ob es vielleicht nicht doch ratsam sei, die komplette städtische Kirchenmusik in die Hände des Thomaskantors zu legen, sind sich die Räte einig: Im Prinzip sei das Ansinnen richtig, aber mit dem aktuellen Thomaskantor würde dies einfach nicht funktionieren. Also ernennt man Johann Gottfried Vogler zum Kantor der Neukirche. Fünf Jahre später verabschiedet sich der hochverschuldete Vogler bereits wieder aus dem Amt. Erneut schreibt Kuhnau eine Eingabe. Darin klagt er über das »wilde Opernwesen« in der Neukirche und fordert eine »devote Kirchenmusik«. Denn die Studenten hielten es »lieber mit der lustigen Music in der Opera, und denen Caffee Häusern, alß mit unserem Choro«.[66] Doch auch dieses Schreiben, in dem er empfiehlt, ihm die Leitung der gesamten innerstädtischen Figuralmusik zu übertragen, nützt nichts. Der Rat, der weiß, dass das Verhältnis zwischen dem Thomaskantor und den in der Neukirche musizierenden Studenten derart zerrüttet ist, dass diese sich niemals von Kuhnau dirigieren lassen würden, wählt Georg Balthasar Schott zum Neukirchenkantor.

In seinen 21 Amtsjahren als Thomaskantor leidet Kuhnau bis zuletzt darunter, dass er zu Beginn mit einer gut gemeinten Zusage selbst dafür gesorgt hat, dass die Studenten nicht mehr in der Thomaskirche spielen und sich dann neue Auftrittsmöglichkeiten außerhalb seines Einflussbereichs suchen. Man kann sich seinen Frust darüber regelrecht vorstellen. Den Tag seiner Vertragsunterzeichnung wird der Thomaskantor, der am 5. Juni 1722 mit 62 Jahren stirbt, zweifellos nicht nur einmal verflucht haben.

DIE WELT AUF DEN BRETTERN

1693 bis 1722

Was eine Hansestadt hat, braucht die Messestadt auch · Ein Koffer und seine Bedeutung für die Musikgeschichte · Es knirscht im Theatergebälk · Pokern um den hochbegabten Star

In ganz Deutschland staunt man über die Berichte von prachtvollen Festen, mit denen die Kaufleute von der Pleiße während ihrer drei jährlichen Messen sich selbst und ihren Reichtum feiern. Dass bei diesen Ereignissen auch das Musiktheater nicht fehlen darf, versteht sich von selbst. Gleich mehrfach sorgen die Leipziger im 17. Jahrhundert dafür, dass ihre Gäste mit Musik, Schauspiel und Ballett unterhalten werden. Doch nach den legendären »Brettern, die die Welt bedeuten«, muss man zu jener Zeit in der stolzen Handelsstadt erst noch suchen. Ein eigenes Theater muss her, eine Bürger-Oper, ganz unabhängig vom Hof. So wie die reichen Hamburger schon seit 1678 das erste bürgerliche Opernhaus der Welt außerhalb Venedigs ihr Eigen nennen können, die berühmte Gänsemarktoper. Weil im Kurfürstentum Sachsen der Hof aber grundsätzlich ein Monopol auf das Theater hat, ist vor der Errichtung eines Musentempels in Leipzig zunächst ein fürstliches Privileg nötig, das jährlich neu bezahlt werden muss.

Preiswert ist das keineswegs, so dass die Idee, in Leipzig Theater zu spielen, finanziell einen langen Atem braucht. Nicolaus Adam Strungk, ehemaliger Hofkapellmeister in Dresden, traut sich das Ganze zu und sucht nach einem geeigneten Grundstück. Ins Auge fasst Strungk zunächst die Peterskirche an der südlichen Stadtmauer. Das Gotteshaus wird seit der Einführung der Reformation 1539 nicht mehr als Kirche genutzt und dient als Kalkscheune. Für den Umbau zum Theater eignet sich die Peterskirche letztlich zwar nicht, doch immerhin erinnern sich die Leipziger nun wieder an das Haus und weihen es 1712 erneut als Kirche. Am nordöstlichen Ende des Brühls wird Strungk fündig. Dort, wo heute die Ritterpassage steht, pachtet er ein Grundstück und lässt sich darauf von Girolamo Sartorio ein 40 Meter langes Opernhaus bauen. Der amphitheaterähnliche Zuschauerraum mit 125 Logen in fünf Rängen zeugt vom selbstbewussten Anspruch des Bürgertums. Doch schon bald zeigen sich erhebliche Baumängel am schnell errichteten Gebäude, das nur 36 Jahre später wieder abgerissen werden muss.

Auch künstlerisch ist dem Haus wenig Glück beschieden. Zwar wird Strungks *Alceste* zur Eröffnung im Mai 1693 sagenhafte 15 Mal gespielt. Aber die strukturellen Probleme sind nicht lösbar. Denn gespielt wird nur während der Messen, so dass es nicht mehr als 50 Vorstellungen pro Jahr gibt. Angesichts dessen können die Kosten nicht erwirtschaftet werden, Strungk verschuldet sich immer mehr. Als der Gründungsdirektor im Jahr 1700 stirbt, hinterlässt er seinen fünf Töchtern einen Berg von Verbindlichkeiten. Zum einen jagt der Architekt immer noch seinem Honorar nach, zum anderen hat der chronisch klamme Papa der Grundstückseigentümerin so gut wie nie Pacht gezahlt. Da naht Hilfe auf unkonventionellen Wegen. Die Strungk-Töchter einigen sich darauf, das Haus als Familienunternehmen zu führen. Auf der Bühne stehen fortan die fünf Töchter selbst und ihre Ehemänner. Honorare für Librettisten spart man, weil Christine Dorothea Lachs, die Zweitjüngste, recht passabel dichtet. Vor allem aber hat die Familie mit dem Musikdirektor Glück. Denn der 20-jährige Georg Philipp Telemann, der Anfang 1701 aus Magdeburg zum Studium nach Leipzig kommt, drängelt sich den Frauen förmlich auf. Zudem gehört zu seinem Anhang bald ein *Collegium musicum* aus spielfreudigen Studenten, die, wir erinnern uns, soeben vom Dienst in der Kirche entpflichtet wurden.

Dass sich der Magdeburger in Leipzig als Musiker einen Namen macht, ist so nicht geplant. Zwar zeigt er schon als Kind erstaunliches Talent, aber die Mutter schickt ihn eigentlich nach Leipzig, damit er Jurist wird. »Ohne allen Wiederspruch, mit dem festen Vorsatze, auf einen geheimen Rath loß zu studiren: hinterließ auch meine gantze musikalische Haushaltung«[67], schreibt Telemann in seiner Autobiografie. Oder besser gesagt in seiner letzten Autobiografie, denn im Laufe seines Lebens wird er sich dreimal an den Schreibtisch setzen, um der Nachwelt Details aus seinem Leben mitzuteilen. Im jenem dritten Lebensbericht, der 1740 für Johann Mattheson verfasst wird, überliefert er eine Anekdote, die erklärt, warum er den Herzenswunsch der Mutter nicht erfüllt. Auf dem Weg nach Leipzig kann er den Verlockungen zwar gerade noch widerstehen: »Da ich unterwegens in Halle, durch die Bekanntschafft mit dem damals schon wichtigen Hrn. Georg Fried. Händel, beynahe wieder Notengifft eingesogen hätte. Allein ich hielt fest, und nahm meine vorige Gedancken wieder mit auf den Weg.«[68] An der Pleiße angekommen aber nimmt das Schicksal seinen Lauf. Schuld daran ist Telemanns Mitbewohner und eine Komposition, die »zufällig« in seinen eigenen Koffer geraten ist: »Wie klopffte mir das Hertz, als ich Wände und Winckel der Stube mit musikalischen Instrumenten versehen fand! Mir wurde alle Abend was vormusiciret, welches ich bewunderte; ob ich es gleich selbst weit besser konnte. Mittlerweile kömt mein Stubenpursch einst über meinen Coffre, und findet den von mir componirten sechsten Psalm, der, ich weiß nicht wie, unter mein Leinenzeug gerathen war. Ich verständigte ihn meines Vorhabens, welches er billigte; bat sich aber den Psalm aus, um ihn am nähesten Sonntage in St. Thomaskirche musiciren zu lassen.«[69]

Eine schön erdachte Geschichte, mit der die Mutter zweifellos beruhigt werden sollte. Und sie hat natürlich eine Fortsetzung: So erklingt also eines Sonntags in der Thomaskirche die Komposition eines 20-jährigen Studenten, der soeben erst in Leipzig eingetroffen ist. Unter den Zuhörern ist Bürgermeister Franz Conrad Romanus, der sofort mit Telemann einen Vertrag schließt. Alle 14 Tage soll der junge Mann eine neue Komposition für die Thomaskirche liefern. Als

Konkurrenz zum Thomaskantor ist dies jedoch nicht gedacht. Da für die Zahlungen keine Belege existieren, wird Romanus seinen Günstling aus eigener Tasche entlohnt haben. Zum finanziellen Gebaren des Stadtoberhaupts passt das durchaus: Beim Bau seines Stadtpalais, des heutigen Romanushauses, übernimmt er sich 1704 derart, dass auf Befehl des Kurfürsten die städtischen Finanzunterlagen genau geprüft werden. Im Haus des Bürgermeisters findet man schließlich neben Unmengen gefälschter Schuldscheine auch unterschlagene Gelder aus den Rats- und Kirchenkassen.

Für Romanus geht die Geschichte nicht gut aus: Er wird verhaftet und auf der Festung Königstein arrestiert. Da alle Gnadengesuche abgelehnt werden, bleibt er bis zu seinem Tod 41 Jahre lang Staatsgefangener. Mit der Familie Romanus aber zeigt sich der Kurfürst gnädiger. Immer wieder greift August in das langwierige Konkursverfahren ein, ehe es 1727 beendet wird und der Besitz auf die Ehefrau übergeht. Wovon später auch Bach profitiert: Romanus' entschuldete Tochter Christiana Mariana von Ziegler kann sich so einen poetisch-musikalischen Salon einrichten, sich dort mit dem Thomaskantor anfreunden und für ihn mindestens neun Kantatentexte dichten.

All das weiß Telemann natürlich noch nicht, als er 1701 das Privatstipendium des Bürgermeisters erhält. Weil der junge Mann von der Zuwendung gut leben kann, schickt er das Geld, dass er von seiner Mutter erhält, postwendend nach Magdeburg zurück und bittet um die Erlaubnis, die Juristerei sein lassen zu dürfen: »Ihr Segen zu meiner neuen Arbeit erfolgte: und nun war ich auf der einen Achsel wieder ein Musikus.«[70] Und was für einer! Gut zwei Dutzend Opern schreibt Telemann allein für das Opernhaus am Brühl. Was erstaunlich ist angesichts der Tatsache, dass Telemann Leipzig schon nach vier Jahren wieder verlässt, um den Posten des Kapellmeisters in Sorau anzutreten. Doch der Kontakt in die Studienstadt reißt nicht ab. Selbst von Frankfurt aus, wo Telemann ab 1712 städtischer Musikdirektor ist, sendet er noch seine Werke nach Leipzig, wo sie das Strungk'sche Familienunternehmen aufführt. Dass nach »etlichen und zwanzig« Werken, wie der Komponist selbst schreibt, dann Schluss ist mit Telemanns Opern in Leipzig, dafür kann der Vielschreiber nichts.

1720 nämlich wird das marode Haus definitiv geschlossen, danach gibt es fast ein halbes Jahrhundert lang kein festes Theater mehr in der Stadt. Weshalb auch die hochbezahlte Sängerin Anna Magdalena Bach, die 1723 mit ihrem Mann vom Köthener Hof aus an die Pleiße zieht, vor Ort ihren Beruf nicht ausüben kann.

Möglicherweise haben die Leipziger einfach genug vom »Theater ums Theater«, das die Familie Strungk und deren Anhang 27 Jahre lang wie eine Seifenoper abliefert. Ein besonders schmutziges Kapitel beginnt ab 1708 mit Samuel Ernst Döbricht, einem der Schwiegersöhne des Gründers. Heimlich versucht er, mit der Familie des Architekten den immer noch schwelenden Konflikt um dessen Honorar zu lösen, übergeht dabei seine Schwägerinnen und bringt stattdessen seine Schwestern im Ensemble unter. Die Strungks zahlen es dem Möchtergern-Intendanten ordentlich heim und boykottieren dessen Premieren nach Herzenslust: Da fehlen schon mal mitten in der Aufführung Kostüme und Requisiten, die dann lautstark gesucht werden. So weiß man nicht genau, ob das Publikum in die Oper strömt, um dort Telemanns Werke zu hören oder um sich an Döbrichts Missgeschicken zu laben. Schade eigentlich, denn künstlerisch kann sich der Impresario mit der Hamburger Konkurrenz messen. Zu Ostern 1712 etwa bringt er eine 15-stündige Oper von Melchior Hoffmann auf die Bühne – verteilt auf drei Abende. Ein riesiger Erfolg, der nach Wiederholung lechzt. Gut eineinhalb Jahrhunderte später wird ein anderer Komponist mit Leipziger Wurzeln eine ähnliche Idee haben und unter dem Titel *Der Ring des Nibelungen* eine Tetralogie mit vier Opern und 16 Stunden Spielzeit erschaffen. Doch Leipzig wäre eben nicht Leipzig, wenn man nicht darauf verweisen würde, dass diese Idee schon lange Zeit zuvor innerhalb der eigenen Stadtmauern verwirklicht worden wäre. Und die Strungks wären nicht die Strungks, hätten sie dem verhassten Familienmitglied den Erfolg gegönnt. Gerichtlich lassen sie Döbrichts Aufführungen verbieten, damit sie selbst im Opernhaus spielen können. Der juristisch Unterlegene wehrt sich auf seine Weise. Stunden vor der Premiere seiner Gegnerinnen geht er mit dem Beil auf Kulissen und Bühnenunterbau los und hinterlässt nur noch Kleinholz.

1716 übernimmt wieder eine der Strungk-Töchter das notdürftig reparierte Opernhaus. Mittlerweile ächzt es ordentlich im Gebälk des nie bezahlten, aber maroden Gebäudes. Als 1719 unter großem Gepolter eine Dachrinne abfällt, reicht es den Nachbarn. Auf ihre Beschwerde hin erklärt der Stadtrat das Haus für baufällig und lässt es schließen. Die hochverschuldeten Theaterleute fliehen schließlich und hinterlassen eine Ruine, die nur noch abgerissen werden kann.

Der 1704 in Leipzig auf Händen getragene Telemann ist sicherlich gut beraten, nicht das Amt des hiesigen Theaterkapellmeisters als Endpunkt seiner Karriere anzustreben. Dabei unternimmt man vor Ort alles, um jenen Musiker an sich zu binden, der später der größte Star seiner Zeit wird. Als die Orgel in der Neukirche endlich fertiggestellt ist, offeriert man dem Talent sofort die Stelle des dortigen Organisten. Der nimmt an, definiert aber zum Unmut des Thomaskantors Kuhnau seinen Posten ganz neu. Sich selbst sieht er als Musikdirektor, und gemeinsam mit seinem *Collegium musicum* stellt er, wie beschrieben, an der Neukirche die Musik auf den Kopf. Seine eigentliche Aufgabe, das Orgelspiel, überlässt er hingegen Studenten.

Der schnelle Weggang des Hochbegabten, dem Leipzig bald zu klein wird, führt dazu, dass es im Machtkampf zwischen Kuhnau und Telemann nie zum Showdown kommt. Es ist müßig zu spekulieren, wie dieser ausgegangen wäre. Denn einerseits kommunizieren die Stadtoberen offen, dass sie den Magdeburger als nächsten Thomaskantor sehen. Andererseits gibt es von Telemann, im Gegensatz etwa zu Heinichen und Fasch, kein einziges kritisches Wort über Kuhnau. Alle Äußerungen zeigen, dass der junge Mann warten kann. So lange, bis ihm Ämter und Posten angetragen werden und er nur noch wählen muss. So erstaunt es auch niemanden, dass nach Kuhnaus Tod am 5. Juni 1722 Georg Philipp Telemann ohne große Diskussionen einstimmig zum neuen Thomaskantor gewählt wird. Der nun 41-Jährige ist gerade frischgebackener Musikdirektor in Hamburg und besitzt damit den ansehnlichsten musikalischen Posten, den es zu dieser Zeit in Deutschland außerhalb von Fürstenhöfen gibt. Um diesen inzwischen berühmten Mann nach Leipzig zu locken, ist der Rat auch zu einigen Zugeständnissen bereit. Den Schulunterricht, mit dem sich alle Vorgänger und viele Nachfolger herumärgern müssen, würde man ihm erlassen. Die Freunde von Prunk und Reichtum im Rat hoffen zudem, dass Telemann wieder die Leitung des *Collegium musicum* übernehmen könnte. Und wer weiß: Vielleicht bringt er ja auch das erst zwei Jahre zuvor geschlossene Opernhaus wieder auf Vordermann?

Wenige Wochen nach der Wahl besucht der hochgeachtete Musiker jedenfalls die Stätte seines früheren und, wie er wohl selbst glaubt, auch zukünftigen Wirkens. Denn dass Telemann nur pokert oder gar Noch-Arbeitgeber und potenziellen nächsten Arbeitgeber gegeneinander ausspielt, scheint angesichts des gut dokumentierten Vorgangs wenig denkbar. Vielmehr schreibt der Komponist am 3. September 1722 sein Entlassungsgesuch an den Hamburger Rat und schildert darin mit deutlichen Worten, was ihm Leipzig zu bieten hat: beträchtlich mehr Gehalt und weniger Arbeit. Jetzt reagieren die Hamburger. Umgehend erhöht der dortige Rat die Besoldung des Musikdirektors. Und zwar so erheblich, dass Telemann nun den Rücktritt vom Rücktritt formuliert und den Leipzigern eine freundliche Ablehnung schickt. Denn so reizvoll, dass er dafür die reiche Hansestadt verlassen mag, ist das Angebot aus der sächsischen Messestadt dann doch nicht. Zudem ist er mit seinen über 40 Jahren inzwischen auch nicht mehr der Jüngste und hat die Wanderjahre bereits hinter sich gelassen. In Hamburg jedoch, wo es ihm richtig gut geht, bleibt Telemann noch sagenhafte 45 Jahre bis zu seinem Tod im Jahr 1767.

DU WAHRER GOTT

1723

Ein kritischer Orgelgutachter und seine Kostenlisten · Probe bestanden: Der Köthener Kapellmeister Johann Sebastian Bach und seine Kantaten · Wenn Musik nicht zu lang oder zu »opernhaftig« sein darf

Dass ein favorisierter Bewerber das weit und breit wichtigste kirchenmusikalische Amt dann doch nicht antritt, das kommt im Laufe der Jahrhunderte gleich mehrfach vor. Man könnte ein Buch schreiben mit dem Titel »Berühmte Männer, die nicht Thomaskantoren wurden«. Neben Telemann würden sich die Namen von Schütz, Mendelssohn und Brahms darin finden. Aber das ist eine andere Geschichte.

Für den Rat scheint es kein Problem, nach Telemanns Absage im Spätsommer 1722 noch einmal um Bewerbungen zu bitten. Zwei Kandidaten sind für die Leipziger besonders interessant: der 34-jährige Johann Friedrich Fasch, jener einst im Groll gegen Kuhnau aus der Messestadt fortgezogene ehemalige Thomaner, der soeben erst zum Hofkapellmeister in Zerbst aufgestiegen ist. Sowie Christoph Graupner, ebenfalls einstiger Thomaner, später dann Cembalist und Opernkomponist in Hamburg und seit 1709 Angestellter des Landgrafen von Hessen-Darmstadt. Weil sich Bürgermeister Gottfried Lange mit einem berühmten Namen schmücken will, bevorzugt er Graupner. Den lässt man am 17. Januar 1723 zur Probe dirigieren, wählt ihn danach umgehend zum Thomaskantor und hat sofort ein neues Problem. Denn der 40-jährige (der übrigens auch wie Schelle und Kuhnau aus dem Erzgebirge stammt) möchte zwar nach Leipzig wechseln, darf jedoch nicht. Sein Landesherr Ernst Ludwig in Darmstadt verweigert die Freigabe, und mit Sicherheit lockt er auch mit einer Besoldungserhöhung, falls der Hofkapellmeister bei ihm bleibt. Graupner bringt schließlich einen weiteren Namen ins Spiel. Einen Kollegen, Hofkapellmeister im kleinen Köthen: Johann Sebastian Bach.

Nach der Heirat seines fürstlichen Dienstherrn sucht Bach eine neue Aufgabe. Diese Tatsache hat sich vermutlich bis zu Graupner herumgesprochen. Den Spross jener weitverzweigten thüringischen Musikerfamilie, die im späten 17. Jahrhundert in ihrer Heimat nahezu jede Kantoren- und Musikerstelle besetzt, kennen auch die Fachleute in Leipzig schon eine Weile. Der 1685 in Eisenach geborene Musiker macht sich bereits im Alter von nur 18 Jahren als Orgelexperte einen Namen und wird bald über seine eigentlichen Wirkungsstätten hinaus bekannt. Er wird auch gerufen, als 1717, sechs Jahre vor Graupners Probedirigat, in der Leipziger Universitätskirche die damals größte Orgel in ganz Kursachsen eingeweiht wird. Bevor das Instrument erstmals im Gottesdienst erklingt, muss es von einem Sachverständigen geprüft werden. Im 18. Jahrhundert, in dem Orgeln allerorten neu gebaut werden, entstehen derlei Gutachten oft aus Gefälligkeit. Manchmal gar legt ein Orgelbauer schon im Vorhinein fest, wer sein Schmuckstück prüfen darf und wer nicht. Dass Bach etwa ein Instrument von Gottfried Silbermann begutachtet, weiß der Freiberger Orgelbaumeister nach einigen für ihn vermeintlich schlechten Erfahrungen bald zu verhindern.

Solch eine Prüfung funktioniert zu Bachs Zeiten nach dem immer gleichen Prinzip: Zunächst testet der Gutachter die Orgel ein paar Stunden lang auf Herz und Nieren. Danach wird ordentlich geschmaust, gezecht und geraucht, denn der Experte erhält für seinen Dienst nicht nur Geld, sondern auch freie Kost und Logis. Weil Bach aber keine Gefälligkeitsgutachten liefert, sondern seine Prüfungen oft auf mehrere Tage ausdehnt, sind seine Kostenlisten auch besonders lang. So führt die Abschlussrechnung einer Geraer Orgelprüfung 1725 neben 30 Talern Honorar nicht nur weitere 17 Taler, 8 Groschen und

8 Pfennige für Unterbringung und Verpflegung auf, sondern auch Bier, Branntwein, Kaffee, Tee, Zucker, Tabak und Pfeifen, die das sowieso schon vom Auftraggeber übernommene Mittag- und Abendessen noch ergänzen. Keine Frage, dass für diesen gewissenhaften Gutachter die besonders großen Orgeln in Nah und Fern reserviert sind, wie jene aus der Werkstatt von Johann Scheibe in der Leipziger Universitätskirche, die nach langer Planungs- und Bauzeit 1717 endlich fertig wird. Diese ist übrigens ein Beispiel für die vertanen Chancen der Musikstadt. Dass es nämlich in der Stadt Bachs heute keine originale Barockorgel gibt und Liebhaber des authentischen Musizierens 20 Kilometer nach Rötha oder 15 Kilometer nach Störmthal fahren müssen, um Orgeln der Bachzeit zu bestaunen, hat auch mit diesem Instrument zu tun, das hier von Bach begutachtet wird.

Die bereits sieben Jahre früher beginnende Vorgeschichte darf an dieser Stelle nicht vergessen werden. 1710 kommt ein 27-jähriger Orgelbaumeister auf seiner Wanderung aus dem Elsass, wo er beim Bruder gelernt hat, nach Leipzig. Er ist von einer wagemutigen Idee besessen: Die unterschiedlichen Klangwelten französischer und deutscher Orgeln möchte er in neuen Instrumenten kombinieren. Der junge Mann ist sowohl ein handwerkliches Genie als auch wirtschaftlich begabt. Im Zeitalter des Merkantilismus und der Manufakturen rechnet er aus, dass fünf Orgel-Grundtypen, deren Hauptbestandteile auf Vorrat produziert werden können, ausreichen, um schnell und vielfältig im ganzen Kurfürstentum neue Instrumente herzustellen. Thomaskantor Kuhnau ist begeistert von diesem Genie, das (natürlich nur ein Zufall) wie er aus dem Osterzgebirge stammt. Er rät den Ratsherren, diesem Gottfried Silbermann, der noch keine einzige Orgel selbstständig baute und dessen Namen sie noch nie gehört haben, den geplanten Neubau in der Universitätskirche anzuvertrauen. Man kann es den skeptischen Verantwortlichen nicht einmal übelnehmen, dass sie das Wagnis nicht eingehen. Doch darum geht der Arbeitslose zurück in seine erzgebirgische Heimat und baut in Frauenstein eine kleine Orgel. Als sich kurze Zeit später die Einwohner der reichen Silberstadt Freiberg ein prachtvolles Instrument für ihren Dom wünschen, zieht der junge Mann den Leipziger Entwurf aus der Tasche. Ist es Mitleid mit dem kaum Beschäftigten oder visionärer Weitblick? Jedenfalls greifen die Freiberger zu und Silbermann gründet seine Werkstatt, von der aus er später ganz Sachsen beliefern wird, in Freiberg. Dass er die Arbeitsstätte im Falle eines Auftrages in Leipzig eingerichtet hätte, steht außer Zweifel. Doch so ist die Messestadt im Laufe der Jahrhunderte vieles geworden, aber eben niemals Orgelstadt.

Vielleicht erklärt das, warum Bach 1717 mit dem neu gebauten Instrument in der Universitätskirche so kritisch ist. Im Großen und Ganzen habe Baumeister Scheibe ordentliche Arbeit geleistet, schreibt er. Aber für die kleinräumige Empore sei die Orgel zu eng gefasst. Zudem würde die Sonneneinstrahlung, der das vor einem Fenster stehende Instrument permanent ausgeliefert sei, für ständige Verstimmungen sorgen, ist sich der Gutachter sicher – und soll Recht behalten. Bach schafft sich mit diesem Urteil einen Feind fürs Leben, die Antipathie überträgt sich auch auf die nächste Generation. 1737 veröffentlicht Scheibes Sohn Johann Adolph, jener Musikschriftsteller, der schon an Kuhnaus Oper *Galatea* kein gutes Haar gelassen hat, einen Text, in dem er Bachs Musik als unnatürlich und gekünstelt beschreibt.

Wenn kritische Bemerkungen so lange nachwirken, dann dürfte Bach im Winter 1722/23, als er sich für das Amt des Thomaskantors bewirbt, zweifellos in der Leipziger Musikszene bekannt sein. Auch wenn er im Gegensatz zu vielen anderen, die in der Messestadt eine Rolle spielen, nie Thomaner war. Nicht einmal ein Studium kann er vorweisen, anders als die meisten Mitbewerber. Dabei ist die Ausbildung zum Gelehrten und pädagogische Erfahrung eigentlich Voraussetzung für das Amt, in dem Heranwachsenden neben Singstunden auch Lateinunterricht erteilt werden muss. Dass in der Zeit des prunkvollen Barock jede Neubesetzung des Thomaskantorats ein Machtkampf ist zwischen Stadträten, die einen repräsentativen Musiker suchen, und solchen, die einen guten Schulmeister wollen, ist gerade für diese Wahl genau untersucht. Im Falle des Köthener Kapellmeisters fassen die Bach wohlgesonnenen Räte den Terminus »pädagogische Erfahrung« sehr weit: Den ersten Band des *Wohltemperierten Klavier* von

1722 erklären sie einfach nachträglich zum Lehrwerk. Zu Recht, denn Bach erkundet mit dieser Sammlung von Präludien und Fugen in allen Tonarten nicht nur die Grenzen des dank der neuen Stimmung vielfältig nutzbaren Instruments, sondern schafft auch ein Musterwerk für den musikalischen Nachwuchs. Irgendwann haben die Pragmatiker im Rat ihre Kollegen, die Anfang des Jahres 1723 immer noch nach einem berühmten Kuhnau-Nachfolger suchen, weichgeklopft: »Da man nun die besten nicht bekommen könne, müsse man mittlere nehmen«,[71] fordert Stadtrat Abraham Christoph Platz. So gibt es eine letzte Bewerbungsrunde, in der die verbliebenen zwei Kandidaten[72] in die Arena gebeten werden: Georg Balthasar Schott, Organist und Musikdirektor der Leipziger Neukirche, und Johann Sebastian Bach.

Mittlerweile eilt es auch erheblich. Denn in Leipzig schweigt die Kirchenmusik in der vorösterlichen Fastenzeit. Die aber beginnt im Jahr 1723 bereits mit dem Aschermittwoch am 10. Februar. Darum muss sich Schott als Bewerber zum auch in den lutherischen Kirchen gefeierten Fest der Darstellung des Herrn (*Mariä Reinigung*) am Dienstag, dem 2. Februar, präsentieren. Bach erhält als letzter Kandidat mit dem Sonntag Estomihi am 7. Februar den letztmöglichen Bewerbungstermin vor Ostern. Der Köthener Kapellmeister zeigt sich an diesem Tag von seiner besten Seite. Das Evangelium zum Sonntag aus Lukas 18 berichtet zunächst von der dritten Leidensankündigung Christi und dann von der Heilung des Blinden vor Jericho. Gleich zwei Kantaten (*Jesus nahm zu sich die Zwölfe* BWV 22 und *Du wahrer Gott und Davids Sohn* BWV 23) schreibt Bach dazu und dirigiert diese vor und nach der Predigt. Legt man beide Werke nebeneinander, dann offenbart die Einheit, dass der Köthener Kapellmeister hier zeigen will, über welch beeindruckendes Arsenal an kompositorischen Möglichkeiten er verfügt. Mit seiner Probe präsentiert er den Leipzigern ein wahres Feuerwerk unterschiedlichster musikalischer Formen und Techniken.

Zudem geht er erstaunlich einfühlsam an vokale und instrumentale Soli heran, da er die Musiker nicht kennt: Nur einmal (in der Alt-Arie in BWV 22) gibt es ein wirkliches Instrumentalsolo, das die Oboe übernimmt. Da zudem die Thomaner nicht nur die Chöre, sondern auch die Gesangssoli bieten und die Sopranpartie so einem Jungen zufällt, der noch vor dem Stimmbruch steht, erhält dieser Solist nur eine kleinere Aufgabe: Im Eingangsduett der Kantate BWV 23 singt er gemeinsam mit dem Altisten.

Auf die Zuhörer macht das großen Eindruck. Den verbliebenen Mitbewerber jedenfalls schlägt der 38-Jährige um Längen. Am 22. April wird Bach zum Thomaskantor gewählt, am 5. Mai trägt ihm der Rat das Ergebnis offiziell vor. Da Fürst Leopold von Anhalt-Köthen bereits der Entlassung seines Kapellmeisters zugestimmt hat, geht es nun, elf Monate nach dem Tod von Johann Kuhnau, sehr schnell. Schon am 22. Mai treffen die sieben Bachs mit zwei Kutschen und vier Wagen in Leipzig ein.

Vorhang auf also für den Auftritt von Johann Sebastian, ehemaliger Köthener Kapellmeister und für dessen 16 Jahre jüngere Ehefrau, die 21-jährige Sängerin Anna Magdalena. Aus den Kutschen steigen neugierig vier Kinder aus Bachs Ehe mit seiner verstorbenen ersten Gattin: Catharina Dorothea, mit 14 Jahren die Älteste, und die hochbegabten dreizehn, neun und acht Jahre alten Brüder Wilhelm Friedemann, Carl Philipp Emanuel und Johann Gottfried Bernhard. Zudem hält Anna Magdalena die soeben geborene Christiana Sophie Henrietta auf dem Arm, ihr erstes eigenes Kind.

Noch bevor der neue Thomaskantor jedoch endgültig an die Pleiße übersiedelt, unterschreibt er am 5. Mai 1723 einen Anstellungsvertrag, der – mit heutigen Augen betrachtet – Merkwürdiges offenbart. Denn die 14 Punkte regeln keine arbeitsrechtlichen Details, wie dies im 21. Jahrhundert in derartigen Verträgen Brauch ist. Vielmehr machen sie dem jetzt städtischen Angestellten konkrete und bisweilen auch recht enge künstlerische Vorschriften. So fordert der Rat im Punkt 7, »zur Beibehaltung guter Ordnung in den Kirchen die Musik dergestalt einzurichten, dass sie nicht zu lang währen, auch also beschaffen sein möge, damit sie nicht opernhaftig herauskommen, sondern die Zuhörer vielmehr zur Andacht aufmuntere.«[73] Gibt es Gründe für diese strengen Vorschriften? Haben vielleicht sogar die beiden Probekantaten vom 7. Februar dem Rat Anlass zu derartigen Befürchtungen gegeben? Nein. Ein Vergleich mit dem Vertrag des Amtsvorgängers zeigt, dass derartige Formulierungen in Leipzig Standard sind. Auch der 22 Jahre zuvor von Kuhnau unterzeichnete Anstellungsrevers wartet mit der gleichen Formulierung auf. Wie überhaupt beide Verträge nahezu identisch sind. Spannend sind darum die kleinen Unterschiede: Von Kuhnau forderte der Rat einst, dass er seine bisherigen Organistendienste aufgeben solle. Für Bach wiederum wird, wohl nach eigenem Wunsch, ein Passus hinzugefügt, demzufolge sich der auch zum Lehrdienst verpflichtete Kantor diesbezüglich um eine Vertretung kümmern dürfe. Das ist mehr als fair. Auch mit Telemann hatte man im Sommer 1722 eine gleichlautende Vereinbarung getroffen. Dass die Verträge zur kirchenmusikalischen Praxis in Leipzig aber bisweilen nicht das Papier wert sind, auf dem sie geschrieben werden, ist eine andere Geschichte, die im folgenden Kapitel erzählt werden muss.

VON TÜCHTIGEN UND UNTÜCHTIGEN

1723 bis 1735

Die Stimme ist nicht das einzige Instrument · Passionen: mehr als nur eine Pflichtübung · Die Schulhefte von Wilhelm Friedemann Bach · August der Starke stirbt, die Musik schweigt, doch Bach komponiert

Lange Zeit ist das Bild der Thomaner von der Romantik geprägt: 80 Knaben, die ausschließlich singen – das dafür aber engelsgleich. Die Praxis ist jedoch eine andere: Zu Bachs Zeiten gibt es insgesamt 54 singende Alumnen, deren Altersstruktur mit der heutigen kaum vergleichbar ist. Die Sänger werden auf vier Chöre aufgeteilt, und hier muss gleich mit einem weitverbreiteten Missverständnis aufgeräumt werden. Denn bis weit ins 18. Jahrhundert hinein bezeichnen Komponisten als »Chor« so ziemlich alle Arten gemeinsamen Musizierens – ob nun vokaler oder instrumentaler Natur. Dass die Thomaner darum zum Gesang auch Instrumente spielen, versteht sich fast von selbst. Erst recht, seitdem Johann Kuhnau im Jahr 1701 dafür gesorgt hat, dass für musizierende Studenten als Verstärkung in der Kirchenmusik kein Geld mehr da ist. Bachs Kantaten, in denen die neun Stadtpfeifer und Kunstgeiger den Instrumentalpart übernehmen, sind ohne Unterstützung der Schülerschaft gar nicht denkbar. Ein gutes Beispiel ist die Kantate zum 2. Sonntag nach Epiphanias *Meine Seufzer, meine Tränen* BWV 13. Sie wird 1726 aufgeführt und verlangt außer den üblichen Streichern noch zwei Blockflöten und die seltene Oboe da caccia.

Der Chor hat nur den einfach gesetzten Schlusschoral zu singen. Wer weiß: Vielleicht ist der Krankenstand im Januar 1726 besonders hoch und zwei erkältete Thomaner müssen Flöte spielen? Kompromisse macht der einstige Hofkapellmeister ständig. Der Dienstvertrag verpflichtet ihn, an jedem Sonn- und Feiertag Kirchenmusik aufzuführen – ausgenommen in der Fastenzeit. Zumindest in den ersten vier Jahren entstehen so wöchentlich Kantaten für den Gottesdienst, Passionsmusiken und lateinische Kirchenstücke. Dass das Nebeneinander von Komponieren, Ausschreiben der Stimmen und Einstudieren reibungslos funktioniert, ist bis heute eines der Wunder der Leipziger Musikgeschichte. Vielleicht klappt es, weil Bach lernfähig ist. Da sein hochkomplexer erster Kantatenjahrgang die Sänger möglicherweise überfordert, komponiert er im folgenden Jahr Choralkantaten. Die sind für die Männerstimmen in Alt[74], Tenor und Bass zwar nicht unbedingt leichter. Aber den jüngsten Sängern im Sopran obliegen nun nur noch die ihnen aus der Schule schon hinlänglich bekannten Melodien von Kirchenliedern. Der neue Thomaskantor überträgt damit das Leitbild des Chorvaters Calvisius, der 120 Jahre zuvor bei der Niederschrift seiner vierstimmigen Choräle ähnlich gedacht hat. Wer die Thomaner leitet, muss darauf Rücksicht nehmen, dass ein Teil der Sänger noch jung und wenig ausgebildet ist. Dass Bach nach 1727 seltener komponiert, hat wenig mit vermeintlicher Amtsmüdigkeit, aber viel mit Effizienz zu tun: Dann nämlich liegen genügend eigene Werke vor, aus denen der Thomaskantor jeweils wählen kann.

In diese bewegte Zeit fällt auch der erste auswärtige Auftritt der Thomaner, quasi als Vorläufer heutiger Konzertreisen. 15 Kilometer zieht sich der Fußweg von der Thomasschule bis ins südöstlich von Leipzig gelegene Dorf Störmthal. Gut drei Stunden benötigt Bach dafür am 2. November 1723 zusammen mit den acht Sängern seiner ersten Kantorei und den Stadtmusikern. Der Grund für den Ausflug: In Störmthal soll eine kleine von Zacharias Hildebrandt gebaute Orgel geweiht werden. Für die Feier des Tages schreibt Bach sogar eigens eine Kantate. Schon einige Male hat der Thomaskantor in den Wochen zuvor den Fußweg auf sich genommen und die neue Orgel geprüft. Im drei Jahre jüngeren Baumeister erkennt Bach einen musikalischen

Seelenverwandten. Bis 1721 arbeitet der aus Niederschlesien stammende Hildebrandt in der Werkstadt von Gottfried Silbermann, doch seine Klangvorstellungen gehen weit über das hinaus, was er in Freiberg lernt. Das führt unweigerlich zum Streit. Denn Silbermann lässt sich ausnahmslos von allen ehemaligen Schülern bestätigen, dass diese der Familie ihres Lehrers sowohl in Sachsen als auch im Elsass keine Konkurrenz machen würden. Allein Hildebrandt, sein begabtester Schüler, hält sich nicht an die Absprachen. Fleißig baut er neue Instrumente und wird postwendend vom Lehrmeister verklagt.

Die Tatsache, dass der als Orgelexperte weithin berühmte Bach im Herbst 1723 einmal nicht ein großes Instrument, sondern eine kleine Dorforgel prüft, hat also einen eindeutigen Hintergrund: Bach ergreift im Streit zwischen zwei Orgelbauern Partei. Dass Silbermann ein Problem mit den gewissenhaften Gutachten des Thomaskantors hat, das pfeifen im Sachsen des Jahres 1723 die Spatzen von den Dächern. Umso schöner ist die Versöhnung des Trios mehr zwei Jahrzehnte später: 1746 baut Hildebrandt in der Naumburger Wenzelskirche eine große Orgel. Auf seinen Wunsch hin wird sie von Bach und Silbermann gemeinsam geprüft. Auch hier begutachtet man das Instrument nicht en passant, sondern nimmt sich mehrere Tage Zeit. Am Ergebnis haben die Herren rein gar nichts auszusetzen. Bis heute wird dieses Instrument als Krone barocker Orgelbaukunst angesehen.

Doch zurück an den Beginn von Bachs Amtszeit, als der Thomaskantor einen Großteil seines sakralen Repertoires komponiert. Zum Pflichtprogramm gehören, seit Kuhnau 1721 erstmals die Innovation einer groß besetzten musikalischen Erzählung der Leidensgeschichte Christi wagt, auch Passionsvertonungen. Sie sind Herzstück und Höhepunkt der vorösterlichen Fastenzeit. Mit ihnen endet im 18. Jahrhundert die lange Pause, in der die Kirchenmusik schweigt. Gleich mehrfach komponiert Bach derartige Passionen: Neben dem biblischen Bericht enthalten sie freie Dichtung in Arien und Chören sowie Kirchenlieder. Der Reigen beginnt 1724 mit einer *Johannespassion*, mit deren vorab gedrucktem Textbuch sich Bach gleich in die Nesseln setzt. Denn dass die Karfreitagsaufführungen jährlich wechselweise in den Hauptkirchen stattfinden, weiß er entweder nicht oder er hält es für so unwichtig, dass er – wohl aus akustischen Gründen – die Passion für die Thomaskirche ankündigt und nicht wie vorgesehen für St. Nikolai. Der Rat ist sauer. Bach handelt sich eine Rüge ein und muss auf eigene Kosten Korrekturen anfertigen. Warum Bach die *Johannespassion* im Jahr darauf erneut aufs Programm setzt und in der 1725er Fassung mit anderen Eckchören deren theologische Aussage erheblich ändert, gehört zu den offenen Fragen der Musikgeschichte. Ebenso, warum er 1727 so bewusst alle bisherigen Maßstäbe von Kirchenmusik sprengt: Für die fast dreistündige *Matthäuspassion* stellt er zwei Figuralchöre, einen einstimmig singenden Choralchor, zwei Orchester und zehn Solisten auf die Empore der Thomaskirche.

Als Librettisten der Passion hat Bach den 27-jährigen Christian Friedrich Henrici gewonnen, der unter dem Pseudonym *Picander* seit 1725 mit dem Thomaskantor kongenial sowohl geistliche als auch weltliche Werke erschafft. Die Zusammenarbeit geht so weit, dass sich der Dichter von Komponisten deutlich in seine Arbeit hineinreden lässt. Damit die Texte optimal zur Musik passen, müssen sie festgelegten formalen Prinzipien entsprechen. Neun Jahre später dirigiert der Thomaskantor seine »große Passion« nochmals. Die Reinschrift mit verschiedenen Tinten verdeutlicht, dass die Komposition für ihn mehr ist als bloßes kirchenmusikalisches Tageswerk. Die Nachwelt wird ihm Recht geben. 1829 führt ein 20-jähriger Berliner Musikenthusiast diese Passion wieder öffentlich auf: Felix Mendelssohn Bartholdy präsentiert an diesem Tag der Musikwelt ein »Werk für die Ewigkeit«.

Darüber vergisst man bisweilen, dass Bach zu jener Zeit, als er diesen Meilenstein der Menschheit formt, in den Augen seiner Zeitgenossen ein gewöhnlicher Musiklehrer an einer gewöhnlichen städtischen Schule ist. Zu seinen Zöglingen gehören auch die eigenen Kinder. Es ist eine Sensation, dass dies nach einem Zufallsfund im Jahr 1902 auch mit Artefakten verdeutlicht werden kann. Denn unmittelbar vor dem Abriss der alten Thomasschule werden in der Tapetenfütterung eines Zimmers vier Schulhefte von Wilhelm Friedemann Bach gefunden. Die gut erhaltenen Kladden erlauben einen Einblick in den Schulalltag des 18. Jahrhunderts. Das früheste Exemplar, dem Friedemann den Titel *Liber Proverbiorum* (»Buch der Sprichwörter«) gibt, enthält lateinische Sprüche, Diktate und Briefübungen. In den jüngeren Heften finden sich zudem Zeichnungen, mit denen Mitschüler und Lehrer karikiert werden. Ohne Frage: Bachs Ältester ist begabt, aber wohl weder besonders fleißig noch ausdauernd. Im Lateinischen zeigt er überdurchschnittliche Leistungen, sein Griechisch hingegen ist nur mittelmäßig.

Allein über die Details von Bachs Beziehung zur Thomasschule lassen sich ganze Bibliotheken füllen. Darum sei nur ein einziger weiterer Aspekt erwähnt: Jener, dass der Thomaskantor zur Einweihung des frisch renovierten Schulgebäudes im April 1732 eine eigens komponierte Kantate liefert. Denn welche Schule kann schon von sich behaupten, dass ihr das Werk eines ganz Großen gewidmet ist? Zehn Monate dauert die umfassende Erneuerung der Thomasschule. Als die Arbeit vollendet ist, lässt der Kantor eine Kantate mit dem Titel *Froher Tag, verlangte Stunden* aufführen. Denn auch für Bach ist der Festtag ein »froher Tag«. Schließlich darf er nun endlich wieder seine Wohnung beziehen. Während der Bauarbeiten musste die jetzt zehnköpfige Familie für mehrere Monate ihre große Heimstatt räumen und übergangsweise zum Gerichtsassessor Christoph Donndorf ziehen. Man kann sich darum gut vorstellen, wie prächtig der Thomaskantor die Kantate gestaltet. Leider ist die Musik verschollen. Nicht aber der Text, den der Verleger Bernhard Christoph Breitkopf in 500 Exemplaren druckt. Nur noch fünf Einzelstücke sind davon im 20. Jahrhundert erhalten. Ein sechstes taucht im Jahr 2009 plötzlich auf und wird bei einer aufsehenerregenden Auktion zur Leipziger Buchmesse versteigert.

Dass zu Bachs Zeiten nicht alle 54 Alumnen gemeinsam singen, kann als gesichert gelten. Doch über die Frage, wie groß jener Chor ist, dem die kirchenmusikalische Hauptarbeit obliegt, können Forscher lange debattieren. Wer wissen will, wie es ist, wenn sich hochangesehene Bachforscher leidenschaftlich streiten, sollte einmal auf einer Konferenz die Frage nach Bachs Chor stellen. Drei oder vier Sänger pro Stimmgruppe, von denen einer jeweils als Solist auftritt – das ist die Mehrheitsmeinung, die von Dirigenten wie Ton Koopman oder John Eliot Gardiner musikalisch gut dokumentiert ist. Eine lebhafte Minderheit rund um Joshua Rifkins und Andrew Parrott aber rückt nicht von ihrer Position ab, dass Bach nur mit vier Sängern, die Chor und Soli gleichermaßen bieten, musiziert hat, und untermauert diese These natürlich auch mit zahlreichen eindrucksvollen Einspielungen. Nicht nur einen Kompromiss, sondern möglicherweise die Lösung des Problems bietet Michael Maul an. Zahlreiche Indizien deuten darauf hin, dass die doppelt besetzte achtköpfige erste Kantorei schon lange die zumeist verwendete sängerische Elite ist, als Bach 1723 nach Leipzig kommt. Warum also sollte der neue Kantor das gebräuchliche Verfahren ändern? Das Argument der Praktiker, dass sich zwei Stimmen schlechter mischen als derer drei, zählt wenig. Man möchte sich angesichts der Klagen über die musikalischen Zustände an der Thomasschule sowieso lieber nicht vorstellen, wie manche Bachkantate zur Zeit ihrer Uraufführung geklungen haben mag. Das Witzige an diesem akademischen Streit: Alle Positionen berufen sich auf das gleiche Dokument. 1730 schreibt Bach seine harsche Eingabe »Kurtzer, iedoch höchstnötiger Entwurff einer wohlbestallten Kirchen Music nebst einigem unvorgreiflichem Bedencken von dem Verfall derselben«[75] an den Rat. Darin skizziert er, wie sich 54 Thomaner auf vier Kirchen verteilen lassen. Und zwar so, dass in St. Thomas, in St. Nikolai und in der Neukirche anspruchsvolle Musik aufgeführt werden kann, während in der Peterskirche der »Ausschuß, nemlich die, so keine music verstehen«, singt.

Obgleich man aus dem Dokument wirklich auf 12 bis 16 Sänger pro Chor schließen könnte, ist die Eingabe verwirrend. Denn der Thomaskantor schreibt gar nicht von seinen Kantaten. Vielmehr bezieht er sich auf die Motetten des *Florilegium Portense* von 1618, das zu dieser Zeit noch Basis des Repertoires ist. Hätte Bach hingegen argumentiert, dass die Sängerschar für seine Musik nicht ausreicht, dann wäre ihm entgegnet worden, dass er eben anders zu komponieren habe. So aber bezieht er sich taktisch klug auf jene Vokalwerke, die bereits seit langer Zeit zum Gottesdienst gehören und für die er eine Mindestanzahl von Sängern benötigt. Solch ein Argument lässt sich schwer von der Hand weisen. Zehn Seiten umfasst die Denkschrift, in der der Thomaskantor die Sängerschar auch klassifiziert: »17 zur Music zu gebrauchende, 20 noch nicht zu gebrauchende, und 17 untüchtige«. Allein elf der »Untüchtigen« sind Leipziger. Was so auch zu erwarten ist, denn im Jahr zuvor setzt der Rat durch, dass nur fünf von zehn frei gewordenen Plätzen nach musikalischen Kategorien besetzt werden, während die übrigen den Söhnen mittelloser Einheimischer als Freiplätze zugeteilt werden.

Man kann sich gut vorstellen, dass sich Bachs Begeisterung darüber in Grenzen hält. Zwar hat er, seit er im Frühjahr 1729 Georg Balthasar Schotts *Collegium musicum* übernimmt, endlich eine Reihe musizierfreudiger Studenten zur Hand, die ihn auch bei der Kirchenmusik unterstützen. Doch schon einige Wochen später klagt er dem Schulfreund Georg Erdmann sein Leid und bittet um Hilfe bei der Suche nach einer neuen Stelle. Weil es durchaus ungewöhnlich ist, dass ein Thomaskantor schon nach sieben Jahren amtsmüde ist, lohnt sich ein genauer Blick in den Brief. Erst recht, weil Bach dem Freund darin erklärt, warum er überhaupt im Jahr 1723 nach Leipzig zog.

»Von Jugend auf sind Ihnen meine Fata bestens bewust, so mich als Capellmeister nach Cöthen zohe. Daselbst hatte einen gnädigen und Music so wohl liebenden als kennenden Fürsten; bey welchem auch vermeinete meine Lebenszeit zu beschließen. Es muste sich aber fügen, daß erwehnter Serenißimus sich mit einer Berenburgischen Princeßin vermählete. Da die neüe Fürstin schiene eine amusa zu seyn: so fügte es Gott, daß zu hiesigem Directore Musices u. Cantore an der Thomasschule vociret wurde. Ob es mir nun zwar anfänglich gar nicht anständig seyn wolte, aus einem Capellmeister ein Cantor zu werden, jedoch wurde mir diese Station dermaßen favorable beschrieben, daß endlich (zumahln da meine Söhne denen Studiis zu incliniren schienen) es wagete.

Hieselbst bin nun nach Gottes Willen annoch beständig. Da aber nun

(1) finde, daß dieser Dienst bey weitem nicht so erklecklich als mann mir Ihn beschrieben,
(2) viele accidentia dieser station entgangen,

(3) ein sehr theürer Orth und
(4) eine wunderliche und der Music wenig ergebene Obrigkeit ist, mithin fast in stetem Verdruß, Neid und Verfolgung leben muß, als werde genöthiget werden mit des Höchsten Beystand meine Fortun anderweitig zu suchen.«[76]

Helfen kann der Jugendfreund, der zu dieser Zeit russischer Gesandter in Danzig ist, zwar nicht. Aber drei Jahre später gibt es doch eine Perspektive. August der Starke stirbt im Februar 1733, nach dem Tod des Landesherrn schweigt die Musik. Untätig bleibt Bach in dieser Zeit keineswegs: Er komponiert den Beginn der späteren *h-Moll-Messe* (Kyrie und Gloria), sendet diesen nach Dresden und bittet um den Titel eines kurfürstlichen Musikers. Zur Bekräftigung wartet der Thomaskantor bei jeder sich bietenden Gelegenheit mit opulenten Glückwunschkantaten auf, ehe ihm drei Jahre später der Titel *Hofcompositeur* verliehen wird, der ihm viel Ansehen, aber kein Amt bringt. Die Gelegenheitswerke für den Hof scheinen Bach aber zu kostbar für den nur einmaligen Gebrauch zu sein. So verwendet er gleich mehrere von ihnen während des Jahreswechsels 1734/35 als Vorlage für sein Weihnachtsoratorium. »Tönet, ihr Pauken«, als Anfangsworte einer Geburtstagskantate vom Komponisten adäquat in Musik gesetzt, wird so minimal variiert zu »Jauchzet, frohlocket«. Und eine weltliche Huldigungsmusik mutiert mit neuem Text zum meistgesungenen geistlichen Werk aller Zeiten.

Dass Bach aus seinen eigenen Werken und manchmal auch aus solchen von Kollegen abschreibt, ist Mitte der 1730er Jahre nicht außergewöhnlich. Man darf dieses »Parodieverfahren« nicht aus der Perspektive späterer Jahrhunderte oder gar mit dem Maßstab des modernen Urheberrechts betrachten. Vielmehr gilt: Die Kunst der Erfindung, die *inventio*, wird im Barock geringer geachtet als die Kunst der Ausarbeitung, die *elaboratio*. Ein für einen ganz konkreten Zweck geschaffenes Auftragswerk, das meist nur einmal aufgeführt wird, mit einer geistlichen Umtextierung quasi zu bewahren und so für weitere Aufführungen zu sichern, ist in den Augen von Musikern der Bachzeit zweifellos ein Ausdruck wirklich großer Kunst.

UNSICHTBAR

1743 bis 1750

Bach leidet am Burnout · 16 Kaufleute gründen eine Musikgesellschaft · Konzerte im Hinterhaus eines Gasthofs am Brühl · Eine politisch motivierte Demütigung: Der Nachfolger wird bereits zu Lebzeiten des Kantors gewählt

Selbst die Boulevardmedien horchen auf, als Michael Maul, jener Forscher, der schon auf die Frage nach der Größe von Bachs Chor eine überraschende Antwort parat hat, Ende 2013 mit einer neuen Sensation aufwartet. In Döbelner Archiven findet er Hinweise auf den dort 1719 geborenen Kantorensohn Gottfried Benjamin Fleckeisen. Der ist Thomaner unter Bach, gehört zu dessen acht Elite-Sängern und bewirbt sich 1751 um die Kantorenstelle seiner Heimatstadt als Nachfolger seines Vaters. Im Schreiben betont Fleckeisen selbstbewusst, er habe während »zwey ganzer Jahr die Musik in den Haupt-Kirchen zu St. Thomä und St. Nicolai an Statt des Capellmeisters aufführen, und dirigieren müssen und ohne Ruhm zu melden, alle Zeit mit Ehre bestanden«.[77]

Das ist mehr als überraschend. Denn laut Arbeitsplatzbeschreibung ist Bach verpflichtet, die Musik an vier Leipziger Gotteshäusern zu leiten und zudem an der Thomasschule zu unterrichten. Dass der Kantor schon 1723 von letzterer Pflicht befreit wird, ist bekannt. Dass er sich aber auch in seiner musikalischen Tätigkeit langfristig vertreten lässt, ist bis 2013 schlicht undenkbar. Es gibt von Bach so gut wie keine Kirchenmusik aus den 1740er Jahren, eine Tatsache, die man bis dahin immer damit erklärt hat, dass diese verschollen wäre. Doch Maul ist sich nun sicher, dass es diese Werke gar nicht gibt und die Forschung ein Phantom gesucht hat. Die Boulevardmedien zitieren ihn noch plastischer: »Bach leidet in seinen letzten Lebensjahren an Burnout.« Es ist nicht so, dass das Schreiben mit dem Potenzial, die Bachforschung umzustülpen, 250 Jahre lang besonders gut versteckt gewesen ist. Im Gegenteil: Es liegt recht offen in einem Schrank inmitten alter Personalakten. Man muss eben nur wissen, wonach man sucht. Der Bachforscher weiß es, er recherchiert die Lebensläufe von Bachs Thomanern – vor allem jener, die in der legendären ersten Kantorei singen. Natürlich kann es sein, dass Fleckeisen nur dick aufträgt, doch die Indizien sprechen für ihn. Der Döbelner ist vier Jahre lang Präfekt und steht in der Chorhierarchie ungewohnt lange ganz oben. Zudem wohnt er selbst mit 27 Jahren noch im Alumnat und verlässt den Chor erst 1746, drei Jahre nach seinem Schulabschluss. Keinen anderen seiner Schüler hält Bach so lange unter seinen Fittichen.

Warum der Thomaskantor zwei Jahre lang vertreten werden muss, verrät Fleckeisen nicht. Ob der menschlich schwierige Musiker Mitte der 1740er Jahre von Amts wegen von seinen Pflichten entbunden wird, ob er krank ist oder ob er schlicht keine Lust mehr hat – das wird weiterhin ein Rätsel bleiben. Auch die Leitung des *Collegium musicum*, die Bach lange Zeit sichtlich Freude bereitet und für die er selbst in Phasen größter Arbeit immer Muße findet, gibt er in diesem Jahrzehnt ab. Dabei hat sich der Thomaskantor mit den Auftritten im Zimmermannschen Kaffeehaus, bei denen seine Ouvertüren oder die Kaffeekantate erklingt, längst einen Namen gemacht. »Zu Leipzig ist vor allem das Bachische Collegium musicum berühmt«, schreibt Johann Heinrich Zedler in seinem ab 1731 erscheinenden Universallexikon.[78]

Man wird wohl nie erfahren, warum Bach in der Mitte der 1740er Jahre als praktizierender Musiker nach und nach von der Bildfläche verschwindet. Warum er sein Geld lieber mit dem Verleih von Instrumenten verdient als mit dem Komponieren und Dirigieren neuer

Konzerte. Jedenfalls fällt regelrecht auf, dass in der langen Liste jener Namen, die dem bürgerlichen Musikleben der Stadt rückblickend betrachtet den entscheidenden Impuls geben, der des Thomaskantors fehlt.

Am 16. März 1743 beschließen 16 Kaufleute, sich fortan von ebenso vielen Musikern regelmäßig musikalisch unterhalten zu lassen und diese dafür angemessen zu bezahlen. *Grosses Concert* nennen die Geschäftsleute ihre Musikvereinigung, aus der nach einigen Jahrzehnten das Gewandhausorchester hervorgeht – jenes Ensemble, das vor allem im 19. Jahrhundert den Ruf der Musikstadt in alle Welt trägt. Doch so weit ist es im Frühjahr 1743 noch nicht. Zunächst irrt man auf der Suche nach einer Spielstätte durch die Stadt. Die ersten Auftritte des aus Stadtpfeifern, Organisten und Studenten bestehenden Ensembles gehen wechselweise in den Wohnungen zweier Gründer über die Bühne. Geleitet werden diese Konzerte vom 27-jährigen Johann Friedrich Doles, der 1756 Bachs Nachnachfolger als Thomaskantor werden wird. Ende 1744 hat man eine feste Heimstatt gefunden. Im Hinterhaus des Gasthofes *Drei Schwanen* am Brühl gibt es einen ungenutzten Saal, der flugs umgebaut wird. Dort spielt das *Grosse Concert* im Winter wöchentlich und im Sommer zweimal pro Monat. Bald spielt man auch nicht mehr vor nur 16 Kaufleuten, sondern bietet allen Interessenten Abonnements an. Bis zu 200 Zuhörer lauschen so der Konzertvereinigung, die 1746 den Rauchwarenhändler Gottlieb Benedict Zemisch zum ersten Direktor ernennt.

Mit all dem hat der Thomaskantor, der sich Jahre zuvor noch stolz als Musikdirektor sieht, nichts mehr zu tun. Auch seine Söhne, die ihn im *Collegium musicum* unterstützen, spielen hier keine Rolle. Wilhelm Friedemann lebt seit 1733 in Dresden und wird später Kantor in Halle. Sein Bruder Carl Philipp Emanuel steht in Diensten des preußischen Königs. Johann Gottfried Bernhard, das Sorgenkind der Familie, stirbt bereits 1739 mit 24 Jahren. Der 1735 geborene Nachzügler Johann Christian, der sich als Lehrer Mozarts am weitesten von Bach entfernt, ist noch zu jung, ebenso wie sein drei Jahre älterer Bruder Johann Christoph Friedrich, der spätere »Bückeburger Bach«.

Was also macht der Thomaskantor in seinen letzten Lebensjahren, wenn er sich dauerhaft vertreten lässt und auch das städtische Musikleben nicht zur Kenntnis nimmt? Er sammelt sein Werk und wird Teil intellektueller Zirkel. Den bekanntesten dieser Art, die *Correspondierende Societät der Musicalischen Wissenschaften* gründet 1738 der Gelehrte Lorenz Christoph Mizler, der an der Universität musiktheoretische Vorlesungen hält. 1747 nimmt Mizlers Vereinigung den Thomaskantor in ihre Reihen auf. Zum Glück für die Nachwelt: Denn zu den Aufnahmebedingungen gehört die Anfertigung eines Porträts. So lässt sich Bach von Elias Gottlob Haußmann malen. Das in zwei Versionen vorliegende Gemälde ist Bachs einziges authentisches Porträt. Haußmanns Bild zeigt jedoch nicht nur, wie der Thomaskantor im siebten Lebensjahrzehnt aussieht. Das Kunstwerk gibt auch eine Menge Rätsel auf. Eines hat Bach sogar in der Hand: einen Rätselkanon, über dessen Bedeutung Forscher heute ebenso intensiv streiten wie über die Größe von Bachs Chor.

Ganz am Ende dieses für die Bachforschung so »dunklen Jahrzehnts« steht noch eine Demütigung sondergleichen. Dass sich die Stadtoberen bereits zu Lebzeiten eines Thomaskantors Gedanken über dessen Nachfolge machen, mag noch als vorausblickend gelten. Dass aber schon 13 Monate vor dem Tod des Amtsinhabers ein erfolgreiches Probespiel für den potenziellen Nachfolger, den Dresdner Kapellmeister Gottlob Harrer, angesetzt wird, ist mehr als nur ein Affront gegen Bach. Das ist auch den Leipzigern klar. Johann Salomon Riemer, Chronist und Kopist des *Grossen Concert*, berichtet unumwunden, dass die Probe von Harrer »zum Kantorat, wenn der Kapellmeister und Kantor Herr Sebastian Bach versterben sollte, mit größtem Applausu unter den Augen der meisten Ratsherren«[79] abgelegt worden sei. Die Demütigung hat einen politischen Hintergrund, und ihr geht auch ein Fauxpas Bachs voraus. In jenen Jahren nämlich verschlechtert sich das Verhältnis zwischen Sachsen und Preußen deutlich: Im Dezember 1745 besiegt der preußische König Friedrich II. in der Schlacht bei Kesseldorf ein sächsisch-österreichisches Heer und entscheidet damit den Zweiten Schlesischen Krieg für sich. Ein gutes Jahr später reist der Thomaskantor nach Berlin, besucht dort seinen Sohn und widmet dem preußischen König mit dem *Musikalischen Opfer* eine Komposition. Mehr noch: Über den Besuch und dessen Folgen berichtet sogar die Zeitung. Der sächsische Premierminister Brühl ist darum nicht gut auf den Thomaskantor zu sprechen. Zur gleichen Zeit verhandelt der Leipziger Bürgermeister Jacob Heinrich Born wieder einmal über eine Umschuldung der Stadt, die sich erneut finanziell übernommen hat. Da Brühl zudem seines kränklichen privaten Kapellmeisters Harrer überdrüssig ist, schlägt er im Juni 1749 einfach zwei Fliegen mit einer Klappe. Die Stadt bekommt ihren Schuldenerlass, im Gegensatz wird Harrer zum nächsten Thomaskantor ernannt. Eine Vereinbarung, von der alle etwas haben. Nur nicht Bach, aber diesen Freund des preußischen Erzfeindes kann man inzwischen ja problemlos übergehen …

Dass der »größte aller Thomaskantoren«, wie die Musikwelt heute gern sagt, dann vier Monate nach einer misslungenen Augenoperation inmitten der Hundstage stirbt – am 28. Juli 1750 –, hat der Stadt Leipzig schon einige Male Sorgen bereitet. Denn lange Zeit finden die Bachfeste des 20. Jahrhunderts rund um diesen Todestag in zumeist brütender Hitze statt. Wobei Petrus wenigstens zum gigantisch gefeierten 250. Jubiläum im Jahr 2000 ein Einsehen hat und mit Wind, kühlen Temperaturen, aber nur gelegentlichem Regen den optimalen Wettermix zum Festival besorgt. Das ist fünfzig Jahre zuvor im brütend heißen Sommer des Jahres 1950 noch anders. Doch der große Musiker, der damals in Leipzig als Ehrengast begrüßt wird, sitzt bei seinem Konzert an einem kühlen Platz: Dmitri Schostakowitsch spielt direkt an Bachs Grab in der Thomaskirche Klavierwerke des Jubilars. Der Russe ist dafür prädestiniert wie kein Zweiter, denn schon 18 Jahre vorher hat er mit seinen eigenen *24 Präludien* Bachs *Wohltemperiertem Klavier* eine kongeniale Serie zur Seite gestellt.

Eine solche Heroenverehrung direkt am Grab ist im 19. Jahrhundert noch undenkbar. Viele Bach-Liebhaber, die damals nach Leipzig pilgern, um ihrem Idol nahe zu sein, sind regelrecht schockiert darüber, dass sie nicht nur keine Grabstätte finden, sondern dass auch niemand weiß, wo der Thomaskantor bestattet ist. Der Grund ist simpel: Als Bachs Leichnam am 31. Juli 1750 auf dem Johannisfriedhof beigesetzt wird, erhält er nicht, wie es für begüterte Kaufleute selbstverständlich ist, einen repräsentativen Gedenkstein, sondern nur eine schmucklose Grabstätte. Diese aber wird, da vor Ort bald keine Nachfahren mehr leben, irgendwann aufgegeben. Zu denen, die intensiv und dennoch erfolglos forschen, gehört auch Robert Schumann. Es sei nicht möglich, Bachs letzte Ruhestätte zu finden, gibt er nach langer Suche resigniert zu. Erst eine nahezu kriminalistische Fahndung, die durch die neobarocke Erweiterung der Johanniskirche 1894 möglich wird, bringt Licht ins Dunkel. Bei Grabungen werden Knochen gefunden, die ein Anatomieprofessor als echt bestätigt und die dann in einer *Bach-Gellert-Gruft* unter dem Altar der Kirche beigesetzt werden.

Dass Bachs Gebeine heute repräsentativ im Chorraum der Thomaskirche ruhen, ist eine Folge des Zweiten Weltkrieges. Denn die noch nicht einmal fünfzig Jahre alte *Bach-Gellert-Gruft* wird zusammen mit der gesamten Johanniskirche im Dezember 1943 durch Bomben derart zerstört, dass man Anfang 1949 die Ruine des Gotteshauses sprengt und zuvor noch den Sarg des berühmten Thomaskantors in die Thomaskirche überführt. So richtig würdevoll aber ist diese Überführung keinesfalls: Der Spruch, mit dem sich der Kutscher im Pfarrbüro meldet, gehört zu den meisterzählten Anekdoten der jüngeren Leipziger Musikgeschichte: »Tach, ich bring Bach!«

DER GUTENBERG DER MUSIK

ab 1754

Johann Gottlob Immanuel Breitkopf revolutioniert das Geschäft mit Musiknoten · Warum Pasteten und Räucherfisch hin- und hergeschickt werden · Die Entdeckung des großen Ganzen

»Ältester Musikverlag der Welt« nennt sich das Haus *Breitkopf & Härtel* stolz, als man im Januar 2019 das dreihundertjährige Jubiläum feiert. Dabei ist das Gründungsdatum, der 27. Januar 1719, eigentlich nur fiktiv: Es ist lediglich der erste Arbeitstag des 23-jährigen Bernhard Christoph Breitkopf in Johann Caspar Müllers Buchdruckerei auf dem heute nicht mehr vorhandenen Sperlingsberg, unweit der Moritzbastei. Weil der gebürtige Clausthaler drei Tage zuvor Müllers Tochter Maria Sophia geheiratet hatte, ist er nun der Besitzer der sichtlich heruntergewirtschafteten Druckerei, Stempelschneiderei und Schriftgießerei. Unter seinem Namen aber wird die Firma bald solide und über Leipzig hinaus bekannt. Denn als Verleger geht der junge Mann im beginnenden Zeitalter der Aufklärung mit der Mode und spezialisiert sich auf Wissenschaftliches und Schöngeistiges. Das lohnt sich auch finanziell: 1732 kauft Breitkopf das angrenzende Gasthaus *Zum Goldenen Bären* und baut es zum Verlagssitz aus.[80] Die Firmenchronik berichtet, dass bald nach dem Erstling, einer hebräischen Bibel, das von Bach vertonte *Schemelli-Gesangbuch* erscheint.[81] Doch mit Musik hat der Verleger zunächst trotzdem nur am Rand zu tun. Das Gesangbuch von 1736 ist nur eine Textsammlung, von einigen Kompositionen des Thomaskantoren druckt man im Auftrag Bachs die Libretti. Noch ahnt im *Goldenen Bären* niemand, dass der Verlag gut fünfzig Jahre später mit den *Vierstimmigen Choralgesängen* die ersten posthumen Drucke der Werke Johann Sebastian Bachs präsentieren und damit die Basis für den Ruhm des »ältesten Musikverlags der Welt« legen wird.

Der Superlativ ist nicht übertrieben. Doch das besser passende Gründungsjahr für den aus dem Buchverlag heraustretenden Musikverlag ist 1754. Leider kennen wir nicht das genaue Datum, an dem Breitkopfs Sohn Johann Gottlob Immanuel, der im Jahr 1745 die Druckerei übernimmt, seine Idee erstmals formuliert: Mit beweglichen und teilbaren Lettern möchte er den Notendruck revolutionieren. Zuvor ist die Verbreitung von Musik das Geschäftsgebiet von Kupferstechern, die nach einem im Spätmittelalter entwickelten Verfahren arbeiten. Das Notenbild wird dabei mit einem Grabstichel seitenverkehrt in eine Kupferplatte gegraben. Die entstehenden Linien nehmen die Farbe auf, die mit einer Walzenpresse auf Papier gedruckt wird. Zwar liegt Gutenbergs Erfindung der beweglichen Lettern, ohne die Luthers Reformation kaum erfolgreich gewesen wäre, zu dieser Zeit schon mehr als drei Jahrhunderte zurück. Doch im Gegensatz zum Buchdruck, für den ein paar Dutzend Lettern reichen, benötigt man für die Herstellung von Musikalien hunderte Typen – ein Aufwand, den Drucker lange scheuen. Daher sind frühe Versuche, Gutenbergs Schöpfung auf die Musik zu übertragen, zunächst unwirtschaftlich. Erst Breitkopfs Idee, die Lettern in kleinste Bestandteile zu teilen, um sie dann flexibler miteinander kombinieren zu können, öffnet die Tür für die Massenproduktion.

Der Verleger weiß, was sich gehört: Der erste Probedruck nach dem neuen Verfahren wird der sächsischen Kurfürstin Maria Antonia Walpurgis präsentiert. Die gekrönte Dame ist vom Ergebnis so begeistert, dass sie bei Breitkopf den Druck der Partitur ihrer eigenen Oper *Il trionfo della fedelta* bestellt. Der Leipziger nimmt den Auftrag an und braucht sagenhaft lange 14 Monate, bis er liefern kann. Denn für die umfangreiche Partitur werden sämtliche angefertigten Stempel benötigt. Was den innovativen Geschäftsmann gleich dazu bringt, das nächste »große Ding« auf den Weg zu bringen: Um nicht noch einmal so lange an einer Opernpartitur zu sitzen, erfindet er für die Herstellung des Notenmaterials zu Baldassare Galuppis *Il mondo alla roversa* den Klavierauszug. Der bietet zusätzlich zu den jeweiligen Gesangsstimmen nur noch den auf ein zweizeiliges System reduzierten Instrumentalpart – ideal für Interessenten, die neue Werke kennenlernen oder einstudieren wollen.

Bis zur Erfindung des Radios wird der Klavierauszug das wichtigste Mittel sein, wenn es darum geht, Musikwerke weithin bekannt zu machen. Denn das aufstrebende Bürgertum liebt es, ganze Opern im Wohnzimmer darzubieten, in das aber nur in den seltensten Fällen wie etwa bei den Mendelssohns ein komplettes Orchester passt. Beide Erfindungen, die teilbaren Lettern und der Klavierauszug, machen es möglich, Musikwerke einfacher, schneller und vor allem kostengünstiger zu verbreiten. Aus dem Buchverlag Breitkopf wird eine Firma, die sich auf den Handel mit gedruckten Musikalien spezialisiert. Schon kurze Zeit nach dem wirklichen Startschuss von 1754 kann es sich kaum ein Komponist mehr leisten, den Verleger Breitkopf zu übergehen: Georg Philipp Telemann, Carl Philipp Emanuel Bach, Joseph Haydn und Leopold Mozart sind nur einige der Namen, die noch im 18. Jahrhundert im Firmenkatalog erscheinen.

Besonders eng ist die Verbindung zum Sohn des früheren Thomaskantors, die der Verleger schon knüpft, als dieser noch Cembalist am preußischen Hof ist. Gleich zweimal hat übrigens der Leipziger Rat in dieser Zeit die Chance, eine örtliche Bach-Dynastie zu begründen. Doch die Bewerbungen von Carl Philipp Emanuel für das Thomaskantorat bleiben sowohl 1750 als auch 1755 erfolglos. Im ersten Bewerbungsverfahren kürt der Rat wegen des Drucks aus Dresden Gottlob Harrer zum Thomaskantor. Als fünf Jahre später nach Harrers frühem Tod das Amt erneut vakant ist und sich der namhafte Bach-Sohn wieder bewirbt, nützt ihm nicht einmal ein Empfehlungsschreiben des Hamburger Musikdirektors Georg Philipp Telemann. Mehrfach betont Bürgermeister Jacob Heinrich Born, Bach wolle »bei der Schule keine Dienste tun, welches doch notwendig erfordert werde«.[82] Nach 27 Jahren mit Johann Sebastian Bach weiß der Rat in dieser Zeit vor allem, was man *nicht* will – einen Kantor, der sich als Musiker und nicht als Lehrer versteht. So ist es an Breitkopf, die Verbindung zwischen dem jungen Bach und der Stadt, in der er zu Schule ging, nicht abreißen zu lassen. 173 Briefe zwischen dem Komponisten und seinem Verleger haben sich erhalten. Auch als Bach in Hamburg Telemanns Nachfolger wird und nun seinerseits das bedeutendste kirchenmusikalische Amt seiner Zeit besetzt, wechseln regelmäßig Nachrichten hin und her. Die Korrespondenz enthält so manch Privates, bisweilen werden sogar Naturalien verschickt. Am 6. November 1765 etwa bedankt sich Bach für eine »Lerche«, eine Leipziger Pasteten-Spezialität: »Die schönen Lerchen sind zugleich mit der Correctur richtig angekommen. Für die erstern danke ich Ihnen ganz ergebenst und werde ehestens das Vergnügen haben, mich auf die Ihnen beliebte Art zu rächen.«[83] Die »Rache« folgt auf dem Fuß: Der nächsten Sendung, mit der Notenhandschriften nach Leipzig gehen, liegen Räucherfisch und gepökeltes Rindfleisch bei.

Da Breitkopf im Laufe der Jahre auf diese Weise unzählige Autographe erwirbt, erstreckt sich der Handel im Unternehmen nicht nur auf gedruckte Noten: Zur Messe 1762 wartet man erstmals mit einem neuartigen thematischen Katalog auf, in dem auch Handschriften aufgeführt werden. Nach und nach entsteht so eine wertvolle Sammlung von Autographen der Musik des 18. Jahrhunderts. Dass diese heute nur noch teilweise erhalten ist, liegt am geringen Interesse der Musikwelt des frühen 19. Jahrhunderts an den Werken ihrer Vorgänger. So wird ein Großteil der Sammlung nach und nach bei Auktionen angeboten. Einige von ihren Zeitgenossen wohl als extravagant beschriebene Sammler können in diesen Jahren günstig Autographe erwerben, die heute zu den weltweit kostbarsten Handschriften zählen.

Die Verlagsgeschäfte hat Johann Gottlob Immanuel Breitkopf zu dieser Zeit schon abgegeben. 1794 übernimmt sein Sohn Christoph Gottlob das Unternehmen in dritter Generation. Ein Jahr später schließt dieser einen Sozietätsvertrag mit Gottfried Christoph Härtel. Der Verlag firmiert seitdem als *Breitkopf & Härtel*. Eine weise Entscheidung: Der dritte Breitkopf, der im Jahr 1800 stirbt, bleibt kinderlos, während Härtel Ahnherr einer Großfamilie wird, deren Mitglieder das Haus bis 2017 leiten. Härtels verlegerische Entscheidungen sind der Grundstock für den außergewöhnlichen Erfolg und machen den Verlag zur ersten Adresse in Sachen Musikalien. Die 1798 gegründete *Allgemeine Musikalische Zeitung* bildet das Musikleben des frühen 19. Jahrhunderts wie kein zweites Medium ab. Zwölf Jahre später bindet Härtel selbst Ludwig van Beethoven mit einem Vertrag an sich. Vor allem die *Œuvre completes* setzen Maßstäbe. Dahinter steht eine Idee, für die die Zeit erst reif werden muss, denn nicht ohne Grund gibt es dafür in vielen Sprachen gar kein angemessenes Äquivalent. *Œuvre* und der ihm verwandte lateinische Terminus *Opera omnia* gehören zur historisierenden Perspektive. Die Begriffe stammen aus der Literatur und werden von Härtel konsequent in die Musik übertragen. Ab 1798 verlegt er Mozarts Gesamtwerk, zwei Jahre später folgt Haydn, nach der Jahrhundertwende erscheinen die Werke von Clementi und Dussek im Katalog. Die Idee eines Gesamtwerks, die im frühen 19. Jahrhundert völlig neu ist, bestimmt heute die Art und Weise unseres Umgangs mit Musik. Diese enzyklopädische Sicht hat verbindende Effekte: Die einzelnen Werke werden Teile eines größeren Ganzen und lösen sich in diesem auf. Das Ganze wiederum verleiht den in ihm aufgehenden Stücken eine Bedeutung, die diese für sich allein möglicherweise gar nicht hätten. Auch nach Härtels Tod bleibt der Verlag dieser Maxime treu: Ab 1850 erscheint die bahnbrechende Bachausgabe. Bis heute gehören die Werkverzeichnisse Mozarts (KV), Bachs (BWV), Vivaldis (RV) und Mendelssohns (MWV) zum Katalog, und die so schnell daher gesagten Nummern lassen nicht im Ansatz erkennen, wie mühevoll es ist, ein derartiges Verzeichnis zu erstellen. Der selbstbewusste Anspruch, dreihundert Jahre europäischer Kulturgeschichte zu repräsentieren,[84] ist angesichts der unzähligen Namen und Querverbindungen zwischen Verlags- und Musikgeschichte nicht nur der Stadt Leipzig jedenfalls kaum zu hoch gegriffen.

Interessant ist ein Sprung über Jahrhunderte hinweg in die jüngste Verlagsgeschichte. 2014 sieht sich die damalige Chefin Lieselotte Sievers, eine Nachfahrin Härtels, gezwungen, die Leipziger

Niederlassung nach 295 Jahren ununterbrochener Tradition zu schließen. Schon im Juni 1945 hat ihr Vater Sachsen in Richtung Wiesbaden verlassen und wird dafür in Abwesenheit wegen angeblicher Wirtschaftsverbrechen zu acht Jahren Zuchthaus verurteilt, während der Leipziger Betriebsteil umgehend verstaatlicht wird. Fortan gibt es bis zur Friedlichen Revolution zwei Verlage gleichen Namens: in Wiesbaden die *Breitkopf & Härtel KG* und in Leipzig den *VEB Breitkopf & Härtel*. Dass beide Verlage in den 1990er Jahren zusammenwachsen und Leipzig als Außenstelle erhalten bleibt, ist vor allem Sievers' Co-Geschäftsführer Gottfried Möckel zu verdanken. Der hat das Traditionsunternehmen schon einmal in größter Not gerettet: Als sich 1976 ein Geschäftsführer verspekuliert, führt Möckel den Verlag in sicheres Fahrwasser. Doch nach seinem Tod 2009 bescheren die Erbregelungen der Härtel-Nachfahrin schlaflose Nächte. Schweren Herzens und unter medialem Dauerfeuer schließt sie die Leipziger Dependance, um wenigstens den Hauptsitz in Wiesbaden zu retten.

Und dann folgt wieder so eine Geschichte, wie sie für die Leipziger Musikhistorie typisch ist. Auf einer Messe trifft die 86-jährige Verlegerin den zwei Generationen jüngeren und vor Ideen übersprühenden Nick Pfefferkorn. Der Musikwissenschaftler hat mit viel Leidenschaft einen Kleinverlag in Leipzig aufgebaut, in dem unter anderem die geistlichen Werke des Bach-Vorgängers Kuhnau verlegt werden. Pfefferkorn und Sievers, die zweifellos ein schlechtes Gewissen hat, weil sie die lange Leipziger Verlagstradition so rabiat beenden muss, lernen sich schätzen, und im Januar 2017 macht die Nachfahrin von Gottfried Christoph Härtel den Jüngeren zum Geschäftsführenden Gesellschafter von *Breitkopf & Härtel*. Zum ersten Mal seit 1719 steht damit kein Mitglied der namensgebenden Familien an der Spitze des Musikverlags. Dennoch scheint niemand geeigneter zu sein, die ruhmreiche Tradition weiterzuführen, als Pfefferkorn. Eine seiner ersten Amtshandlungen ist die Wiedereröffnung einer Leipziger Niederlassung. In einem kleinen Büro in Stötteritz arbeiten nun zwei Mitarbeiter, zudem schaut an jedem Freitag der Chef dort selbst nach dem Rechten.

DAS GEHEIMNIS DES KLANGS

1751 bis 1785

Wehe, wenn die Preußen kommen · Johann Adam Hiller rettet das städtische Musikleben · Die Gewandmacher geben ihren Dachboden her – und alle Welt schwärmt

Nur gut zwölf Jahre verbleiben dem *Grossen Concert*, um dem bürgerlichen Konzertleben in Leipzig die entscheidenden Impulse zu geben. Dass diese Bemühungen nicht gegen den Landesherren gerichtet sind, zeigt schon die Tatsache, dass im Saal des Gasthauses *Drei Schwanen* ein Bild des sächsischen Kurfürsten Friedrich August II., der als August III. zugleich König von Polen ist, an repräsentativer Stelle hängt.[85] Ohne Erlaubnis von ganz oben geht das natürlich nicht, und es ist anzunehmen, dass der Kurfürst bei seinen regelmäßigen Besuchen in der Messestadt gerade auch der Konzertvereinigung den ein oder anderen Besuch abstattet.

Johann Salomon Riemer ist es zu verdanken, dass die Frühzeit des Orchesters nicht im Dunkeln liegt. Der 1702 geborene ehemalige Thomaner, der Horn, Bratsche und Pauke spielt, sorgt als Universitätsangestellter einerseits dafür, dass mehr als die Hälfte der Musiker Studenten sind. Andererseits schreibt er die Chronik des Ensembles. Darin berichtete er beispielsweise voller Stolz, dass 1751 Händels *Feuerwerksmusik* im Konzert erklingt. Oder er informiert darüber, dass die französische Tradition der *Concert spirituels* ab Ende der 1740er Jahre auch in Leipzig zu erleben ist.[86] Von Riemers Bericht zur Wahl des Bach-Nachfolgers Harrer war hier bereits die Rede. Drei

Jahre zuvor zeichnet der Chronist die »Tabula musicorum der Löblichen großen Concert-Gesellschaft«, eine Art Sitzplan des Orchesters. Dieser zeigt deutlich, dass trotz des hohen Anteils von Studenten das *Grosse Concert* keineswegs ein Universitätsorchester ist: 35 Jahre ist das Durchschnittsalter der von Riemer aufgezählten 27 Musiker, zu ihnen gehören auch drei Sänger.

Dass dann im Sommer 1756 alles schlagartig vorbei ist, hängt mit der großen Politik zusammen. Am 29. August fällt der preußische König Friedrich II., der sich von einer Allianz aus Österreich, Frankreich, Sachsen und Russland bedroht fühlt, ohne Kriegserklärung in Sachsen ein und besetzt schon am ersten Tag Leipzig. Siebenjähriger Krieg oder Dritter Schlesischer Krieg nennen sich die nun überstürzenden militärischen Ereignisse. Ursprünglich aber beginnt der Konflikt bereits 1740, führt noch zu Bachs Lebzeiten zu ersten Scharmützeln zwischen Sachsen und Preußen und ist schließlich seiner Komplexität wegen, da die Kämpfe auf mehreren Kontinenten ausgetragen werden, der erste Krieg mit wirklich globalen Ausmaßen. In der Auseinandersetzung gelten für Friedrich II. kaum noch Regeln: Bewusst trägt er den Krieg nach Kursachsen – nicht nur aufgrund der begrenzten Ressourcen seines eigenen Landes, sondern um vor allem die Kosten seiner Kriegsführung so weit wie möglich dem besetzten Sachsen aufzubürden. Die Preußen verwüsten darum die sächsische Hauptstadt Dresden. Dass mit Schloss Hubertusburg zudem eine Residenz des Gegners geplündert wird, ist bis dahin einmalig in der Kriegsgeschichte. Leipzig als Handelszentrum Kursachsens leidet vor allem an den wirtschaftlichen Folgen des Krieges, der 1763 just auf Schloss Hubertusburg beendet wird. Schon die von Friedrich II. geförderte Falschmünzerei hat viele Händler in den Ruin geführt. Nun aber muss die Stadt, in der sich der auf der Flöte dilettierende preußische König 1760 von Einheimischen beim Musizieren begleiten lässt,[87] die sagenhafte Summe von 12 Millionen Talern und damit ein Viertel der sächsischen Reparationen aufbringen.

Dass das *Grosse Concert* in dieser Zeit nicht gleich wieder Geschichte wird, liegt an einem jungen Schlesier, der sich 1751 für ein Jurastudium an der Universität einschreibt und sogleich von Riemer für die Musikvereinigung geworben wird. Johann Adam Hiller, der sich zu dieser Zeit noch »Hüller« nennt, wurde die Kunst in die Wiege gelegt. Am ersten Weihnachtsfeiertag 1728 erblickt er in der Nähe von Görlitz als Sohn eines Schulmeisters das Licht der Welt, mit 17 Jahren wird er in Dresden Kruzianer und steigt dort zum Chorpräfekten auf. Auch in Leipzig interessiert er sich vor allem für Musik. Im *Grossen Concert* übernimmt er mal die Flöte, mal die Violine, bisweilen singt er auch selbst oder begleitet Sänger vom Cembalo aus.[88] Nach Studienende wird er in Dresden Hauslehrer eines Mitglieds der weitverzweigten Familie Brühl. Aber schon zu Michaelis 1758 kommt er mit dem Schüler zurück in seine einstige Studienstadt und veröffentlicht dort unter dem Titel *Musikalischer Zeitvertreib* eine wöchentliche Musikzeitschrift. Nun wächst auch jene jahrzehntelange Freundschaft, die das musikalische Leipzig lange prägt. Immer wieder ist Hiller zu Gast bei Carl Wilhelm Müller, einem Anwalt, der 1759 mit 31 Jahren Ratsmitglied wird. Müller ist jedoch nicht nur juristisch und politisch aktiv, sondern auch ausgesprochen kunstsinnig, wie Hiller berichtet: »Ich hatte das Glück, in dieser vortrefflichen Familie immer sehr wohl aufgenommen zu werden. Alles liebte da die Musik, oder war selbst musikalisch. Es ward den Sommer über in dieser Familie ein Concert errichtet, wovon man mir die Direction überließ.«[89] Die übertragene Verantwortung lässt den jungen Hiller Geschmack am Dirigieren finden. 1762 beginnt er mutig, das darniederliegende städtische Konzertleben neu zu formieren. Im Sommer lädt er zu Abonnementkonzerten ein, die er auf eigene Rechnung organisiert. Bereits ein Jahr später wird ihm die Leitung des neu eröffneten *Grossen Concert* übertragen, für die Wiedereinweihung komponiert er eine Kantate.

Zwölf Jahre lang verantwortet Hiller die Konzerte im Gasthaus *Drei Schwanen*, in dieser Zeit wird er Leipzigs einflussreichster Musiker. 1766 hebt er mit *Der Dorfbalbier* das erste deutsche Singspiel aus der Taufe – jenes von Mozart später zur Blüte geführte Genre, das gesungene und gesprochene deutsche Texte verbindet. Um Nachwuchs für Bühne und Konzert sicherzustellen, gründet er kurz darauf eine Singschule, in der zwei Dutzend Sängerinnen und Sänger unentgeltlich ausgebildet werden. Warum sich der musikalische Multifunktionär 1775 schließlich vom *Grossen Concert* zurückzieht, bleibt im Dunkeln. Hiller schweigt sich auch in seiner neun Jahre später verlegten Autobiografie darüber aus. Einige Berichte von Zeitzeugen lassen vermuten, dass sich der Kapellmeister im Gegensatz zu früheren Zeiten nicht mehr mit der nötigen Autorität durchsetzen kann.[90] 46 Jahre alt ist Johann Adam Hiller zu dieser Zeit. Vielleicht durchlebt er ja das, was man in viel späteren Zeiten gemeinhin als »Midlife crisis« beschreibt. Möglich ist aber auch, dass äußere Umstände den Rückzug erzwingen. Infolge der Reparationen, die noch immer gezahlt werden müssen, ist die Stadt hochverschuldet. Zwei aufeinanderfolgende Hungerjahre haben das Leben verteuert, mehrere der Kaufleute, die das Konzertunternehmen tragen, sind pleite. Zudem gelingt es auch nach Jahren nicht, adäquaten Ersatz für die 1771 nach Berlin wechselnde Ausnahmesängerin Gertrud Elisabeth Schmeling zu finden, deren Auftritte das *Grosse Concert* stets zur Sensation machen. Dass Hiller also just zu dieser Zeit eine Singschule gründet, ist beileibe kein Zufall: Wenn die Not am größten, ist Gottes Hilfe am nächsten.

Die Singschule hilft dem Kapellmeister gleich in mehrfacher Hinsicht. Schon im Jahr nach ihrer Gründung hebt er mit gemeinsam mit seinen Schülern die *Musikübende Gesellschaft* aus der Taufe. 30 Mal im Jahr tritt diese Truppe im *Thomäischen Haus* am Markt, dem einstigen *Kaffeehaus Apel*, mit eigenen Konzerten auf. Unterstützt wird sie dabei von den zum Teil gleichen professionellen Musikern, die auch in der Konkurrenz des *Grossen Concert* tätig sind. Nachdem das Traditionsunternehmen 1778 die Konzerte im *Drei Schwanen* infolge fehlender Subskribenten endgültig einstellt, ist Hiller sofort zur Stelle, als ihm sein Freund Carl Wilhelm Müller, inzwischen Bürgermeister, einen mutigen Plan präsentiert. Die Kurzfassung der Idee: Das der Stadt gehörende Messehaus der Tuchmacherinnung, das sogenannte *Gewandhaus*, besitzt einen riesigen hölzernen Dachboden, auf dem einst Stoffe getrocknet wurden. Inzwischen aber würde die Etage meist leer stehen, darum ließe sich dort ein städtischer Konzertsaal einbauen. Gesagt, getan: Unter Federführung des

Bürgermeisters Müller wird ein Verwaltungskonstrukt geschaffen, das für die städtische Oberhoheit in Sachen Gewandhausorchester sorgt. Gemietet wird der Saal von einer zwölfköpfigen ehrenamtlich arbeitenden Konzertdirektion, zu der unter anderem vier Ratsmitglieder, vier Kaufleute und zwei Bankiers gehören. Den Vorsitz übernimmt der Bürgermeister selbst. Am 31. August 1781 veröffentlicht das Gremium eine *Nachricht von der künftigen Einrichtung des Leipziger Concerts*: Ihr zufolge sollen im Gewandhaus jährlich 24 Konzerte stattfinden – jeweils donnerstags um 17 Uhr. 10 Taler pro Jahr kostet ein Platz, Fremde müssen für ein Konzert einen halben Taler zahlen. Programmzettel und Textbücher werden am Vorabend nach Hause gebracht. Immerhin 220 Leipziger nehmen das Angebot an. Bedenkt man, dass Frauen und Söhne der Subskribenten freien Eintritt haben, werden die 500 Plätze von Anfang an gut gefüllt gewesen sein.

Johann Adam Hiller wird zum Musikdirektor und Kapellmeister ernannt. Im Winter 1781/82 ist er Herr über 27 Instrumentalisten sowie zwei Sopranistinnen und 12 Chorsänger. Was die Gründung einfach macht, ist die Tatsache, dass man auf ein bestehendes Orchester zurückgreifen kann. Denn 1778 endete zwar die Serie des *Grossen Concert*, das Ensemble aber gibt es nach wie vor – als Theaterorchester. Dabei hat die Stadt zu dieser Zeit gar kein festes Theaterensemble. Die durchreisenden Wandertruppen bleiben jährlich mehrere Monate lang in Leipzig und spielen wöchentlich drei bis vier Vorstellungen. Deren musikalische Umrahmung ist ein Privileg der sieben Ratsmusiker, die bei zusätzlichem Bedarf musizierende Studenten als Verstärkung hinzuziehen. Spätestens seit 1774 werden jedoch sämtliche Anfragen für Theatermusik von den Ratsmusikern direkt ans *Grosse Concert* weitergeleitet.[91] Nahezu alle Musiker des *Grossen Concert* gehören darum auch zum Theaterorchester, das sich 1778 natürlich nicht auflöst, als die Konzerte in den *Drei Schwanen* enden. Im Gegenteil: Wie wichtig allein dieser Teil des musikalischen Geschäfts ist, zeigt, dass die 21 Mitglieder des Ensembles am 17. Juli 1786 einen Gegenseitigkeitsvertrag unterzeichnen. Ziel ist nicht nur die soziale Absicherung durch die Gründung eines Pensionsfonds, sondern auch die Sicherung der Qualität, etwa durch die Regelung, dass das Orchester nur gemeinsam engagiert werden dürfe.

Zu dieser Zeit geben die Musiker ihre Konzerte bereits im Gewandhaus. Als dort am 25. November 1781 der neue Saal eingeweiht wird, überschlagen sich die Besucher vor Begeisterung. Schon dem Auge wird viel geboten: Die große Holzdecke lassen die Bauherren von Adam Friedrich Oeser ausschmücken. Am Fries des Hauptsimses über der Orgel prangt der Sinnspruch des römischen Philosophen Seneca »Res severa est verum gaudium«, der sich auf zweierlei Weise übersetzen lässt: »Eine ernste Sache ist eine wahre Freude« oder »Die wahre Freude ist eine ernste Sache«.

Richtig enthusiastisch werden die Zuhörer angesichts der Akustik. Denn der Holzsaal fungiert als Resonanzkörper und wirkt wie ein Musikinstrument. Das lässt Musiker aus Nah und Fern schwärmen. Dem Geheimnis des warmen Klangs kommt man jedoch nie auf die Spur. Als der Konzertsaal erweitert wird, geht auch die phänomenale Akustik verloren – einer der Gründe dafür, warum 1884 ein *Neues Gewandhaus* gebaut wird. Das steht dann zwar nicht mehr an originaler Stelle, sondern am damaligen Stadtrand. Aber der Name des einstigen Messehauses der Tuchmacher hat sich längst als eigene Marke durchgesetzt, und das dort spielende Gewandhausorchester ist als ältestes bürgerliches Konzertorchester des deutschsprachigen Raumes anerkannt.

Den ersten Musikdirektor und Gewandhauskapellmeister hält es jedoch nicht lange an seinem neuen Posten: Nach mehr als 26 Jahren in Leipzig legt Johann Adam Hiller 1785 alle musikalischen Ämter der Stadt nieder. Bereits seit drei Jahren leitet er die Hofkapelle im kurländischen Mitau, wohin er nun zunächst aufbricht. Doch auch dieser Posten scheint Hiller nicht auszufüllen. Schon im Jahr darauf kehrt er nach Leipzig zurück und sucht von hier aus in ganz Deutschland nach einer neuen Aufgabe. Letzten Endes wird er sie wieder in Leipzig finden – das passt zu jenem Künstler, der das musikalische Leben der Stadt im letzten Drittel des 18. Jahrhunderts wie kein zweiter geprägt hat.

MUSIKER FÜR DIE ZUKUNFT

1789 bis 1804

Thomaskantor Johann Friedrich Doles wird aus dem Amt gemobbt · Mozart erbittet sich Bachs Notizen und gibt eine Kostprobe seiner Genialität · Wie Johann Adam Hiller die Doppelbegabung der Thomasschüler pflegt

Mobbing ist ein recht neues Wort, doch das Verhalten, das es beschreibt, ist keineswegs neu. Als Johann Friedrich Doles – jener Mann, den der Rat 1755 viel lieber als Thomaskantor sehen wollte als den allseits empfohlenen Carl Philipp Emanuel Bach – im März 1789 nach mehr als 33 Jahren im Amt nicht etwa stirbt, sondern seinen Rücktritt anbietet, so geschieht das, wie der 73-Jährige betont, »keineswegs aus Mangel der Gesundheit und Kräfte noch des guten Willens, sondern wegen vieler und wichtiger Hindernisse«.[92] Welche Hindernisse das sind, offenbart ein Brief, den Johann Adam Hiller ein Vierteljahr zuvor von Breslau aus, wo er mittlerweile auf seiner Stellensuche angelangt ist, dem preußischen Hofkapellmeister Johann Friedrich Reichardt nach Berlin schickt: »Leipzig hätte mich gern wieder, aber der eisenfeste D will noch nicht Platz machen, so viel Mühe sich auch der Geheime Kriegs Rath M gibt, ihn zur Resignation zu bringen.«[93] Die Abkürzungen sind leicht zu entziffern: Hinter »D« steht Thomaskantor Doles, »M« ist der Bürgermeister Carl Wilhelm Müller.

Den umtriebigen Dirigenten Hiller und den ersten Mann im Leipziger Rathaus verbindet, wie bereits beschrieben, eine lange Freundschaft. Dass Hiller ab 1781 Musikdirektor im zum Konzertsaal umgebauten Gewandhaus ist, geht auf Müllers Wirken zurück. Auch, dass der aus Schlesien stammende Musiker später noch Organist der Neukirche wird, hat er der Fürsprache des Stadtoberhauptes zu verdanken. Bürgermeister Müller ist zudem klar, dass der Weggang seines Schützlings an den Kurländischen Hof in Mitau nicht von Dauer ist. Der Kontakt jedenfalls reißt niemals ab, und im Spätherbst 1788 sendet Hiller eine Initiativbewerbung »für ein etwa frei werdendes Amt« nach Leipzig. Diese muss im Zusammenhang mit dem nur zwei Wochen später geschriebenen Brief an Reichardt gelesen werden: Zweifellos hat der Bürgermeister seinen Freund informiert, dass Thomaskantor Doles amtsmüde geworden sei und stellt Hiller sogleich dessen Stelle in Aussicht.

Nachdem der 73-jährige Amtsinhaber Doles seinen Rücktritt anbietet, geht alles ganz schnell: Der Wunsch des Thomaskantors nach Ruhestandsbezügen von jährlich 400 Talern wird erfüllt, 150 Taler davon muss sein Nachfolger aus eigener Tasche übernehmen. Noch im gleichen Monat wird Hiller einstimmig zum Thomaskantor gewählt, die Amtsübergabe wird aber erst für den 30. Juni 1789 angesetzt. Ein Glücksfall für Doles. Denn so steht er ganz am Ende seiner Amtszeit noch einmal im Mittelpunkt sich überschneidender Linien der Musikgeschichte: Im April und Mai schaut Wolfgang Amadeus Mozart zweimal in Leipzig vorbei, zum ersten Mal in seinem recht bewegten Leben. Doch der Komponist, der als Kind und Jugendlicher ganz Europa bereiste und dem das Publikum bereits in London, Paris und Mailand zu Füßen lag, ist nur auf der Durchreise. Der Wiener hat davon gehört, dass es im fernen Preußen einen spendablen König gäbe, der die Musik liebe. Keine Frage, dass sich der finanziell notorisch klamme Mozart Hoffnungen auf eine Belohnung für eine Komposition oder gar auf eine Anstellung in der Berliner Hofkapelle macht.

Nach nicht einmal zwei Wochen ist der Traum jedoch ausgeträumt. Zu König Friedrich Wilhelm II. ist Mozart trotz eifrigster Bemühungen gar nicht erst vorgedrungen. Stattdessen sollte sich der königliche Cellolehrer Jean Pierre Duport des Gastes annehmen. Doch die beiden sind sich derart unsympathisch, dass Mozart es vorzieht,

Preußen nach wenigen Tagen und ohne Belohnung oder gar feste Anstellung zu verlassen. Zum Glück für Leipzig. Denn auf der Rückreise bleibt Mozart neun Tage zu Gast – auf der Hinfahrt hatte er es noch wesentlich eiliger. Vom Besuch gibt es verschiedene Berichte. Der meistzitierte stammt vom einem damaligen Thomaner, der als Musikschriftsteller und Mitglied der Gewandhausdirektion berühmt wird: Johann Friedrich Rochlitz.[94] Über die Visite in Leipzig schreibt er: »Auf Veranstaltung des damaligen Kantors an der Thomasschule in Leipzig, des verstorbenen Doles, überraschte der Chor Mozart mit der Aufführung der zweichörigen Motette *Singet dem Herrn ein neues Lied* von dem Allvater deutscher Musik, von Sebastian Bach. Mozart kannte diesen Albrecht Dürer der deutschen Musik mehr vom Hörensagen, als aus seinen selten gewordenen Werken. Kaum hatte der Chor einige Takte gesungen, so stutzte Mozart. Noch einige Takte, da rief er: Was ist das? Und nun schien seine ganze Seele in seinen Ohren zu sein. Als der Gesang geendigt war, rief er voll Freude: Das ist doch einmal etwas, woraus sich was lernen lässt! Man erzählte ihm, dass diese Schule, an der Sebastian Bach Kantor gewesen war, die vollständige Sammlung seiner Motetten besitze und als eine Art Reliquien aufbewahre. Das ist recht, das ist brav, rief er: Zeigen Sie her!«[95]

An dieser Stelle lohnt es sich, den Bericht kurz zu unterbrechen. Denn natürlich bewahrt die Thomasschule zu Doles' Zeiten die Aufführungsmaterialien von Bachs Motetten auf. Aber dazu gehören im 18. Jahrhundert keine Partituren. Jede Stimme ist einzeln notiert, mehrere Sänger nutzen jeweils gemeinsam ein Blatt. Man muss sich das vor Augen führen: Mozart erbittet sich Bachs Noten, die Gastgeber legen ihm alle Einzelstimmen vor. Eine Szene, die auch den jungen Rochlitz derart begeistert, dass er sie noch nach Jahrzehnten plastisch schildert: »Er ließ sich also die ausgeschriebenen Stimmen geben. Und nun war es für den stillen Beobachter eine Freude zu sehen, wie eifrig Mozart sich setzte, die Stimmen um sich herum, in beide Hände, auf die Knie, auf die nächsten Stühle verteilte, und, alles andere vergessend, nicht eher aufstand, bis er alles, was von Sebastian Bach da war, durchgesehen hatte. Er erbat sich eine Kopie, hielt diese sehr hoch, und wenn ich nicht sehr irre, kann dem Kenner der Bachschen Kompositionen und des Mozartschen Requiem besonders etwa der großen Fuge Christe eleison, das Studium, die Wertschätzung, und die volle Auffassung des Geistes jenes alten Kontrapunktisten, bei Mozarts zu allem fähigen Geiste, nicht entgehen.«[96]

Weniger Glück hat Mozart hingegen mit einem Sonderkonzert im Gewandhaus. Weil die Saison bereits beendet ist, bleibt der Besuch dürftig. Zudem spielt nur die zweite Garnitur des Orchesters. Die übrigen Kollegen haben an jenem Abend im Theater Dienst, wo übrigens gerade Mozarts *Die Hochzeit des Figaro* gegeben wird. Es soll jedoch der einzige Misserfolg des Gastes in Leipzig bleiben: Denn schon während des dreitägigen Aufenthalts auf der Hinfahrt nach Potsdam nutzt Mozart die Zeit für ein privates Orgelkonzert in der Thomaskirche. Der damalige Augenzeuge Christian Friedrich Michaelis berichtet 16 Jahre später in der *Berliner Musikalischen Zeitung*: »Am 22. April ließ er sich ohne vorausgehende Ankündigung und unentgeltlich auf der Orgel in der Thomaskirche hören. Er spielte da eine Stunde lang schön und kunstreich vor vielen Zuhörern. Der damalige Organist Görner und der verstorbene Cantor Doles waren neben ihm und zogen die Register. Doles war ganz entzückt über des Künstlers Spiel, und glaubte den alten Seb. Bach (seinen Lehrer) wieder auferstanden. Mozart hatte mit sehr gutem Anstande, und mit der größten Leichtigkeit alle harmonischen Künste angebracht, und die Themate, unter andern den Choral Jesu meine Zuversicht aufs Herrlichste aus dem Stehgreif durchgeführt.«[97] Das oft zitierte überschwängliche Lob Mozarts für die Thomaner (»So einen Chor haben wir in Wien, und hat man in Berlin und Prag nicht«[98]) ist umso erstaunlicher, wenn man bedenkt, dass der Chor, den er im April 1789 hört, gar nicht vom Thomaskantor geleitet wird. Doles nämlich lässt sich in seinen letzten Amtswochen konsequent vom Präfekten vertreten. Selbst für berühmte Gäste macht er keine Ausnahme.

Am letzten Abend vor der Rückreise nach Wien, am 12. Mai 1789, ist Mozart wieder zu Gast in der Thomasschule. Auch hier berichtet Rochlitz detailliert: Wehmütig hätten die Leipziger um eine Zeile aus der Hand des Meisters gebeten. Der aber »scherzte über ihre

Sentimentalitäten, und wollte schlafen, aber nicht schreiben. Endlich sagte er doch: Papa, so geben Sie mir ein Stückchen Notenpapier. Er erhielt es, riss es in zwei Hälften, setzte sich und schrieb – nicht länger als höchstens fünf bis sechs Minuten. Dann reichte er dem Vater die eine, dem Sohn von Doles die andere Hälfte.«[99] Was die Thomaner dann zu hören bekommen, ist eine Kostprobe von Mozarts Genialität. Auf jedem Blatt steht ein Kanon: der erste ein wehmütiger auf die Worte »Lebet wohl, wir seh'n uns wieder«, der zweite ein lustiger mit dem Text »Heult noch gar, wie alte Weiber«. Weil das Ganze von Mozart ist, ergänzen sich beide zu einem Quodlibet.

Keine sechs Wochen später ist die Ära Doles endgültig Geschichte: Am 22. Juni unterschreibt Hiller seinen Anstellungsvertrag. Erstaunlich ist, dass sein Kontrakt ausdrücklich festlegt, dass er sich auf die Arbeit in den Kirchen zu konzentrieren habe und andere Dirigate genehmigen lassen müsse: Für den Arbeitgeber zweifellos ein Sicherheitsnetz, um zu verhindern, dass der umtriebige Musiker, der bereits Universitätsmusikdirektor, Musikdirektor der Neukirche, Gewandhauskapellmeister und Leiter der *Musikübenden Gesellschaft* gewesen ist, erneut musikalische Ämter anhäuft. Doch das Orchesterdirigieren kann Hiller eben nicht sein lassen, darum hilft er sich auf seine Weise. Er gründet ein Schulorchester und sieht den Instrumentalunterricht als zusätzlichen Schwerpunkt seiner pädagogischen Arbeit. Wie sonst ist es zu verstehen, was er 1793 in der *Berliner Musikalischen Zeitung* berichtet: »Unter meinen 56 jungen Leuten zwischen 13 und 21 darf höchstens einer amusis sein; es befinden sich darunter mehrere Talente für das Klavier- und Orgelspiel, der eine der Schüler kann Pauke, ein anderer Bassposaune spielen; auch sind 5 gute Violinspieler und weitere 5–6 eifern ihnen nach! In den Übungsstunden Montag, Mittwoch und Freitag von 11–12 Uhr sind die Violinen wenigstens mit 10 Spielern besetzt, die Bratschen dreifach, die Bässe mit 2 Contreviolones, 2 Violoncellen, 2 Fagotten. Dazu kommen 2 Flöten und 2 Waldhörner, so dass sich das Personale der Instrumente wenigstens auf 23 beläuft und für den Gesang der Chöre noch immer 32 übrig blieben.«[100] Dass er mit diesem Ensemble ohne jede Hilfe auch anspruchsvolle Werke aufführen kann,[101] behauptet er drei Jahre später in einem Brief an den Lexikographen Ernst Ludwig Gerber: »Kämen Sie doch bald einmal zu uns, dass ich Ihnen das letzte, aber größte Werk Mozarts, sein Requiem, von meinen Schülern aufgeführt könnte hören lassen. Wundern würden Sie sich, wenn Sie meine Trompeter, Pauker, Waldhornisten, Oboisten, Klarinettisten, Fagottisten, Geiger und Bassspieler, alle in schwarzen Röcken, sähen; sogar die Posaunen werden jetzt in der Kirche von Schülern geblasen.«[102] Natürlich weiß Hiller, dass die Thomaner in erster Linie singen sollen und erklärt Gerber darum stolz, dass der Sängerchor immer noch aus 24 Alumnen bestünde. Das forcierte Instrumentalspiel begründet der Thomaskantor übrigens als medizinische Notwendigkeit: »Zu meiner großen Freude muss ich sagen, dass die, welche blasende Instrumente treiben, die Gesündesten unter den Schülern sind.«[103]

Auch wenn Hiller die Vorgabe des Rates, keine anderen Musikinstitutionen zu leiten, bis zu seinem Tod peinlich genau beachtet, sorgt seine gewissenhafte musikpädagogische Arbeit doch für eine enge Verbindung zwischen Thomanerchor und Gewandhausorchester. Dank der Arbeit des Kantors kann ab 1796 in jedem Jahr mindestens ein Abgänger der Thomasschule solche instrumentalen Fertigkeiten vorweisen, dass er ins Gewandhausorchester aufgenommen wird.[104] Dass aber auch aktive Schüler zu den Stützen des Orchesters gehören, verdeutlicht Hillers Reaktion auf eine Beschwerde beim Rat, derzufolge Alumnen in die Komödie gehen. Der Thomaskantor rechtfertigt sich mit dem Argument der Überschneidung von Diensten der professionellen Musiker in Konzert und Theater, derentwegen er Aushilfen durch Thomaner genehmigt hätte: »Ich habe es erlaubt, wenn bei Collisionen des Concerts mit dem Theater mich einige Kirchen- und Concertmusiker baten, einen oder den anderen vom Alumnaeo an ihrer Stelle im Theater spielen zu lassen.«[105]

Als Johann Adam Hiller am 16. Juni 1804 stirbt – schon in den letzten Lebensjahren lässt er sich oft von einem Substituten vertreten – endet nicht nur eine mehr als vier Jahrzehnte lange fruchtbare Ära der Leipziger Musikgeschichte. 1763 hatte diese mit der Übernahme des *Grossen Concert* durch Hiller ihren Anfang genommen. Dass der begabte und mit vielen Posten überhäufte Musiker nacheinander als Gewandhauskapellmeister und als Thomaskantor amtiert, wirkt bereits wie ein Ausblick auf die Musikstadt späterer Zeiten mit ihrer Vorliebe für große Namen.

Mit dem Übergang ins 19. Jahrhundert verschiebt sich immer mehr das Koordinatensystem im musikalischen Leipzig. Gewandhausorchester und Thomanerchor sind unbestritten dessen tragende Säulen. Alles andere – etwa das Musiktheater – folgt im gutbürgerlichen Wertemaßstab erst mit großem Abstand. Zudem ist die hiesige Musikpraxis längst nicht mehr ausschließlich dadurch definiert, Neues vorzuführen. Es wächst jetzt auch ein Bewusstsein für das Vergangene. Das aber geschieht nicht auf einen Schlag. Vordenker wie Gottfried Christoph Härtel, Johann Friedrich Rochlitz und Johann Adam Hiller bereiten unermüdlich den Boden für den Historismus, der nur drei Jahrzehnte später im Verbund mit den Ideen Felix Mendelssohn Bartholdys zu jener einzigartigen Melange aus Altem und Neuen führt, die während des gesamten weiteren 19. Jahrhunderts das Musikleben Leipzigs bestimmt. Oder, um es knapper ausdrücken: Nach Hillers Tod ist die Zeit des Säens vorbei. Nun wird die Aussaat gepflegt.

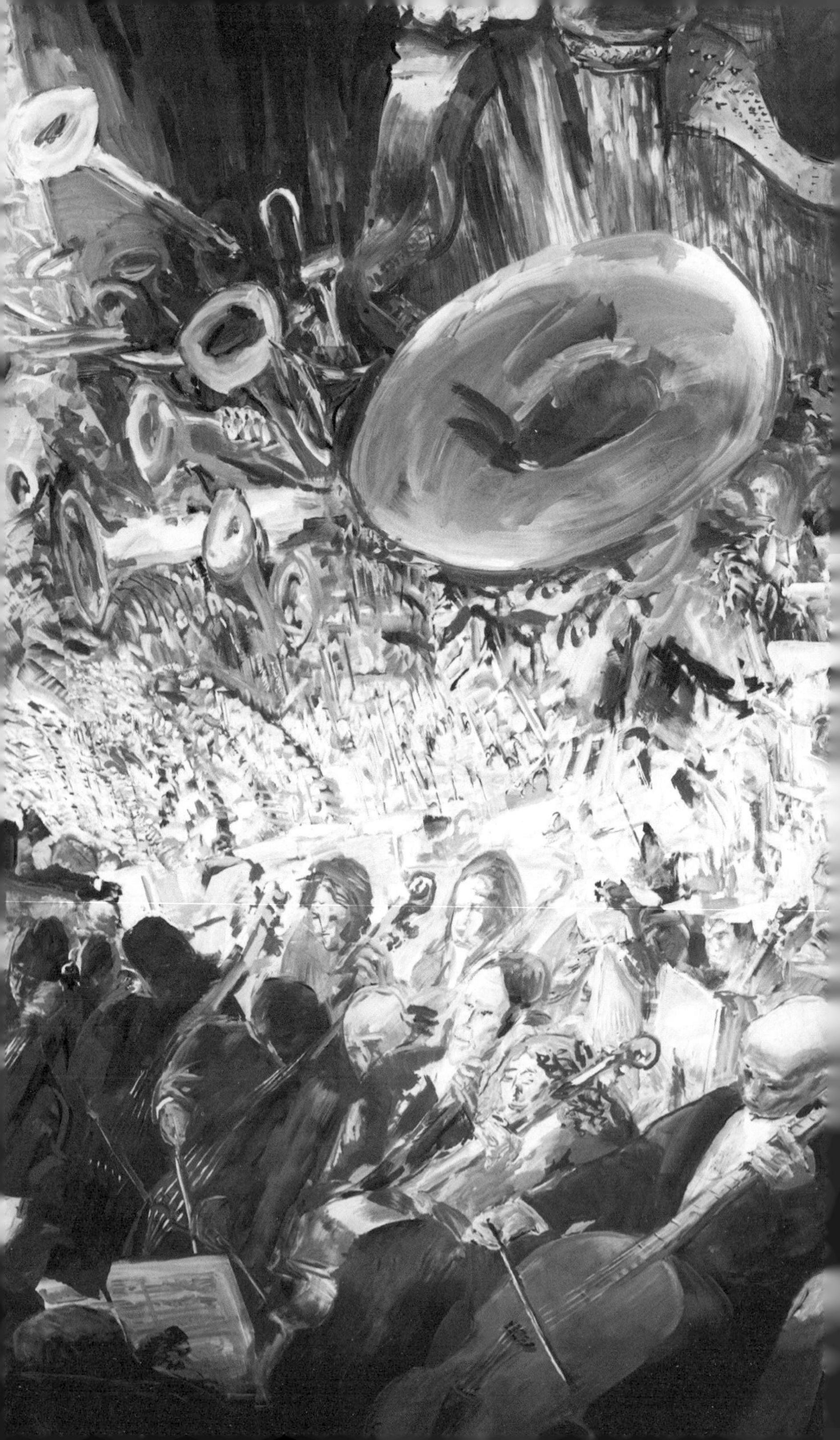

Teil Zwei

ORCHESTER

MASSENWARE

ab 1800

Franz Anton Hoffmeister macht Breitkopf & Härtel Konkurrenz · Notendruck ganz anders · Die »grüne Reihe« in jedem bürgerlichen Haushalt · Edvard Griegs zweite Heimat: die Firmenzentrale der Edition Peters

Dafür, dass die ausgebrachte Saat nun ordentlich gepflegt wird, spricht die Tatsache, dass ein Auswärtiger, der nur auf Durchreise ist, ein Leipziger Geschäftsmodell vor Ort selbst ausprobieren möchte. Am 1. Dezember 1800 gründet der aus Wien stammende Franz Anton Hoffmeister an der Pleiße ein Unternehmen, das dem ortsansässigen Verlag *Breitkopf & Härtel* Konkurrenz macht. Eigentlich ist Hoffmeister nur für eine Konzertserie nach Leipzig gekommen, doch die Musikstadt lässt den 46-Jährigen nicht mehr los. Als Katholik besucht er regelmäßig die katholische Kapelle auf der Pleißenburg und lernt dort den 30-jährigen Organisten und Geiger Ambrosius Kühnel kennen. Unter dem Namen *Bureau de Musique* gründen beide einen Verlag mit Notenstecherei, Druckerei und Instrumentenhandlung. Im Oktober 1801 bezieht die Firma ihr Domizil im Fürstenhaus an der Ecke von Grimmaischer Straße und Universitätsstraße. Zwar tritt Hoffmeister schon fünf Jahre später wieder aus der Firma aus, doch in dieser kurzen Zeit trifft er einige wichtige verlegerische Entscheidungen. Nachdem man sich mit Johann Nikolaus Forkel, dem ersten Biografen Johann Sebastian Bachs, einig wird, verlegen *Hoffmeister & Kühnel* die Klavierwerke des einstigen Thomaskantors.

Zudem bringt der Verlag Kompositionen von Mozart und Beethoven heraus und macht sich so auch über Leipzig hinaus einen Namen.

Den darf man jedoch nicht mit dem fast identischen Namen von Friedrich Hofmeister (mit nur einem f) verwechseln, der ebenfalls auf die Idee kommt, ins lohnenswerte Geschäft mit Noten einzusteigen. Dieser Hofmeister geht beim ältesten Musikverlag der Welt in die Lehre, arbeitet später im *Bureau de Musique Hoffmeister & Kühnel* und macht sich 1807 selbstständig. Seine Musikalienhandlung wächst sich schnell zur Leihanstalt und schließlich zum eigenen Verlag aus. Mit Modekomponisten verdient Hofmeister zunächst gutes Geld, so dass er sich später auf Unterrichtswerke spezialisiert und junge Komponisten fördert. Eine Verlagspolitik, der der nach wie vor in Leipzig ansässige *Friedrich Hofmeister Musikverlag* bis heute treu geblieben ist.

Zumindest diese Verwechslungsgefahr aber besteht seit 1814 nicht mehr, als die Erben des bereits mit 43 Jahren verstorbenen Ambrosius Kühnel das *Bureau de Musique* verkaufen. Ein Buchhändler, der ebenfalls im Musikaliengeschäft Zukunft sieht, greift zu: Carl Friedrich Peters, ein Musikkenner, der unter anderem Weber und Hummel an sich bindet. Ein Testament im Jahr 1855 sorgt dafür, dass der von ihm übernommene Verlag für alle Zeiten seinen Namen trägt. Zum Unternehmen von Weltgeltung aber wird *C. F. Peters* erst lange nach dem Tod des Namenspatrons, und dieser Aufstieg hängt erneut mit einer technischen Neuigkeit zusammen, die in Leipzig ihren Ausgang nimmt. Vier Jahre lang grübelt der 1863 an die Verlagsspitze gekommene Max Abraham darüber nach, wie man Noten preiswert produzieren könnte. Doch seine Ideen zerschlagen sich immer wieder. Erst in der Druckerei von Carl Gottlieb Röder wird Abraham fündig: Röder will ein für den Buchdruck bereits eingeführtes Schnelldruckverfahren auf die Notenherstellung übertragen. Dabei benutzt er eine Technik, deren Grundlagen schon Alois Senefelder im Jahr 1796 legt. Der Münchner entdeckt damals zufällig, wie sich nach einem Regen Papier auf einem Kalkstein abbildet und entwickelt daraus die Lithographie. Das Prinzip ist einfach: Fett und Wasser stoßen sich gegenseitig ab. Zeichnet man mit fettiger Tinte auf einem Kalkstein, der während der Einfärbung feucht gehalten wird, dann sammelt sich an den Kontaktstellen Farbe. Beim Abdruck auf Papier wird diese wieder abgegeben. Die lithographische Praxis beim Notendruck ist dennoch im Detail recht kompliziert: Alle Linien und Zeichen müssen mitsamt den Texten seitenverkehrt auf den Stein gezeichnet werde. Nach Abschluss dieser Arbeiten wird der Lithostein mit Ätze behandelt, damit die Oberfläche wasserfreundlich und die Zeichnung farbempfindlich bleibt – eine Behandlung, die den Stein nach und nach zersetzt. Um den Originalstein zu schonen, greifen Abraham und Röder eine weitere Idee Senefelders auf: die des Umdrucks. Dazu fertigt man mit einer Handpresse einen Abzug des Originals auf einem mit Stärkekleister vorbehandelten Spezialpapier an. Im nächsten Schritt wird dieses Papier dann auf einen neuen Stein übertragen, der so zum zusätzlichen Druckstock wird. Erst jetzt ist es möglich, Bilder, Texte und Notenschriften sowohl von bearbeiteten Steinen als auch von alten Drucken herzustellen.

Die Experimente revolutionieren den Notendruck. Vor allem aber verbilligen sie ihn, denn nun lassen sich zehntausende hochwertige Abzüge von einer einzigen Vorlage anfertigen. Innerhalb kürzester Zeit steigt die Produktivität bei *C. F. Peters* um das Achtfache, die Rotationspresse senkt die Druckkosten um märchenhafte 80 Prozent. So ist der Weg frei für die im November 1867 erstmals vorgelegte *Musikalische Universalbibliothek* des Musikverlags *C. F. Peters*, die das Reclam-Prinzip günstiger Großauflagen auf die bis dahin teure Notenproduktion überträgt. Der Rest ist Musikgeschichte. Die »grüne Reihe«, wie die Universalbibliothek wegen ihres Einbands bald genannt wird, findet sich seitdem in jedem Haushalt, in dem musiziert wird. Schon am ersten Tag liegen 100 Ausgaben der *Edition Peters* vor, und wie sich das für einen Leipziger Verlag gehört, erscheint Bachs *Wohltemperiertes Klavier* als Erstling. Heute sind in der Reihe 12 000 Titel verfügbar – nicht nur Klassiker, sondern stets auch Zeitgenossen. Selbst kirchenmusikalisch setzt man Meilensteine: 1975 erscheint mit Alfred Schnittkes *Requiem* in der Reihe ein Werk, das es offiziell gar nicht geben darf. Denn sowjetischen Komponisten ist es untersagt, geistliche Musik zu schreiben. So tarnt Schnittke seine

Totenmesse, die in Zusammenarbeit mit Kurt Masur entsteht, als *Bühnenmusik zu Don Carlos* und lässt sie in Leipzig verlegen.

Es ist nur eine von vielen klugen Entscheidungen, die den Verlag weltberühmt machen. Und sie reiht sich ein in eine zu dieser Zeit schon über hundertjährige Tradition der fruchtbaren Zusammenarbeit mit Komponisten aus dem In- und Ausland. In der 1874 errichteten Firmenzentrale in der Talstraße gehen die Tonsetzer jedenfalls ein und aus. Für den Norweger Edvard Grieg wird sie gar zur zweiten Heimat. An diesem Ort komponiert er 1888 die erste *Peer-Gynt-Suite*, die dann im Gewandhaus unter Carl Reinecke uraufgeführt wird. 1891 holt Abraham seinen damals erst 23-jährigen Neffen Henri Hinrichsen als Prokuristen und späteren Nachfolger in die Firma. Hinrichsen führt den Verlag zum unbestreitbaren Höhepunkt wirtschaftlicher und kultureller Stärke. Die *Edition Peters*, die in dieser Zeit ihr Sortiment auf mehreren Weltausstellungen präsentiert, erhält im Jahr 1900 auf der Pariser Jahrhundertschau sogar einen Grand Prix.

Von den Erfolgen profitiert die Musikstadt gleich mehrfach. 1893 gründet Hinrichsen die *Musikbibliothek Peters*, eine Präsenzbibliothek mit wertvollen Autographen, die sogar ein eigenes Gebäude erhält. Vier Jahre später stiftet der Verleger die wertvolle Sammlung der Stadt Leipzig und stellt zu ihrem Erhalt 400 000 Goldmark zur Verfügung. Hinrichsens Wille ist unwiderruflich: Sollte der Musikverlag erlöschen oder seinen Stammsitz verlassen, gehen Bibliothek, Kapital und Grundstück in den Besitz der Stadt über. Freuen darf sich auch die Universität. Dass diese mit dem Musikinstrumentenmuseum heute eine der wertvollsten Instrumentensammlungen weltweit besitzt, ist ebenfalls einer Schenkung des Verlegers zu verdanken.

Doch all diese Tradition hält die Nationalsozialisten nicht davon ab, nach ihrer Machtergreifung ein Auge auf den Verlag zu werfen. Zwei Söhnen Hinrichsens, Max und Walter, gelingt 1936 und 1937 rechtzeitig die Flucht ins Ausland, sie gründen Verlage in London und New York. Ihr Vater, der sich der Leipziger Familientradition verpflichtet fühlt, bleibt in Deutschland und erhält nach der Pogromnacht des 9. November 1938 Berufsverbot. Im Zuge der »Arisierung« drängen ihn die Machthaber 1939, den Verlag für einen niedrigen

Preis zu verkaufen. Doch nicht einmal dieser Erlös bleibt dem einstigen Verleger erhalten, als er nach Brüssel flieht, um dort auf ein Visum für England oder die USA zu warten. Zudem zerschlagen sich die Hoffnungen auf Ausreise. 1942 wird Hinrichsen nach Auschwitz deportiert und dort ermordet. Elf Familienmitglieder werden Opfer der Shoah. Eine der bedeutendsten Leipziger Verlegerfamilien ist nahezu komplett ausgelöscht.

Nach dem Zweiten Weltkrieg setzt sich das Unrecht fort. 1945 stellt Walter Hinrichsen dem 1939 eingesetzten Firmenchef Johannes Petschull, der den Verlag nach der »Arisierung« mit viel Umsicht leitet, eine Generalvollmacht als Teilhaber und Geschäftsführer aus. Im Gegenzug überträgt Petschull den Verlag auf Hinrichsen, der inzwischen amerikanischer Staatsbürger ist. Die russischen Besatzer akzeptieren die *Edition Peters* darum als amerikanisches Eigentum. Trotzdem streben schon wenige Jahre später die SED-Verantwortlichen eine Enteignung an. So wird der Leipziger Firmensitz 1951 in Volkseigentum überführt, während noch im gleichen Jahr in Frankfurt am Main, wohin Petschull unzählige Kisten mit Noten und Druckvorlagen ausgelagert hat, ein Nachfolgebetrieb entsteht. In London muss zur gleichen Zeit Walter Hinrichsens Bruder Max eine zermürbende Kette von Prozessen gegen dortige Konkurrenten führen, die die Erbansprüche der Verlegersöhne nicht anerkennen und stattdessen den Leipziger Verlag *C. F. Peters* für erloschen erklären wollen. Die Prozesse werden allesamt gewonnen. Doch es dauert noch bis ins Jahr 2010, ehe wirklich alle unter dem Traditionsnamen firmierenden Einzelverlage zusammengeführt werden und die deutsche Niederlassung der *Edition Peters* wieder ihren Sitz im aufwändig restaurierten Stammhaus in der Leipziger Talstraße nimmt.

LAIEN UND PROFIS

1805 und 1808

Zwei Singakademien vereint · Für Dilettanten wird die Kammermusik zu schwer · Die vier wichtigsten Musiker finden sich zum Gewandhausquartett zusammen · Die neue Königsdisziplin der Klassik

Eine Musikstadt, in der nicht nur Neues entsteht, sondern auch Altes gepflegt wird, braucht dafür die nötigen Institutionen. Gewandhaus und Thomanerchor sind an der Schwelle zum 19. Jahrhundert als tragende Säulen der städtischen Kultur anerkannt. Doch dem selbstbewussten Bürgertum reicht das nicht: Thomaskantor Johann Gottfried Schicht gründet darum eine *Singakademie* – den ersten Laienchor der Stadt und Wurzel einer erstaunlich breiten Chorbewegung in und um Leipzig. Pate für die Gründung im Sommer 1802 steht die elf Jahre ältere *Berliner Sing-Akademie*, deren Leitung heute mit übergroßem Stolz betont, die älteste noch existierende gemischte Chorvereinigung der Welt zu sein. Der Beitrag der *Berliner Sing-Akademie* zur Musikgeschichte kann wirklich kaum hoch genug bewertet werden. Nicht zuletzt leitet man mit der Wiederaufführung der Matthäuspassion unter dem Dirigat des 20-jährigen Felix Mendelssohn Bartholdy am 11. März 1829 die Bach-Renaissance ein.

In Leipzig ist alles eine Nummer kleiner: 43 Mitglieder, 19 Frauen und 24 Männer, treffen sich erstmals am 18. Juni 1802 zur Chorprobe. Der nicht gerade geringe Monatsbeitrag von einem Taler sorgt für gutbürgerliche Exklusivität. Was sich die Sänger auf die Pulte legen, ist heute nicht mehr bekannt. Aber die Statuten zeigen den Anspruch: Mitglieder müssen neben einer wenigstens minimal ausgebildeten Stimme auch musikalisches Elementarwissen, ein gutes Gehör und Grundkenntnisse im Blattsingen nachweisen können. Schichts Verein löst sich zwar nach zwei Jahren schon wieder auf, doch das Singen scheint nun Mode zu sein: 1805 gründet der Organist Wilhelm Friedrich Riem eine eigene *Singakademie*, die fünf Jahre später der Gewandhauskapellmeister Johann Philipp Christian Schulz übernimmt. Da auch Schicht 1812 noch eine neue *Singakademie* ins Leben ruft und diese nach vier Jahren seinem Schüler Friedrich Schneider übergibt, konzertieren in Leipzig bisweilen zwei Vereinigungen unter dem gleichen Namen. Erst Ende 1817 führen Schneider und Schulz die Chöre zusammen, die Leitung liegt jetzt einzig in den Händen des Gewandhauskapellmeisters.

Der kann die Sängerschar gut gebrauchen: Regelmäßig tritt die *Singakademie*, der 153 Mitglieder angehören, mit eigenständigen Konzerten im Gewandhaus auf, einige Sänger verstärken bisweilen auch den Thomanerchor. Obwohl die Gesangsvereinigung ab 1847 sogar in den Abonnementkonzerten des Gewandhauses zu hören ist, hält die Akademie an ihrer Eigenständigkeit fest. Was wohl auch ein Grund dafür ist, dass 1861 ein Gewandhauschor gegründet wird, dem die meisten chorsinfonischen Aufgaben in den Konzerten übertragen werden. Der Zusatz *Gewandhaus* im Namen ist mittlerweile ein Ehrentitel. Verliehen wird er von der Gewandhausdirektion oder dem Gewandhauskapellmeister, und beide sind sparsam mit dieser Würdigung. Begonnen hat jedoch alles mit einem Ensemble, das schon seit 1808 die traditionsreiche Konzertinstitution im Namen trägt und damit zu den weltweit ältesten seiner Art zählt – dem *Gewandhausquartett*.

Den ersten von unzähligen bewundernden Zeitungsbeiträgen bekommt das Ensemble ein Jahr nach seiner Gründung: Kurz vor Weihnachten 1809, in der Ausgabe vom 20. Dezember, berichtet die *Allgemeine Musikalische Zeitung* fast beiläufig am Ende einer »Übersicht der wöchentlichen Concerte von Michael bis Weihnacht« von einer Neuerung, die schnell Aufsehen erregt: »Die Herren Matthäi,

Campagnoli, Voigt und Dotzauer haben sich, zur Freude aller gebildeten Freunde der Tonkunst, vereinigt, in zwölf Abenden das Schönste, was von Quartettmusik irgend existiert, mit größter Sorgfalt vor einer nicht unbeträchtlichen Anzahl Subscribenten vorzutragen. Nicht nur die Auswahl überhaupt, sondern auch die Zusammenstellung der Werke von Mozart, Haydn, Beethoven, den beyden Romberg, Dussek etc. so wie die Ausführung war, fast ohne alle Ausnahme, bisher meisterhaft, und der Beyfall ganz ungetheilt. Wir haben noch nie eine so vortreffliche Quartettgesellschaft in Leipzig gehabt.«[1]

Es ist die Zeit, in der sich das Streichquartett zur Königsdisziplin der Klassik aufschwingt: Erfunden wird es parallel und unabhängig voneinander ab 1760 von Luigi Boccherini in Italien und Joseph Haydn in Wien. Da Goethe seinen oft zitierten und dennoch banalen Satz von den »vernünftigen Leuten« erst viel später, nämlich 1829, formuliert, soll er an dieser Stelle nicht bemüht werden. Viel interessanter für die Frühgeschichte der Gattung ist eine Entwicklung, die sich um die Jahrhundertwende in Wien vollzieht. 1798 beginnt dort der 22-jährige Ignaz Schuppanzigh, der bereits seit vier Jahren Primarius eines vom Fürsten Karl Lichnowsky finanzierten Streichquartettes ist, mit der Organisation von Kammermusiken im Wiener Augarten. Ein paar Jahre später bezieht Schuppanzigh in diese Konzertreihe auch sein eigenes Ensemble ein – das *Schuppanzigh-Quartett.* Ob Graf Andrei Kirillowitsch Rasumowski, der russische Gesandte am Wiener Hof, weiß, welche Entwicklung er anregt, als er genau in dieser Zeit bei Ludwig van Beethoven drei Streichquartette bestellt? Jedenfalls lässt sich der Komponist nicht lange bitten und überträgt das, was er zuvor im Bereich der Sinfonie erreicht hat, nun auch auf die Kammermusik. Beethovens *Rasumowski-Quartette* jedenfalls sprengen sämtliche Hörgewohnheiten: Schon die Werkdauer übersteigt alles bis dahin Dagewesene. Dazu treten, angeregt eben durch die Qualität von Schuppanzighs Ensemble, höchste spieltechnische Ansprüche, eine bisher unbekannte Art der Stimmführung und kaum noch zu überblickende musikalische Formen. Rasumowski ist es auch, der 1808 dem *Schuppanzigh-Quartett* eine feste lebenslange

Besoldung anbietet: Es ist der letzte Schritt in der Genese professioneller musikalischer Strukturen, die innerhalb weniger Jahrzehnte von der fürstlichen Hofkapelle hin zum öffentlich auftretenden Ensemble führt, wie der Wiener Musikschriftsteller Eduard Hanslick in seiner *Geschichte des Concertwesens* in Wien feststellt.[2]

Dass sich zur gleichen Zeit auch in Leipzig die vier wichtigsten Musiker des Gewandhausorchesters zusammenfinden, um – wie die Musikzeitschrift schreibt – eine Konzertserie »mit den schönsten Quartetten« zu geben, ist mehr als ein Achtungszeichen: Um Werke wie Beethovens Rasumowski-Quartette auch außerhalb Wiens adäquat aufführen zu können, muss die Kammermusik aus der dilettantischen[3] in jene professionelle Ebene überführt werden, in der die Orchestermusik bereits angelangt ist. Traditionell vereint das Gewandhausquartett den Konzertmeister, seinen Stellvertreter,[4] den Solobratscher und den Solocellisten. Doch schon die Urbesetzung birgt eine Überraschung. Kopf des Quartetts ist nicht etwa Bartolomeo Campagnoli, der seit 1797 als Konzertmeister firmiert, sondern dessen Stellvertreter Heinrich August Matthäi, der 1816 auch Campagnolis Nachfolger wird.

In der ersten Konzertserie spielt man noch außerhalb. Zu hören ist das Quartett im *Hotel des Saxe*. Doch schon kurz darauf finden die Kammermusiken im Vorraum des Gewandhaussaales statt. 1835, als Matthäi stirbt und der 26-jährige Mendelssohn als Gewandhauskapellmeister nach Leipzig kommt, sorgt dieser für einen adäquaten Ersatz nicht nur in der Konzertmeisterposition, sondern auch auf dem ersten Stuhl des Quartetts. Engagiert wird der 25-jährige Ferdinand David, der sich zuvor als Primarius eines professionellen Streichquartetts einen Namen gemacht hat. Diese Expertise nutzt der neue Konzertmeister, um das Quartett zur ersten Adresse für Kammermusik in Leipzig zu machen. Die Tradition ist bis heute ungebrochen: Mehr als 100 Mitglieder hat die Formation in ihrer Geschichte. Die Liste der Musiker, mit denen man in 212 Jahren zusammenarbeitet, hält ebenso eindrucksvolle Namen parat wie jene der Uraufführungen, die dem Ensemble übertragen werden.

Anders verhält es sich mit der nur sechs Jahre älteren *Singakademie*, die eben kein Ensemble des Gewandhauses wird. Schon Mitte des 19. Jahrhunderts kann sie nicht mehr mit der namhaften Konkurrenz, die sich ihr gerade in Leipzig entgegenstellt, mithalten. 1854 gründet der 27-jährige Carl Riedel einen Chor, der sich als *Riedel-Verein* weithin einen Namen macht.[5] Zwanzig Jahre später ruft Brahms' Freund Heinrich von Herzogenberg einen *Bach-Verein* ins Leben. Mit der Übernahme der Leitung durch Gustav Wohlgemuth im Jahr 1900 ist die *Singakademie* auf dem Zenit angelangt: Kurzzeitig hat die Vereinigung sagenhafte 200 Mitglieder. Doch nach dem Ersten Weltkrieg spaltet sich eine *Neue Leipziger Singakademie* ab, während Wohlgemuth, der bis zu seinem Tod 1937 amtiert, die Nähe der Nationalsozialisten sucht und den Chor auch für Propaganda nutzt. Eine Musikpraxis, die möglicherweise dafür sorgt, dass die Geschichte des Ensembles ein baldiges, unrühmliches Laienchor-Ende findet: In den 1960er Jahren tritt man hauptsächlich in Altersheimen auf. Als die *Singakademie* am 1. Mai 1967 ihre Tätigkeit ganz einstellt, schließen sich die verbleibenden 20 Mitglieder einem anderen Chor an.

SCHULABBRECHER

1813 bis 1833

Die große Schlacht vor den Toren Leipzigs · Ein frischgebackener Vater muss zum Rapport nach Dresden · Problemschüler Richard Wagner und sein Lehrer · Die dreizehnjährige Clara Wieck berichtet von einer denkwürdigen Uraufführung

Das Jahr 1813 ist für Leipzig ein Schicksalsjahr. Auf dem Rückzug aus Russland sammelt Napoleon auf sächsischem Gebiet neue Kräfte. Der hohe Polizeibeamte Karl Friedrich Wagner kommt in diesem Jahr kaum zur Ruhe. Als er im Mai zum neunten Mal Vater wird, hat der 43-Jährige kaum Zeit, sich um seine Ehefrau Johanna zu kümmern. Deren Wochenbett und die Wiege des neugeborenen Richard stehen in einem Gasthaus am Brühl. Zumindest ist die Musikwelt mehrheitlich davon überzeugt, obwohl es berechtigte Zweifel daran gibt.

An Richards Schlafstatt singen mit Sicherheit keine Musen. Denn das Schicksal meint es nicht gut mit dem Jungen: Ein halbes Jahr ist er erst alt, als sein völlig überarbeiteter Vater stirbt. Lange Zeit sieht es so aus, als ob aus dem Halbwaisen nie etwas Richtiges werden könnte. Mehrfach bricht er die Ausbildung ab, ein Universitätsstudium scheint ihn am wenigsten zu interessieren. Es sind bewegte Zeiten, in die Richard Wagner hineingeboren wird: Das neue Europa, das Napoleon schaffen will, liegt nach dessen Niederlage vor Moskau in Schutt und Asche. Die Völkerschlacht beendet im Oktober die Ambitionen des französischen Kaisers, und wie so oft in der Geschichte geschieht das nicht mit einem Schlag, sondern als Folge kleiner Schritte. Auf dem langen Rückzug von Moskau erfahren Napoleons Gegner in vielen kleineren Scharmützeln, wie der Herrscher geschlagen werden kann. Doch den Siegen folgen ebenso viele Niederlagen, so dass ein Finale vor den Toren Leipzigs unvermeidlich wird. Warum überhaupt Leipzig? Im März 1813 rumort es heftig unter den Offizieren Sachsens, bis dahin ein treuer Verbündeter Frankreichs: Den Preußen ist es gelungen, ihren Kampf gegen Napoleon als »nationalen Befreiungskrieg« zu apostrophieren und immer mehr Deutsche unter ihren Fahnen zu vereinen. Entgegen den Befehlen ihres Landesherren wechseln die in Leipzig stationierten königlich-sächsischen Truppen die Seiten und verbünden sich mit preußischen und russischen Militärs. Danach räumen die Franzosen die Messestadt, Russen rücken ein. Als es im Mai nahe Leipzig zu Gefechten kommt, behält Napoleon die Oberhand und vertreibt die neuen Herrscher. Erneut wechseln die Besatzer: Nun sind wieder die Franzosen dran. Und von seinem Quartier in Dresden aus zürnt Napoleon den Leipzigern, weil diese sich den Russen angedient hätten.

Eine Abordnung des Rats reist daraufhin in die sächsische Hauptstadt, um dem französischen Kaiser Loyalität zuzusichern. Mit dabei ist ein Abgesandter mit Namen Wagner. Es ist sehr gut möglich, dass es sich um Richards Vater handelt, einen Beamten »mit der Anwartschaft auf die Stelle des Polizeidirektors«,[6] wie der Komponist später schreibt. Seine in diesem Jahr fast kaum zu lösende Aufgabe ist es, in Leipzig für Ruhe und Ordnung zu sorgen. Da er Französisch spricht, können die Besatzer auf seine Dienste nicht verzichten. Dass er gerade Vater geworden ist, interessiert niemanden.

Fünf Monate später besiegelt die Völkerschlacht das Ende von Napoleons Plänen für Mitteleuropa. Für die Leipziger bringt der Sieg der Alliierten aber nicht das Ende der Entbehrungen. Da der sächsische König bis zuletzt treu zu Napoleon hält, ziehen erneut fremde Militärs ein. Unter nun wieder russischer Besatzung ist die Stadt überfüllt von kranken Soldaten. Öffentliche Gebäude werden als Lazarette genutzt. Seuchen brechen aus, denen zahlreiche Bürger zum Opfer fallen. Darunter auch am 23. November Karl Friedrich

Wagner »in Folge großer Anstrengungen, welche ihm die überhäuften polizeilichen Geschäfte während der kriegerischen Unruhen zuzogen«.[7] All dies berichtet Richard Wagner in seiner Autobiografie *Mein Leben* – ein Werk, das mit viel Skepsis gelesen werden muss. Schon die erste Seite dieses ab 1865 geschriebenen Buches offenbart bereits alle Probleme, die die Musikforschung mit dem Selbstzeugnis hat. Vieles schönt der Komponist nachträglich, an einiges erinnert er sich nicht, anderes stellt er falsch dar. »Auf dem Brühl im *Roth und Weißen Löwen*, zwei Treppen hoch geboren, wurde ich zwei Tage darauf in der Thomaskirche auf den Namen Wilhelm Richard getauft«,[8] schreibt Wagner und irrt sich damit. Getauft wird der Knabe nämlich erst am 16. August, wie die Kirchenbücher von *St. Thomas* zeigen. Wenn aber schon dieses Datum nicht richtig ist, dann darf man auch am Rest zweifeln. Denn dass ein Kind nicht kurz nach der Geburt, sondern erst ein Vierteljahr später getauft wird, ist selbst im aufgewühlten Jahr 1813 ungewöhnlich. Es könnte ein Hinweis darauf sein, dass der Neugeborene in seinen ersten Lebenswochen gar nicht in Leipzig weilt.

Eine glaubwürdige Alternative ist Stötteritz, ein idyllischer Vorort von Leipzig. Dort besitzt Karl Friedrich Wagner einen Landsitz, der mehr ist als nur ein Gartenhäuschen. Angesichts der Kriegswirren mit mehrmaligem Wechsel der Besatzung und der Reise des Vaters nach Dresden in Napoleons Hauptquartier ist es denkbar, dass Wagner die Familie unmittelbar vor der Geburt seines neunten Kindes nach Stötteritz schickt, auch um seine 39-jährige Ehefrau zu schützen, für die bereits in normalen Zeiten eine Schwangerschaft ein erhebliches Risiko bedeuten würde. Dass Johanna Wagner zudem schon im Juni, wenige Wochen nach Richards Geburt, eine Kur im böhmischen Teplitz antritt, wirft weitere Fragen auf. Reist sie wirklich mit einem Säugling tagelang durch von Militär besetztes Gebiet und überquert dabei mehrfach Frontlinien? Oder vertraut sie ihren Sohn einer Amme an?

Teplitz – das ist in dieser Zeit neben Karlsbad und Franzensbad die erste Adresse für die immer größer werdende Zahl der Bädertouristen. Ein Jahr vor Johannas Ankunft schreibt sich hier ein Musiker seinen Liebeskummer von der Seele. Ludwig van Beethovens zehnseitiger *Brief an die Unsterbliche Geliebte* vom Juli 1812 wird jedoch der Adressatin nie zugestellt. Erst 15 Jahre nach Beethovens Tod finden seine Nachlassverwalter diesen berühmtesten Liebesbrief der Musikgeschichte im Schreibtisch des Komponisten.

Der Ort wartet zweifellos mit einem außergewöhnlichen Genius Loci auf. Das spürt auch Johanna Wagner. Eingeladen wird sie von Johann Geyer, einem Dresdner Schauspieler, Autor und Maler, der in diesem Sommer am Theater der Kurstadt engagiert ist. Eigentlich wünscht Geyer, dass die gesamte Familie Wagner nach Böhmen kommt. Aber Johannas Ehemann darf Leipzig nicht verlassen. Geyer, langjähriger Freund der Familie, kommt möglicherweise bereits in diesen Wochen Johanna näher. Auf jeden Fall aber kümmert er sich nach Karl Friedrich Wagners Tod um die Witwe und deren Kinder. Bereits im August 1814, nur neun Monate nach dem Ableben ihres Gatten und noch vor Ende des offiziellen Trauerjahres, heiratet Johanna erneut und zieht mit ihren Kindern nach Dresden zu Geyer. Die frühe Heirat hat einen Grund: Sie ist von Geyer schwanger und erwartet nun als 40-Jährige ihr zehntes Kind. Darum spekuliert die Musikwelt gern immer wieder darüber, ob nicht auch Richard schon Geyers Sohn sei, was der Komponist selbst aber stets bestritt. Eine letztgültige Auskunft könnten Fotos von Richards ältestem Bruder Albert geben. Die auf ihnen erkennbare erstaunliche Ähnlichkeit der Brüder belegt, dass Geyer, der in Alberts Geburtsjahr 1799 noch nicht mit den Wagners befreundet ist, nicht der leibliche Vorfahre von Richard Wagner sein kann. Dass der später so erfolgreiche Musiktheater-Komponist seinen Stiefvater auch über dessen frühen Tod am 30. September 1821 hinaus überaus schätzt, zeigt die Tatsache, dass er von Geyer Barrett und Wappentier übernimmt.

Doch bis Richard Wagner ein Wappen trägt, ist es noch ein weiter Weg, als er im Jahr 1827 als 14-Jähriger erneut in seine Geburtsstadt Leipzig kommt. Er besucht gleich beide hiesigen Traditionsschulen, die Nikolaischule und die Thomasschule, die den Namen des Komponisten heute stolz in ihren Annalen führen. Von diesem Stolz aber ist noch nicht einmal im Ansatz etwas zu erahnen, als der spätere

Erneuerer des Musiktheaters die Schulbank drückt. An der Nikolaischule, an der er zuerst lernt, bleibt der gewünschte Erfolg aus. Auch die Thomasschule, an die er danach wechselt, verlässt er noch vor seinem 18. Geburtstag ohne Abschluss. Mit Wagners Fleiß und seinen schulischen Leistungen ist es, das zeigen die Akten unmissverständlich, nicht weit her. Nur dank einer Ausnahmegenehmigung darf sich der durch Beethovens Sinfonien für die Musik entflammte junge Mann 1831 an der hiesigen Universität für ein Studium einschreiben – als privater Musikstudent bei Thomaskantor Christian Theodor Weinlig. Dass aus dem jungen Lebemann überhaupt noch etwas wird, ist hauptsächlich Weinlig zu verdanken.

Der Thomaskantor vermittelt seinem Schüler nicht nur kompositorisches Handwerk, er sorgt auch für menschliche Reife. In seiner 1843 veröffentlichten *Autobiographischen Skizze* schreibt Wagner: »Ich fühlte die Notwendigkeit eines neu zu beginnenden, streng geregelten Studiums der Musik, und die Vorsehung ließ mich zum rechten Mann finden, der mir neue Liebe zur Sache einflößen und sie durch den gründlichsten Unterricht läutern sollte. Dieser Mann war Theodor Weinlig, Kantor an der Thomasschule zu Leipzig. Nachdem ich mich wohl schon zuvor in der Fuge versucht hatte, begann ich jedoch erst bei ihm das gründliche Studium des Kontrapunktes, welches er die glückliche Eigenschaft besaß, den Schüler spielend erlernen zu lassen [...]. Mein Studium bei Weinlig war in weniger als einem halben Jahre beendet, er selbst entließ mich aus der Lehre, nachdem er mich so weit gebracht, daß ich die schwierigsten Aufgaben des Kontrapunktes mit Leichtigkeit zu lösen im Stande war. ›Das, was Sie sich durch dieses trockene Studium angeeignet haben, heißt: Selbständigkeit‹, sagte er zu mir.«[9]

So knapp diese Lehrzeit auch bemessen ist, bei Wagner hat sie dennoch Spuren hinterlassen. Der Schüler widmet dem Lehrer daher nicht nur sein *Opus 1*, eine Klaviersonate, er behält den Thomaskantor auch als seinen einzigen Mentor zeitlebens in dankbarer Erinnerung. Als Gesellenstück im Rahmen der Ausbildung darf die im Frühsommer 1832 komponierte *C-Dur-Sinfonie* gelten. Anlass der Komposition sind die überraschenden Erfolge, die der 19-Jährige mit kleineren

Werken in Leipzig feiert. Aufgeführt werden diese aber nicht am damaligen ersten Platz für Musik, dem 1781 eröffneten Gewandhaus, sondern im Alten Theater an der Ranstädter Bastei.

Wer Wagner ausschließlich als Musiktheater-Komponist kennt, mag überrascht sein: Unüberhörbar orientiert sich der Komponist in seiner Sinfonie am Vorbild Ludwig van Beethoven. Die einleitenden Orchesterschläge weisen auf die *Eroica* hin, der weitere Verlauf mit der weitdimensionierten langsamen Einleitung und dem hell erstrahlenden Kopfsatz dann auf die von Wagner selbst als *Apotheose des Tanzes* gerühmte Siebte des Wiener Klassikers. Ganz geheuer scheint dem Komponisten die Sache mit der Sinfonie aber doch nicht zu sein. Er präsentiert das Werk nicht direkt in Leipzig, sondern nimmt es mit auf eine Reise, die ihn nach Brünn, Wien und Prag führt. Erst als das Publikum in der böhmischen Hauptstadt im November 1832 die Sinfonie begeistert aufnimmt, wagt Wagner eine Aufführung in seiner Heimatstadt.

Über diese Aufführung im Musikverein *Euterpe* vom 15. Dezember 1832 berichtet zwei Tage danach die damals 13-jährige Clara Wieck in einem Brief an ihren Freund und späteren Ehemann Robert Schumann. Der ist zu dieser Zeit noch Klavierschüler im Hause ihres Vaters Friedrich Wieck. Wegen einer Fingerlähmung infolge exzessiven Übens hat er gerade seine angestrebte pianistische Karriere aufgegeben und widmet sich nun verstärkt dem Komponieren und der Musikpublizistik. Die frühreife Clara weiß um diesen Wandel in Schumann Musikerleben, denn sie neckt ihn offen und beschwört dessen kompositorischen Ehrgeiz: »Am Sonnabend war der Vater in der Euterpe. Hören Sie, Herr Wagner hat Sie überflügelt; es wurde eine Symphonie von ihm aufgeführt, die aufs Haar wie die A-Dur-Symphonie von Beethoven ausgesehen haben soll. Der Vater sagte: die Symphonie von F. Schneider, welche im Gewandhause gemacht wurde, sei zu vergleichen mit einem Frachtwagen, der zwei Tage bis Wurzen führe und hübsch im Geleise bliebe und ein alter langweiliger Fuhrmann mit einer großen Zippelmütze murmelte immer zu den Pferden: Ho, ho, ho, hotte, hotte. Aber Wagner führe in einem Einspänner über Stock und Stein und läge aller Minuten im Chauseegraben, wäre aber dem ohngeachtet in einem Tage nach Wurzen gekommen, obgleich er braun und blau ausgesehen habe.«[10]

Der Erfolg des Konzertes öffnet Wagner nun auch die Pforten des ersten Hauses der Stadt. Am 10. Januar 1833 spielt das Gewandhausorchester die *C-Dur-Sinfonie*, auch hier nehmen die Zuhörer die Musik mit jener Leidenschaft auf, die Chronisten bisweilen als »wohlwollend« bezeichnen. Die Musikkritik aber steht dem Werk skeptischer gegenüber. Wagner könne zwar dem Anspruch an eine vollendete äußere Form, nicht aber dem nach Gehalt gerecht werden, schreiben die Rezensenten und stellen sich mit diesem Urteil immerhin gegen die Mehrheit des Publikums.

KAFFEEHAUSKÜNSTLER

1813/14

E. T. A. Hoffmanns flammendes Plädoyer für Ludwig van Beethoven · Wie ein Kutschunfall fast alles verhindert hätte · Schreiben im Fieberwahn · Ein Operndirigent 1813 zwischen den Fronten

Zurück an die Wiege des jungen Richard in den Mai 1813. Just einen Tag, nachdem Wagner – ob nun am Brühl oder in Stötteritz – geboren wird, kommt ein Künstler erstmals nach Leipzig, der sich in den Kaffeehäusern der Stadt schnell einen Namen macht, ob in der *Grünen Linde*, im *Reichardtschen Kaffeehaus* oder im *Arabischen Coffee Baum*. Überall hat Ernst Theodor Wilhelm Hoffmann Freunde, überall hält man ihm am Stammtisch einen Platz frei. Sein Name sagt in dieser Form nur Eingeweihten etwas. Aber in der selbstgewählten Version *Ernst Theodor Amadeus* (als Verbeugung vor Mozart, den er über alles verehrt) wird er weltberühmt – mit dem Kürzel *E. T. A. Hoffmann*. Als Künstler ist er eine Mehrfachbegabung. Leipzig, wo er nicht nur schreibt, sondern auch dirigiert, komponiert und Karikaturen zeichnet, profitiert davon. Heute sortiert man Hoffmann in die Literatenszene ein. Sein düsterer *Sandmann* mit dem rätselhaften Wechsel zwischen Realität und Traum wird zum Vorbild eines ganzen Genres, der von Edgar Allan Poe erschaffenen *Gothic Novels*, für die der deutsche Titel *Schauer-Geschichten* kaum adäquat erscheint. Ballettfreunde, die sich an Tschaikowskis *Nussknacker* erfreuen, wissen oft gar nicht, dass der Stoff auf Hoffmanns wilde Phantasiegeschichte *Nussknacker und Mausekönig* zurückgeht, an der sich Psychoanalytiker seit Generationen abarbeiten.

Nach Leipzig aber kommt Hoffmann als Musiker. Als einer mit Gespür für das Wahre, Gute und Schöne. Mit 32 Jahren ist der Königsberger schon Kapellmeister in Bamberg. Dort lernt er Beethovens Sinfonien kennen und macht in einer flammenden Rezension in der in Leipzig erscheinenden *Allgemeinen Musikalischen Zeitung* die Welt auf die Ausnahmewerke aufmerksam. Was insofern besonders ist, weil zu dieser Zeit erst sechs Sinfonien des Klassikers veröffentlicht sind und gerade die für Hoffmann so richtungsweisende *Fünfte* erst kurz zuvor das Licht der Welt erblickt.

Hier lohnt es, im Gang durch die Musikstadt innezuhalten: Rezensionen, also journalistische Analysen von Musikwerken oder Konzerten, sind bis in die heutige Zeit hinein meist Tagesgeschäft. Als unbeteiligter Leser oder beteiligter Musiker studiert man die Texte, freut oder ärgert sich je nach Standpunkt oder sieht das eigene Urteil unterstützt. Über pointierte Formulierungen wird vielleicht länger gesprochen. Doch nur selten sind Rezensionen wirklich langwierig folgenreich. Die allermeisten Texte sind bereits am Tag nach ihrem Erscheinen schon wieder vergessen. Darum muss man vollkommen hineintauchen in jene Zeit, in der in Leipzig Zeitschriften auf höchstem Niveau nicht nur das dortige Musikleben abbilden, eine Zeit, in der diese Publizistik in ganz Deutschland wahrgenommen wird. Denn das Niveau der Musikkritik, für die Rezensionen nur eines von vielen Mitteln sind, sorgt dafür, dass viele der veröffentlichen Texte aus dem Alltagsgeschehen herausgehoben sind. Von Robert Schumanns *Neuer Zeitschrift für Musik* wird noch die Rede sein. 1808 aber, als Hoffmann in Bamberg zum Streiter für das Neue wird, ist die *Allgemeine Musikalische Zeitung* das Nonplusultra in der deutschsprachigen musikalischen Publizistik. Darum bewirbt sich der 32-Jährige als freier Mitarbeiter und liefert einen Text über Christoph Willibald Gluck. Zweifellos ist auch dieser lesenswert. Doch vor allem die 1810 veröffentlichten Zeilen über Beethovens *Fünfte* sind bis heute Standard in jedem musikwissenschaftlichen Seminar. In poetischen Worten, aber zugleich auch in einer scharfsinnigen Analyse wird E. T. A. Hoffmann darin zum Vermittler zwischen Hörer und Werk sowie zum Anwalt des Komponisten. Für den tief ergriffenen Hoffmann ist die *Fünfte* der Inbegriff reiner Instrumentalmusik. Beethoven ist für ihn »der romantischste aller Komponisten«, weil seine Musik im Hörer etwas öffne so wie »Orpheus' Lyra die Tore des Orkus«. Es ist die Ahnung des Absoluten, tönendes Symbol unendlicher Sehnsucht, die Hoffmann in jenem Werk erkennt, das später den Namen *Schicksalssinfonie* bekommt: »Beethovens Instrumentalmusik öffnet uns das Reich des Ungeheuren und Unermesslichen. Glühende Strahlen schießen durch dieses Reiches tiefe Nacht, die alles in uns vernichten, nur nicht den Schmerz der unendlichen Sehnsucht! Beethovens Musik erweckt jene unendliche Sehnsucht, welche das Wesen der Romantik ist.«[11] Man muss diese Zeilen mehrfach lesen: Hoffmann glaubt, dass mit Beethoven eine neue Epoche beginnt. Der von ihm postulierte Idealtyp der romantischen Sinfonie findet seinen Worten zufolge hier erstmals eine reale musikalische Entsprechung. Von nun an können Ästhetik und Musik gleichberechtigt ihren Weg gehen. Ob Beethoven, von dem nur ein höflicher Brief an Hoffmann vorliegt, seine Musik selbst auch so sieht, ist nicht bekannt. Aber anscheinend ist er dankbar für seinen Fürsprecher, der die Kunst besitzt, das Unaussprechliche der Musik in Worte fassen zu können.

Schreiben kann er, und E. T. A. Hoffmann ist auch ein Bonvivant. Wie der von ihm verehrte Beethoven gibt er jungen Frauen Musikunterricht. Wie Beethoven verliebt er sich dabei hin und wieder in seine Schülerinnen. Die 13-jährige Julia Mark wird erst zur großen Liebe und dann zum unerreichbaren Ideal stilisiert. Als das Mädchen zwei Jahre später einen reichen Kaufmann heiratet, hat der im Übrigen selbst verheiratete Hoffmann genug von Bamberg. Da kommt im Februar 1813 ein Angebot aus Sachsen ganz recht. Joseph Seconda bietet ihm den Kapellmeisterposten in seiner Theatertruppe. Die hat im Land durchaus einen Namen. Der Sohn einer aus Italien nach Dresden eingewanderten Künstlerfamilie formt schon 1786 aus Teilen des Dresdner Hofschauspiels die *Deutsche Operngesellschaft*. Bis 1817 spielt sie im Wechsel in Leipzig und Dresden. In der Residenzstadt bleibt ihr die Hofoper verwehrt, so dass ein Vorstadttheater fester

Spielort wird. In diesen 31 Jahren prägt Seconda das sächsische Musikleben nachhaltig, weil er den Geschmack seines Publikums nicht nur stilsicher trifft, sondern ihn zugleich mit musikalischer Massenware auch selbst bildet. Schon 1810 im Zuge einer Neuorganisation der *Deutschen Operngesellschaft* bewirbt sich Hoffmann für die Kapellmeisterstelle. Doch es dauert noch drei Jahre, bis Seconda ihm zusagt. Im März 1813 bestätigt der Impresario den Kontrakt, Hoffmann reist daraufhin Ende April nach Dresden. Die zu dieser Zeit, am Beginn der Befreiungskriege, von Preußen und Russen besetzte sächsische Residenz liegt im Zentrum des militärischen Geschehens. Seconda bleibt deshalb in Leipzig, kann Hoffmann in Bamberg nicht mehr rechtzeitig erreichen und lässt ihm stattdessen nach Dresden übermitteln, er möge sofort zu ihm nach Leipzig kommen.

Wäre die Kommunikation nur etwas schneller gewesen und Hoffmann direkt von Bamberg nach Leipzig gereist! Dann wäre ihm jener Unfall erspart geblieben, der ihn am 20. Mai in der Nähe von Meißen ereilt: Er und seine Frau werden verletzt, eine Mitreisende gar getötet. »Ich wurde über meine Frau weggeschleudert, und mit einer leichten Quetschung davongekommen, hatte ich Besinnung und Kraft, meine Frau aus den Kisten und Kasten herauszureißen – aber welch ein Anblick! Sie war leblos, und das Blut strömte aus dem Kopf«,[12] schreibt er später. Drei Tage bleibt das Ehepaar in Meißen, bis die Gattin sich erholt halt. Dann bricht man erneut nach Leipzig auf und kommt dort am Tag nach Richard Wagners Geburt an.[13]

Schon bald genießt Hoffmann Leipzig in vollen Zügen. In einem Brief an den Bamberger Arzt Friedrich Speyer wagt er einen Städtevergleich: »Eine größere Antipolarität in wissenschaftlicher und künstlerischer Hinsicht als Bamberg und Leipzig kann es wohl in der Welt nicht geben. Ja, ich möchte sagen: ist es in Bamberg des Guten zu wenig, so ist es in Leipzig beinahe des Guten zu viel. Aber soviel ist doch gewiss, dass man sich wie ein Fisch im Wasser, im rechten Element froh und frei bewegen kann.«[14]

Hoffmanns Dienstplatz ist das Dirigentenpult im Theater an der Ranstädter Bastei. Dort stürzt er sich sofort in die Arbeit: Am Tag nach seiner Ankunft leitet er eine Klavierprobe mit den Sängern, tags darauf übt er mit dem Orchester. Sein Debütwerk kennen heute nur noch Experten: *Sargino oder Der Zögling der Liebe*, eine deutsche Oper aus der Feder von Ferdinando Paër. »Abends Vorstellung von Sargino – gut abgelaufen – in Reichardts Kaffeehaus – Ziemlich gemütliche Stimmung«,[15] schreibt der dichtende Musiker in sein Tagebuch. Die Kaffeehäuser werden bald zum bevorzugten Aufenthaltsort. Der neue Kapellmeistert »schlampampt« sich (so seine eigene Wortwahl) durch die Lokale. Frühmorgens bevorzugt er Rum, abends Punsch.

Die Liebe der Leipziger zu ihren Kaffeehäusern ist zu dieser Zeit schon legendär und hat eine lange Geschichte. Im 16. Jahrhundert berichten Weltreisende auf der Messe in Leipzig von einem wunderbaren Getränk, dass sie im Orient hätten kosten dürfen – Kaffee. So etwa der Mediziner Leonhart Rauwolf, der das Getränk, das er in Aleppo kennenlernt, ausführlich in einem 1582 verlegten Buch beschreibt. Er lobt es als gut, nennt es schwarz wie Tinte und betont, dass es dem Magen dienlich sei. Sechzig Jahre später ist der Bann gebrochen. Nachdem zuvor nur kleine Mengen an Kaffeebohnen als Souvenir nach Europa eingeführt werden, beginnt in den großen Städten ein schwunghafter Handel: Kaffee wird zum begehrten Getränk der Reichen. 1645 öffnet das erste Kaffeehaus in Venedig, 1672 das *Café Procope* in Paris. Die Deutschen ziehen 1673 in Bremen nach. Als im 18. Jahrhundert der Kaffee billiger wird, setzt er sich als Massengetränk durch. Die Kaffeehäuser werden zu Orten, an denen sich Angehörige aller Schichten treffen, um über politische und soziale Fragen zu diskutieren. Ein Umstand, der vielen Herrschenden nicht gefällt, wie die Reaktion des Preußenkönigs Friedrich II. zeigt, der 1768 das Kaffeetrinken wegen der aufrührerischen Wirkung verbieten lässt. Auch in Leipzig ist der Kaffee seit dem frühen 18. Jahrhundert eine Erfolgsgeschichte. 1711 öffnet der *Arabische Coffe Baum* als erstes von unzähligen Kaffeehäusern, die im 19. Jahrhundert zum Lieblingsaufenthaltsort und Treffpunkt von Künstlern und Gelehrten mit Billardtisch, Kanapee, Klavier und Zeitungen werden. Das ist das Klima, in dem sich E. T. A. Hoffmann im Frühjahr 1813 trotz der Wirren von napoleonischer Besetzung und Freiheitskriegen äußerst wohlfühlt. Denn Leipzig ist ja nur der zweite Spielort für Secondas

Operntruppe. Immer wieder schaut man in diesen Monaten nach Dresden, ob sich dort nicht Auftrittsmöglichkeiten ergeben.

Ein Waffenstillstand macht das möglich: Mitte Juni zieht die Truppe in die Residenz. Um dann zu erleben, wie Ende August mit der Schlacht um Dresden der Krieg erneut ausbricht. An Musik ist da kaum zu denken. Zudem liegt der Spielort, das Vorstadttheater am *Linkeschen Bad*, im Sammlungsgebiet der französischen Armee, weshalb Napoleon das Haus für seine eigene Truppenunterhaltung nutzt. Seconda weicht zwar ins *Hoftheater* aus, doch so rechte Spiellust scheint in diesen Monaten kaum einer im Ensemble zu haben. Erst recht nicht der neue Kapellmeister, der lieber nach Leipzig zurückwill als in Dresden zu bleiben, wo ihm der Lärm der Geschütze Angst einjagt. Dass sich in und vor der Messestadt bald hunderttausende Soldaten gegenüberstehen werden, die noch wesentlich mehr Lärm machen werden, weiß Hoffmann noch nicht. Den Wirren der Völkerschlacht, die viele Leipziger, darunter auch Richard Wagners Vater, nicht überleben werden, entgeht er, weil er nach wie vor in Dresden Opernaufführungen dirigiert.

Als sich Anfang Dezember das Leben langsam normalisiert, zieht die Truppe wieder nach Leipzig. Dort lässt sich Hoffmann im Gasthof *Zum Goldnen Herz* in der Fleischergasse nieder und sendet Ende Dezember an seinen Bamberger Verleger das Manuskript seiner *Vision auf dem Schlachtfeld bei Dresden*. Zudem beendet er das Märchen *Goldener Topf* und beginnt den Roman *Die Elixiere des Teufels*. Das Künstlerleben genießt er aus vollen Zügen: »Den ganzen Tag halb im Bette, halb außer demselben existierend, allerlei poetische Allotria getrieben«,[16] notiert er. Dass das Dirigieren und Üben in dieser Aufzählung fehlen, scheint kein Zufall zu sein. Das Theater ist in diesen Tagen kaum mehr als Pflicht. Die freundschaftliche Beziehung zu Seconda kühlt sich merklich ab, künstlerisch aber schätzt man sich nach wie vor. Die Kündigung, über die Hoffmann einige Male nachdenkt, wird jedenfalls nicht ausgesprochen. Doch dann rächt sich der unstete Lebenswandel, und innerhalb weniger Tage ändert sich alles. Im Februar 1814 sinkt das Thermometer bis auf minus 18 Grad. Das Theater wird generell kaum geheizt, so dass die Proben nun in völlig ausgekühlten Räumen stattfinden. Rheuma und eine Lungenentzündung sind die Folgen. Nach einem Aderlass liegt Hoffmann apathisch im Bett. Wohl oder übel muss der Impresario seinem Kapellmeister kündigen. Denn die Truppe steht vor einem erneuten Wechsel nach Dresden, das Reisen aber ist Hoffmann vom Arzt untersagt. So trennt man sich, jedoch im Guten. Die letzten Proben darf der Dirigent vom Bett aus leiten, die Gage wird trotz Krankheit voll ausgezahlt. »Meine ganze Karriere ändert sich abermals!«,[17] mutmaßt Hoffmann. Wochenlang schreibt er in dieser Zeit im Fieberwahn, formt Texte und verdient sich mit bissigen Karikaturen ein Zubrot. Sich selbst verewigt er auch auf einer Zeichnung: Freudlos, dick eingepackt, die Füße in Flanell gehüllt und mit Schlafmütze auf dem Kopf sitzt er im Bett, an das ein Tisch mit unzähligen Medizinflaschen geschoben ist. Vor ihm ein Brief an den Verleger, den er beruhigen möchte. Schließlich ist es schon Anfang März, und noch immer nicht sind die *Fantasiestücke*, deren Übersendung er bereits für Dezember angekündigt hatte, fertig. »Quod deus bene vertat« (»Was Gott zum Guten wenden möge«) notiert der talentierte Karikaturist unter dem Bild.

Die Hoffnung ist berechtigt: Die vierteiligen *Fantasiestücke in Callots Manier. Blätter aus dem Tagebuche eines reisenden Enthusiasten*, die ab Mai endlich erscheinen, gelten als das einflussreichste Buchprojekt der Romantik. Die größtenteils in Leipzig entstandenen Texte – Erzählungen, pseudobiografische Aufzeichnungen, Märchen, musikkritische Abhandlungen – vereinen sich zu einem von Esprit, Witz und Phantasie regelrecht strotzenden Werk, das den bis dahin wenig bekannten Verfasser mit einem Schlag zum gefeierten Autoren macht. Bis heute ist diese Resonanz außergewöhnlich. Ganz offensichtlich treffen die *Fantasiestücke* den Nerv einer Zeit, die ihre Faszination für Traumhaftes und Groteskes, für neuartige Ideen von Kunst und Künstlertum, für naturwissenschaftliche Erkenntnisse, Psychologie und Esoterik in Hoffmanns synästhetischem Universum wiederfindet.

Die Zeit als praktizierender Musiker aber ist ein für alle Mal zu Ende. Anfang Mai komponiert Hoffmann unter dem Pseudonym Arnulph Vollweiler das programmatische Werk *Die Schlacht bei*

Leipzig, in dem er, obwohl er selbst nicht Zeuge gewesen ist, die Völkerschlacht in Töne kleidet. Dass das Musikstück heute verschollen ist, könnte schon ein Indiz dafür sein, dass der Künstler als Komponist weniger anerkannt ist denn als Schriftsteller. Der deutlichere Beleg aber ist der Umstand, dass sich für seine *Undine* keine Aufführungsmöglichkeit findet. Diese erste romantische Oper der Musikgeschichte, an der er schon seit langem arbeitet, wird erst zwei Jahre später in Berlin aufgeführt und zur Inspiration für zahlreiche andere Komponisten.

In Leipzig wartet Hoffmann nur noch darauf, dass er die Stadt verlassen kann. Im Juli bittet er seinen Freund Theodor Gottlieb von Hippel, sich dafür einzusetzen, dass er wieder in den preußischen Staatsdienst eintreten könne. Die Antwort kommt nach wenigen Wochen. Im August wird ihm eine Stelle beim Kammergericht in Berlin in Aussicht gestellt. Am 24. September 1814 verlässt der einstige Kapellmeister und Musikkritiker Leipzig. Er wird nie wieder zurückkehren in jene Stadt, in der er in gerade einmal 16 Monaten vom Musiker zum Schriftsteller wurde.

THEATER ALS GESCHÄFT

1817 bis 1828

Der Vorhang öffnet sich dank Aktien, Kapital und einflussreichen Netzwerken · Ein professioneller Theaterchor bringt Mozart und Beethoven zum Glänzen · Karl Theodor Küstner scheitert, aber installiert zuvor noch eine Heizung im bitterkalten Haus

Im vierten Jahr nach der Völkerschlacht hat sich Leipzig vom Kriegsgeschehen weitgehend erholt. 35 000 Einwohner wohnen wieder in der Stadt, so viele wie vor 1813. Durch die Gebietsverluste nach dem Wiener Kongress sind die Grenzen des Königreichs Sachsen nahe an Leipzig herangerückt. Schon Lützen im Südwesten und Delitzsch im Norden sind nun preußisches Territorium. Der Bedeutung Leipzigs schadet die neue Randlage jedoch keineswegs. Deutlich wird das im Jahr 1817, wenn die Leipziger ihr Theaterwesen neu strukturieren. Der gut ein halbes Jahrhundert zuvor eröffnete Musentempel an der Ranstädter Bastei wird zunächst lange als Privatunternehmen betrieben und erst 1796, wohl auch infolge der erfolgreichen Arbeit von Joseph Seconda, vom Rat gekauft. Da liegt es nahe, das Haus zum Stadttheater zu machen. Dafür wird eigens ein Verein gegründet. Er soll Gelder aufbringen, die Gründung des Hauses organisieren und sich schließlich, wenn die Arbeit erfolgreich gewesen ist, wieder auflösen. Zur Finanzierung des Umbaus gibt der Verein 60 Aktien aus. Jede davon lautet auf »Dreyhundert Drey und Dreyssig Thaler Acht Groschen im Conventions Zwanzig Gulden Fuss«, so dass 20 000 Taler[18] zusammenkommen. Die Aktien werden jährlich zu drei Prozent verzinst, jeder Teilhaber bekommt darum zehn Taler Zinsen im Jahr. Zusätzlich bringen die Vereinsmitglieder 12 000 Taler eigenes Kapital ein. Mit diesem Geld wird das seit 1766 genutzte Theater nun gründlich auf Vordermann gebracht. Auf die Wahrung der Interessen der Stadt als Eigentümer achten sowohl während der Bauzeit als auch später zwei Stadträte, die *Theaterdeputierten*.

In einer nicht besonders großen Stadt wird schnell offensichtlich, dass die Vereinsmitglieder auch andernorts tätig sind und dass es Überschneidungen gibt. Zu den zehn Männern im Theaterverein gehören die Kaufleute Ferdinand Frege und Wilhelm Seyfferth – beide sind auch Mitglieder der Gewandhausdirektion. Sie bringen den nötigen wirtschaftlichen Sachverstand ein. Denn anders als eine Hofoper muss das Stadttheater trotz der kommunalen Oberaufsicht wie ein Wirtschaftsunternehmen geführt werden: Das Publikum zahlt, das Bühnenpersonal wird entlohnt und am Ende steht für den Betreiber Gewinn oder Verlust. Darum sieht das Modell vor, den Theaterdirektor zum selbstständigen Unternehmer zu machen: Er pachtet das Gebäude und zahlt für die königliche Erlaubnis, Theater spielen zu dürfen, jährlich eine stattliche Gebühr.

Der erste Intendant, der sich darauf einlässt, ist Karl Theodor Küstner. Der 33-Jährige leitet seit einigen Jahren schon ein Liebhabertheater im Haus des Oberhofgerichtsrats und Theaterdeputierten Heinrich Blümner. Küstner selbst kennt die einheimische Musikszene seit langem. Sein Vater Johann Heinrich ist Mitglied der Gewandhausdirektion, er selbst hat sich der *Singakademie* angeschlossen. Als er sich für die Leitung des neuen Stadttheaters bewirbt, tritt er pflichtbewusst wegen Befangenheit aus dessen Gründungsverein aus, profitiert aber zweifellos vom engen Netz, das die Leipziger Kulturinstitutionen verbindet. Unter seine Ägide hebt sich im Stadttheater der Vorhang vier Mal pro Woche, zur Messe wird täglich gespielt. Eine Trennung zwischen Schauspiel und Oper oder zwischen komischen und ernsten Stücken gibt es nicht. Im Ensemble sind Querbesetzungen gängig, Sänger müssen als Schauspieler aushelfen und umgekehrt. Bei der Suche nach Personal greift Küstner auf seine Netzwerke zurück. Musikdirektor wird der Thomasorganist Friedrich Schneider, man kennt sich aus der *Singakademie*.

In einem Punkt aber geht der Theaterdirektor neue Wege und probiert etwas aus, was es bisher an nur wenigen Häusern gibt: Er engagiert einen festen Theaterchor.[19] Das aus der gleichen Anzahl von Männern wie Frauen zusammengesetzte gemischte Ensemble, dem ein Chordirektor vorgesetzt wird, ist von Anfang an ein Berufschor, wie ein Zeitungsartikel verrät: »Zur Vervollkommnung der Oper insbesondere ist ein Chor von Sängern und Sängerinnen angestellt worden, da bei uns die Chöre bisher theils nur von wenigen eben auf der Bühne befindlichen Schauspielern, theils von einigen hinter den Coulissen stehenden Sängern sehr unvollkommen vorgetragen wurden, weshalb die vorzüglichsten neuern Opern, welche schwierige Chöre haben, bei uns bis jetzt noch nicht zur Aufführung gekommen waren.«[20] Daraus spricht Unzufriedenheit mit der bisherigen Praxis: Als 1693 erstmals Opern am Brühl erklingen, sind es nachweislich Studenten, die dort im Chor singen. Oft wird das kaum vorgekommen sein, denn nötig sind Chöre in den meisten italienischen Opern des 18. Jahrhunderts kaum. Was in diesen Werken als Chor bezeichnet wird, ist in der Regel ein Tutti des Solistenensembles.

Anders wird es dann mit Mozarts Bühnenwerken oder gar in den deutschen Opern des frühen 19. Jahrhunderts, wie sie Joseph Seconda auf den Plan setzt. Von ihm weiß man, dass er in Dresden bei Bedarf Kreuzschüler engagiert. In Leipzig hingegen hat er auf die Thomaner keinen Zugriff und bittet darum in einer Eingabe um Zöglinge der Ratsfreischule, darunter nicht nur Jungen, sondern auch Mädchen.[21] Da 1817 Secondas Ära auch in Dresden endet (dort gründet Carl Maria von Weber ein deutsches Opernhaus), besteht in der Residenz zur fast gleichen Zeit das gleiche Problem. Und wie sein Kollege Küstner in Leipzig installiert auch Weber in Dresden einen festen Berufschor – einige Wochen später, wie an der Pleiße gern betont wird. Das Datum ist wichtig und kann belegt werden: Schon zur Einweihung des Hauses am 26. August 1817 tritt das Ensemble auf. Geboten wird zwar Sprechtheater. Doch Schillers *Braut von Messina* sieht einen Chor vor, der laut Rezensent auch »größtentheils einen imposanten

Eindruck«[22] hinterlässt. Auf dem Programmzettel stehen unter *Chor Don Manuel's* und *Chor Don Cesar's* fünf Männernamen. Sie zeigen, dass die Mitglieder des neuen Theaterchores von Anfang an auf der Bühne stehen. Richtig gesungen in Bestbesetzung von 20 männlichen und weiblichen Chorsängern wird wenige Tage später. Mit Peter von Winters *Das unterbrochene Opferfest* ist am 30. August 1817 erstmals die Opernsparte des Hauses zu erleben. Der neue Chor wird auch wahrgenommen: »Chöre und Ensembles ließen nichts zu wünschen übrig«,[23] schreibt ein Rezensent in schönster Musikkritikerprosa.

Elf Jahre leitet Küstner das Stadttheater. Seine Vorliebe gilt Mozart: 100 Aufführungen von Werken des Klassikers finden unter seiner Ägide statt. Auf der Rangliste folgen Beethoven (*Fidelio*), Gluck (*Iphigenie*) und Rossini (*Barbier von Sevilla*). Zudem fördert Küstner die junge deutsche romantische Oper und setzt auch Weber (*Freischütz, Euryanthe und Oberon*) und Marschner (*Vampyr*) auf den Spielplan. Dennoch übernimmt sich der Gründungsintendant trotz seiner guten Netzwerke finanziell, als die Pacht 1828 auf 2500 Taler jährlich erhöht wird. Kaufkraftberechnungen, die Historiker vornehmen, wenn sie Gehälter oder Gebühren aus früheren Zeiten einordnen, zeigen, dass diese Summe einem aktuellen Gegenwert von 94 750 Euro entspricht.[24] Das ist selbst für den Spross einer Kaufmannsfamilie nicht zu stemmen. Am 11. Mai 1828 gibt Küstner seine letzte Vorstellung in Leipzig und verabschiedet sich als Intendant zugleich vom Stadttheater. Später wird er in Darmstadt, München und Berlin jeweils mit großem Erfolg noch renommierte Hoftheater leiten.[25]

Geblieben ist von ihm neben der Einrichtung eines festen Chores und eines Balletts vor allem die Tatsache, dass er dem 27-köpfigen Orchester für die Dienste im Theater durchgängig Gehalt zahlt. Zudem sorgt der engagierte Theaterdirektor nach Jahrzehnten endlich dafür, dass ein für Künstler und Zuschauer fühlbarer Missstand im Haus abgeschafft wird. Auf seine Intervention nämlich geht der Einbau der dringend benötigten Heizungsanlage zurück. Wäre E. T. A. Hoffmann also erst einige Jahre später unter Karl Theodor Küstner Kapellmeister in Leipzig geworden, hätte er sich im Theater keine Lungenentzündung zugezogen.

DER VEREHRTE GAUKLER

1829 bis 1835

Der Dresdner Hof übernimmt das Theater und produziert noch mehr Schulden · Paganini verdient in Leipzig ein kleines Vermögen · Robert Blum träumt von der Revolution und Albert Lortzing wird zum Goldesel

Ein Blick in die zweite Hälfte der 1830er Jahre offenbart es: Die Leipziger lieben Albert Lortzing. Und die Leipziger lieben ihr Theater. Letzteres ist erstaunlich, denn die Tatsache, dass Ende 1828 der Gründungsdirektor Küstner das Handtuch wirft, weil er die immer weiter vom Dresdner Hof erhöhte Pacht für das Bespielen des Hauses einfach nicht mehr zahlen kann, zeigt, dass es einen Systemfehler gibt: Wie es hier organisiert ist, kann es beim besten Willen nicht funktionieren. Also bittet der Rat darum, dass der Dresdner Hof das Haus übernimmt. Für einige Jahre wird die Spielstätte als *Königlich Sächsisches Hoftheater zu Leipzig* zur Außenstelle des Residenztheaters. Doch viel Glück ist dem neuernannten Direktor Clemens Remie als verlängertem Arm des Hofes nicht beschieden. Nach dreieinhalb Jahren hat er Schulden in Höhe von 20 000 Talern angehäuft, die Dresden nicht mehr tragen will.

Sein größter künstlerischer Erfolg aber kann sich sehen lassen: Er holt Niccolò Paganini, den Superstar seiner Zeit, für vier Konzerte nach Leipzig. Wo der »Teufelsgeiger« in diesen Jahren mit seinen Nobelinstrumenten Station macht, liegt ihm das Publikum zu Füßen. Konditoren stellen seine Büste aus Zuckerguss her, Bäcker bieten

Gebäck-Geigen an, allerorten werden Gedenkmünzen aufgelegt. Auch in Leipzig tobt das Publikum im Oktober 1829. Da der reisende Virtuose akribisch alle Ein- und Ausgaben notiert, wissen wir, dass er mit den Konzerten einen Reingewinn von 3392 Talern erspielt. Auch hier lohnt sich der Kaufkraftvergleich: Heute wäre Paganini nach vier Konzerten um rund 137 000 Euro reicher. »Gammormamachn« (»Kann man mal machen«) sagt der Sachse dazu mit seinem typischen Understatement. Das sind Summen, von denen örtliche Theatermacher nur träumen können. Das wird irgendwann auch dem Dresdner Hof klar. 1832, nach drei Jahren des *Königlich Sächsischen Hoftheaters zu Leipzig*, wird der Verbund aufgegeben. Das Haus soll wieder städtisch werden, und mit Friedrich Sebald Ringelhardt aus Köln hat man einen versierten Theatermann zur Hand, der schon bei seiner Vertragsunterzeichnung darauf achtet, nicht die Fehler seiner Vorgänger zu wiederholen. 1000 Taler muss Ringelhardt als jährliche Pacht abführen – das ist in einer musikliebenden Stadt zu meistern. 1844, als sich Ringelhardt zur Ruhe lässt, ist er ein wohlhabender Mann.[26]

Bis heute hält sich in Theaterkreisen die Tradition, dass neue Intendanten ihr Personal mitbringen. Das führt bei Leitungswechseln zwar zu bisweilen großräumigen Künstler-Karussells, aber es sichert den Neuen eben jene künstlerischen Freiräume, die sie brauchen, um erfolgreich Theater zu spielen. Auch Ringelhardt lockt eine Reihe von Künstlern, die er an anderen Orten kennen- und schätzengelernt hat, nach Leipzig. Da sind zum einen der Lederhändler Gottlieb Lortzing und dessen Ehefrau Sophie, die ihr Hobby schon vor Jahrzehnten in einer durch ganz Deutschland ziehenden Theatergesellschaft zum Beruf gemacht haben. Ihr 1801 in Berlin geborener Sohn Albert, ein umsorgtes Einzelkind, ist in ihre Fußstapfen getreten und hat 1826 ein eigenes Engagement in Detmold angetreten. Dort trifft Lortzing auf Ringelhardt, der seitdem ein Auge auf ihn wirft, weil er nicht nur bezaubernd spielt und singt, sondern auch noch passabel komponiert. Da ist aber vor allem Robert Blum, ein 24-Jähriger, der nach heutigem Verständnis am Theater als Verwaltungsdirektor tätig ist und 1848 zur Zentralfigur der Märzrevolution wird. Seine Laufbahn ist typisch für einen Intellektuellen des Vormärz: Blum stammt aus einfachen Verhältnissen, besucht 1829 ohne Immatrikulation einige Vorlesungen in Berlin und wandert kurz danach, weil er keine Arbeit findet, in seine Heimatstadt Köln zurück. Dort wird er Theaterdiener bei Ringelhardt, fällt mit seinem Wissen auf und darf fortan die Bibliothek verwalten. Als das Haus bankrottgeht, wird Blum zwar entlassen, aber nur ein Jahr später nimmt ihn Ringelhardt als Dramaturgen mit nach Leipzig.

Schon im zweiten Jahr seiner Intendanz ist sich der Theaterleiter mit dem jungen Lortzing und dessen Ehefrau Rosina Regina einig. Für eine Gage von zusammen jährlich 1400 Talern, auf die wohl auch noch ein Aufschlag für Kompositionen gerechnet wird,[27] wechselt das Schauspielerpaar nach Leipzig und spielt fortan mit Lortzings Eltern im gleichen Ensemble. Für den gut rechnenden Theaterchef ist der passabel entlohnte Universalkünstler Albert Lortzing ein Goldesel. Der 32-Jährige, der am 3. November 1833 in Leipzig debütiert, ist nicht nur als Schauspieler in zahlreichen Rollenfächern zu Hause, er singt auch in verschiedenen Stimmlagen, führt Opernregie und vor allem: Er komponiert jene Stücke, nach denen die Leipziger lechzen. Zuvor dauert es nur ein paar Monate, bis Ringelhardt seinen Dramaturgen Blum bezüglich der Spielplangestaltung auf die populäre Schiene gesetzt hat. Gibt es im Herbst 1832 zum Einstand als politische Wegmarke noch Schillers *Don Carlos* und später Goethes *Egmont*,[28] so setzt er schon bald mit Stücken von Johann Nestroy, Eduard Devrient und Albert Lortzing auf gehobene Unterhaltung. Devrient überliefert eine Anekdote aus den 1840er Jahren: Unmittelbar nach Beginn einer Vorstellung von Schillers *Braut von Messina* hätte der Intendant die Einnahmen kontrolliert. Weil die Aufführung kaum Interesse fand, polterte Ringelhardt sofort in Richtung von Robert Blum, der kurz zuvor in Leipzig einen *Schillerverein* gegründet hatte: »Da haben Sie ihren göttlichen Schiller! Und der Goethe ist auch nicht viel besser. Morgen geben wir den Jux« – gemeint ist damit Nestroys publikumsträchtige Posse *Einen Jux will er sich machen*.

Albert Lortzing liefert zuverlässig. Kaum in Leipzig angekommen, spielt das Theater sein Liederspiel *Der Pole und das Kind*, das im Jahr zuvor in Osnabrück Premiere hatte. Mit derben Rollen wird er auch an seiner neuen Wirkungsstätte zum Publikumsliebling. Allerdings sorgt die Schublade, in die Lortzing als Darsteller gesteckt wird, auch dafür, dass er als Komponist nicht ernst genommen wird. So erstaunt es durchaus, dass der 1835 berufene Gewandhauskapellmeister Felix Mendelssohn Bartholdy – ein Briefe-Vielschreiber, wie es kaum einen Zweiten gibt – kaum etwas über den komponierenden Kollegen berichtet.[29] Mehr noch: Innerhalb weniger Tage findet zum Jahreswechsel 1837/38 erst im Theater die Uraufführung von Lortzings *Zar und Zimmermann* statt und dann im Gewandhaus jene von Mendelssohns 42. Psalm *Wie der Hirsch schreit*. Die Werke scheinen so unabhängig voneinander zu existieren, als wären beide Musentempel zwei weit entfernte Planeten.

Ist es die Nähe zu Robert Blum oder ist es seine eigene Sensibilität als Künstler, die Lortzing bewegt, sich das Leben und Schicksal einfacher Menschen zu Herzen zu nehmen und sich deshalb in den Jahren des Vormärz auch politisch zu engagieren? Zwar geht er dabei nicht so weit wie Blum, der in den 1840er Jahren zum Volksredner wird und jede Menge freigeistige Vereine ins Leben ruft. Aber der komponierende Schauspieler tritt immerhin dem von Metternichs Spitzeln beargwöhnten Künstlerclub *Tunnel über der Pleiße* bei, in dem sich Oppositionelle aus Kunst und Wissenschaft treffen. Hier wirkt er als Sänger, Conférencier und Dichter und wird wegen seiner Schlagfertigkeit stadtbekannt. Doch in der Stadt der Wissenschaft, in der Stadt des Gewandhauses, in der Stadt des Thomanerchores, in einer Stadt, die nach einem Drittel des 19. Jahrhunderts schon mehr als stolz auf ihre musikalische Vergangenheit ist, reicht es Lortzing eben nicht, immer nur der Gaukler zu sein. Eine große Oper möchte er komponieren. Dass er dafür Geschick hat, zeigt er bei der Gedächtnisfeier für den Gewandhauskapellmeister Johann Adam Hiller am 25. Dezember 1835, als er dessen Singspiel *Die Jagd* nicht nur inszeniert, sondern auch musikalisch bearbeitet. Theaterchef Ringelhardt selbst rät seinem Lieblingskünstler danach, komische Opern zu schreiben. Am besten solche mit tölpelhaften, dörflichen Stoffen wie *Die Jagd*.

Wäre Leipzigs Musikgeschichte ein Filmsujet, dann müsste man jetzt kurz die Szene wechseln und eine Rückblende einbauen. Die Kamera schwenkt in das Zimmer eines 21-Jährigen, der im Juni 1834 in seiner Stube hockt und sich die Finger wundschreibt: Richard Wagner, jener Schulabbrecher, der nur dank der Großzügigkeit des Thomaskantors Weinlig in Leipzig studieren darf und zwei Jahre zuvor im Theater die Uraufführung seiner *C-Dur-Sinfonie* erlebt hat. Wagner schreibt gerade eine Rezension für die *Zeitschrift für die elegante Welt*, in der er Heinrich Marschners *Hans Heiling* über den grünen Klee lobt. Weil Wagner aber selbst noch nichts vorzuweisen hat, bleibt er anonym. Denn schließlich kritisiert er den vorherrschenden Geschmack und den Bildungsdünkel des Publikums mit harschen Worten: »Eine deutsche Oper haben wir nicht. Wir sind zu geistig und viel zu gelehrt, um warme menschliche Gestalten zu schaffen. Ein jeder Zuhörer freut sich über einen klaren melodiösen Gedanken – je fasslicher ihm alles ist, desto mehr wird er davon ergriffen; der Komponist weiß dies … aber nein! Es plagt ihn der deutsche Teufel, er muss den Leuten noch weismachen, er sei auch gelehrt! Von Gretry bis Auber blieb dramatische Wahrheit eines der Hauptprinzipien der Franzosen. Warum ist jetzt so lange kein deutscher Opernkomponist durchgedrungen? Weil sich keiner die Stimme des Volkes zu verschaffen wusste, das heißt, weil keiner das wahre warme Leben packte, wie es ist.«[30]

Wir bleiben in unserem Film und machen einen Zeitsprung ins darauffolgende Jahr, in eine Kammer des Gartenhäuschens der *Funkenburg*, eines Bürgerhauses vor dem Ranstädter Tor. Dort sitzt ein Komponist an seiner ersten abendfüllenden Oper. Die Kamera schwenkt über den Schreibtisch, an der Wand hängt der soeben zitierte Artikel aus der *Zeitschrift für die elegante Welt*. Denn Wagners Text ist nichts weniger als das künstlerische Credo, dem Lortzing seit 1835 folgt und das – Ironie der Geschichte – für Wagners eigenes Werk nur kurze Zeit gilt, für Albert Lortzing aber ein Leben lang.

DER VERKANNTE KOMPONIST

1837 bis 1846

Vom Publikum geliebt, von den Eliten verachtet · Die Herrschaft mit Kunst lächerlich machen · Ein Intrigant mit langem Atem · Das Ende der glücklichen Jahre für Albert Lortzing

Spieloper nennt der komponierende Gaukler seine neue Gattung, für die Wagner im Geist Pate steht. Für *Die beiden Schützen*, seinen wirklichen Opernerstling, bearbeitet Lortzing eine unkomplizierte französische Verwechslungskomödie. Doch nun zögert der Theaterchef. Am liebsten wäre Ringelhardt wohl, das Stück seines als Komponist noch unbekannten Buffos würde zunächst an einem anderen Ort aufgeführt. Damit der versierte Theatermann in Ruhe prüfen kann, ob Lortzing wirklich den gewünschten Erfolg liefert. Doch weil sich die Berliner *Hofoper*, der das Werk angeboten wird, für die *Schützen* nicht interessiert, greift der Leipziger Intendant zu – fast zwei Jahre nach der Fertigstellung der Oper.

Im Februar 1837 ist Premiere. Die Musikkritik hält sich zurück, doch das Publikum jubelt. In Lortzing löst der Zuspruch einen kreativen Schaffensrausch aus. Noch am Abend der Uraufführung spricht der als Komponist reüssierte Komödiant von einem weiteren Opernplan. Erneut will er ein französisches Lustspiel nutzen, *Der Bürgermeister von Saaram oder Die zwei Peter* von Eugène Cantiran de Boirie. Das hat er bereits im Rheinland gespielt. Eine Verwechslungskomödie, die das Publikum lieben wird. Denn hier geht es nicht um den Tausch von Gleich und Gleich, sondern um die Unterschiede zwischen Oben und Unten, um Hoch und Niedrig. Scheinbare Autoritäten wie eben jener Bürgermeister werden besonders lustvoll vorgeführt. Der Hintergedanke ist mehr Vormärz als Unterhaltung: Wenn überkommene Herrschaft schon nicht abgeschafft werden kann, so darf sie doch mit Hilfe der Narrenkunst lächerlich gemacht werden. Damit andere aufgeklärte Herrschaften erkennen, wo sie sich verbessern können, um nicht zur Zielscheibe von Spott zu werden. Mancher Witz unter Theaterleuten in dieser Zeit ist wirklich heftig: Ende der 1830er Jahre kursiert in Leipzig eine Zeichnung. Zwei Herren, einer davon unzweifelhaft Robert Blum, prosten sich darauf mit Weingläsern zu. »Gott erhalte alle unsere Fürsten«, sagt der rechts sitzende. Worauf Blum antwortet: »Ja, und er stelle uns recht bald eine Quittung aus, dass er sie alle erhalten hat.«

Lortzings Liebe für solche Witze könnte die eigenartige Rezeptionsgeschichte des *Zar und Zimmermann*, wie die am 22. Dezember 1837 uraufgeführte Oper genannt wird, erklären. Wieder halten sich die Musikkritiker mit ihrem Urteil zurück, der später so durchschlagende Erfolg will sich zunächst nicht einstellen. Doch dann spielt 1839 die Berliner Hofoper das Stück und ganz Preußen jubelt. Denn dort sieht man die Parallelen deutlicher als in Sachsen. Man ist von König Friedrich Wilhelm III. nur noch enttäuscht. Jener hatte im Kampf gegen Napoleon erst die patriotische Karte gezogen und dann nach dem Wiener Kongress keine der hochgestellten Erwartungen erfüllt. Metternich in Wien und Friedrich Wilhelm III. in Berlin sind in den 1830er Jahren die Hassfiguren für Demokraten, Liberale und Patrioten. Der Berliner Dichter Ludwig Rellstab holt in seiner Kritik weit aus, wenn er schreibt, *Zar und Zimmermann* sei »unbedingt das beste Werk, welches von einem jüngeren deutschen Komponisten auf die Bühne gebracht worden ist, ja, es reiht sich, seinem durchschnittlichen musikalischen Werthe nach, den besten Produktionen überhaupt an.«[31] Humor beweist Rellstab mit seiner Aufzählung der am »meisten gelungenen Sachen«, die nichts weniger als die Auflistung sämtlicher Nummern der Oper ist. Jetzt erst werden auch die Leipziger Musikzeitschriften auf ihren auswärts so erfolgreichen komponierenden

Buffo aufmerksam. Mit zweijähriger Verspätung widmet sich die *Allgemeine Musikalische Zeitung* dem vor Ort schon lange zu hörenden Werk. Auch in dieser Rezension wird eine Liste besonders gelungener Teile genannt. Immerhin zehn von 16 Nummern gehören für den Rezensenten dazu, darunter natürlich die zehnminütige *Singschule*, die bis heute zu den meistgespielten Opernszenen überhaupt gehört und in kaum einem Wunschkonzert fehlen darf.

Man sollte glauben, dass der Berliner Triumph jener Schritt ist, der Lortzing in Leipzig vom umjubelten Gaukler zum anerkannten Komponisten macht. Sprich: Dass sich für ihn nun auch die Türen zum inneren Kreis der Musikkultur öffnen. Dass die Herren in Gewandhausdirektion und Universität Albert Lortzing als einen der ihren anerkennen. Doch das passiert nicht. Ab und zu schreibt der komponierende Sänger an den von ihm verehrten Gewandhauskapellmeister Mendelssohn, aber von einer Antwort ist nichts bekannt. Auch Schumann nimmt den Kollegen kaum zur Kenntnis. Nur eine einzige Rezension schreibt er in Lortzings zwölf Leipziger Jahren über eines seiner Werke. Und diese Zeilen über den 1840 uraufgeführten *Hans Sachs* wirken eigentümlich distanzierend: »Der Beifall durch Kränzewerfen und Hervorrufen ist nicht ausgeblieben.«[32] Gegenüber Lortzing zeigt sich das offizielle Leipzig von einer Seite, die auch zur Stadt gehört – ihrer hochmütigen. Man wünscht einerseits ein Theater, das finanziell auf eigenen Beinen steht und keine Subventionen braucht, was nur mit einem publikumswirksamen Spielplan funktioniert. Andererseits aber fordern die für das Theater verantwortlichen Stadträte höchstes kulturelles Niveau. Das aber heißt: weniger Lustspiel und komische Oper, vor allem aber keine Späße auf Kosten von Obrigkeiten und Autoritäten. Beides zusammen ist ein unlösbarer Widerspruch.

Dass der Knoten nie mehr entwirrt werden kann, liegt an einer Intrige gegen den Theaterchef und seinen Dramaturgen. Heinrich Laube, Redakteur der *Zeitschrift für die elegante Welt* und Wortführer der intellektuellen Elite der Stadt, hat es schon länger auf Ringelhardts Posten abgesehen. Seit Jahren versucht der 31-Jährige, mit Hilfe einflussreicher Freunde die Vertragsverlängerung des Intendanten zu verhindern. Mit Blum ist Laube regelrecht verfeindet. Immer wieder weist er in Texten auf die niedere Herkunft des in seinen Augen gefährlichen Radikalen hin, der im *Schillerverein* politisch agitieren würde.[33] Die Feindschaft zieht sich später bis ins Paulskirchen-Parlament, wo Laube und Blum als Abgeordnete unterschiedlichen Fraktionen angehören.

Als es Laube 1838 gelingt, dass der Rat über Ringelhardts Vertrag debattiert und eine Zeitung auf der Titelseite alle Vorwürfe gegen den Theaterleiter in einem Artikel bündelt, hat der Intrigant den Bogen überspannt. Nun stellt sich das gesamte Theaterensemble öffentlich vor seinen Chef. Lortzing schreibt einen Brief an die Stadträte und lässt diesen von zehn Kollegen unterschreiben. Theaterhistoriker sehen in diesem Schreiben zum ersten Mal das, was später als Künstlergewerkschaft bezeichnet wird.

Dass Lortzing die zwölf Jahre in Leipzig dennoch als »glückliche Jahre« beschreibt, sagt viel über ihn aus. Machenschaften kümmern ihn wenig. Dass er nicht zum inneren Kreis gehört, ärgert ihn zwar, aber am wichtigsten ist der Erfolg beim Publikum, und dessen kann er sich sicher sein. Mit dem *Wildschütz*, der am Silvesterabend 1842 uraufgeführt wird, erlebt er den größten Erfolg in seiner Wahlheimat. Auch danach muss Lortzing noch Abend für Abend auf der Bühne stehen. Dort wird dem 41-Jährigen die Rolle des Gauklers zunehmend unbehaglich. »Ich ergriffe gern eine Gelegenheit, um von der Bühne zu treten und, den Taktstock in der Hand, mich vor dieselbe zu stellen, wenn sich eine annehmbare böte. Aber solche sind selten und ich werde wohl Zeit meines Lebens Rollen hineinfressen müssen«,[34] schreibt er.

Ein Abschied auf Raten beginnt. Der Theaterdirektor ist mehr und mehr amtsmüde und zieht sich auf sein Gut in Schönefeld zurück. Sein Vertrag wird nicht noch einmal verlängert. Ringelhardt habe dem Publikumsgeschmack in übertriebenem Maße Rechnung getragen, heißt es Anfang 1844 in seiner Kündigung. Neuer Theaterchef wird Karl Christian Schmidt, ein enger Freund Heinrich Laubes. Auch wenn Schmidt und Lortzing nie Freunde werden, erfüllt der neue Chef dem komponierenden Sänger als erstes seinen

Herzenswunsch: Mit Beginn der neuen Saison wird er Kapellmeister. Da Schmidt aber das Ringelhardt'sche Publikumstheater restlos entsorgt und auf Elitäres setzt, bleiben die Zuschauer aus. Zudem wird Robert Blum, der ebenfalls bleiben darf, schnell klar, dass der Neue von Finanzen wenig Ahnung hat und zu hohe Ausgaben produziert. Nun ist es Lortzings Aufgabe, komponierenden Kollegen Absagen für deren Werke zu schicken, denn Spielopern rücken im Repertoire weit nach hinten. Da hilft es dem Kapellmeister, dass er ehrlich darauf verweisen kann, dass selbst seine eigene neue Komposition nicht in Leipzig zu sehen wäre. Damit meint er *Undine*, jene große Oper, die im Februar 1845 erst in Magdeburg und dann in Hamburg aufgeführt wird. Noch vor der Abreise steckt Blum dem Kapellmeister im Vertrauen, dass Schmidt ihn aus Kostengründen entlassen will. Die Gage von 1000 Talern jährlich (was heute rund 2700 Euro monatlich entspricht) ist dem neuen Chef zu viel. Auf dem Markt gäbe es für die halbe Gage genügend talentierte Dirigenten. Und wirklich: Kaum aus Hamburg zurückgekehrt, findet Lortzing sein Kündigungsschreiben vor – offiziell wegen Krankheit, da der 43-Jährige im Winter 1844/45 regelmäßige Gichtanfälle durchleidet.

Was jetzt passiert, überrascht alle. Das Publikum protestiert gegen den Rauswurf auf seine Weise. Dirigiert der beliebte Kapellmeister im Theater, dann wird nach jeder Nummer minutenlang applaudiert, »Lortzing hierbleiben«, skandiert die Menge. Umgekehrt werden Künstler, von denen die Zuhörer vermuten, dass sie an der Intrige gegen Lortzing beteiligt sind, so gnadenlos ausgepfiffen, dass der Intendant immer wieder vor den Vorhang tritt und sich Rededuelle mit den Zuhörern liefert.[35] Die Verantwortlichen jedoch sitzen die Krise aus. Der Furor der *Studenten*, wie man Lortzings Anhänger bezeichnet, geht vorüber, die Netzwerker sitzen am längeren Hebel und erhalten die Kündigung aufrecht. Erstaunlich auch, wie die Musiker auf die Demission ihres Dirigenten reagieren. »Die Orchestermitglieder, welche mich früher mit Herr Kapellmeister titulierten, geraten in Verlegenheit, wenn sie mich begrüßen, *ach, guten Tag, Herr*... Der Kapellmeister, meinen sie, gebühre mir nicht mehr«,[36] schreibt der Komponist einem Freund.

Lortzings Tage in Leipzig sind gezählt. Das Angebot, ab Herbst 1846 Kapellmeister am *Theater an der Wien* (jenem Wiener Vorstadttheater, wo 55 Jahre zuvor Mozarts *Zauberflöte* uraufgeführt wurde) zu werden, ist für den Dirigenten, der letztlich am Standesdünkel der Leipziger Kulturverantwortlichen scheitert, äußerst verlockend. Im Rückblick zeigt sich, dass dieser Wechsel der Beginn einer Katastrophe ist. Immer wieder schlagen Lortzings Versuche fehl, als Dirigent eine angemessene feste Anstellung für seine Familie zu finden. Als Mittvierziger nimmt er erneut das erschöpfende Wanderleben als Schauspieler und Gastdirigent auf. 1850 tritt er ein Engagement als Kapellmeister in Berlin an, wo er am 31. Januar 1851 schwer krank, überarbeitet und völlig verarmt stirbt. Im Kanon der Leipziger Musikgeschichte ist Albert Lortzing zweifellos derjenige Komponist, der bis heute in der Stadt am meisten unterschätzt wird.

LIEBESERKLÄRUNG

1835

Goethe und das musikalische Wunderkind · Die Stadt liegt Felix Mendelssohn Bartholdy zu Füßen · Mit Feingefühl und Taktstab · Ein Liebesbrief von Robert Schumann, versteckt in einer Rezension

Nur drei Jahre nach der von Clara Wieck 1832 so wortreich beschriebenen Leipziger Erstaufführung von Wagners *C-Dur-Sinfonie* werden wieder verschiedene Fäden der Musikgeschichte eindrucksvoll miteinander verwoben. Und erneut ist die hochbegabte Pianistin involviert. Gerade erst 16 Jahre alt ist sie, aber aus der neckisch-backfischhaften Schwärmerei für den neun Jahre älteren Schumann ist inzwischen eine leidenschaftliche Affäre geworden, die Claras Vater alles andere als Recht ist.

Es sind jedoch *zwei* Liebesgeschichten, die sich im Herbst 1835 miteinander verbinden. Die eine handelt von eben jener Leidenschaft des heißköpfigen Musikschriftstellers für die junge Clara Wieck. Die andere erzählt von der überschwänglichen Begeisterung der Leipziger für einen Musiker, der trotz seiner erst 26 Lebensjahre als Lichtgestalt gilt. Die letztere Romanze hat eine Vorgeschichte: Schon 14 Jahre zuvor besucht Mendelssohn erstmals jenen Ort, der später zu seiner Heimat werden sollte. Damals ist der Zwölfjährige gemeinsam mit seinem Lehrmeister Carl Friedrich Zelter auf dem Weg von Berlin nach Weimar, wo er Goethe treffen will, der von Zelter seit Jahrzehnten künstlerisch beraten wird. Das Zusammentreffen des jungen

Mendelssohn mit dem 72-Jährigen, der im Laufe seines Lebens zwar viele echte oder vermeintliche Talente erlebt hat, aber mit seinem musikalischen Geschmack noch weit im 18. Jahrhundert wurzelt, gehört zu den meistbeschriebenen Künstlerbegegnungen überhaupt.

Dass die Fahrt nach Weimar über Wittenberg und Leipzig führt, ist kein Zufall. Wenn es 1821 überhaupt noch in irgendeiner Stadt etwas Authentisches von Johann Sebastian Bach zu bestaunen gibt, dann am ehesten an jenem Ort, an dem der berühmte Thomaskantor gut einhundert Jahre zuvor sein Amt angetreten hat. Es ist daher fast selbstverständlich, dass die Wege der beiden Reisenden, die am Vorabend des Reformationsfestes in der Messestadt ankommen, direkt zur Thomaskirche und zur Thomasschule führen. Natürlich statten sie dort auch dem Thomaskantor Johann Gottfried Schicht einen Besuch ab. Für ihn spielt der Junge unter anderem seine *Sonate in g-Moll* mit der viel später hinzugesetzten Opuszahl 105. Auf Bitten des Kantors komponiert er noch eine Motette, die dann sogar die Thomaner in der Thomaskirche singen. Dem jungen Mendelssohn, der ganz im Sinne seines Lehrers das Idol Bach verehrt, kommen die Tage in Leipzig wie ein Besuch in einem riesigen Museum vor: »Schicht schläft in derselben Kammer, in der Sebastian Bach wohnte, ich habe sie gesehen, ich habe das Fleckchen gesehen, an dem sein Klavier stand, wo er seine unsterblichen Motetten komponiert hat, wo er (nach Professor Zelters Ausdruck) die Jungen kuranzte, und hoffentlich werde ich von diesem ehrwürdigen Haus, in dem schon Rosenmüller, Bach, Doles, Hiller und Schicht ihr Wesen getrieben haben und noch treiben, eine Zeichnung mitbringen.«[37]

Die Bewunderung für den Meister lässt Mendelssohn die Leipziger Musikpraxis des Jahres 1821 kritisch betrachten: Am Reformationsfest erlebt er, wie die Thomaner in der *Paulinerkirche* Mozart singen und bemängelt das unsauber spielende Orchester, vor allem die unzulänglichen Posaunen. Die Aufführung gehört zu den repräsentativen Musiken der Stadt. Jeweils am 31. Oktober zieht der Rat in einer Prozession von der *Nikolaikirche* in die *Paulinerkirche*, wo dann ein feierliches Konzert gegeben wird. Noch vor der Abfahrt nach Weimar erlebt Mendelssohn erstmals ein Konzert an seiner späteren Wirkungsstätte, dem Gewandhaus. Mozarts *Jupitersinfonie* begeistert ihn dort so sehr, dass er seinem Freund Eduard Reitz eine Skizze der finalen Fuge mit ihrem fünfstimmigen doppelten Kontrapunkt schickt.

Über kaum ein Zusammentreffen von Künstlern, zwischen denen drei Generationen liegen, ist wohl so viel geschrieben worden wie über die unmittelbar an den Leipziger Besuch anschließende Begegnung Mendelssohns mit dem 60 Jahre älteren Goethe, der als junger Mann einen Auftritt des Wunderkinds Mozart erlebt hat. Der Vergleich liegt also nahe – für Mendelssohn ist der Titel *zweiter Mozart*, den Goethe ihm verleiht, nicht nur Ehrbezeugung, sondern auch Anspruch. Dank der Überlieferung des Weimarer Hofmusikers Johann Christian Lobe gibt es über die musikalischen Salons im November 1821 im Hause Goethe auch noch andere Quellen als nur die Berichte von Mendelssohn und Zelter. Vor Publikum muss der Zwölfjährige Manuskripte von Mozart und Beethoven, die der Dichter in seinem Besitz hat, vom Blatt spielen. Dann darf Mendelssohn improvisieren, Bach-Fugen vorstellen und schließlich sogar eine eigene Komposition präsentieren, ehe sich die Älteren in Abwesenheit des Jungen über dessen musikalisches Talent beraten. Vor allem der Dichterfürst ist beeindruckt. Lobe berichtet, dass Goethe Mendelssohns Förderer Zelter direkt anspricht: »Die musikalischen Wunderkinder sind zwar hinsichtlich der technischen Fertigkeit heutzutage keine so große Seltenheit mehr. Was aber Dein Schüler jetzt schon leistet, mag sich zum damaligen Mozart verhalten, wie die ausgebildete Sprache eines Erwachsenen zu dem Lallen eines Kindes.«[38]

Das ist der Ritterschlag. Der Bericht verbreitet sich in Windeseile im ganzen Land und macht den Namen des Jungen in Fachkreisen bekannt. Fünf Jahre später zeigt Mendelssohn dann auch einer breiten Zuhörerschaft, dass Goethes Begeisterung nicht grundlos ist. Die *Konzert-Ouvertüre zu Shakespeares Sommernachtstraum* op. 21, die der 17-Jährige 1826 komponiert, katapultiert ihn in die Reihe der ganz Großen des Musikgeschäfts. So erstaunt es nicht, dass die Leipziger Kulturverantwortlichen in den frühen 1830er Jahren beharrlich um Mendelssohn werben. Allen voran der Verleger Carl Friedrich Kistner, der Zeitungsherausgeber Friedrich Rochlitz und der Rechtsanwalt

Conrad Schleinitz, allesamt Mitglieder der Gewandhausdirektion. Die erste Kontaktanbahnung verrät taktisches Geschick: Im Oktober 1834 spielt das Gewandhausorchester Mendelssohns Konzertouvertüre *Meeresstille und glückliche Fahrt* op. 27. Natürlich lässt es sich der Komponist nicht nehmen, der Einstudierung zu lauschen: Es sei eine »sehr majestätische Probe«[39] gewesen, lobt er später. Zu den Honoratioren, mit denen er sich in diesen Tagen trifft, gehört auch der namhafte Musikalienhändler und Musikpädagoge Friedrich Wieck, der seine Tochter Clara vor Mendelssohn spielen lässt.

Die ganze Stadt vergöttert während des Besuchs den jungen Künstler. Diverse Leipziger bieten ihm eine Reihe beeindruckender Posten, um den Musiker in die Stadt zu locken. Die Universität will ihm im Januar 1835 einen Lehrstuhl für Musikgeschichte einrichten. Doch der Mittzwanziger, der sich trotz aller Bildung nicht als Akademiker sieht, winkt mit erstaunlichem Understatement ab: »Nicht einmal gut folgen habe ich einem Collegium über Musik können, und kam immer unmusikalischer heraus, als ich hineingegangen war.«[40] Ähnlich reagiert er auch, als ihm *Breitkopf & Härtel* vier Wochen später die Leitung der *Allgemeinen Musikalischen Zeitung* anträgt: Über Musik zu schreiben sieht Mendelssohn, anders als Schumann, der übrigens nicht zum Kreis derer gehört, mit denen sich der Umworbene trifft, nicht als seine Berufung an. Mit der Begründung, aus Prinzip niemals öffentlich über Musik zu schreiben, lehnt er dann auch dieses Angebot ab.

Ein anderes Ansinnen, das ihn im Januar 1835 erreicht, erregt jedoch sein Interesse: 1000 Taler jährlich soll Mendelssohn erhalten, wenn er die Gewandhauskonzerte dirigieren und darüber hinaus die Thomasschule leiten würde. Mendelssohns feinfühlige Antwort ändert die Verhandlungsrichtung: Zunächst fragt er bei der Gewandhausdirektion an, ob eine Zusage zur Entlassung eines anderen führen würde.[41] Denn die komplizierte Arbeitsteilung im Gewandhaus durchschaut er recht bald. Die Instrumentalmusik leitet der Konzertmeister Heinrich August Matthäi, der schwer erkrankt ist und bald nach Mendelssohns Amtsantritt stirbt. Für die Vokalmusik hingegen ist Kapellmeister Christian August Pohlenz verantwortlich. Hätte

Mendelssohn das Angebot sofort angenommen, hätte die Stadt Pohlenz kündigen müssen. Darum interessiert er sich zunächst auch nur für die Leitung der Instrumentalmusik. Nachdem Anfang April 1835 geklärt ist, dass seine Zusage den Kapellmeister nicht beeinträchtigt, werden die Gespräche zügig abgeschlossen. Für nun 600 Taler, die nach zwei Spielzeiten auf 1000 Taler aufgestockt werden, soll er zwischen Oktober und April ausschließlich die Instrumentalkonzerte am Gewandhaus leiten. Für ausgedehnte Reisen, Kompositionen und die Leitung von Musikfestspielen in den Sommermonaten gibt der Vertrag genügend Freiraum. Von der Thomasschule aber ist vorerst keine Rede mehr. Dann passiert das, was Mendelssohn eigentlich verhindern wollte: Am 16. April erhält Kapellmeister Pohlenz die Kündigung. Was zweifellos in Zusammenhang mit den fast abgeschlossenen Verhandlungen mit Mendelssohn steht und die Frage nach Grund und Folge aufwirft. Ist die Stadt mit Pohlenz unzufrieden und entledigt sich hier nur eines Problems? Oder glaubt man, dass Mendelssohn trotz seiner feinfühligen Verhandlungen die Personalunion aus Konzertmeister und Kapellmeister anstrebt?

Genau das geschieht schon kurz nach dem Amtsantritt im Oktober 1835, als der Neue angesichts von Pohlenz' Demission darauf besteht, dass die zuvor fest zementierte Arbeitsteilung zwischen Kapellmeister und Konzertmeister aufgelöst wird.[42] Eine Neuerung, die auch für Kritik sorgt. Aber die kritischen Stimmen verstummen recht bald angesichts des Qualitätssprungs. Und den bescheinigen ihm die Leipziger nur zu gern. Schon das erste Treffen mit Mendelssohn im August 1835 lässt Schumann schwärmen: »Die Musiker spielten ihm seine Ouvertüre Meeresstille vor. Ich sagte ihm, dass ich alle seine Kompositionen gut kenne; er antwortete etwas sehr Bescheidenes darauf. Der erste Eindruck eines unvergesslichen Menschen.«[43] Zu den Dingen, mit denen Mendelssohn überrascht, gehört auch der Taktstock. Über den schreibt Schumann in seiner als Dialog der zwei gegensätzlichen Kunstfiguren Florestan und Eusebius formulierten Rezension zu Mendelssohns Antrittskonzert: »Mich für meine Person störte in der Ouvertüre wie in der Symphonie der Taktierstab und ich stimme Florestan bei, der meinte: in der Symphonie müsse das

Orchester wie eine Republik dastehen, über die kein Höherer anzuerkennen.«[44] Dabei ist Mendelssohn keineswegs der erste Dirigent, der zum unterstützenden Stab greift. In Wien dirigiert Ignaz Franz von Mosel schon im Jahr 1812 auf diese Weise. Doch Schumanns Replik zeigt, wie sehr das Gewandhausorchester auch im Jahr 1835 trotz aller Erfahrungen mit Beethovens Sinfonien noch im Geist des 18. Jahrhunderts steckt, als Instrumentalmusik stets vom ersten Pult aus geleitet wird.

Apropos Schumann: Der ist während der Wochen, in denen Mendelssohn in Leipzig probt, bis über beide Ohren verliebt. Die Auserwählte ist Friedrich Wiecks Tochter Clara. Eine hoffnungsvolle Pianistin, die er seit Jahren kennt, mit der er regelmäßig spazieren geht und die auch schon länger von ihm schwärmt. Kurz nach ihrem 16. Geburtstag am 13. September gibt das Mädchen dem neun Jahre Älteren zum ersten Mal einen innigen Kuss. Fortan sind die beiden ein Liebespaar und der Hitzkopf sieht das Leben etwas nachsichtiger. Die von ihm gegründete *Neue Zeitschrift für Musik* wird in diesen Tagen zum Postillion d'amour, da Schumann in seinen Texten, die er *Schwärmbriefe an Chiara* nennt, Liebeserklärungen versteckt. Die lesenswerte Rezension von Mendelssohns Antrittskonzert, in der Schumann den jungen Dirigenten (von ihm spaßhaft als »F. Meritis« bezeichnet) wie eine Lichtgestalt feiert, gehört zu diesen Kostbarkeiten. Sie beginnt mit dem fast wörtlichen Zitat aus einem Brief, den Schumann einige Wochen zuvor an Clara geschrieben hat. »Zwischen all unsern musikalischen Seelenfesten guckt denn doch immer ein Engelskopf hindurch, der dem einer sogenannten Clara bis auf den Schalkzug um das Kinn mehr als ähnlich sieht. Warum bist du nicht bei uns, und wie magst du gestern Abend an uns Firlenzer gedacht haben von der Meeresstille an bis zum auflodernden Schluss der B-Dur-Symphonie!«, poetisiert Schumann, um dann einem Dramatiker gleich Spannung aufzubauen: »Auf Vieles freu' ich mich diesen Abend, erstens auf die ganze Musik selbst, nach der es einem dürstet nach dem dürren Sommer, dann auf den F. Meritis, der zum ersten Mal mit seinem Orchester in die Schlacht zieht, hoffentlich als Sieger.«[45] Man kann sich den Jubel um den neuen Kapellmeister leicht vorstellen: »F. Meritis trat vor. Es flogen ihm hundert Herzen zu im ersten Augenblicke. Doch war's eine Lust, den F. Meritis zu sehen, wie er die Geisteswindungen der Kompositionen vom Feinsten bis zum Stärksten vorausnuancierte mit dem Auge und als Seligster voran schwamm dem Allgemeinen, anstatt man zuweilen auf Kapellmeister stößt, die Partitur samt Orchester und Publikum zu prügeln drohen mit dem Zepter.«[46]

Zweifellos ist es ein Glücksfall, dass von diesem Konzert eine Rezension aus Schumanns Feder vorliegt. Doch weil diese auch ein Liebesbrief ist, sind die Zeilen selbst für denjenigen interessant, der sich weniger für Musikgeschichte begeistert: »Und da dacht' ich auch an dich, Chiara, Reine, Helle, mit den Händen nach Sizilien weisend, wohin dich deine Sehnsucht zieht, aber das schwärmerische Auge nach uns gerichtet, – wie du sonst aus deiner Loge herunterforschtest mit der Lorgnette, die dir so wohl ansteht«, schreibt Schumann und schließt mit den Worten: »Vergiss nicht manchmal auf dem Kalender den 13. August nachzusehen, wo eine Aurora deinen Namen mit meinem verbindet. Lebe schön! Eusebius.«[47] Clara, Aurora und Eusebius sind im kirchlichen Kalender die Heiligen des 12. bis 14. August. Die Synonyme für die zwischen ihren jeweils eigenen Patronen stehende Aurora – Morgenröte, Licht und Sonne – sind in unzähligen Briefen Chiffren, die Clara stets erkennt und die das Paar auch in finstersten Zeiten zusammenführt.

GEDULD

1839 bis 1844

Romantische Überhöhung und Maßlosigkeit · Ein straffer Ausbildungsplan für eine junge Pianistin · Zwei kongeniale Musiker, ein Prozess und kein richtiges Happy End für Leipzig

Wohl keine zweite Liebesgeschichte eines Künstlerpaares ist besser dokumentiert als jene von Clara und Robert Schumann. Und weil auch kaum eine Heirat zweier Künstler schwerer erkämpft ist, erheben schon die Zeitgenossen diese Liebesgeschichte zur Legende: »Keine glücklichere, keine harmonischere Vereinigung war in der Kunstwelt denkbar als die des erfindenden Mannes mit der ausführenden Gattin, des die Idee repräsentierenden Komponisten mit der ihre Verwirklichung vertretenden Virtuosin«[48], schreibt Franz Liszt dem Paar ins Stammbuch.

Genie, Sehnsucht, Liebe, Tragik: Die in Briefen und Tagebüchern vielseitig dokumentierten Jahre zwischen dem Liebesbekenntnis und der Heirat sind geprägt von gegenseitiger Überhöhung und einer Suche nach dem Unerfüllbaren, die bisweilen jegliches Maß verliert. Da verwundert es weder, dass Robert in den Monaten nach der Eheschließung die fruchtbarste schöpferische Phase seines Lebens genießt, noch, dass in den Tagebüchern danach recht bald der zuvor so romantische Ton dem neuen Alltag einer Familie mit insgesamt acht Kindern weicht. Was bleibt, ist die Geschichte eines jungen Paares, das allen Widerständen zum Trotz an der Beziehung nicht nur festhält, sondern diese zum von der Gegenwart losgelösten Lebensprinzip erhebt. Unzählige Briefe zeigen, wie die musischen Seelen von Clara Wieck und Robert Schumann daran wachsen, wie beide eine künstlerische Symbiose wagen, die in dieser Form einzigartig ist. Er: ein Komponist, der die Fesseln der Form sprengt und der Individualität ein eindrucksvolles Denkmal setzt. Sie: eine Künstlerin, die mit viel Gespür Neues entdeckt und sich unbeirrbar für dessen Förderung einsetzt. Die es aber auch schafft, das Neue zu bändigen und zu kanalisieren. Der Weg zur Kunst ist für beide oft steinig, aber mit der Beteuerung der gegenseitigen Seelenverwandtschaft verbunden. Ohne diese wäre Clara eine begabte Pianistin für virtuose Salonmusiken geblieben und Robert hätte weitaus größere Schwierigkeiten gehabt, all das, was ihm durch den Kopf ging, auch adäquat in Noten zu fassen.

Es ist aber nicht nur der kongeniale Bund zweier fast identisch denkender Künstler, den die beiden mit ihrer Trauung am 12. September 1840 in der *Gedächtniskirche* in Leipzig-Schönefeld schließen. Es ist auch der Schlusspunkt unter einem immer unwürdiger werdenden Rechtsstreit mit Claras Vater Friedrich Wieck, der im Verlauf der gerichtlich erzwungenen Heirat selbst vor Verleumdungen nicht zurückschreckt. Das vor Augen, überraschen die lakonischen Worte, die Clara am Tag ihrer Hochzeit ihrem Tagebuch anvertraut. An jenem Tag, den sie jahrelang so sehr herbeigesehnt hat, notiert sie: »Was soll ich über diesen Tag sagen? Es war ein schöner Tag, und selbst die Sonne, die sich seit vielen Tagen versteckt hatte, warf am Morgen, als wir zur Trauung fuhren, ihre milden Strahlen auf uns, als ob sie unseren Bund segnen wolle. Nichts störte uns an diesem Tag, und so sei er denn auch in diesem Buche als der schönste und wichtigste meines Lebens aufgezeichnet.«[49]

Zwölfeinhalb Jahre zuvor – am 31. März 1828 – begegnen sich die beiden zum ersten Mal. Im Salon des Leipziger Arztes und Musikliebhabers Ernst August Carus trifft der 17-jährige Robert auf Clara, die schon im neunten Lebensjahr als begabte Pianistin vom Vater in private musikalische Zirkel eingeführt wird. Als Freund des Hauses Wieck wird der junge Mann ein gern gesehener Spielkamerad der

Kinder des renommierten Klavierlehrers. Er ersinnt für die Sprösslinge Rätsel, erzählt Märchen aus *Tausendundeiner Nacht* und erfindet Schauergeschichten, die dem Vorbild des in Leipzig immer noch unvergessenen E. T. A. Hoffmann nachempfunden sind. Der Abschied nach Heidelberg, wo Robert dem Wunsch der Mutter entsprechend Jura studiert, ist nur von kurzer Dauer. Immer wieder kommt der junge Mann zu Besuch nach Leipzig, und 1830 rät ihm Friedrich Wieck wohl sogar, nicht Anwalt, sondern Künstler zu werden. Als gut erzogener Junge schreibt Schumann einen Brief nach Hause und bittet um die Erlaubnis für eine musikalische Ausbildung.[50] Die Mutter stimmt zu, schon kurze Zeit später zieht Schumann in die Messestadt und wohnt jetzt sogar im Haus seines Lehrers. Dessen mittlerweile elfjährige Tochter Clara hat nun schon solche Fortschritte gemacht, dass der große Paganini ihr eine Eloge schreibt und das erste Solokonzert im Gewandhaus folgt.

Über Wiecks Unterricht ist viel geschrieben worden. Der Blick aus der Gegenwart mit dem Wissen um den späteren Gerichtsprozess führt dazu, dass an den Methoden von Claras Vater kaum ein gutes Haar gelassen wird. Doch Ehre, wem Ehre gebührt: Wiecks Pädagogik könnte im 19. Jahrhundert kaum moderner sein. Das Virtuosentum seiner Zeit sieht er äußerst kritisch: »Fast alle unsere Virtuosen haben sich musikalisch zu Tode geübt und gespielt, sie haben eigentlich kein Gefühl und wohl gar keinen Sinn mehr dafür, sondern bloß Gefallen an ihrem eignen mechanischen Fingerspiel.«[51] Ganz anders soll Claras Ausbildung werden. Der Vater vernachlässigt für die Tochter nicht nur seine Ehe. Er nimmt sie von der öffentlichen Grundschule und entwickelt einen umfassenden Bildungsplan: Spaziergänge an der frischen Luft, zu denen auch Schumann eingeladen wird, gehören ebenso dazu wie Literatur- und Sprachunterricht.

Manches an Wiecks Ideen ist nach heutigen Maßstäben schlicht unzumutbar. Die hohen Einkünfte ihrer Konzerte, tausende Taler im Jahr, darf das Mädchen zwar behalten, aber sie muss ihren Lebensunterhalt davon komplett bestreiten und selbst Kleinigkeiten wie Nähnadeln auf eigene Rechnung kaufen. Zudem kontrolliert der Vater nahezu alles, was seine Tochter betrifft. Selbst deren Tagebuch diktiert er ihr: Reflexionen eines Erwachsenen aus der Perspektive eines Kindes. In einer Zeit, in der Pädagogik nicht kindgerecht sein muss, sind Friedrich Wiecks Erziehungsmethoden für alle sichtbar von Erfolg gekrönt. Auf ausgedehnten Konzertreisen vermehrt die junge Pianistin den Ruhm ihres Vaters – wenngleich auch mit einem wenig abwechslungsreichen Repertoire heute kaum noch bekannter Salonstücke.

Auch Robert wird zum begnadeten Klavierspieler: Die Sehnsucht, das Gefühl, das Unendliche treibt ihn an. Er improvisiert, verbindet ungewohnte Klänge und Akkorde, kombiniert, ohne auf Regeln zu achten. Es wird lange dauern, bis Clara dieses ungestüme Genie in feste Bahnen lenkt. Zuvor aber sorgt der brennende Ehrgeiz mit stundenlangen Trainingsexzessen für eine nicht kurierbare Fingerverletzung, die schon nach kurzer Zeit alle Hoffnungen auf eine Pianistenlaufbahn begräbt. Ganz anders hingegen entwickelt sich Clara, mit der er viel spazieren geht, die er beim Klavierüben beobachtet, die er mit seinen Geschichten zum Lachen bringt. Bei der Elfjährigen, notiert Schumann, komme alles von innen heraus, sie sei »wild und schwärmerisch, sie rennt und springt wie ein Kind und spricht dabei die tiefsinnigsten Dinge: Kaum drei Schuh hoch liegt ihr Herz schon in einer Entwicklung, vor der mir bangt. Lachen und Weinen, Tod und Leben, meist in scharfen Gegensätzen wechseln in diesem Mädchen blitzschnell.«[52]

Im Herbst 1831 geht Clara erstmalig auf längere Konzertreise. Sie spielt in Weimar vor Goethe, später in Erfurt, Gotha und Kassel, ehe sie mit einem Gastspiel in Paris einen Lebenstraum des Vaters erfüllt. Ein Schreiben Schumanns aus dieser Zeit steht am Anfang einer Reihe von Briefen, die immer schwärmerischer werden. »Ich denke oft an Sie, nicht wie der Bruder an seine Schwester, oder der Freund an die Freundin, sondern etwa wie ein Pilgrim an das ferne Altarbild«.[53] Ein Vergleich, der die ungeheure Sehnsucht offenbart, die den Komponisten nicht mehr loslassen wird. Von ebensolcher Tiefe ist auch Schumanns Selbstreflexion geprägt. Ein Test an einem *Psychometer* genannten Gerät beweist, was ihm längst klar ist. Er sei hypochondrisch, still, schüchtern. Das Gefühl wird zum Lebensinhalt.

Schicksalsschläge verdüstern alles: Im Herbst 1833 sterben der Bruder Julius und die Schwägerin Rosalie, die für ihn wie Schwester und Mutter in einer Person war. Den Plan, Pianist zu werden, gibt er endgültig auf, der lädierte Finger ist inzwischen steif geworden.

Eine Zeitung soll stattdessen dem Leben einen neuen Sinn geben. Am Stammtisch im Leipziger *Zum Arabischen Coffe Baum* entwickelt Robert zusammen mit seinen Freunden vom Künstlerzirkel *Davidsbündler* den Plan einer musikalischen Zeitschrift. Sie soll Neuem Raum geben und Vorbilder wie Beethoven und Schubert ins rechte Licht rücken. Zu den fleißigsten Lesern der ab April 1834 erscheinenden Zeitschrift gehört die 14-jährige Clara. Doch vorerst bandelt Schumann mit einer anderen an. Ernestine von Fricken heißt die neue reizende Schülerin von Friedrich Wieck, die bald Schumanns Verlobte wird. Was Clara auf ihrer monatelangen Reise durch Norddeutschland mit argwöhnischen Bemerkungen quittiert: »Ist das aber erlaubt, Herr Schumann, so wenig Aufmerksamkeit für eine Freundin zu haben und ihr nicht einmal zu schreiben?«[54], beklagt sie sich und täuscht sogar eine Schwärmerei für einen Braunschweiger Cellisten vor, um Schumann eifersüchtig zu machen. Die Täuschung funktioniert: Im April 1835 ist Clara wieder in Leipzig und Schumann erkennt schlagartig, dass das Mädchen, das er ein halbes Jahr zuvor verabschiedet hat, bei ihrer Rückkehr eine junge Frau geworden ist. In deutlich ernsthafter klingenden Briefen sehnt er sich immer mehr nach ihr: »Mitten unter all den Herbstfesten und sonstigen Freudenhimmeln guckt immer ein Engelskopf hindurch, der dem einer mir sehr wohlbekannten Clara aufs Haar gleicht«,[55] schreibt er Ende August. Zum ersten Mal treten hier all die Motive, die die beiden noch jahrelang beschäftigen, ans Licht: »Sie wissen, wie lieb ich Sie habe!«[56], endet Roberts Brief. Es ist der Anfang unzähliger Fragen über das Wesen der Liebe, über Leidenschaft, Ungewissheit und Sehnsucht. Es folgen die Wochen nach Claras 16. Geburtstag mit erstem Kuss, Lösung der Verlobung mit Ernestine und Liebeserklärungen an »Chiara« in der Zeitung.

Friedrich Wieck bleibt die Liebelei nicht verborgen. Für seine hochbegabte Tochter, deren Ausbildung zur Virtuosin ihm längst zum Lebensinhalt geworden ist, hat er andere Pläne, als dass diese als Ehefrau eines ständig überreizten Komponisten nur Hausfrau und Mutter vieler Kinder würde. Harsch verbietet Wieck jeden Kontakt und schickt die Tochter im Februar 1836 nach Dresden, wo Robert die Geliebte jedoch vier Tage lang heimlich besucht, als er zur Beerdigung der Mutter nach Zwickau reist. Dort angekommen, schreibt er sofort einen Brief an Clara. Der erneut veränderte Tonfall in diesem Schreiben lässt ahnen, dass sich das Paar in Dresden auch körperlich nahegekommen ist. Aus dem »Sie« ist ein »Du« geworden, die Witzeleien sind verschwunden, in kurzen Sätzen beschreibt Robert seine Liebe und beklagt, dass ihm erstmalig die Worte fehlten: »Sonst konnt ich alles zierlich in Worte bringen, wie stark ich jemanden zugetan; jetzt kann ich's nicht mehr.«[57] Der Vater, der seine Tochter und ihre Briefe nach wie vor kleinlich kontrolliert, tobt angesichts solcher Sätze: Schumann solle die Finger von seiner Tochter lassen, andernfalls werde er ihn erschießen. Im April kehrt Clara nach Leipzig zurück. Wieck verhindert nun fast eineinhalb Jahre lang jeden direkten Kontakt der beiden. »Trübes Jahr, trüber Sommer«,[58] notiert Robert im Tagebuch. Häufig betrinkt er sich, nächtelang tobt er sich auf dem Klavier aus. Aber auch Clara verzweifelt: Warum schreibt Schumann in seiner Zeitschrift eigentlich nicht mehr über sie?

Da wagt die junge Pianistin den Generalangriff. Im Gewandhaus will sie gegen den Willen des Vaters Schumanns *Symphonische Etüden* spielen, am 13. August 1837, dem Tag der Aurora, jener Heiligen, die ihre eigenen Namenstage verbindet. Die Chiffre wirkt: Zum ersten Mal seit 18 Monaten schreibt Robert wieder einen Brief: »Sind Sie noch treu und fest? So unerschütterlich ich an Sie glaube, so wird doch auch der stärkste Mut an sich irre, wenn man gar nichts von dem hört, was einem das Liebste auf der Welt. Und das sind Sie mir.«[59] Erstmals nach langer Zeit treffen sich die Liebenden wieder. Claras 18. Geburtstag wenige Wochen später nutzt Robert, um bei Wieck um Claras Hand anzuhalten. Doch der Vater weicht aus. Immerhin kennt er den früheren Schüler und Freund so gut, dass er dessen Gemütsschwankungen fürchtet und um Roberts Mittellosigkeit weiß. In heimlichen Treffen schwören sich Clara und Robert, an ihrer Liebe festzuhalten, bis sie heiraten können. Das wird Thema eines fast dreijährigen Dialogs mit meist mehreren Briefen in der Woche, in dem sich Robert und Clara mit unerschrockener Ehrlichkeit begegnen: »Prüfe Dich, ob Du imstande bist, mich in eine sorgenfreie Lage zu versetzen«,[60] schreibt sie. Woraufhin er entgegnet: »Der Geist Deines Vaters hat dabei hinter Dir gestanden und diktiert.«[61]

Womit er ihr unrecht tut: Clara denkt praktischer als er. Immer wieder rechnet sie durch, ob das Paar ein einträgliches Einkommen hätte. Doch auf Summen reagiert Schumann empfindlich. Für ihn ist Liebe existenziell. Ein letztes Mal erbittet er bei Wieck erfolglos den Segen für das Paar, danach geht er vor Gericht. Die Praxis, dass Väter die Eheschließungen ihrer Töchter untersagen und sogar vollzogene kirchliche Zeremonien für ungültig erklären dürfen, kann nämlich im 19. Jahrhundert vor Gericht umgangen werden. Stellt ein Richter fest, dass es keine objektiven Hinderungsgründe wie Krankheit oder Mittellosigkeit gibt, darf das Paar auch ohne den Segen des Brautvaters heiraten.

Clara ist klar, dass sie mit dem Schreiben ans Gericht vom September 1839, das auch ihre Unterschrift trägt, das Tischtuch zerschneidet. Erst recht, nachdem Wieck in der ersten ergebnislosen Verhandlung seinen Möchtegern-Schwiegersohn als Trunkenbold verleumdet, der es zu nichts im Leben bringe. Zeugen für diese Behauptung kann er nicht benennen. Die Leidtragende der Schlammschlacht ist die Tochter: »Dieser Tag hat das zarte Band zwischen Vater und Kind zerrissen«,[62] schreibt Clara. Ein geschickter Schachzug sorgt dafür, dass die Verleumdungen endgültig entkräftet werden: Schumann beantragt an der Universität Jena die Doktorwürde, im Frühjahr 1840 hält er die Promotionsurkunde in der Hand. Die Juristen werten das als entlastend. Der 29-Jährige ist damit in ihren Augen ein über die Grenzen Leipzigs hinaus anerkannter Musikschriftsteller und Komponist. Einem Taugenichts und Trunkenbold würde keine Universität die Promotion verleihen, ist sich das Gericht sicher. So wird am 12. August 1840 die Hochzeit gegen den Willen des Vaters genehmigt.

Die neun Monate zwischen der ersten Verhandlung und dem Beschluss des Gerichts sind von einer immer stärker werdenden

Unruhe und von anrührenden Liebesbekundungen geprägt. Roberts größter Liebesbeweis liegt da schon eine Weile zurück, eine psychologisch ausgefeilte Lebensbeichte, die er vor Clara am 11. Februar 1838 ablegt und die mit den Worten endet: »Mein Innerstes will ich Dir offenbaren, wie ich es noch niemandem gezeigt habe. Du musst alles wissen, Du mein Liebstes neben Gott«,[63] schreibt er. Was andere Paare in ihren ersten gemeinsamen Jahren im direkten Miteinander erfahren – das gegenseitige Prüfen von Lebensvorstellungen –, verhandeln die beiden nur per Brief. Und an diese Art der Kommunikation gewöhnen sie sich so sehr, dass sie nach der Hochzeit neben einem sachlichen Haushaltsbuch ein gemeinsames Ehetagebuch führen, dem sie ihr Inneres anvertrauen. Robert, der Clara immer direkt anspricht, ist der stärker Werbende, für ihn gilt die Formel »Liebe oder Tod«. Clara hingegen, die ihre Berichte in der Wir-Form schreibt, kokettiert oft mit ihrer Berühmtheit. Denn gegen Roberts Bild der häuslichen Geliebten, die ihm den Rücken freihält, will sie sich wehren und ihre eigenen selbstbewussten Vorstellungen entwickeln. Der Zwiespalt zieht sich durch die Ehe. Clara kümmert sich in der Leipziger Inselstraße nicht nur um den Gatten und die Kinder. Sie führt auch die eigene Laufbahn als Pianistin weiter. Als Robert fordert, dass sie mit dem Klavierüben aufhöre, damit er komponieren könne, setzt sie stattdessen durch, dass die Wohnung umgestaltet wird, damit beide ungestört arbeiten können.

Das Verhältnis zu Wieck bleibt kompliziert. Nach dem schmerzvollen Ablösungsprozess jener Tochter, deren Ausbildung für ihn einst Lebenszweck war, verliert Wieck die Freude am Leipziger Musikleben. Seine Musikalienhandlung löst er bald nach dem für ihn verlorenen Gerichtsprozess auf, Klavierschüler unterrichtet er nicht mehr. Noch im selben Jahr zieht er mit seiner Frau und den zwei jüngeren Kindern Alwin und Marie nach Dresden. Dort studiert der schon 55-Jährige Gesangsmethodik und bildet noch jahrzehntelang eine Reihe erfolgreicher Sänger aus. Zwei Jahre vor seinem Tod ist Friedrich Wiecks pädagogisches Wirken zumindest in Dresden derart anerkannt, dass zu seinem 86. Geburtstag 1871 einige seiner Schüler die *Friedrich-Wieck-Stiftung zur Förderung der mittellosen, musisch begabten Jugend* gründen. Lange zuvor, im Januar 1843, sendet Wieck aus Dresden einen Brief nach Leipzig. Clara besucht daraufhin ihren Vater. Die Zeichen stehen auf Versöhnung, aber Robert bleibt skeptisch. Wieck wirbt nun auch öffentlich für Schumanns Musik und wendet sich im Dezember in einem mit »Ihr Vater Fr. Wieck« unterschriebenen Brief an den Schwiegersohn, dessen Talent er anerkenne und den er persönlich um Vergebung bitte: »Wir können uns, der Clara und der Welt gegenüber, nicht mehr fern stehen. Sie sind jetzt auch Familienvater – warum lange Erklärungen?«[64]

Dass die Schumanns ein Jahr später im Dezember 1844 selbst nach Dresden ziehen, hat jedoch nichts mit der Annäherung an Wieck zu tun. Vielmehr ist der Ortswechsel ein Ausdruck der Enttäuschung. 1843 übernimmt Schumann im neu gegründeten Leipziger *Konservatorium der Musik* die Fächer Klavier, Komposition und Partiturspiel. Zudem führt er im Gewandhaus sein Oratorium *Das Paradies und die Peri* auf. All das lässt ihn hoffen, dass er 1844, als Mendelssohn kurzzeitig Leipzig verlässt, zu dessen Nachfolger ernannt wird. Doch die Gewandhausleitung übergeht Schumann, ebenso wie noch einmal einige Jahre später, als der Posten erneut vakant wird und Schumann längst in Dresden ist. So nimmt er 1849 das Angebot an, als Nachfolger von Ferdinand Hiller Musikdirektor in Düsseldorf zu werden und verlässt mitsamt Clara und den gemeinsamen Kindern Sachsen. Sein geliebtes Leipzig wird er nicht wiedersehen.

PASSION

1840 bis 1843

Mendelssohn übt, bis die Füße schmerzen · Ein Denkmal entsteht und eine bis heute nie unterbrochene Aufführungstradition beginnt · Der alte Herr Bach wird eingeladen und ist gerührt

In den Grünanlagen des Promenadenrings unweit der Thomaskirche verbirgt sich unscheinbar etwas ganz Großes: das weltweit älteste Denkmal für Johann Sebastian Bach. Gestiftet wird es Mitte des 19. Jahrhunderts von Felix Mendelssohn Bartholdy. Bisweilen wissen das Besucher der Musikstadt und fragen auf der Straße nach dem berühmten Bach-Denkmal. Fast immer werden sie dann zum Thomaskirchhof geschickt, wo seit 1907 ein von Carl Seffner erschaffenes Monument steht. Doch dieses Denkmal zeigt rein gar nichts von der stillen Verehrung Mendelssohns, sondern präsentiert einen Titan im wilhelminischen Sinn: die leeren Rocktaschen nach außen gewendet, die Notenrolle in der Hand, den Blick stur geradeaus.

Von bescheideneren Ausmaßen hingegen ist das Bach-Denkmal, das 1843 in der Nähe der Stadtmauer an der Thomaskirche aufgestellt wird. Zur stärker werdenden Rückbesinnung in der Zeit des Biedermeier gehört eine Phase, die Historiker die *Denkmälerbewegung* nennen. Seit Mitte der 1830er Jahre begeistern sich die Deutschen dafür, ihren Heroen auf öffentlichen Plätzen Monumente zu setzen. Natürlich stehen die Städte untereinander auch in Konkurrenz, wenn es darum geht, ihre großen Söhne zu ehren. 1837 wird in

Mainz ein Gutenberg-Denkmal eingeweiht, zwei Jahre später errichtet Stuttgart eines für Schiller, in Nürnberg wird Dürer 1840 geehrt. Da liegt es nahe, dass Mendelssohn, der von Kindheit an in Bachs Musik Anregungen findet, schon bald nach seinem Amtsantritt in Leipzig ein Bach-Denkmal ins Gespräch bringt. Erst recht, weil es schon seit 1832 vor der Thomasschule ein Denkmal für Johann Adam Hiller gibt – gestiftet von dessen Gesangsschülerin Thekla Podlesky. So schreibt Mendelssohn schon Anfang 1838 seinem Freund Karl Klingemann: »J. S. Bach ist doch ein alter Prachtkerl gewesen. Wir wollen ihm jetzt hier vor der Thomasschule ein kleines Denkmal aufrichten lassen, aber natürlich ganz unter uns, ohne Zeitungsbettelei und Konzertalmosen. Am besten gefällt mir's, dass wir die Sache heimlich nur unter uns behalten wollen.«[65]

Dabei ist Mendelssohn keineswegs der erste, der ein solches Denkmal vorschlägt. Schon 1818 will Georg Poelchau aus dem Gewinn einer Edition der *h-Moll-Messe* ein Monument finanzieren. Weil die Zahl der Subskribenten aber nicht ausreicht, wird der Plan fallen gelassen. Gut zwanzig Jahre später jedoch scheint die Zeit reif. Mendelssohn jedenfalls, der am 21. Juli 1840 dem Rat seine Idee eines Bach-Denkmals direkt neben dem für Hiller präsentiert, hat schon genaue Pläne: Der Berliner Bildhauer Christian Friedrich Tieck könne eine Büste aus Marmor anfertigen, die Kosten würde der Gewandhauskapellmeister durch eigene Mittel und durch ein von der Stadt zu genehmigendes Benefizkonzert an der Orgel der Thomaskirche aufbringen. Die Zusage muss schnell gekommen sein, denn bereits am 6. August findet das Konzert statt. Das Programm schüttelt der Gewandhauskapellmeister dennoch nicht aus dem Ärmel: »Ich habe aber auch acht Tage lang vorher geübt, dass ich kaum mehr auf meinen Füßen gerade stehen konnte und nichts als Orgelpassagen ging«,[66] berichtet Mendelssohn der Mutter. Das Vorhaben ist künstlerisch gewagt. Konzerte, in denen ausschließlich Orgelmusik erklingen, gibt es 1840 in Leipzig noch nicht.

Es ist eine bis ins Detail durchdachte Werkfolge, die Mendelssohn dem staunenden Publikum in der gut besuchten Thomaskirche präsentiert. Nahezu alle Gattungen an Bach'schen Orgelkompositionen stellt er vor. Im Geiste Bachs sind auch die Improvisationen, die das ambitionierte Programm einrahmen. Die erste bezeichnet Mendelssohn selbst als Introduktion, die zweite verarbeitet den Passionschoral *O Haupt voll Blut und Wunden* und kulminiert in einem Fugato über das *B-A-C-H*-Thema – von Schumann in seiner Rezension ehrfurchtsvoll als fertiges Kunstwerk[67] bezeichnet und wiederum der Anstoß für dessen eigene *Sechs Fugen über BACH* op. 60.

So einträglich das Orgelkonzert auch ist: In den folgenden Monaten wird Mendelssohn bewusst, dass der Gewinn von 331 Talern nicht ausreicht. So spricht er bald von einem weiteren Konzert, wobei diesmal die *Matthäuspassion* erstmals seit Bachs Tod in Leipzig erklingen soll. Zu seinem Erstaunen ist nämlich trotz der 1829 durch ihn erfolgten Berliner Wiederaufführung das Werk hier immer noch unbekannt. So muss sich Mendelssohn das Notenmaterial von der *Berliner Sing-Akademie* leihen, als er am 4. April 1841 die von einem Laienchor in der Thomaskirche gesungene Aufführung dirigiert. Der »große Eindruck«,[68] von dem Mendelssohn nach der Aufführung berichtet, erstaunt angesichts der kurzen Vorbereitungszeit. Aber das Konzert wirkt nachhaltig. Mit der *Matthäuspassion* 1841 beginnt eine bis heute andauernde Serie von Aufführungen Bach'scher Passionen in den Karfreitagsmusiken der Thomaskirche, die seit 1850 lückenlos dokumentiert ist. Wie ehrwürdig den Leipzigern diese Serie ist, zeigt sich im April 2020. Als inmitten der Corona-Pandemie weltweit alle Musik schweigt, zelebrieren drei Musiker eine bearbeitete Version der Johannespassion, die live in alle Welt übertragen wird.

Der Startpunkt dieser Serie, die *Matthäuspassion* im April 1841, dient Mendelssohns ehrgeizigem Plan, Bach ein Denkmal zu setzen. Doch obwohl diesmal sogar 370 Taler Gewinn verbleiben, rückt die Errichtung des Monuments in weite Ferne. Denn der Bildhauer gibt den Auftrag infolge einer Augenerkrankung zurück. Seine Entwürfe vollendet Julius Hübner, wobei Elias Gottlob Haußmanns berühmtes Bachporträt von 1747 als Vorlage dient. Im Oktober 1842 sind die Arbeiten endlich abgeschlossen, doch die Enthüllung wird wegen des bevorstehenden Winters ins Frühjahr verschoben. Da die Kosten immer noch nicht gedeckt sind, wird ein weiteres Benefizkonzert geplant, für das Mendelssohn wieder einen Querschnitt an Bach-Werken aufs Programm setzt. Dieses dritte Denkmalskonzert findet am 23. April 1843 statt, dem Tag der Enthüllung, den Mendelssohn als *Bach-Gedenktag* zelebriert. Die Feier wird zu einem gesellschaftlichen Großereignis.

Für einen 83-Jährigen unter den Feiernden ist die Ehrung eine besondere Freude. Der aus Berlin angereiste Wilhelm Friedrich Ernst Bach, ein Sohn Johann Christoph Friedrich Bachs (des »Bückeburger Bachs«), ist der einzige noch lebende Enkel des berühmten Thomaskantors. Bis zu seinem Ruhestand 1819 dient er der preußischen Königin Luise als Kapellmeister und lebt danach als Pensionär in Berlin – zwar nicht verarmt, da ihm großzügige Ruhestandsbezüge gewährt werden, wohl aber völlig vergessen. Möglicherweise hat der zurückgezogen lebende Bach vom Denkmal aus der Zeitung erfahren, denn sechs Wochen zuvor, am 10. März 1843, bittet er Mendelssohn um »geneigteste Mitteilung über die zur Enthüllung dem J. S. Bach, meinem Großvater, bestimmten Denkmals getroffenen oder noch zu treffenden Arrangements, namentlich zur Angabe des Tages und wohin eventuell mich wegen Teilnahme an der Festlichkeit, für mich und möglichen Falls meine Familie, zu melden habe.«[69]

Mendelssohn erhebt den letzten Enkel Johann Sebastian Bachs zum Ehrengast. Am 22. April trifft Wilhelm Friedrich Ernst Bach in Begleitung seiner Familie mit der Eisenbahn in Leipzig ein und nimmt tags darauf sichtlich bewegt an den Feierlichkeiten teil. Für die *Neue Zeitschrift für Musik* greift deren Gründer Robert Schumann selbst zur Feder und macht in seinem Bericht den Ehrengast sogar zwei Jahre jünger: »Der Gefeierte des Tages war außer Bach der einzige seiner noch lebenden Enkel, ein noch rüstiger Greis von 81 Jahren mit schneeweißem Haar und ausdrucksvollen Zügen, der mit Frau und zwei Töchtern von Berlin herübergekommen war. Niemand hatte von ihm gewusst, selbst Mendelssohn nicht, der so lange in Berlin gelebt, der sich gewiss nach Allem, was Bach betrifft, emsig umgetan.«[70] In seinem Dankschreiben an Mendelssohn betont der frühere preußische Kapellmeister, wie bedeutend der Tag für seine Familie gewesen wäre. Und ein wenig entschuldigt sich der alte Herr auch für die Tatsache, dass er während der Feierstunde nicht in der Öffentlichkeit gesprochen habe: »Zu tief war ich ergriffen und erschüttert, als dass ich es vermocht hätte, an jenem Tage irgendwie öffentlich darzulegen und anzuerkennen, welches Glück durch Ihr Wohlwollen über mich in meinem hohen Alter gekommen ist; möchten Sie mein Schweigen diesem zu Gute halten und es darin erklärt finden. Ich danke Ihnen im Namen meines unsterblichen Großvaters.«[71]

Ein wenig erinnert dies an die im Lukasevangelium überlieferte biblische Geschichte vom Propheten Simeon. Der nimmt während der rituellen Präsentation des neugeborenen Jesus im Jerusalemer Tempel den Säugling auf den Arm und preist Gott mit einem Lobgesang, da sich in dieser Begegnung das an ihn ergangene Wort des Heiligen Geistes erfüllt habe: »Herr, nun lässest du deinen Diener in Frieden fahren.« Zu den schönsten Vertonungen dieses Textes gehört die im schlichten A-cappella-Satz vorgetragene Version aus Mendelssohns Feder. Er schreibt sie 1847 für den anglikanischen Gottesdienst. Auch wenn er spekulativ bleibt, ist es ein schöner Gedanke, dass der Komponist in jenem Moment, als er das eindrucksvolle Stück zu Papier bringt, an den Besuch des letzten Enkels Johann Sebastian Bachs in Leipzig denkt.

Eine nicht auf die Bibel zurückgehende Legende berichtet weiter, dass Simeon ein Greis ist und bald nach der Darstellung des Jesuskindes stirbt. Daran werden die Leipziger vielleicht auch im April 1843 denken. Erst recht, da Wilhelm Friedrich Ernst Bach, der an jenem Frühlingstag erstmals eine von ihm langersehnte öffentliche Würdigung seines berühmten Großvaters erlebt, ein schon biblisches Alter vorweisen kann. Doch ganz so simeonisch ist die Geschichte dann auch wieder nicht. Bachs letzter Enkel lebt nach der Rückkehr nach Berlin noch weitere zweieinhalb Jahre, ehe er am 25. Dezember 1845 als wahrscheinlich glücklicher und für damalige Zeiten sehr alter Mensch stirbt.

KONSERVATORIUM

1843 bis 1847

Johann Georg Keil hat eine folgenreiche Idee · Der Gewandhauskapellmeister ist begeistert und sorgt für Struktur · 18-Stunden-Tage fordern ihren Tribut · Wie Mendelssohns Geist für die Ewigkeit bewahrt werden soll

Im Vergleich mit dem riesigen Gebäudeensemble der *Hochschule für Musik und Theater* im Musikviertel fällt deren Vorgänger, das *Konservatorium der Musik*, dem Stadtbesucher früherer Zeit wohl kaum auf. Doch das unscheinbare Haus im Innenhof des *Alten Gewandhauses* ist Stein gewordene Musikgeschichte. Zu Recht trägt jene Institution, die heute auf dieses Haus zurückgeht, stolz den Namen ihres Gründers Felix Mendelssohn Bartholdy. Denn ohne den Gewandhauskapellmeister gäbe es diese älteste deutsche musikalische Ausbildungsstätte nicht.

Streng gesehen beginnt die Geschichte des Konservatoriums und der Musikhochschule aber gar nicht mit Mendelssohn. 1838 hat Johann Georg Keil, ein Mitglied der Gewandhausdirektion, eine folgenreiche Idee und notiert sie in einer Denkschrift: In Leipzig solle eine Akademie als Ausbildungsstätte für den musikalischen Nachwuchs geschaffen werden, »teils wegen seines auswärtigen musikalischen Rufes, teils wegen der Mittel, die es zu diesem Zweck darbietet«.[72] Die Idee begeistert Mendelssohn. So sehr, dass er versucht, den preußischen König von der Notwendigkeit einer solchen

Ausbildungsstätte mit nationaler Ausstrahlung in Berlin zu überzeugen. Doch in Leipzig hat man den längeren Atem und ein wenig Glück. Der im Februar 1839 verstorbene Oberhofgerichtsrat Heinrich Blümner, auch er ein Mitglied der Gewandhausdirektion, hinterlässt 20000 Taler, die für Kunst und Wissenschaft verwendet werden sollen. In einem Brief an den Kreisdirektor Johann Paul von Falkenstein begründet Mendelssohn, warum das Geld für die von Keil zur Diskussion gebrachte Akademie benötigt würde: In Leipzig sei die Musik schon seit langem untrennbar mit der Gesellschaft verwoben. Die Thomaskirche, das blühende Konzertleben am Gewandhaus und die Universität seien herausragende Symbole einer fest verwurzelten Musikkultur. Nur fehle es noch an einem örtlichen Institut, das diesen Dreiklang festigen und die musikalische Ausbildung von Studenten unterschiedlicher Klassen erleichtere.

Im Schreiben skizziert Mendelssohn erstmals die spätere Struktur des Konservatoriums. Es könnte ortsansässige und auswärtige Studenten aufnehmen und eine dreijährige Ausbildung in Theorie und Praxis anbieten, erteilt von Lehrern in den Fächern Theorie, Gesang, Klavier, Violine und Cello. Die Schüler würden zur Mitgliedschaft in einem Chor und einem Orchester verpflichtet. Geleitet würde die Einrichtung von einem Direktorium, dem auch der Bürgermeister und der Kreisdirektor angehören. Recht bald erkennt Mendelssohn nämlich, dass der musikalische Privatunterricht, der sich im 19. Jahrhundert zunehmend auf das Klavierspiel verengt, keinesfalls den Bedarf für qualifizierte Instrumentalisten deckt. Das Konservatorium versteht er darum in erster Linie als Orchesterschule, die den Nachwuchs des Gewandhausorchesters sicherstellt. Dabei sollen soziale Unterschiede keine Rolle spielen. Damit musikalisch begabte Schüler unabhängig von ihrer Herkunft in den Genuss einer Ausbildung kommen, werden ihnen durch Stipendien eine Reihe von Freistellen eingerichtet.

Die Antwort auf Mendelssohns Brief lässt auf sich warten. Dann aber kommt sie vom obersten Landesherrn im März 1841 persönlich. Denn mittlerweile sind Gespräche zwischen Mendelssohn und dem neuen preußischen König Friedrich Wilhelm IV., der den Dirigenten als Kapellmeister an seinen Hof berufen will, im Gange. Der Gewandhauskapellmeister informiert fairerweise darüber die Gewandhausdirektion. Nun schaltet sich der sächsische Monarch Friedrich August II. selbst ein, der den Star mit allen Mitteln in Sachsen halten möchte. Das gelingt ihm aber nur teilweise. Fortan hat Mendelssohn zwei Dienstherren: die Gewandhausdirektion in Leipzig und den König in Berlin. Als Bonbon in den dreiseitigen Verhandlungen lässt der Sachsenkönig ausrichten, dass er die Gründung eines Konservatoriums in Leipzig unterstützen werde. Im April 1841 reist Mendelssohn nach Dresden – eigentlich, um dort ein Modell des Bach-Denkmals zu sehen. Doch auch Gespräche über das Konservatorium stehen wohl auf dem Plan. Kurze Zeit später widmet der Komponist Friedrich August II. den *Lobgesang*, wofür der Monarch Mendelssohn wiederum den Ehrentitel *Sächsischer Kapellmeister* verleiht. Jetzt geht alles zügig. Der Leipziger Rat, der lange zögert, gibt Gelder für das Konservatorium frei. Denn im Zuge der Gespräche mit dem sächsischen König wird auch die Idee geäußert, die Institution in Dresden zu gründen, was man an der Pleiße verständlicherweise verhindern will. Die Stadt Leipzig möchte im Hof des Gewandhauses ein zweistöckiges Gebäude für die neue Ausbildungsstätte errichten. Eine erneute Audienz beim sächsischen König im November 1842 bringt das erhoffte grüne Licht. Zunächst lehnt Mendelssohn das Ansinnen des Monarchen höflich ab, ihn per ordentlicher Bestellung zum Hofkapellmeister in Dresden zu machen – den Posten übernimmt ein Vierteljahr später dann Richard Wagner. Gleichzeitig aber lenkt der berühmte Dirigent erneut das Gespräch auf das Konservatorium und legt ein Konzept vor, das die Eröffnung fünf Monate später am 2. April 1843 in Leipzig ermöglicht.

Wenngleich die Idee ursprünglich nicht vom Gewandhauskapellmeister stammt, so gestaltet er dennoch maßgeblich den Lehrplan der in Deutschland einzigartigen und für den späteren Musikhochschulbetrieb wegweisenden Einrichtung. Schon das sechsköpfige Lehrerkollegium der ersten Stunde ist prominent besetzt: Mendelssohn selbst gibt Unterricht in Komposition, Instrumentation und Gesang. Thomaskantor Moritz Hauptmann lehrt Musiktheorie, Schumann

Klavier, Komposition und Partiturspiel. Ferdinand David führt die Violinklasse, der Nikolaikirchenorganist Carl Ferdinand Becker hält Musikgeschichtsvorlesungen und unterrichtet Orgel. Einzige Frau im Kollegium ist die Konzertsängerin Henriette Bünau-Grabau, sie erteilt Gesangsunterricht.

Obwohl Mendelssohn die treibende Kraft der Institution ist und er von Kollegen und Schülern als uneingeschränkte Autorität anerkannt wird (»Sein Lob galt immer als das höchste, die höchste letzte Instanz war er«,[73] schreibt Schumann nach Mendelssohns Tod), lehnt er die offizielle Position des Direktors stets ab. Möglicherweise hält ihn die Erinnerung an seine glücklose Zeit in Düsseldorf mit ihren Mehrfachfunktionen davon ab. Vielleicht bremst ihn aber auch die Loyalität dem preußischen König gegenüber, der seinen teuer entlohnten Angestellten jederzeit nach Berlin rufen könnte. Die Leitung des Konservatoriums wird darum einem fünfköpfigen Gremium übertragen, in dem sich alte Bekannten wiederfinden. Neben Kreisdirektor Falkenstein, dem Juristen Heinrich Conrad Schleinitz, dem Verleger Friedrich Kistner und Moritz Seeburg, jenem Stadtrat, mit dem die Orchestermitglieder jährlich ihre Gehälter verhandeln, gehört auch Johann Georg Keil dazu, der fünf Jahre vor Eröffnung der Ausbildungsstätte dessen Gründung anregte.

17 Schüler und 5 Schülerinnen schreiben sich für das Sommersemester 1843 ein. Der Ruhm der Einrichtung spricht sich schnell herum. Am Ende des Jahres sind bereits 63 Studenten immatrikuliert, so dass weitere Lehrer eingestellt werden. Niels Wilhelm Gade, Ferdinand Hiller, Joseph Joachim, Clara Schumann, Franz Brendel und Ignaz Moscheles etwa, die gemeinsam mit den Gründungslehrern jene Qualität sichern, die innerhalb kürzester Zeit als *Leipziger Schule* bezeichnet wird. Dass diese den überraschenden, viel zu frühen Tod Mendelssohns im November 1847 überdauert, liegt auch an der professionellen Struktur, die der Gewandhauskapellmeister der Einrichtung verordnet. Sie sorgt dafür, dass die *Leipziger Schule* auch ohne ihn auskommt.

Es ist nur eine Frage der Zeit, bis jenes Tempo, das sich der an vielen Orten mit teilweise 18-Stunden-Tagen agierende Dirigent in den 1840er Jahren selbst auferlegt, seinen Tribut fordert. Den ersten Warnhinweis – eine Ohnmacht beim Schwimmen, der stundenlange Bewusstlosigkeit folgt – hat der seit jungen Jahren sportlich aktive Mendelssohn schon 1840 erhalten. Doch an der äußeren Rastlosigkeit ändert sich zunächst nichts. Im August 1845 zieht der Gewandhauskapellmeister sogar noch einmal innerhalb Leipzigs um und bewohnt nun zusammen mit seiner Familie eine große Wohnung in der Königstraße, der späteren Goldschmidtstraße. Schon wenige Tage später macht sich Mendelssohn wieder auf den Weg nach Berlin und pendelt unablässig zwischen Leipzig und der preußischen Hauptstadt. Sein Programm der Saison 1845/46 erinnert an heutige Stardirigenten – nur dass er zusätzlich noch komponiert und im Akkord Briefe schreibt. In der Saison 1846/47, seiner letzten am Gewandhaus, teilt er sich die Leitung mit Niels Wilhelm Gade. Der Däne, einer der ersten Studenten am Konservatorium, ist Mendelssohns Vorzeigeschüler. Schon 1844 vertritt er den Gewandhauskapellmeister und darf die Uraufführung von dessen *Violinkonzert* dirigieren. Schumann hingegen, der mit der Stelle liebäugelt, geht leer aus. Dies sind keine guten Voraussetzungen für die Uraufführung von Schumanns *Zweiter Sinfonie* am 5. November 1846, dem mit Spannung erwarteten Saisonhöhepunkt. Dass Mendelssohn das Werk ans Ende eines Konzertes mit Rossinis vom Publikum erneut als Zugabe verlangter *Wilhelm Tell*-Ouvertüre setzt, nimmt Schumann dem Gewandhauskapellmeister übel. Zudem erscheint im *Leipziger Tageblatt* eine Rezension mit antisemitischen Vorwürfen, die dem Dirigenten zusetzen. Keine Frage: Die Amtsmüdigkeit ist nicht mehr zu übersehen, und nach dem Abschluss der dritten Serie *Historischer Konzerte* im März 1847 legt Mendelssohn die Leitung der Gewandhauskonzerte nieder. Die Aufführung seines *Paulus*, jenes Werkes, das ihm zu Lebzeiten neben der *Sommernachtstraum-Ouvertüre* den größten Ruhm einbringt, in der Paulinerkirche am 2. April 1847 ist sein letztes Dirigat in Leipzig.

Wenige Wochen später trifft ihn ein harter Schicksalsschlag. Seine drei Jahre ältere Schwester Fanny stirbt am 14. Mai mit erst 41 Jahren an den Folgen eines Schlaganfalls. Als er drei Tage später davon erfährt, sinkt er zu Boden. Der Verlust der Seelenverwandten stürzt ihn in eine tiefe Krise, die er nicht überwinden kann. Freunde, die Mendelssohn im Herbst besuchen, finden den einst rastlosen Musiker merklich verändert vor. Tagelang sitzt er blass und abgespannt im Sessel, ist übertrieben reizbar und, falls er überhaupt aufsteht, von außerordentlicher Langsamkeit. Alles Anzeichen eines Körpers, der nicht mehr will. Am 9. Oktober erleidet Mendelssohn einen ersten Schlaganfall. Die Behandlung sorgt für Besserung, bald nimmt er auch die täglichen Spaziergänge wieder auf. Doch am 28. Oktober folgt ein neuer Schlaganfall, dessen Intensität den ersten übertrifft. Immer wieder ist Mendelssohn geistig abwesend, wenn er spricht, mischt er englische und deutsche Worte. Am 3. November erleidet er einen dritten Schlaganfall, verliert das Bewusstsein und bleibt gelähmt. Die Nachricht verbreitet sich in Windeseile in ganz Leipzig. Das für den 4. November angesetzte Konzert sagt die Gewandhausdirektion ab. Stattdessen eilen Schleinitz, David und Moscheles in Mendelssohns Wohnung, wo der Gewandhauskapellmeister in ihrem Beisein um 21.24 Uhr stirbt.

Drei Tage später findet die Trauerfeier statt. Tausende begleiten den Trauerzug von der Königstraße zur Paulinerkirche und nehmen dort Abschied von jenem Musiker, der wie kein zweiter das Musikleben Leipzigs im 19. Jahrhundert geprägt hat. Eine Ehrengarde mit Fackeln begleitet danach den Sarg zum Bahnhof, wo ein Sonderzug den Sarg nach Berlin überführt – immer wieder unterbrochen von Darbietungen örtlicher Gesangsvereine, die dem Komponisten die letzte Ehre erweisen. In ganz Europa trauern die Menschen um Mendelssohn. Noch fünfzig Jahre später erinnert sich der Musikschriftsteller Eduard Hanslick an das Entsetzen, das die Todesnachricht in Wien auslöste: »Wie ein Blitzschlag traf sie hier alle Freunde ernster Musik. Es gab keinen Streit darüber: Die musikalische Kirche hatte ihr Oberhaupt verloren.«[74]

Man muss diese Betroffenheit über den viel zu frühen Tod eines Jahrhundertgenies im Hinterkopf behalten, wenn man die *Leipziger Schule* am Konservatorium der Nach-Mendelssohn-Ära kritisch betrachtet. Im Sinne des Gründers ist der Konservatismus, der hier bald herrscht, sicher nicht. Aber die klaren Strukturen geben in schwierigen Zeiten eben Halt und Sicherheit. Darum werden sie am Konservatorium auch dann noch zementiert, als die Gesellschaft längst anderen Komponisten huldigt – solchen etwa, die die Oper zum Musikdrama umformen. Um diesen Moden entgegenzuwirken, verschanzt man sich hinter dem festgeschriebenen Regelwerk bewährter, aber vielfach steril gewordener Lehrmethoden. Damit man nicht auf neueste musikalische Entwicklungen reagieren muss, beschränkt man sich auf die strenge Ästhetik eines klassischen Musikverständnisses. Am Puls der Zeit ist das Konservatorium darum schon wenige Jahre nach seiner Gründung nicht mehr. Und doch sorgt der Ruf handwerklich hervorragender und verlässlicher Lehre dafür, dass die von Mendelssohn entwickelte Institution bis weit ins 20. Jahrhundert hinein die erste Adresse für die Musikerausbildung in ganz Europa ist.

DIE MUSE

1824

Unerfüllte patriotische Sehnsüchte im Biedermeier ·
Der Musik-Übungsverein huldigt der Euterpe ·
Die Leipziger lieben ihr neues Orchester ·
Mit Berlioz zu neuem Leben

Leipzigs Musikgeschichte ist mehr als nur Gewandhaus und Thomanerchor. Immer wieder gibt es auch Musikvereinigungen, die außerhalb dieser ehrwürdigen Säulen eigene Schwerpunkte setzen, und Konzertorte, an denen das kulturelle Leben nach anderen Regeln funktioniert. Ab 1824 hat dieses andere musikalische Leipzig auch einen Namen: *Euterpe*. Es ist eine dieser typischen Biedermeier-Geschichten, wie sie in jener Zeit vielerorts zu erleben sind. Da die patriotischen Sehnsüchte nach dem Wiener Kongress unerfüllt bleiben und Metternichs Spitzelsystem bis in die letzten Winkel reicht, weichen die Bürger in die privaten Salons aus und gründen dort jede Menge intellektuelle und künstlerische Zirkel, in die nur diejenigen eingeladen werden, denen man vertraut. So auch in Leipzig. Dort ruft der Gewandhausmusiker Friedrich Robert Sipp zusammen mit dem Jurastudenten Wilhelm Eduard Hermsdorf einen *Musik-Übungsverein* ins Leben, der zunächst noch gar keinen Namen hat. Sipp wird einige Jahre später als Violinlehrer von Richard Wagner noch einmal die Musikgeschichte streifen, Hermsdorf hingegen bleibt in musikalischen Dingen zeitlebens überzeugter Laie. Als Anwalt wird er später Stadtrat, dort ist er für die örtliche Polizei zuständig.

In der Windmühlengasse – und damit schon außerhalb der eigentlichen Innenstadt – treffen sich die beiden Gleichgesinnten in Sipps großer Wohnung. Da der Musiker unverheiratet ist, stört dort keine Ehefrau die musikalischen Begegnungen, bei denen natürlich das Bier in Strömen fließt. Doch weil die Truppe eben auch die Musik ernst nimmt, muss der Verein bald auf ordentliche Beine gestellt werden. Ein Vorsitzender wird genauso benötigt wie ein Kassierer und ein Musikdirektor. Da der Verein zudem immer größer wird, braucht man regelmäßig neue Übungslokale.

1829 tritt Karl August Reichardt das Amt des Musikdirektors an. Übrigens von Anfang an mit Taktstock, wie dies sechs Jahre später im Gewandhaus auch Mendelssohn tun wird, was wiederum Schumann in seiner berühmten Rezension zu Mendelssohns erstem Konzert zur These vom *Orchester als Republik*[75] inspiriert. Zuvor schon hat sich der Verein einen Namen gegeben, der Programm ist. *Euterpe* ist eine der neun Musen der griechischen Mythologie, die dem Dichter Hesiod zufolge die antiken Künste beschützen. Als Muse der Lyrik und des Flötenspiels wird Euterpe auch als Muse der Musik beschrieben. Ihr Attribut ist die Flöte oder der Aulos, ein mit der Oboe verwandtes altgriechisches Rohrblattinstrument. Aus dem Übungsverein wird unter Reichardt und seinem seit 1831 amtierenden Nachfolger Christian Gottlieb Müller ein ambitionierter Konzertverein. Mit Programmen, die mehr auf Populäres und Zeitgenössisches als das Gewandhaus setzen, mutiert die Institution zum Liebling vieler Leipziger. Dementsprechend häufig muss sich die Truppe nach neuen Konzertsälen umschauen. 1832 spielt man im Saal der Schneiderinnung am Thomaskirchhof, drei Jahre später im *Hôtel de Pologne* und weitere drei Jahre darauf schon in der *Buchhändlerbörse*. In jener Zeit wird der Verein in eine auf Gewinn orientierte Erwerbsgesellschaft überführt und die Überschüsse aus den Subskriptionskonzerten werden an die Musiker ausgezahlt. Die Beschreibung als Liebhaberorchester ist darum genau besehen nicht korrekt. Denn die *Euterpe* ist für Laien zwar grundsätzlich offen, die zentralen Positionen aber haben Musiker inne, die auch im Gewandhaus spielen. Ihnen garantiert das Ensemble in dieser neuen Form nun einen einträglichen Nebenverdienst.

Dafür sorgen die Profis aber nicht nur für Qualität, sondern auch für ein gewagteres Konzertprogramm als im Gewandhaus. Die *Euterpe* spielt als erstes deutsches Orchester Hector Berlioz' *Les Franc-Juges* (*Die Femrichter*) – jene Ouvertüre, die der 23-jährige Franzose als eigenständiges Stück aus einem aufgegebenen Opernfragment löst und dann als seine erste Instrumentalkomposition bezeichnet. Vor allem die künstlerische Leitung des Gewandhauses versteht *Euterpe* weniger als Konkurrenz, sondern als Ergänzung ihres eigenen Angebotes. In einer *Fragmente aus Leipzig* überschriebenen Rezension, die im Juni 1837 in der *Neuen Zeitschrift für Musik* erscheint, stellt Schumann den Verein vor, rückt ihn gemeinsam mit der Reihe der Quartettabende neben die großen Gewandhauskonzerte und reflektiert dabei auch den eigenen Musikjournalismus: »Wenn wir so mit einigem Stolz auf drei Institute sehen, wie sie, mit Begeisterung an den edelsten Werken unseres Volkes aufgezogen, kaum eine andere deutsche Stadt aufzuweisen hat, so wird sich mancher Leser gefragt haben, warum die Zeitschrift mit einem Bericht über die einzelnen Leistungen oft so lange angestanden. Bekennt es Schreiber dieser Zeilen offen, so ist seine doppelte Stellung als Redigent und als Musiker daran Schuld. Den Musiker interessiert nur das Ganze, und von den Einzelnen nur die Bedeutendsten; als Redigent möchte er von Allem sprechen. Als Musiker müsste er Manches verschweigen, was der Redigent der Vollständigkeit wegen erwähnen müsste. Wo aber auch Zeit hernehmen, alles Einzelne gründlich und mit Nutzen für die Künstler zu besprechen. Denn mit Phrasen wie: ›hat sich Beifall erworben, fand Theilnahme, wurde sehr beklatscht‹, wird nichts vom Fleck gebracht, Alles verwaschen, Niemand geehrt, Meister und Schüler über einen Leisten geschlagen. So werden wir auch künftighin immer mehr die Sache als die Person im Auge, die Ereignisse in größern Zeiträumen zusammenfassen, wo sich das Kleinere von selbst ausscheidet und ein schärferer Abriss des Ganzen sich herausstellt – den Lebenden und Nachfolgenden aber ein erfreuliches Bild der Jugendkraft und des schwungvollen Lebens, dem die Musikgeschichte unserer Stadt kein ähnliches an die Seite zu stellen hat.«[76]

Keine Frage, dass der Musikverein den Schreiber dieser Zeilen gemeinsam mit Mendelssohn umgehend zum Ehrenmitglied ernennt. Derweil werden die Konzerte der *Euterpe* immer beliebter und das Problem des geeigneten Konzertsaals stellt sich bald erneut. Da passt es, dass im Dezember 1850 gegenüber der Thomaskirche mit der *Centralhalle* ein Saal eröffnet wird, der bis zu 2000 Zuhörer beherbergt. Für viele Jahre ist dies in Sachen Fassungsvermögen das Nonplusultra der Messestadt, und da der Saal auch akustisch für große Orchester- und Choraufführungen geeignet ist, zieht die Musikvereinigung in den 1860er Jahren zeitweilig mit allen Konzerten dorthin um.

In dieser Zeit schreibt ein *Euterpe*-Kapellmeister Musikgeschichte. Hans Bronsart von Schellenberg, Spross einer preußischen Offiziersfamilie, macht sich in der Musikszene zunächst einen Namen, weil sein Lehrer Franz Liszt ihm sein *Zweites Klavierkonzert* widmet und er mit 27 Jahren die Uraufführung des Werkes spielt. Auch deshalb setzt Bronsart drei Jahre später als Kapellmeister in Leipzig in einer Saison zwölf Werke seines Lehrers auf den Spielplan: eine Ballung von Liszt-Aufführungen, wie man sie sich im Gewandhaus noch lange nicht traut. Für den 30-Jährigen ist diese Serie ein Karrieresprungbrett: 1865 wird Bronsart Nachfolger von Hans von Bülow in Berlin, 1887 leitet er bis zu seiner Pensionierung das Weimarer Hoftheater. Unter seinen zahlreichen Nachfolgern in Leipzig (die meisten Kapellmeister amtieren nur wenige Jahre) findet sich auch der Name von Alfred Volkland, der 1869 den Stab übernimmt. Sechs Jahre bleibt der gebürtige Braunschweiger in Leipzig, seine Amtszeit gilt heute als Höhepunkt der *Euterpe*-Historie.

Vorbei ist die zwar noch lange nicht, als Volkland 1875 Leipzig verlässt, um Kapellmeister in Basel zu werden, aber der Zenit ist überschritten. 1901 spaltet sich die Musikvereinigung, als die Mehrheit der Mitglieder unter Leitung von Heinrich Berger austritt und *Berger's Orchesterverein* gründet (der falsche Apostroph steht wirklich im Namen). Der von Karl Schwerin angeleitete verbliebene Rest zerstreut sich im Ersten Weltkrieg, so dass Bergers Musiker die legitimen *Euterpe*-Nachfolger sind. Als *Leipziger Orchesterverein* verbünden sie sich 1923 mit einem weiteren Laienorchester zur nun *Musikalischen*

Vereinigung Leipzig. Die übersteht zwar den Zweiten Weltkrieg und nimmt 1948 sogar wieder den Traditionsnamen an. Doch 1953 beendet die DDR die Eigenständigkeit aller Musikvereine und überführt diese an »gesellschaftliche Träger«: Die *Euterpe* wird zum *Großen Orchester der Deutsch-Sowjetischen Freundschaft*. Als nach der Friedlichen Revolution sowohl die DDR als auch die Deutsch-Sowjetische Freundschaft auf der Schutthalde der Geschichte landen, gründen Enthusiasten den *Sinfonischen Musikverein*. Dass man dort stolz auf fast zweihundert Jahre Musikgeschichte blickt, zeigen die Laienmusiker schon damit, dass sie in ihren Konzerten bisweilen jenes historische Notenmaterial verwenden, das schon bei den Auftritten der *Euterpe* auf den Pulten lag.

BERUFEN

1853 bis 1889

Robert Schumann greift ein letztes Mal zur Feder · Der vielleicht größte Misserfolg eines Meisterwerks · Johannes Brahms will nicht Kantor werden, aber die Thomaner bekommen ein Werk für die Ewigkeit

Zurück in die Mitte des 19. Jahrhunderts: Nach dem Tod Mendelssohns zehrt die Musikstadt jahrelang vom Glanz der verblichenen Ära. Der einstige Kapellmeister wird nun geradezu zum Idol, an das sich alle Verantwortlichen klammern. Mendelssohns Erbe soll möglichst unangetastet bewahrt und verwaltet werden, ist man sich sicher. Dass der Gewandhauskapellmeister zu Lebzeiten das Alte, das es zu bewahren gilt, stets künstlerisch souverän mit Neuem verbunden hat, übersieht man bald. Überall stehen die Zeichen der Zeit kulturell und politisch auf Resignation. Die liberalen und patriotischen Hoffnungen des Jahres 1848 sind auch in Sachsen gescheitert. Einher geht dies mit einer Verflachung des Kunstgeschmacks, wie ihn Thomaskantor Moritz Hauptmann beklagt: »Ich kann mir Mendelssohn in die jetzige Wirtschaft gar nicht hineindenken und ist mir als wäre er davor weggegangen: es müsste ihm in tiefster Seele zuwider gewesen sein [...]. Es wird mir übel, wenn ich früh ins Conservatorium komme und aus allen Zimmern solche unmusikalische Musik hervorklingt, dazu kommt eben auch die moderne Composition der Virtuosen, alles unglücklich und verzweifelnd und doch gar nicht mitleiderregend.«[77]

Es wird darum zum Anspruch und zur Bürde gleichzeitig, als Robert Schumann im Oktober 1853 den bis dahin völlig unbekannten 20-jährigen Johannes Brahms, Sohn eines Hamburger Unterhaltungsmusikers, in den höchsten Tönen lobt. Der einstige Musikpublizist Schumann, der Ende 1849 Sachsen verlassen hat, um Städtischer Musikdirektor in Düsseldorf zu werden, wählt dafür die ganz große Bühne – die von ihm gegründete *Neue Zeitschrift für Musik*. Seit Jahren hat er dort nichts mehr publiziert. Der Aufsatz *Neue Bahnen* wird sein letzter musikjournalistischer Text und gleichsam sein Vermächtnis. Nur gut vier Monate später stürzt sich Schumann in den Rhein und lebt danach bis zu seinem Tod am 29. Juli 1856 in der Nervenheilanstalt Endenich bei Bonn. Um die musikgeschichtliche Bedeutung des Textes als Weihe eines Nachfolgers zu verstehen, lohnt es sich, ihn komplett zu lesen.

»Es sind Jahre verflossen, – beinahe eben so viele, als ich der früheren Redaktion dieser Blätter widmete, nämlich zehn –, daß ich mich auf diesem an Erinnerungen so reichen Terrain einmal hätte vernehmen lassen. Oft, trotz angestrengter productiver Thätigkeit, fühlte ich mich angeregt; manche neue, bedeutende Talente erschienen, eine neue Kraft der Musik schien sich anzukündigen, wie dies viele der hochaufstrebenden Künstler der jüngsten Zeit bezeugen, wenn auch deren Productionen mehr einem engeren Kreise bekannt sind.

Ich dachte, die Bahnen dieser Auserwählten mit der größten Theilnahme verfolgend, es würde und müsse nach solchem Vorgang einmal plötzlich Einer erscheinen, der den höchsten Ausdruck der Zeit in idealer Weise auszusprechen berufen wäre, einer, der uns die Meisterschaft nicht in stufenweiser Entfaltung brächte, sondern, wie Minerva, gleich vollkommen gepanzert aus dem Haupte des Kronion entspränge. Und er ist gekommen, ein junges Blut, an dessen Wiege Grazien und Helden Wache hielten. Er heißt Johannes Brahms, kam von Hamburg, dort in dunkler Stille schaffend, aber von einem trefflichen und begeistert zutragenden Lehrer gebildet in den schwierigsten Satzungen der Kunst, mir kurz vorher von einem verehrten bekannten Meister empfohlen.

Er trug, auch im Äußeren, alle Anzeichen an sich, die uns ankündigen: das ist ein Berufener. Am Clavier sitzend, fing er an wunderbare Regionen zu enthüllen. Wir wurden in immer zauberischere Kreise hineingezogen. Dazu kam ein ganz geniales Spiel, das aus dem Clavier ein Orchester von wehklagenden und lautjubelnden Stimmen machte. Es waren Sonaten, mehr verschleierte Symphonien, – Lieder, deren Poesie man, ohne die Worte zu kennen, verstehen würde, obwohl eine tiefe Gesangsmelodie sich durch alle hindurchzieht, – einzelne Clavierstücke, theilweise dämonischer Natur von der anmuthigsten Form, – dann Sonaten für Violine und Clavier, – Quartette für Saiteninstrumente, – und jedes so abweichend vom andern, daß sie jedes verschiedenen Quellen zu entströmen schienen. Und dann schien es, als vereinigte er, als Strom dahinbrausend, alle wie zu einem Wasserfall, über die hinunterstürzenden Wogen den friedlichen Regenbogen tragend und am Ufer von Schmetterlingen umspielt und von Nachtigallenstimmen begleitet.

Wenn er seinen Zauberstab dahin senken wird, wo ihm die Mächte der Massen, im Chor und Orchester, ihre Kräfte leihen, so stehen uns noch wunderbarere Blicke in die Geheimnisse der Geisterwelt bevor. Möchte ihn der höchste Genius dazu stärken, wozu die Voraussicht da ist, da ihm auch ein anderer Genius, der der Bescheidenheit, innewohnt. Seine Mitgenossen begrüßen ihn bei seinem ersten Gang durch die Welt, wo seiner vielleicht Wunden warten werden, aber auch Lorbeeren und Palmen; wir heißen ihn willkommen als starken Streiter.

Es waltet in jeder Zeit ein geheimes Bündnis verwandter Geister. Schließt, die Ihr zusammengehört, den Kreis fester, daß die Wahrheit der Kunst immer klarer leuchte, überall Freude und Segen verbreitend.«[78]

Selten erhält ein nahezu unbekannter Komponist so viele Vorschusslorbeeren. Schumanns »Weihe« beschränkt sich nicht nur auf den flammenden Artikel. Zudem empfiehlt er einige Werke zum sofortigen Druck bei *Breitkopf & Härtel*. Obwohl das Brahms eigentlich zu schnell geht, reist er darum im November 1853 erstmals nach Leipzig.

Nach Verhandlungen mit dem renommierten Musikverlag werden dort wirklich, wie von Schumann empfohlen, vier frühe Werke veröffentlicht. Selten aber dauert es auch so lange, bis ein Kredit komplett eingelöst wird. Denn Schumann erlebt es nicht mehr, dass der »Berufene« seiner Umwelt »wunderbare Blicke in die Geisterwelt« gestattet, sprich: dass er große Orchesterwerke präsentiert. Fast ein Vierteljahrhundert lang ringt Brahms mit sich, mit der Form und mit dem unerreichbaren Vorbild Beethoven, ehe er eine fertige Sinfonie vorlegt.

Zuvor noch fällt sein *Klavierkonzert in d-Moll*, Brahms' erste wirklich wichtige künstlerische Arbeit, am 27. Januar 1859 in Leipzig mit Pauken und Trompeten durch. Mit keinem Werk tut sich der Komponist schwerer. Schon fünf Jahre zuvor plant er eine Sonate für zwei Klaviere, von der er die ersten drei Sätze fertigstellt. Aber die Sonate reicht ihm nicht. Vor allem erkennt er, dass der Kopfsatz nach einer Orchestrierung verlangt. Folglich unternimmt er den Versuch, die Skizzen zur Sinfonie umzuarbeiten. Doch hierzu fehlt ihm das nötige Rüstzeug. So entschließt er sich, aus dem Material ein Klavierkonzert zu formen. An Schumanns Witwe Clara, die ihm zur Freundin geworden ist, schreibt er: »Denken Sie, was ich die Nacht träumte. Ich hätte meine verunglückte Symphonie zu meinem Klavierkonzert benutzt und spielte dieses. Vom ersten Satz und Scherzo und einem Finale furchtbar schwer und groß. Ich war ganz begeistert.«[79] Tatsächlich entstehen danach in mehreren Etappen die drei Konzertsätze. Aus der Sonate übernimmt Brahms allerdings nur noch den ersten Satz, das Adagio und das Finale komponiert er neu.

Das Publikum jedoch steht ratlos vor dem sperrigen Werk. Das gilt vor allem für den alle Dimensionen sprengende Eingangssatz mit seiner 90 Takte umfassenden Einleitung ohne Soloinstrument. Der Skandal, den das Klavierkonzert im Gewandhaus hervorruft, wirkt noch viele Jahre nach. Die Reaktion des Publikums und die Kritik der Presse treffen Brahms wie Faustschläge. An seinen Freund Joseph Joachim, der das Werk als Dirigent fünf Tage zuvor noch erfolgreich in einer Art Voraufführung mit der kaum bekannten Hannoveraner Hofkapelle aus der Taufe gehoben hat, berichtet er sarkastisch:

»Noch ganz berauscht von den erhebenden Genüssen, die meinen Augen und Ohren durch den Anblick und das Gespräch der Weisen unserer Musikstadt schon mehrere Tage wurden, zwinge ich diese spitze und harte Sahrsche Stahlfeder, Dir zu beschreiben, wie es sich begab und glücklich zu Ende geführt ward, dass mein Konzert hier glänzend und entschieden – durchfiel. Ohne irgendeine Regung wurde der erste Satz und der 2te angehört. Zum Schluss versuchten drei Hände, langsam ineinander zu fallen, worauf aber von allen Seiten ein ganz klares Zischen solche Demonstrationen verbot.«[80]

Auch die Reaktion der Presse ist vernichtend: »Das gegenwärtige Concert war nun wieder ein solches, in dem eine neue Composition zu Grabe getragen wurde – das Concert des Herrn Johannes Brahms. Nimmt man den Ernst des Strebens und die Tüchtigkeit der musikalischen Gesinnung hinweg, so bleibt eine Oede und Dürre, die wahrhaft trostlos ist. Die Erfindung hat auch an keiner einzigen Stelle etwas Fesselndes und Wohlthuendes. [...] Dieses Würgen und Wühlen, dieses Zerren und Ziehen, dieses Zusammenflicken und wieder Auseinanderreißen von Phrasen und Floskeln muss man über Dreiviertelstunde lang ertragen«[81], schreibt Eduard Bernsdorf, Kritiker der *Signale für die musikalische Welt* regelrecht bösartig.

Wie lässt sich dieser beispiellose Misserfolg eines heute unbestritten zum klassischen Kanon gehörenden Werkes erklären? Ein Grund mag sein, dass das sinfonisch angelegte Solokonzert nicht den Erwartungen des mit Virtuosenkonzerten verwöhnten Publikums entspricht – es ist schlicht und einfach nicht effektvoll genug. Nach den populären Eindrücken mit der fasslichen Klassizität der Mendelssohn-Nachfolger einerseits und der überaus virtuosen Klavierpoesie von Franz Liszt und seinen Adepten andererseits wirkt Brahms' konzertanter Erstling auf die Zeitgenossen wie eine aus der Zeit gefallene konservativ-klotzige Replik auf Beethoven. So mancher Zuhörer stört sich auch an der Jugend des Komponisten. Schließlich ist Brahms nur etwas über 20 Jahre alt, als er sich auf den verwinkelten Weg hin zur Entstehung des Konzertes macht, und noch keine 26, als dieses uraufgeführt wird. Gerade nach Schumanns prophetischen Worten warten wohl nicht wenige auf ein Scheitern des Hochgelobten.

Johannes Brahms macht nun lange Zeit einen Bogen um die Stadt. Ansässig wird er in Wien, wo sein Stern endgültig aufgeht. Als er 1874 erneut ins Gewandhaus eingeladen wird, ist er längst die Leitfigur der konservativen Gegner der *Neudeutschen* und einer der wichtigsten Komponisten im Land. Sein Wort ist gewichtig, seine Fürsprache öffnet Türen. Auch das Leipziger Publikum, das noch 1869 die örtliche Erstaufführung des *Deutschen Requiem* mit dem gleichen Unverständnis quittiert hat wie zehn Jahre zuvor das *d-Moll-Klavierkonzert*, findet endlich zum Komponisten. Grund dafür sind enge Freunde, die in den 1870er Jahren von Wien nach Leipzig ziehen und zunächst einmal in Brahms das Interesse für Bachs Musik entfachen: Elisabeth von Herzogenberg, einst Klavierschülerin des gebürtigen Hamburgers, und ihr Mann Heinrich rühren vor Ort kräftig die Werbetrommel für den jungen Komponisten. Das zeigt Wirkung. Eine erneute Aufführung des *Deutschen Requiem* 1873 in der Thomaskirche wird zum Triumph, dem bis Neujahr 1879 noch die umjubelten Leipziger Erstaufführungen der ersten beiden Sinfonien und die Uraufführung des Violinkonzerts folgen.[82]

Nun ist Brahms auch vor Ort einer der ganz Großen, und als im Frühjahr 1879 Thomaskantor Ernst Friedrich Richter stirbt, liegt es nahe, dass die Stadtoberen den Star gern im ehrwürdigen Amt sehen würden. Ganz offiziell meldet sich Oberbürgermeister Otto Georgi darum bei Brahms und trägt ihm schon wenige Wochen nach Richters Tod das Thomaskantorat an. Doch obwohl eine Äußerung des Komponisten an seinen Verleger Simrock (»Die Kantorstelle ist wohl nichts für mich«[83]) den Eindruck erweckt, dass er den Gedanken schnell verwirft, hält sich Brahms gegenüber Georgi eine Hintertür offen. »Unter uns: Können Sie mir etwas Besonderes über die Kantorstelle an der Thomaskirche sagen?«,[84] schreibt er an Elisabeth von Herzogenberg. Als der Komponist aber erfährt, dass man einige seiner sorglos gestreuten Witzchen über Besuche in zwielichtigen Etablissements ernst nimmt, ist der sonst so humorvolle Mann sichtlich beleidigt: »Nicht gelacht habe ich über die Frage des Bürgermeisters wegen meines Lebenswandels.«[85] Möglicherweise sind also diese Gerüchte der Grund, weshalb Brahms nach wenigen Wochen

Korrespondenz auch offiziell absagt und zugleich als geeigneten Kandidaten den Thomasorganisten Wilhelm Rust anpreist. Eine Empfehlung, der Georgi bereitwillig folgt, so dass Rust schließlich 1880 zum Thomaskantor ernannt wird.

Anders als 1835 ist es den Stadtvätern diesmal nicht gelungen, dem namhaftesten Musiker seiner Zeit ein Amt anzutragen. Doch das Verhältnis zwischen Brahms und Leipzig ist trotz des unterkühlten Anfangs entspannt bis leidenschaftlich. Immer wieder besucht der Komponist die Stadt, in der seine Werke längst Stützen des Konzertrepertoires sind. 1889 schenkt er gar einer der Säulen der hiesigen Musikhistorie ein neues Werk: Der Thomanerchor ist Widmungsträger der *Motetten* op. 110, in denen der Komponist mit düsterem Ernst drei Jahrhunderte Musikgeschichte spiegelt. Denn natürlich kennt auch Brahms die Motettensammlung *Florilegium Portense* von Erhard Bodenschatz, die seit 1618 die Basis des Thomaner-Repertoires ist. Dieser fügt der Komponist, der nicht Thomaskantor werden will, acht Jahre vor seinem Tod seine eigenen Motetten als Höhepunkt langjähriger Auseinandersetzung mit der Gattung hinzu. Formal orientiert er sich an den Vorbildern der Renaissance und an Bachs Motetten. In der Ausarbeitung aber verbindet Brahms die historischen Techniken aus Vokalpolyphonie und Barock mit der motivischen Arbeit der Klassik und den harmonischen Errungenschaften der romantischen Musik. Spätestens mit diesem souveränen Mix aus Altem und Neuen hat der mittlerweile 56-Jährige jenen Kredit vollständig zurückgezahlt, den Schumann 36 Jahre zuvor so prophetisch ausgereicht hatte.

GELIEBTER UND UNGELIEBTER BESUCH

1812 bis 1887

Die Eisenbahn bringt Künstler in die Stadt · Liszt wird ausgezischt und ist zunächst beleidigt · Jenny Lind trauert um Mendelssohn · Dreimal Strauß und drei verschiedene Erfahrungen mit Leipzig

Nur vier Jahrzehnte trennen die Reise, die E.T.A. Hoffmann nach Leipzig geführt hat, vom ersten Brahms-Besuch in der Stadt. Dennoch liegen Welten zwischen beiden Ereignissen. Wie unzählige andere Musiker reist Hoffmann 1813 noch mit der Postkutsche. Ein Unfall, in den das Gefährt bei Meißen verwickelt wird, hält ihn tagelang auf, bevor er die Fahrt fortsetzen kann. Als sich Brahms 1853 auf den Weg macht, gibt es zwischen Leipzig und Dresden schon die erste deutsche Ferneisenbahn und die Messestadt ist auf dem Weg, wie von Friedrich List geplant, der zentrale Knotenpunkt eines nationalen Eisenbahnsystems zu werden. Sicher wäre Brahms auch mit der Postkutsche irgendwann mal vorbeigekommen. Aber erst die Eisenbahn ermöglicht es dem Wiener, der Musikmetropole häufig Besuche abzustatten und regelmäßig im Gewandhaus zu gastieren. So ist es nichts Besonderes, dass sich im 19. Jahrhundert immer mehr Größen des Musikgeschäfts in Leipzig blicken lassen. Dass hier ein kunstsinniges Publikum lebt, hat sich herumgesprochen. Zudem ist die Stadt der Erscheinungsort gleich mehrerer Musikzeitschriften, deren Rezensionen für Künstler lebensnotwendig sind. Einer der ersten, der das für sich nutzt – und er wird noch mit der Postkutsche kommen –, ist Carl

Maria von Weber. Der ist mit Friedrich Rochlitz, dem Herausgeber der *Allgemeinen Musikalischen Zeitung*, eng befreundet und gern gesehener Gast. Im Januar 1812 darf er sogar ein Extrakonzert im Gewandhaus geben. 1816 will ihn Theaterdirektor Karl Theodor Küstner als Kapellmeister anwerben, doch Weber sagt ab, weil ihm ein besseres Angebot aus Dresden vorliegt.

Vom ertragreichen Konzert, das Niccolò Paganini 1829 im Theater gibt, war bereits die Rede. Zwei Jahre später gastiert der 21-jährige Frédéric Chopin im Gewandhaus. Der Pole steht erst am Anfang seiner Karriere, aber Schumann, der einen Aufsatz für die *Allgemeine Musikalische Zeitung* schreibt, ist sich sicher, etwas Außergewöhnliches gehört zu haben und formuliert kurz und bündig: »Hut ab, ihr Herrn, ein Genie!«[86]

Auch um Franz Liszt wird ein riesiger Rummel gemacht, als ihn Mendelssohn im März 1840 erstmals einlädt. Doch zunächst »verhelfen« ihm die Leipziger zu einem seiner wenigen misslungenen Auftritte. Als Liszt das Podium betritt, wird er nicht wie üblich mit Beifallsstürmen, sondern kühl ohne jeden Applaus empfangen und von einigen sogar ausgezischt, wie es damals statt des Buhens üblich ist. Der Grund für den unerhörten Affront: Um Kasse zu machen, sind die Karten doppelt so teuer wie normal, zudem wird das Publikum von einer neuen Sitzordnung überrascht. Der beleidigte Liszt sagt daraufhin sein zweites Konzert ab. Leipzig hat nun ein Problem, und es liegt an Mendelssohn, die Situation zu retten. Der Gewandhauskapellmeister lädt die halbe Stadt zu einem kostenlosen privaten Konzert ein und spielt – weil Bach gerade Geburtstag hat – gemeinsam mit Liszt und Ferdinand Hiller das *Tripelkonzert* des berühmten Thomaskantors. In einem Brief an seine Mutter erklärt er sich näher: »Mir fiel ein, dass die schlechte Stimmung vielleicht am besten zu beseitigen sein würde, wenn die Leute ihn einmal in der Nähe besähen und hörten, und ich entschloss mich kurz und gab ihm eine Soirée von 350 Personen, und da waren alle so vergnügt und sangen und spielten mit solchem Enthusiasmus, dass sie schwuren, sie hätten noch keinen lustigeren Abend erlebt, und mein Zweck wurde dadurch glücklich und auf eine sehr angenehme Art erreicht.«[87]

Liszt ist versöhnt und gibt drei Tage später doch noch gemeinsam mit dem Gewandhausorchester das geplante zweite Konzert. Das Publikum ist jetzt wie ausgewechselt: Schon nach wenigen Minuten steht die Hälfte auf den Stühlen, um die Hände des Pianisten besser sehen zu können. Nach dem Schlussstück tobt der Saal, die Musiker blasen einen Tusch und eine Sängerin überreicht dem Gast einen Lorbeerkranz. Mendelssohn geht nun aufs Ganze und bittet Liszt noch um ein drittes Konzert zugunsten des *Orchesterpensionsfonds*. Ein Wunsch, den der namhafte Gast erfüllt und fortan auch jährlich wieder nach Leipzig zurückkehrt.

Sarasate, Rubinstein, Tschaikowski: die Liste der namhaften Gäste wird im Laufe des 19. Jahrhunderts immer länger. Auch einige Frauennamen finden sich darauf. Der berühmteste gehört einer Sängerin, die in ganz Europa nur als »schwedische Nachtigall« bekannt ist: Jenny Lind. Zu diesem Namen kommt sie, weil der dänische Dichter Hans Christian Andersen, der sich 1843 in die 23-Jährige verliebt, den Korb, den er von ihr erhält, mit dem Märchen *Die Nachtigall* kompensiert. Darin singt eine Nachtigall dem sterbenskranken chinesischen Kaiser etwas vor, der Herrscher erholt sich wegen des Gesangs von seinen Leiden und bittet sie, für immer bei ihm zu bleiben. Aber die Nachtigall entgegnet, dass dies nicht möglich sei, denn sie müsse hinaus in die Welt und vielen Menschen mit ihren Liedern Freude bereiten. Ein Jahr nach der Begegnung mit Andersen trifft die von Selbstzweifeln geplagte Sängerin in Berlin auf Mendelssohn. Der Dirigent und die elf Jahre Jüngere sind füreinander Seelenverwandte. In langen Gesprächen zerstreut Mendelssohn die Unsicherheit der Künstlerin, sie beschreibt ihn daraufhin in Anlehnung an seinen Vornamen als »Glücksgestalt« und verliebt sich leidenschaftlich in ihn. Als der Gewandhauskapellmeister die Schwedin Mitte der 1840er Jahre zweimal nach Leipzig einlädt, um sie in Liederabenden am Klavier zu begleiten, liegt ihr mit Ausnahme von Mendelssohns Ehefrau Cécile, die reserviert bleibt, die ganze Stadt zu Füßen.

Die Beziehung der beiden bleibt außergewöhnlich. Der Dirigent nimmt die stets von einer Gouvernante begleitete Schwedin auf Konzertreisen mit und komponiert auch explizit für sie, so etwa die Arie

Höre, Israel aus dem Oratorium *Elias*. Die Gerüchte, dass Mendelssohn und Jenny Lind mehr verbindet als eine tiefe Freundschaft, reißen nie ab. Als die Sängerin im November 1847 die Nachricht vom plötzlichen Tod des erst 38-jährigen Komponisten erhält, schreibt sie voller Trauer an eine Freundin: »Er war der einzige Mensch, dem ich eine tiefe Zuneigung entgegenbrachte. Der einzige, der meinem Leben Gemüt und Ruhe geben konnte, und kaum hatte ich ihn gefunden, da habe ich ihn schon wieder verloren.«[88]

Unkonventionell ist das Gastspiel von Johann Strauß Vater am 28. November 1834. Dass auswärtige Künstler im Gewandhaus ein Extrakonzert als *Musikalische Abendunterhaltung* geben, kennen die Leipziger spätestens seit Weber. Doch Strauß bringt sein eigenes Orchester mit: Erstmals ist so auf dem Podium ein anderes Ensemble als das heimische zu hören. Die Kritiker sind hin- und hergerissen. Ein Schreiberling glaubt, Strauß hätte die »Kraft und Geistesgegenwart, eine Horde roher Bierfiedler zu einem brauchbaren Tanzorchester umzuformen«.[89] Der Rezensent der *Neuen Zeitschrift für Musik* hingegen hält Strauß für einen Scharlatan. Für die Strauß-Dynastie sind Auftritte im Gewandhaus die Ausnahme. Johann Strauß Sohn, der nach dem Tod des Vaters 1849 dessen Orchester übernimmt, gastiert im *Schützenhaus*. Hier hat nicht nur der akademische Gesangsverein *Arion* seinen Sitz. Im 1834 erbauten prächtigen Festsaal, der 600 Zuhörern Platz bietet, musizieren immer wieder auch diverse Laienorchester. Zudem ist das *Schützenhaus* die erste Adresse für Karneval und Varieté, bis es bei einem Brand 1881 zerstört wird.

Fünf Jahre zuvor kommt das Strauß-Orchester für eine ihrer umfangreichen europaweiten Konzertreisen erneut nach Leipzig. Bei seinen Verhandlungen greift der König des Wiener Walzers in die Vollen. Sagenhafte 4700 Mark – nach heutiger Kaufkraft rund 32 000 Euro – verlangt Johann Strauß Sohn für die Serie von vier Konzerten, in denen er jeweils nur fünf Stücke selbst dirigieren wird. Die Veranstalter greifen trotzdem zu, denn der Name Strauß garantiert nach wie vor volle Säle. Die hätte einige Jahre später ein anderer Strauß auch gern: der 1864 in München geborene Richard, der seinen

Namen wegen der Verwechslungen mit dem Walzerkönig bald nur noch mit Doppel-s schreibt. 1883 macht er auf der Fahrt von München nach Berlin erstmals in Leipzig Station und steigt in einem Hotel am Johannisplatz ab, um sich örtlichen Musikergrößen wie Thomaskantor, Gewandhauskapellmeister und Konzertmeister vorzustellen. Doch so recht stellt sich der Erfolg nicht ein, und schön findet Strauss die Stadt auch keinesfalls, er beschreibt sie sogar als »dreckig und ziemlich uninteressant.«[90] Immerhin lässt sich der Gewandhauskapellmeister Carl Reinecke vom 19-Jährigen dessen *Konzertouvertüre in c-Moll* vorspielen und behält sogleich das Manuskript. Doch zur Aufführung empfiehlt er das Werk nicht.

So führt die konkurrierende Konzertgesellschaft *Euterpe* erstmals Musik des Bayern in Leipzig auf. Am 9. Dezember 1885 erklingt im *Alten Gewandhaus*, den nach der Einweihung des Nachfolgebaus im Jahr zuvor nun die *Euterpe* für ihre Konzerte nutzen darf, die *Bläserserenade in Es-Dur* op. 7. Die Kritiker lassen an der Serenade kaum ein gutes Haar und wiederholen ihre Vorbehalte gegen Strauss auch dann, als dieser am 13. Oktober 1887 mit 23 Jahren sein hiesiges Dirigentendebüt gibt. Das Werk, das an diesem Abend auf den Pulten liegt, ist seine eigene *Sinfonie in f-Moll* und damit just jenes Stück, das er vier Jahre zuvor bei seinem ersten Besuch vor Ort zu Ende komponierte.

EIFERSUCHT

1886 bis 1888

Anton Bruckner feiert seinen Durchbruch · Gustav Mahler hat keine Lust, die Nummer Zwei zu sein · Eine Bekanntschaft, die gleich doppelt Glück bringt · Mahlers Sinfonien öffnen das Tor zur Moderne

Deutlich mehr Glück in Leipzig hat ein Zeitgenosse von Strauss, der vier Jahre älter ist und ebenfalls Mitte der 1880er Jahre in die Stadt kommt. Gustav Mahler schaut nicht nur als interessierter Gast vorbei, sondern tritt als 26-Jähriger die Stelle als Kapellmeister am Theater an, die für den Sinfoniker Mahler die entscheidenden Impulse setzen wird. Bereits im Januar 1885 lässt sich der junge Dirigent für die Saison 1886/87 anwerben. Zu dieser Zeit hat er schon seit zwei Jahren die Position des Zweiten Kapellmeisters in Kassel inne, will sich aber nicht dauerhaft unterordnen. Dass er auch in Leipzig hinter dem fünf Jahre älteren Arthur Nikisch als Nummer Zwei rangiert, ist ihm zumindest zum Zeitpunkt der Vertragsabsprachen nicht bewusst: »Ich bin nämlich (höchst wahrscheinlich schon vom kommenden Sommer ab) als (I.) Kapellmeister am Leipziger Stadttheater engagiert – neben Nikisch, dem ich vollkommen gleichgestellt bin«,[91] schreibt Mahler am 23. Januar 1885 an einen Freund.

Als er 18 Monate später das Amt antritt, ist die Begeisterung für den Posten schon deutlich abgekühlt. Ein nur als Überbrückung gedachtes Zwischenengagement am *Deutschen Theater Prag* wurde zum großen Erfolg, und mittlerweile ist Mahler klar geworden, dass er sich auch in Leipzig unterordnen muss. Als wäre das allein noch nicht schlimm genug, ist es ausgerechnet Nikisch, der vor ihm rangiert. Das Verhältnis ist nicht unbelastet. Man kennt sich bereits aus Wien, wo die beiden zwar nicht zur gleichen Zeit am Konservatorium studierten, sich aber immer wieder über den Weg gelaufen sind und auf aussichtsreiche Kapellmeisterposten gehofft haben. Bindeglied ist der Geiger Eugen Grünberg, ein Jugendfreund Mahlers, dessen Familie den jungen Nikisch wie einen Sohn aufnimmt. Als namhafter Dirigent revanchiert sich Nikisch und vermittelt Grünberg mehrfach Engagements, zunächst nach Leipzig, später nach Boston, wo er die Leitung der *Boston Pops* übernimmt.[92] Als Mahler im August 1886 nach Leipzig kommt, ist Nikisch hier bereits acht Jahre lang Erster Kapellmeister und hat sich verdient gemacht. Am 30. Dezember 1884 etwa dirigiert er im Theater die Uraufführung der *Siebten Sinfonie* Anton Bruckners. Zwar verschließt sich das Gewandhaus zu dieser Zeit noch der Musik des Österreichers, dennoch ist die umjubelte Aufführung der überregionale Durchbruch für Bruckner. Mahler hat also wenig Lust, an seiner neuen Arbeitsstelle ständig mit dem weitblickenden jungen Genie Nikisch verglichen zu werden. Noch von Prag aus versucht er, den Dreijahresvertrag schon vor Dienstantritt zu lösen. Doch Intendant Moritz Staegemann beharrt auf die Erfüllung des Kontrakts.

Künstlerisch sind die knapp zwei Jahre von Mahler in Leipzig ein großer Erfolg. Am 3. August 1886 dirigiert er als Debüt den *Lohengrin*, kurz darauf auch den *Tannhäuser*. Als später Wagners *Ring des Nibelungen* ansteht, beginnt der eifersüchtige Mahler, die einzelnen Dirigate der Kapellmeister auszuzählen. Er möchte mindestens die Hälfte aller Vorstellungen dirigieren. Weil er das Gefühl hat, der Ältere gönnt ihm den Erfolg nicht, steht er kurz davor, alles hinzuwerfen: Er möchte nicht »als blasser Mond hier das Gestirn Nikisch umkreisen«,[93] schreibt er. Gut möglich, dass der von seinen Zeitgenossen als kollegial beschriebene Erste Kapellmeister das ganz anders sieht. Denn als der 32-jährige Nikisch 1887 länger erkrankt, scheint er regelrecht froh zu sein, dass der versierte junge Kollege problemlos übernehmen kann. An fast jedem Abend steht nun Mahler am Pult. In der Saison

1887/88 dirigiert er 54 verschiedene Werke mit insgesamt 214 Aufführungen, darunter die Premieren von *Walküre* und *Siegfried*.

Als Dirigent ist Mahler ein strenger Einpeitscher. Immer wieder beschweren sich die Musiker beim Intendanten über ihn. Glaubt man dem Jugendfreund Grünberg, dann offenbart sich hier ein Muster. Denn bereits bei seinem ersten Engagement als Chordirektor in Olmütz gerät er mit den Musikern leidenschaftlich aneinander und muss vor aufgebrachten Sängern aus der Hintertür des Theaters fliehen, wie er seinem Freund in einem inzwischen nicht mehr im Original erhaltenen Brief berichtet.[94] Dennoch weiß Mahler die 21 Monate, die er in Leipzig lebt, geschickt zu nutzen. Als er sein Amt antritt, kennen den aufstrebenden Künstler nur wenige Experten. Als er die Stadt verlässt, kennt ihn die ganze musikalische Welt – nicht nur, weil er ein berüchtigter Orchestererzieher und anerkannter Wagner-Dirigent ist. Sondern, weil er sich in Leipzig auch seine ersten Verdienste als Komponist erwirbt.

Es ist ein glücklicher Zufall, der ihn ins Haus von Carl von Weber führt, des Enkels des gleichnamigen Komponisten. Zum einen in privater Hinsicht, denn der junge Dirigent verliebt sich sofort in die Dame des Hauses. Die 32-jährige Marion erwidert zumindest ansatzweise Gustavs Gefühle. Der Beziehung zum Hausherrn aber schadet das Techtelmechtel nicht. Im Gegenteil, Carl von Weber präsentiert dem Nebenbuhler sogar noch das Allerheiligste der Familie – das Material der Oper *Die drei Pintos*, die sein Großvater nicht mehr vollendete und an deren Rekonstruktion schon Meyerbeer und Spohr scheiterten. Die *Pintos* auf der Bühne zu sehen, ist Webers Lebenstraum, und Mahler soll ihm dabei helfen. Der 28-Jährige geht das Wagnis ein, instrumentiert das Werk in wesentlichen Teilen und setzt anstelle des nicht vorhandenen Schlusses einen Mix aus Webers Musik und solcher aus eigener Feder. Zur Uraufführung am 20. Januar 1888 reist die ganze Musikwelt an, darunter auch der Wiener Musikkritikerpapst Eduard Hanslick und ein Vertreter der New Yorker *Metropolitan Opera*. Das Experiment glückt, die Fachwelt ist begeistert und wenige Tage später ist der Zweite Kapellmeister des Leipziger Theaters schlagartig ein berühmter Mensch.

Solch ein Erfolg beflügelt. Nun muss es eine Sinfonie sein. Nicht irgendeine, sondern eine *Erste*, die diesen Namen auch verdient. Die Tatsache, dass nach dem Tod von Kaiser Wilhelm I. am 9. März zehn Tage Landestrauer angeordnet wird, verschafft dem Kapellmeister Zeit, seine Gedanken zu ordnen. Und wirklich ist alles, was Mahler innerhalb der nächsten sechs Wochen zu Papier bringt, eine musikalische Urerfahrung. Das schwirrende Flageolett-A, mit dem das Werk beginnt, ist der Urgrund, über dem sich alles entfaltet: Sonatenhauptsatz, Lied-Zitate, Militärmusik – alles steht scheinbar unvermittelt nebeneinander und geht doch eine Symbiose ein.

Heute ist sich die Musikwelt sicher: Mahlers Sinfonien öffnen das Tor zur Moderne. Es ist, als ob da einer einen weiten Weg ganz alleine abschreitet – ohne die hilfreiche Navigation, die die Werke von Beethoven, Schubert und Brahms bieten könnten. In Mahlers *Erster* wird eine eigene Welt erschaffen. Wenn die letzten Töne der *Neunten* verklungen sind, ist alles gesagt, was gesagt werden kann. Die unvollendete *Zehnte* schließlich stellt einen Akkord in den Raum, für den es weder Herleitung noch Lösung gibt. Zur Atonalität ist es nur noch ein kleiner Schritt.

Dass die in Leipzig entstandene *Erste* aber nicht am gleichen Ort erstmals öffentlich erklingt, liegt am Temperament des Dirigenten. Mitte Mai 1888 leistet sich der Kapellmeister einen Machtkampf mit dem Oberregisseur, reicht wutentbrannt die Kündigung ein, die zu seiner Überraschung auch angenommen und sofort vollzogen wird. Dennoch wird er nach dem überstürzten Abgang in den 23 Jahren bis zu seinem Tod noch einige Male zurückkommen. Aber nie ins Gewandhaus, das seiner Musik gegenüber lange skeptisch bleibt. 1896, als Hans Wilhelm Gustav Winderstein mit dem soeben neu gegründeten *Winderstein-Orchester* in der Alberhalle des Krystallpalasts dem Gewandhaus Konkurrenz macht, dirigiert der Wiener dort die ersten zwei Sätze seiner *Zweiten*. Dass er in der Probe einen seiner legendären Wutanfälle hat und Leipzig als »scheußlich« bezeichnet, hat er aber bald vergessen. Noch zwei weitere Male kehrt Mahler danach an den Ort seines sinfonischen Erstlings zurück. 1910 probt er mit den Sängern des *Riedel-Vereins* für die Münchner Uraufführung der

Achten. Sechs Jahre zuvor bereits dirigiert er seine *Dritte* in der Kongresshalle. Das Veranstaltungsgebäude am Zoo, die einzig noch erhaltene Mahler-Stätte in Leipzig, ist dann auch 1921, zehn Jahre nach dem Tod des Komponisten, Schauplatz eines groß angelegten Mahler-Zyklus unter Leitung von Hermann Scherchen.

Doch zurück ins Jahr 1888, als der 27-Jährige in Leipzig seine *Erste Sinfonie* zu Papier bringt. Es ist ein Allgemeinplatz der Musikhistorie, aber er ist trotzdem wahr und gilt für Beethovens *Rasumowski-Quartette* ebenso wie für Mahlers Sinfonien: Komplizierte Musik ist immer auch ein Ausdruck für besondere Leistungsfähigkeit der Ausführenden. Oder einfacher gesagt: Solche Werke kann nur schreiben, wer auch Musiker hat, die derlei spielen können. Und die hat Mahler in Leipzig zweifellos. Die für die Zeitgenossen unerhörten Klangwelten des Komponisten Mahler sind untrennbar verbunden mit den hohen technischen und musikalischen Fertigkeiten, die jenes Orchester, das der Dirigent Mahler hier fast allabendlich leitet, unbestritten besitzt. Schon der Spaltklang zwischen den ersten und zweiten Violinen könnte ein herkömmliches Provinzorchester überfordern: Weil in Mahlers Sinfonien die beiden Geigenstimmen keinesfalls miteinander verschmelzen dürfen, sind diese Werke nur in der herkömmlichen deutschen Orchesteraufstellung aufführbar, in der die Geigen weit voneinander entfernt sitzen und sich die Klangfetzen gegenseitig zuwerfen. Oder die schwierige Frage der Abmischung, an der bis heute viele Dirigenten scheitern: Wenn eine einzelne Flöte lauter spielen muss als der Blechbläserchor, dann gilt es vor allem, das Piano bis zur Erschöpfung zu üben. Keine Frage: Dass Mahler seine klanglichen Experimente überhaupt durchführen kann, ist eines der großen Verdienste der im Theater spielenden Gewandhausmusiker. Und es zeigt, dass manchmal auch eine kurze Zeitspanne ausreicht, um in Leipzig Musikgeschichte zu schreiben.

INSTRUMENTE UND AUTOMATEN

1853 bis 1888

Zwanzig Klavierfabriken machen sich gegenseitig Konkurrenz · Julius Ferdinand Blüthner verbessert seine Instrumente und die Arbeitsbedingungen seiner Angestellten · Das Symphonion lässt einen Menschheitstraum wahr werden

Es ist einer jener eigenartigen Zufälle, dass wenige Monate vor Mahlers Ankunft in Leipzig just dort eine technische Revolution ihren Anfang nimmt, die zunächst gar nicht als solche erkannt wird. Einem jungen Dirigenten aber, der zwischen 1886 und 1888 mit wachen Augen und Ohren durch Leipzig läuft, muss die sonderbare Apparatur des *Symphonions* einfach auffallen, die da ein Bastler in seiner Werkstatt im Stadtteil Gohlis erfindet und dann innerhalb weniger Jahre ihren Siegeszug um die Welt antritt. Und sind nicht gerade Mahlers frühe Sinfonien von außergewöhnlichen Klängen geprägt, die man sich besser erklären könnte, wüsste man, dass der Komponist frühe Musikautomaten kennt? Dass derlei Automaten gerade in jener Musikstadt erfunden werden, die am Ende des Jahrhunderts in voller Blüte steht, ist kein Zufall. Leipzig hat sich im noch jungen deutschen Nationalstaat nicht nur den Ruf als Musikstadt Nummer Eins erworben, sondern präsentiert sich längst auch als Zentrum des deutschen Klavierbaus. Was logisch scheint, denn wo Musik entsteht, da gibt es auch Bedarf für Musikinstrumente. Schon der Verlagspatron Bernhard Christoph Breitkopf verkauft seit 1770 Wiener Klaviere, rund 15 Jahre später nimmt sein Nachfolger Gottfried Christoph Härtel die eigene Fertigung auf. Im Laufe der Jahrzehnte wird die Nachfrage immer größer: Mehr als 100 Pianofortefabriken gibt es im 19. Jahrhundert in Leipzig, bis zu 20 davon agieren zeitweise parallel. Namen wie Irmler, Tröndlin, Feurich, Blüthner, Kreutzbach, Schimmel, Hupfeld und Zimmermann werden weltbekannt.

Der Boom hat einen einfachen Grund: Häusliche Klaviermusik ist für die breiter werdende Mittelschicht alltägliche Unterhaltung. In nahezu jeder Familie gehört es zum guten Ton, dass die Kinder Klavier spielen. Das Instrument ist zudem in Gemeinschaftseinrichtungen wie Schulen und Hotels ein Standardmöbel, im Zuge der globalen Ausbreitung westlichen Lebensstils wird es auch weltweit zur Massenware. Klaviere werden allerorten gebaut. Doch die Leipziger Fabriken liefern Impulse für die Verbesserung des Instruments. Johann Christian Gottlieb Irmler, der ab 1818 Tafelklaviere baut, spezialisiert sich später auf Stutzflügel, die ihres direkten Tons wegen von vielen Komponisten geliebt werden.[95] Clara Schumann wiederum schätzt ebenso wie Mendelssohn den weichen Klang der Instrumente von Johann Nepomuk Tröndlin, des Vaters des späteren Oberbürgermeisters in Leipzig, Carl Bruno Tröndlin.

In der Mitte des Jahrhunderts bringt ein Mann Leipzig endgültig in die Eliteliga des Klavierbaus: Julius Ferdinand Blüthner. 1824 wird er in Falkenhain geboren und beginnt im väterlichen Betrieb eine Lehre als Möbeltischler. Der frühe Tod des Vaters führt ihn in eine Zeitzer Klavierfabrik. Hier entflammt die Liebe zum Instrumentenbau, und im November 1853 – in jenem Jahr, in dem mit *Steinway* in New York und *Bechstein* in Berlin noch zwei weitere Nobelhersteller ihre Firmen gründen – wagt der nach Leipzig übergesiedelte Blüthner den Schritt in die Selbstständigkeit. Aus der kleinen Werkstatt mit drei Mitarbeitern in der Westvorstadt wird bald ein weit über die Stadt hinaus bekanntes Unternehmen. Schon 1863 bietet es Beschäftigung für 100 Arbeiter. In den folgenden acht Jahren werden drei neue Fabriken errichtet. Das Firmengelände umfasst in seiner größten Ausdehnung ein Areal von 55 000 Quadratmetern, das sich über ein ganzes Straßenviertel erstreckt. Trotz der Größe steht bei *Blüthner* von Anfang an nicht Masse, sondern Qualität im Vordergrund. Dafür entwickelt der Gründer eine eigene Mechanik, die für ihre Leichtgängigkeit gelobt wird – der spezielle warme Blüthner-Ton. Der erregt in der Musikwelt Aufmerksamkeit: 1867 erhält Blüthner auf der Pariser Weltausstellung einen ersten Preis, weitere elf Preise folgen.

Mitte der 1880er Jahre hat die Firma bereits mehr als 25 000 ihrer edlen Instrumente verkauft. Der Chef selbst arbeitet bis weit nach seinem 80. Geburtstag im Haus und kümmert sich, ganz in der Tradition vieler Unternehmer seiner Zeit, auch intensiv um die sozialen Belange der Arbeiter. Zuvor hat er ein weltweites Vertriebsnetz aufgebaut, in London, New York und Boston werden Verkaufsniederlassungen gegründet. Zur Jahrhundertwende ist *Blüthner* mit einer Jahresproduktion von mehr als 3000 Instrumenten einer der größten Klavierbauer der Welt. 1905, kurz nach dem 50-jährigen Jubiläum, zieht sich der Gründer zurück und übergibt seinen drei Söhnen die Geschäfte. Als er fünf Jahre später stirbt, liegt die geschäftliche Leitung bei Robert und die technische bei Max. 1932 geht das Unternehmen auf Roberts Adoptivsohn Rudolf Blüthner-Haessler über, dem Firmenchef der dritten Generation aber verbleiben nur wenige Jahre. Bei einem Bombenangriff brennt die Fabrik bis auf die Grundmauern nieder. Der nach 1945 mühsam wieder in Gang gebrachte Betrieb wird in der DDR verstaatlicht, erst 1990 erhält die Familie Blüthner wieder ihr Traditionsunternehmen zurück. Sechs Jahre später zieht man in eine neue vor den Toren Leipzigs gelegene Produktionshalle.

Doch zurück zum *Symphonion*. Scherze auf Kosten der Namen von Protagonisten verbieten sich eigentlich. Aber im Falle von Paul Lochmann muss man eine Ausnahme machen. Zweifellos hört auch Lochmann immer wieder derartige Witzchen, als er 1885 auf eine bahnbrechende Idee zur Wiedergabe von Musik kommt, die darauf basiert, auf welche Weise Löcher auf einer sich bewegenden Platte angeordnet sind. Die Löcher sind eine Codierung, mit der Metallzungen angesteuert werden. Hat die Platte ein Loch, ertönt Musik, gibt es kein Loch, bleibt es leise. Die revolutionäre Idee legt den Grundstein dafür, dass Musikwerke fortan ohne alles musikalische Können reproduziert werden können. Was später zur Schallplatte, zur

CD und zum Streaming führt, hat seinen Anfang zwar nicht ausschließlich, aber eben auch in Lochmanns Werkstatt. Dort tüftelt der gebürtige Zeitzer jahrelang an mechanischen Apparaturen für die Schule. Mit einigen hat er schon 1879 eine Goldmedaille auf der Weltausstellung in Sydney gewonnen. Doch Lochmanns Traum ist größer: Er will Musik konservieren, um sie zu gegebener Zeit wieder abrufen zu können. Weil andere von Ähnlichem träumen, gibt es bereits Vorarbeiten. In der Mitte des 19. Jahrhunderts wird erstmals mit der Walzenspieldose ein Toninformationsträger gefunden, der es ermöglicht, Musikstücke mehrfach hintereinander abzuspielen. In der Spieldose reißen die Stifte einer sich durch ein Federwerk drehenden Walze beim Abspielen einen Stimmenkamm an, so dass sich aus der Tonabfolge eine Melodie formt. Allerdings ist es extrem aufwendig, Walzen mit Stiften zu bestücken, zudem gehen die teuren Spieldosen schnell kaputt.

Lochmanns Platten haben im Vergleich dazu mehrere Vorteile: Sie sind stabiler und lassen sich in großen Stückzahlen herstellen. Erst jetzt wird der uralte Traum wirklich wahr. Musik lässt sich nun nach Hause holen und dort immer wieder abspielen – ohne die lästigen Zwischenschritte des anstrengenden Klavierunterrichts. Das Symphonion wird bald zum Firmennamen und zu einem gigantischen Erfolg. Immer wieder müssen die Fabrikanlagen in Gohlis erweitert werden. 1888 beschäftigt der Erfinder mehr als 200 Arbeiter, zehn Jahre später sind es schon 500, die jährlich zehntausende Apparate herstellen und in alle Welt verkaufen. Die *Symphonion Musikwerke* produzieren dabei nicht nur, sondern sorgen auch selbst für den Bedarf. Gaststätten erhalten Münzautomaten in Vitrinen, in denen die jeweils gewählte Platte über eine mechanische Apparatur angesteuert wird. Die 51 Zentimeter große Scheibe steht dabei senkrecht, während sich die Platten der kleineren Geräte für den Hausgebrauch waagerecht drehen und von Hand austauschbar sind. Einige hunderttausend *Symphonions* werden in Leipzig hergestellt. Doch der Aufschwung ist ebenso schnell vorbei, wie er begann. Fast gleichzeitig mit Lochmann erfindet 1887 Emil Berliner ein Verfahren, Töne mechanisch auf Wachsplatten zu fixieren, die immer weiter verfeinerte Grundidee der Schallplatte. Das aber ist eine andere Geschichte und sie spielt auch nicht mehr in Leipzig. Dass die in Hannover erfundene Schellackplatte Lochmanns *Symphonion* genau zur Jahrhundertwende den Todesstoß versetzt, passt in die große Erzählung der Leipziger Musikgeschichte. Langsam, aber merklich verschieben sich in diesen Jahren die Schwerpunkte in der Musikmetropole. Einst eherne Gewissheiten werden nach und nach aufgeweicht. Etwa jene, von der sich zum Anfang des 19. Jahrhunderts noch Franz Anton Hoffmeister leiten ließ: Wer im Musikgeschäft Erfolg haben will, kommt an Leipzig nicht vorbei, wusste damals der aus Wien zugezogene Verleger. Im neuen Säkulum aber wird dies nicht mehr uneingeschränkt gelten.

NEUBAUTEN IN DER GROSSSTADT

1868 bis 1895

Eine neue Kultstätte für die Wagnerianer · Johannes Brahms protestiert gegen die Abschaffung des Thomaner-Alumnats · Der Konzertsaal für das Gewandhausorchester begeistert alle · Wie die Musikpflege in neuen Gemäuern konserviert wird

Es wird eng in Leipzig, richtig eng. Schon Mitte des Jahrhunderts siedeln sich zahlreiche Fabriken außerhalb des Stadtkerns an oder weichen gar in die Vororte aus. Nicht nur die Zahl der Betriebe, auch die der Bevölkerung steigt rasant. Sind die 35 000 Einwohner in Bachs Todesjahr 1750 bis nach der Völkerschlacht eine Art natürlicher Deckel, so werden 1843, als das erste Bach-Denkmal eingeweiht wird, bereits 54 000 Einwohner gezählt. Zehn Jahre später, als Julius Blüthner seine Klavierbaufirma gründet, sind es schon 67 000. Im Jahr der Reichsgründung 1871 schließlich wird die Grenze von 100 000 überschritten. Leipzig ist zur Großstadt geworden. Nun setzt noch einmal eine ungeheure Dynamik ein, was sich in den nächsten Fünfjahresschritten zeigt: Von 1880 (149 000), 1885 (170 000), 1890 (295 000), 1895 (400 000) bis 1900 (456 000) verdreifacht sich innerhalb von nur zwanzig Jahren die Einwohnerzahl.

Weitsichtige Räte sorgen dafür, dass sich Leipzig baulich stets neuen Anforderungen anpasst. Schon am Ende des Siebenjährigen Krieges 1763 wird die Stadtbefestigung abgerissen, an ihre Stelle tritt ein 3,6 Kilometer langer Promenadenring. 1897 schleifen die Stadtväter die Pleißenburg, auf der Luther fast 400 Jahre zuvor seine Thesen verteidigt hat, damit auf dem Gelände das Neue Rathaus entsteht. Nicht zu vergessen die visionäre Großtat des Industriellen Karl Heine, der ab 1856 im Vorort Plagwitz einen Kanal als Teil einer Wasserstraße von der Elster zur Saale plant. Acht Jahre später wird der erste Abschnitt eingeweiht, 1887 ist der Bahnanschluss fertig, bald danach werden die Arbeiten eingestellt. Die Verbindung zur Saale wird zwar nie Realität, aber das Gesicht der Stadt verändert der Kanal, an dem sich unzählige Fabriken ansiedeln, nachhaltig. Leipzig ist am Ende des Jahrhunderts nicht nur Messe- und Handelsstadt, sondern auch ein wesentlicher Motor des stürmischen Wirtschaftswachstums im Kaiserreich.

Leipzig ist aber immer noch Musikstadt, und mit der schnell zunehmenden Einwohnerzahl wird auch das Selbstverständnis größer und die Wahrnehmung der eigenen Bedeutung stärker. So ist es keine Überraschung, dass gerade am überhitzten Ende dieses für die Musikhistorie so wichtigen Jahrhunderts jene Institutionen, die die Säulen der einheimischen Musikkultur bilden, allesamt nach neuen Gebäuden Ausschau halten. Denn die historischen Häuser, die noch aus Zeiten stammen, in denen deutlich weniger Menschen in der Stadt lebten, platzen mittlerweile aus allen Nähten.

Den Anfang macht das Theater. Das bekommt am 28. Januar 1868 am repräsentativen Augustusplatz einen Neubau. *Neues Theater* nennt sich der Musentempel. Der Name führt ein wenig in die Irre, denn der Neubau bleibt der Oper vorbehalten. Das nun *Altes Theater* genannte Haus an der Ranstädter Bastei wird zur Spielstätte fürs Schauspiel und zum Konzertort der *Euterpe*. Am Augustusplatz wiederum scheuen die Architekten weder Kosten noch Mühen für ein Opernhaus, das sich mit Paris und London messen kann. 2000 Zuschauer, davon 300 auf Stehplätzen, fasst der Saal, über den die Zeitschrift *Gartenlaube* schwärmt: »Das parfümerfüllte, blumenduftige, lichtstrahlende Foyer ward rasch zum Tummelplatz der Parade und auf seinem spiegelglatten Parquet feierten Coquetterie, Schönheit, Esprit, hier im Scherz, dort im Ernst, bald ihre Triumphe ebenso reich, so voll und unbestritten, wie bisher im Ballsaal oder im Salon.«[96]

Wer sich mit den Großen in der Welt messen will, muss große Namen anlocken. In Leipzig gelingt das mit dem Wiener Operndirektor Angelo Neumann. Schon sein Debüt mit *Lohengrin* zeigt 1876 seinen hohen Anspruch. In den Folgejahren formt Neumann das Haus zur führenden Wagner-Bühne. Unmittelbar nach der Bayreuther Uraufführung des *Rheingold*, des ersten Teiles der Tetralogie *Der Ring des Nibelungen*, bittet Neumann Wagner um die Aufführungsrechte für den *Ring*. Der Komponist, der in Bayreuth für sein Werk extra ein eigenes Festspielhaus bauen lässt, ist verständlicherweise skeptisch. Doch die angebotenen Tantiemen überzeugen ihn, so dass am 28. und 29. April 1878 in Leipzig die ersten beiden Teile des *Ring* aufgeführt werden. Weil Wagner dennoch misstrauisch ist, schickt er Spione in die Aufführungen. Die berichten nur Positives, weshalb sich der Komponist per Telegramm bei Neumann bedankt: »Heil Leipzig, meiner Vaterstadt, die eine so kühne Theaterdirektion hat.«[97] Und Franz Liszt, der extra aus Weimar kommt, wagt gar, seinem selbstsüchtigen Schwiegersohn zu schreiben: »Neumann hat seine Sache teilweise sogar besser gemacht als du in Bayreuth.«[98] Jetzt stimmt Wagner auch der Aufführung der beiden noch fehlenden Teile zu: *Siegfried* und *Götterdämmerung* werden für den 21. und 22. September 1878 angesetzt, aus ganz Deutschland treffen Vorverkaufsgesuche ein. Der Triumph nach den Aufführungen ist einzigartig. Denn Neumann ist nicht nur der erste Operndirektor, der den *Ring* außerhalb Bayreuths zeigt, er setzt auch künstlerische Maßstäbe. Die gilt es der Welt zu präsentieren: Nach dem Vorbild der Meininger Hofkapelle und ihrer ausgedehnten Tourneen unter Hans von Bülow bietet das *Wandernde Wagner-Theater* in den Jahren 1882 und 1883 unzählige *Ring*-Vorstellungen in ganz Europa. Unterwegs ist man wie die Meininger per Zug, in dem Operndirektor, Orchester, Chor, Solisten und Techniker fahren und zudem die komplette Ausstattung transportiert wird.

Repräsentativ soll auch ein weiterer Bau sein, der in dieser Zeit entsteht und weit über Leipzig hinaus strahlen soll. Normalerweise wäre der Neubau eines Gymnasiums und des dazugehörenden Internats in einer schnell wachsenden Großstadt keine Sensation. Doch bei dieser Bildungseinrichtung handelt es sich um die traditionsreiche

Thomasschule, in der die hygienischen Zustände zuletzt untragbar geworden sind. Darum beschließt der Rat kurzerhand den Bau einer neuen Schule in der Westvorstadt. Nach rekordverdächtig kurzer Zeit wird diese schon am 5. November 1877 eingeweiht. Das Alumnat aber, die Wohnstätte der Thomaner, wollen die Stadtväter am liebsten aufgeben, die jahrhundertealte Institution gilt als überkommen. Dass man damit gleich den ganzen Chor infrage stellt, ist den Räten nicht bewusst. Erst nach langen Protesten, denen sich auch auswärtige Komponisten wie Johannes Brahms anschließen, kommt die Sache noch einmal auf die Tagungsordnung und nach kurzer Beratung geben die Stadträte nach. Nun soll doch noch ganz schnell ein Alumnat errichtet werden, das die Formensprache der Neorenaissance der neuen Schule aufgreift. Zum Glück ist wenigstens ein geeigneter Bauplatz in unmittelbarer Nachbarschaft vorhanden. Gebaut wird die neue Unterkunft des Thomanerchores auch wieder in Rekordzeit. Schon nach viereinhalb Monaten, am 25. Oktober 1880, feiern die Sänger Richtfest, ein Jahr später beziehen sie ihre langersehnte neue Heimstatt und besingen dies ebenso wie Bachs Thomaner eineinhalb Jahrhunderte zuvor mit einer eigens komponierten Kantate.

Ebenfalls mit jeder Menge Musik und unter großem Brimborium wird am 11. Dezember 1884 im Beisein des sächsischen Königs der neue Konzertsaal des Gewandhausorchesters eingeweiht. Schon seit den 1860er Jahren denkt die Konzertdirektion immer wieder darüber nach, den zu engen und schlecht belüfteten alten Gewandhaussaal zu ersetzen, dessen Akustik nach Umbauten leidet. Dass der neue Konzertsaal dann nicht mehr der Stadt, sondern der Gewandhausdirektion selbst gehören soll, ist Konsens. Über andere grundsätzliche Fragen aber herrscht lange Uneinigkeit: Soll an der historischen Stätte in der Universitätsgasse ein moderner Saal errichtet werden? Oder wählt man einen anderen Ort als den des namensgebenden Gewandhauses – des Messehauses der Tuchmacher – und gibt damit möglicherweise den traditionellen Namen auf? In der Gründerzeit wagt man eine Lösung, die städtebaulich ein großer Wurf ist, im Namen aber an Althergebrachtes anknüpft. So entsteht vor den einstigen Toren der Stadt ein komplett neues Quartier, das später *Musikviertel* genannt wird.

Zentrum ist die neue Konzerthalle, die trotz des Ortswechsels ihren Namen behält und bald *Neues Gewandhaus* heißt. Dort haben die Leipziger auch wieder eine realistische Chance, ein Abonnementsplatz zu ergattern. Der große Saal bietet 1500 Zuhörern Platz, zudem gibt es erstmals einen Kammermusiksaal. Akustisch zählt der Bau zum Besten, was es in Europa zu erleben gibt. Gäste wie Johannes Brahms, Anton Bruckner, Igor Strawinsky, Richard Strauss und Peter Tschaikowski überschlagen sich regelrecht in ihrer Begeisterung. Zudem bietet der Saal viel Raum selbst für spätromantische Großbesetzungen. 104 Musiker und bis zu 300 Chorsänger können auf dem dreifach gestuften Podium Platz nehmen. Hoch oben prangt die große Orgel aus der Ludwigburger Werkstatt Walcker – ein modernes Konzertinstrument mit drei Manualen und 53 Registern, für die das Direktorium sogar einen Gewandhausorganisten beruft.

Drei Jahre nach dem Gewandhausorchester findet auch das Konservatorium im Musikviertel einen neuen Standort. Ein Umzug, der mehr als nötig ist: Seit der Gründung des Instituts sind die Schülerzahlen rasant angewachsen, zudem werden längst alle Orchesterinstrumente unterrichtet, so dass die Räume im *Königlichen Konservatorium der Musik*, wie das Institut seit 1876 heißt, längst zu klein sind. Auch hier zeigt der Bau den Weitblick der Verantwortlichen: Das von Hugo Licht im Stil der Spätrenaissance entworfene Gebäude, das am 5. Dezember 1887 eingeweiht wird, ist ein gelungener Kontrapunkt zum *Neuen Gewandhaus*. Äußerlich ist das Konservatorium mit seiner vollständig mit Naturstein verkleideten Fassade und der dreiläufigen Treppe ein Prachtbau, der viel über das Selbstbewusstsein der Leipziger an der Schwelle zum 20. Jahrhundert verrät. Innen definiert die Funktion das Gebäude. Unzählige unterschiedlich große Übungszimmer ermöglichen verschiedenste Arten des Unterrichts. Ein Orgelzimmer gibt es ebenso wie einen Konzertsaal[99] und zwei kleinere Säle mit Übungsbühnen.

Gäste, die Leipzigs Musikstätten im letzten Jahrzehnt des 19. Jahrhunderts besuchen, kommen aus dem Staunen nicht heraus. Überall künden prächtige Neubauten von der Bedeutung der jeweiligen Institution. Die Thomaner haben Bach als ihren Säulenheiligen entdeckt. Im Opernhaus vollführt Intendant Max Staegemann allabendlich den Spagat zwischen Anspruchsvollem und Kassenschlagern. Im Musikviertel sorgt die räumliche Nähe zwischen Gewandhausorchester und Konservatorium dafür, dass es vor Ort nicht an qualitativ herausragendem Nachwuchs mangelt.

Und dennoch schwebt in jenen Jahren ein eigentümlich rückwärtsgewandter Geist über der Stadt, die in jener Zeit erstmals anfängt, vom eigenen Ruhm zu leben und sich vielleicht auch auf den Lorbeeren auszuruhen. Angelo Neumann, jener Operndirektor, der Leipzig zum zweiten Bayreuth macht, verlässt die Stadt 1885, weil er in Prag bessere Entfaltungsmöglichkeiten sieht. Einen genialen Zukunftsmusiker wie Gustav Mahler lässt man an der Oper drei Jahre später sang- und klanglos ziehen. Vor allem der Mann an der Spitze des Gewandhauses steht für Konservatismus: Carl Reinecke, der 1860 mit 36 Jahren als Nachfolger des Schumann-Freundes Julius Rietz Gewandhauskapellmeister wird und in Personalunion auch Klavier, Komposition und Ensemblespiel am Konservatorium unterrichtet. Zunächst gilt der junge Reinecke mit seiner Vorliebe für Zeitgenossen als »zu modern«. Allerdings schätzen sowohl Musiker als auch Publikum Reineckes unprätentiöse Art, sich in den Dienst der Musik zu stellen und den in der Partitur notierten Willen des Komponisten höher zu gewichten als die genialische Individualität, mit der viele Dirigenten gern punkten. Mehr als drei Jahrzehnte später aber hat sich das Bild um 180 Grad gedreht. Nun gilt Reinecke als Idealbeispiel dafür, was passiert, wenn ein Verantwortlicher zu lange in einer Position verharrt. Mit der Musik eines Bruckner oder gar Mahler jedenfalls kann der Kapellmeister nichts anfangen. Weil er sich der Tradition verpflichtet fühlt, lässt er Neues nur widerwillig zu. Reinecke glaubt, damit Mendelssohns Geist konservieren zu können, und übersieht doch, dass er so erst recht jene Weltoffenheit verliert, die seinen berühmten Vorgänger einst ausgezeichnet hat.

Immer lauter wird ab 1890 die Kritik am Gewandhauskapellmeister und seinen Interpretationen. Eine Kritik, die oft ungerecht ist. Für den Dirigenten zudem eine schier unlösbare Tragik, die auszuhalten viel menschliche Größe verlangt. 1895, nach 35 Jahren, legt ihm die Konzertdirektion den Rücktritt nahe. Der 71-Jährige geht über die goldene Brücke, die ihm gebaut wird. Als Gewandhauskapellmeister zieht sich Carl Reinecke zurück, das Konservatorium leitet er noch weitere sieben Jahre. 1902 aber, mit 78 Jahren, setzt sich jener Mann, der einst noch mit Schumann diskutierte und der das Leipziger Musikleben jahrzehntelang prägte, endgültig zur Ruhe. Es ist das Jahr, in dem in Wien Arnold Schönberg seine sinfonische Dichtung *Pelleas und Melisande* komponiert – das Wetterleuchten einer neuen Zeit, die sich auch in Leipzig ankündigt. Für diese neue Zeit haben an der Schwelle zum 20. Jahrhundert viele engagierte junge Künstler unzählige spannende Konzepte in der Tasche. Althergebrachtes zu pflegen, wie dies für Carl Reinecke 35 Jahre lang Ehrenpflicht war, gehört jedoch für kaum einen von ihnen zu den dringenden Herzensbedürfnissen.

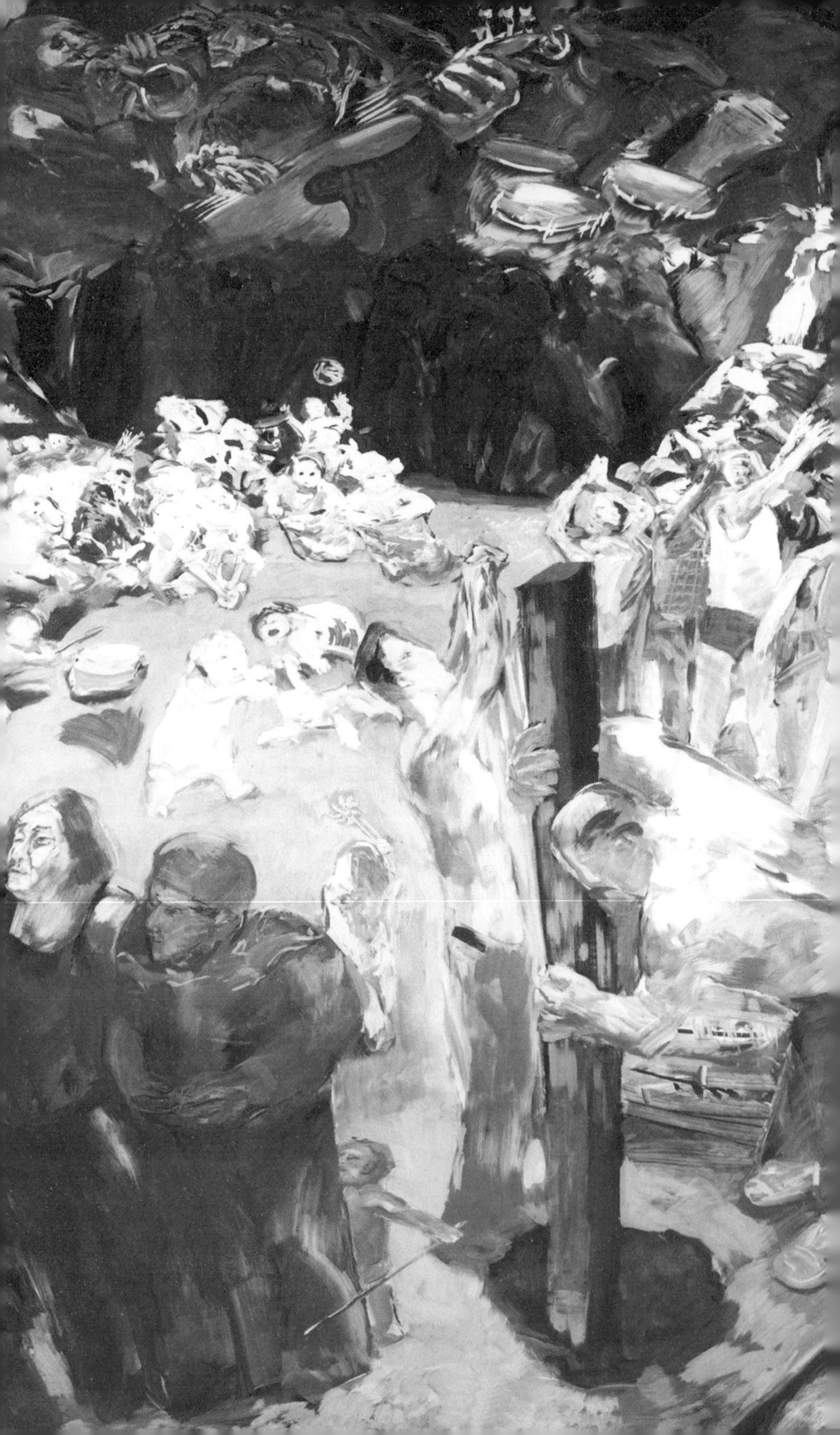

Teil Drei

MÄCHTE DER FINSTERNIS.

LIED VOM GLÜCK

AUF REISEN

1895 bis 1922

Der Interpret löst den Komponisten ab · Der alte Bekannte Arthur Nikisch und die neue Zeit · Vom Militärdienst beurlaubte Gewandhausmusiker · Die Geburt einer Tradition: Mit Beethovens Neunter ins neue Jahr

Es ist schwierig, eine neue Epoche an einem einzelnen Datum festzumachen. Einen Tag benennen zu wollen, an dem sich Neues von Altem klar scheidet, offenbart wenig historisches Verständnis. Veränderungen ziehen sich vielmehr über einen längeren Zeitraum hin. Es ist die Summe von vielen kleinen Schritten, es ist die sprichwörtliche Stimmung, die in der Luft hängt. Manchmal sind es aber auch nur neue Moden, die dazu führen, dass das, was lange fest zementiert scheint, plötzlich infrage gestellt wird: zunächst von wenigen, die als Avantgardisten ihrer Zeit voraus scheinen, später von einer immer breiteren Masse, und irgendwann werden die letzten, die am Althergebrachten festhalten, als »Ewiggestrige« betitelt. Der Übergang zum 20. Jahrhundert führt in der gesamten Musikwelt solch einen Wandel mit sich, der zunächst auf leisen Sohlen daherkommt, später aber nicht mehr zu übersehen ist. Standen bislang vor allem die Komponisten und ihre Werke im Vordergrund, so werden nun die Interpreten und ihre eigene Sicht auf das schon bestehende Repertoire immer wichtiger.

Es ist kein Zufall, dass das Leipzig der Moderne keinen Komponisten vorzuweisen hat, der im Musikbetrieb auch nur ansatzweise jenen Rang einnimmt, den in vorherigen Jahrhunderten etwa Bach oder Mendelssohn beansprucht haben. Sicher: Im 20. Jahrhundert lebt Max Reger hier, und mit Hanns Eisler wird 1898 in Leipzig sogar jemand geboren, den der sozialistische Staat später am liebsten zum Nationalkomponisten erheben würde. Doch für die Geschichte der Musikstadt sind dies nur noch Randnotizen. Denn schleichend, aber unumkehrbar haben sich die Rollenbilder verschoben. Nicht die Individualität des Tonsetzers ist jetzt das Entscheidende, sondern die Individualität des Interpreten, der Bekanntes gleichsam immer wieder neu entdeckt. Dass Leipzig auch im 20. und 21. Jahrhundert unumstritten eine Musikstadt ist, liegt daran, dass hier gleich eine ganze Reihe von Interpreten von Weltruhm wirken – allen voran die großen Dirigenten in Gewandhaus, Oper und Rundfunk, aber auch unzählige andere Musiker, die mit ihren Ideen der Stadt immer wieder neue Impulse geben.

Im Gewandhaus beginnt diese neue Zeit, als 1895 ein alter Bekannter nach Leipzig zurückkehrt. Schon zwischen 1878 und 1889 hatte Arthur Nikisch als Kapellmeister am Theater, zum Teil unter den eifersüchtigen Blicken des Kollegen Gustav Mahler, für Furore gesorgt. Die von ihm organisierte Uraufführung von Anton Bruckners *Siebter Sinfonie* im Jahr 1884 – Nikisch war zu dieser Zeit noch keine 30 Jahre alt – hat den Grundstein für eine atemberaubende Dirigentenkarriere gelegt. Insgesamt sechs Jahre in Boston und Budapest haben den Ungarn zu einem Weltstar geformt, als er mit gerade erst 40 Jahren zum Gewandhauskapellmeister ernannt wird. Bis zu seinem Tod im Jahr 1922 bleibt Nikisch diesem Amt treu – 27 Jahre, in denen er das moderne musikalische Leipzig entscheidend gestaltet. Dabei macht der Dirigent im Konzerthaus einfach nur dort weiter, wo er sechs Jahre zuvor im Theater aufgehört hat. Da aber im Gewandhaus unter seinem Vorgänger Zeitgenössisches kaum eine Rolle spielte, verschieben sich dort jetzt die Proportionen. Bruckners Musik wird zu einer der tragenden Säulen des Repertoires, in der Saison 19/20 dirigiert Nikisch sogar sämtliche Sinfonien des Österreichers. Auch für die Zeitgenossen ist genügend Platz: Strauss, Mahler und Reger stehen ebenso auf dem Programm wie Schönberg.

Ihren Dirigenten aber müssen sich die Leipziger teilen. Nicht nur mit den Berliner Philharmonikern, die er noch parallel leitet, sondern mit der ganzen Welt, denn der Gewandhauskapellmeister tritt auf vielen internationalen Podien auf. »Nikisch verkörpert als einer der ersten seines Fachs den modernen Typ des international gefeierten Reisedirigenten«[1], beschreibt die Musikforschung jenes Phänomen, das im 21. Jahrhundert Standard ist, aber einhundert Jahre zuvor noch Seltenheitswert besitzt. Da ist es eigentlich nur folgerichtig, dass der Vielreisende irgendwann auf die Idee kommt, nicht nur selbst als Dirigent auf Tournee zu gehen, sondern auch das Gewandhausorchester in die Welt zu schicken: als Botschafter der Musikmetropole, um maßstabsetzende Interpretationen auch international zu präsentieren. Das ist genau genommen keine neue Idee. Sein Berliner Vorgänger Hans von Bülow war 1880 als Chef der Meininger Hofkapelle auf den kunstsinnigen Herzog Georg II. gestoßen, der es als kulturpolitische Herausforderung betrachtete, seine Theaterreform in die Welt zu tragen. Die Berichte über die Reisen der Meininger Schauspieler sind legendär: Innerhalb von 16 Jahren spielt die Gruppe 2591 auswärtige Aufführungen von 41 Werken. Bis zu 20 Zugwaggons mit Kulissen, Requisiten und Kostümen führt man mit sich. Mit ihren Prinzipien von Genauigkeit, Werktreue und Ensemblebildung verändern »die Meininger« die Theaterwelt nachhaltig. Bülow hat es daher leicht, diese Pläne auf Orchestertourneen zu übertragen. Kern sollte das klassische Repertoire in beispielhaften Aufführungen sein. 1881 wird eine Probetournee angesetzt, im Januar darauf folgt die erste Reise der Meininger Hofkapelle nach Berlin und Hamburg. Keine Frage, dass Bülow nach seinem Wechsel in die Reichshauptstadt 1887 auch sein neues Orchester reisen lässt. Die Berliner Philharmoniker werden unter ihm zum führenden Tourneeorchester Deutschlands, und natürlich belässt es auch Arthur Nikisch dabei, als er 1895 Bülow in Berlin beerbt.

In Leipzig aber, wo ebenfalls zahlreiche Anfragen auswärtiger Veranstalter eingehen, lehnt man derartige Gesuche rigoros ab. Wenn das Orchester außerhalb seiner Heimatstadt spiele, ginge die Exklusivität verloren, so die Begründung. 1913, zum 100. Geburtstag Wagners, trifft sogar eine Einladung aus Bayreuth ein – wieder wird sie ausgeschlagen. Dergleichen auch ein paar Monate später, als das Auswärtige Amt eine Konzertreise nach Südamerika vorschlägt. Erst mitten im Ersten Weltkrieg, im Herbst 1916, gibt die Gewandhausdirektion ihren Grundsatz auf. Anlass ist die immer aussichtsloser werdende Lage, die nach den militärischen Katastrophen von Verdun und an der Somme zum Stimmungsumschwung im Volk führt. Im »Steckrübenwinter«, der nach einer Missernte im November 1916 beginnt, hungert und friert ganz Deutschland bei Temperaturen von bis zu 31 Grad minus. Die in Leipzig lebende australische Pianistin Ethel Cooper schreibt in jener Zeit an ihre Schwester: »Es gibt keine Kohle mehr, die meisten Häuser sind ohne elektrisches Licht, die Straßenbahnen fahren nicht mehr oder nur am frühen Morgen. Alle Theater, Schulen, die Oper, das Gewandhaus, Konzerthallen und Kinematographen sind geschlossen – man kann weder Kartoffeln noch Rüben bekommen.«[2]

Es ist der junge Diplomat Harry Graf Kessler, der vor diesem Hintergrund darum wirbt, die großen Kulturinstitutionen in den Propagandakrieg um die neutrale Schweiz einzubeziehen. Bei den Verhandlungen agiert er überaus geschickt. Zunächst spricht er mit Nikisch. Der ist mittlerweile Experte, was Orchesterreisen betrifft. Nicht nur, dass er in Berlin Bülows Tourneeprogramm übernommen hat, auch mit dem *Boston Symphony Orchestra* ist er zuvor schon regelmäßig gereist. Zwei Jahre vor dem Ersten Weltkrieg überquerte er gemeinsam mit dem *London Symphony Orchestra* sogar den Atlantik. Dass eine Reise in die Schweiz für das Leipziger Orchester vorteilhaft wäre, muss Kessler dem Gewandhauskapellmeister darum nicht zweimal sagen. Von den Lokalpolitikern ist vor allem Oberbürgermeister Rudolf Dittrich offen für das Argument, dass durch die Konzerte Deutschland profitieren würde. Die Bedenken des Theaterintendanten, der Einnahmeverluste seines Hauses befürchtet, wischt man vom Tisch. Die Zusage knüpft Nikisch jedoch an eine Bedingung. Mindestens 85 Musiker müssen auf Reisen gehen, was der Personalstärke des Orchesters vor Kriegsausbruch entspricht. Das aber geht nur, wenn auf Musiker zurückgegriffen werden kann, die im Felde stehen. Einige Zeit lang feilschen die Verhandlungspartner über Freistellungen, dann werden 14 Männer vier Wochen lang vom Militärdienst beurlaubt.

Das Risiko des Diplomaten Kessler bleibt es, die Konzerte zu füllen. Wie das Publikum ein Orchester aus Deutschland aufnehmen würde, ist schwer zu beurteilen. Darum liegt das Augenmerk vor allem auf dem ersten Konzert in Bern: Zwar ist es für die 500 Bediensteten der deutschen Gesandtschaft eine Pflichtveranstaltung, aber auch die restlichen 1000 Karten werden schnell verkauft – selbst aus der französischsprachigen Schweiz reisen Musikliebhaber an, um den weltberühmten Dirigenten und sein Orchester zu hören.

Man mag den Gewandhauskapellmeister, der in der Fremde nationale Töne eigentlich vermeiden will, keinesfalls um eine Entscheidung beneiden, die er am vorletzten Tourneetag treffen muss. Am Vorabend ist der österreichische Kaiser Franz Joseph und damit das Staatsoberhaupt des wichtigsten deutschen Verbündeten gestorben. Vom Orchester wird eine Ehrerbietung erwartet, die aber darauf Rücksicht nehmen muss, dass man sich auf neutralem Boden befindet. Nikisch findet eine salomonische Lösung, verzichtet auf pathetische Reden und lässt stattdessen zu Beginn des Konzertes den Trauermarsch aus Beethovens *Eroica* spielen – ein Werk, das an diesem Abend gar nicht auf dem Programm steht. Selbst kritische Medien, die zuvor noch über Kesslers Propagandacoup gemurrt hatten, sind angesichts von so viel Feingefühl beeindruckt. Nikisch und seine Musiker jedenfalls können ihrem Oberbürgermeister stolz vom Erfolg in der Fremde berichten.

Es bedurfte zweifellos solch einer Premiere, damit die Gewandhausdirektion ihre Abneigung gegen Reisen schlagartig ad acta legt. Kaum sind die Musiker wieder zu Hause, von einer Welt ohne Zumutungen in Form von Lebensmittelkarten und Ersatzstoffen schwärmend, beginnen Kessler und Nikisch bereits mit den Planungen für die nächste Tournee. Die führt das Orchester zusammen mit Sängern des Opernchores im April 1917 erneut in die Schweiz. Auf dem Programm steht mit Johannes Brahms' *Deutschem Requiem* ein Werk, das angesichts der Kritik am deutschen Artilleriebeschuss der Kathedrale von Reims eine symbolische Geste ist: Nikisch will mit dem Bekenntniswerk Deutschland als Kulturnation präsentieren. Dass dies für ihn keineswegs nur eine leere Phrase ist, zeigt der Gewandhauskapellmeister in jenen Jahren öfter. Schon 1915 entwickelt er mit dem Dirigenten Barnet Licht eine visionäre Idee: Das Arbeiterbildungsinstitut soll Konzerte im Gewandhaus organisieren, für die Arbeiter nur einen Eintrittspreis von 60 Pfennig zahlen. Lichts Pläne einer Musikvermittlung außerhalb des bürgerlichen Milieus werden später in der DDR wieder aufgenommen. Betriebsanrechte und Theaterbusse bilden die Grundlage dafür, dass dieses Land, das allein schon historisch durch die deutsche Kleinstaaterei bedingt ein immens dichtes Netz an Theater und Orchestern hat, später auch noch die weltweit meisten Konzertbesucher vorweisen kann.[3]

Das bewegendste Konzert der Reihe für das Arbeiterbildungsinstitut ist die *Friedens- und Freiheitsfeier*, die Nikisch am 31. Dezember 1918 in der Alberthalle dirigiert. Barnet Licht und Rudolf Franz, Redakteur der sozialdemokratischen *Leipziger Volkszeitung*, wünschen sich für diesen Tag, dass die Arbeiter das neue Jahr würdig und nicht im Alkoholrausch begrüßen sollen. Was aber wäre da besser geeignet als Beethovens *Neunte Sinfonie*? Um genau zur mitternächtlichen Stunde das »Seid umschlungen, Millionen« als Losung für das neue Jahr erklingen zu lassen, beginnt die Aufführung mit dem Gewandhausorchester und einer ganzen Reihe Leipziger Chöre erst um 23 Uhr. Tief bewegt vernehmen im restlos überfüllten Saal mehr als 3000 Menschen einer kriegsmüden und zerbrochenen Generation Beethovens Botschaft der Freiheit und der Verbrüderung – unter ihnen sicher nicht wenige, die Kriege in Zukunft verhindern wollen. Der historische Rang dieser musikalischen Kundgebung spiegelt sich in den Kritiken wider. Nie sei Beethovens *Neunte* so zeitgemäß wie heute, heißt es im *Leipziger Tageblatt*: »Diejenigen, die in der Novemberrevolution die Erlösung erblicken, werden in ihrer Seele beim Lied an die Freude die Resonanz empfinden, die anderen werden ihre Sehnsucht nach der Lösung aller Wirrnisse, nach dem Frieden im Land in das Werk strömen lassen – ergreifen aber muss es heute alle, da wir zu keiner Zeit leidenschaftlicher um unser Schicksal rangen als jetzt.«[4]

Mehr als alles andere offenbart dieses Konzert, dass das Attribut Musikstadt auch im modernen und politisch äußerst linken Leipzig, der nun schon fünftgrößten Stadt im Deutschen Reich, von einer breiten Allgemeinheit getragen wird. Während nämlich in Berlin zur selben Zeit der Startschuss für den bewaffneten kommunistischen Aufstand gegeben wird, der ein »Sowjetdeutschland« zum Ziel hat, sitzen in Leipzig tausende nicht minder radikale Arbeiter im Konzertsaal und wagen angesichts von Beethovens Musik den Traum von einer besseren Welt, die ohne Gewalt erreicht werden kann. Was Nikisch wohl nicht einmal selbst ahnt: Er wird an jenem Silvesterabend zum Geburtshelfer einer Tradition, die schnell von Leipzig aus in aller Welt Fuß fasst. Beethovens *Neunte* zieht in die Kultur von Gedenkfeiern ein und ist bis heute nicht mehr von politischen Anlässen zu trennen. Hermann Scherchen, Wilhelm Furtwängler und Bruno Walter führen in Leipzig zunächst die Silvesteraufführungen der *Neunten* unter der Ägide des Arbeiterbildungsinstitutes fort. Die beiden deutschen Diktaturen übernehmen anschließend gleichermaßen das »Freude, schöner Götterfunken« für ihre Jubelorgien. Und auch die Vertreter erst der Bonner, dann der Berliner Republik schmücken sich gern mit Beethoven, wenn es etwas zu feiern gibt.

AM ENDE DER KRÄFTE

1907 bis 1916

Max Reger verausgabt sich · Hungrige Blicke vor den Scheiben der Cafés · Der glücklose Universitätsmusikdirektor · Das »unliebenswürdige« Gewandhaus lehnt eine Uraufführung ab

Nur ein halbes Jahr bevor das Gewandhausorchester erstmals auf Tournee geht, schaut am 11. Mai 1916 die gesamte Musikwelt auf Leipzig. Davon ahnt am Tag zuvor aber noch niemand etwas. Am 10. Mai 1916 ist es äußerst kühl und regnerisch. Das Thermometer zeigt acht Grad Celsius, als am erst wenige Monate vorher vollendeten Hauptbahnhof der Vormittagszug aus Jena eintrifft. Seit gut einem Jahr lebt der einstige Leipziger Universitätsmusikdirektor Max Reger in der Saalestadt, von dort aus fährt er regelmäßig in seine frühere Wahlheimat Leipzig. Wie an jedem zweiten Mittwochvormittag steigt der 43-jährige auch am 10. Mai hastig aus der Bahn und eilt – womöglich müder als sonst, denn zehn Tage zuvor wurde erstmals in Deutschland die Sommerzeit eingeführt – durch die Hallen des größten europäischen Kopfbahnhofs. Sein Ziel ist zunächst das Haus seines Freundes Adolf Wach, um dort Mittag zu essen. Später läuft er zum *Königlichen Konservatorium der Musik*, wo er auch nach seiner Berufung zum Meininger Hofkapellmeister noch Komposition lehrt. Regers Meisterklasse ist das Aushängeschild der Institution. Wer hier lernt, kann sich lebenslang damit schmücken. Hermann Grabner, Karl Hoyer, Hermann Keller, Othmar Schoeck und Jaromír

Weinberger sind nur fünf von insgesamt 200 Meisterschülern, die der gebürtige Oberpfälzer in neun Jahren unterrichtet.

Schon 1911, als er noch in Leipzig lebt, ist Regers Arbeitspensum ebenso legendär wie sein Alkoholkonsum. Immer wieder raten ihm Freunde, deutlich kürzerzutreten. Dann zieht er nach Meiningen um und reist trotzdem einmal wöchentlich nach Leipzig. Nach Unterrichtsende um 20 Uhr nimmt er den Nachtzug, kommt weit nach Mitternacht in Meiningen an und besucht dort noch sein Stammlokal, bevor er wenige Stunden schläft und am nächsten Vormittag wieder die Hofkapelle dirigiert. Als der Komponist im Februar 1914 bei einem Konzert zusammenbricht, verringert er sein Lebenstempo zumindest ansatzweise. Nach einer Kur in Südtirol legt er das Meininger Amt nieder und zieht nach Jena. Von dort aus fährt er nur noch alle zwei Wochen nach Leipzig, um sich hier jedes Mal zwei Tage lang aufzuhalten – als Übernachtung bucht er stets ein Zimmer im Hotel *Hentschel* am Roßplatz.

Für den Abend des 10. Mai 1916 hat er sich mit Freunden, darunter Thomaskantor Karl Straube, im *Café Hannes* verabredet. Zuvor trifft er sich mit dem Verleger Henri Hinrichsen, um Geschäftliches zu besprechen. Weil dem Komponisten offensichtlich unwohl ist und er über Magenschmerzen, Atemnot, Herzbeklemmungen und Schweißausbrüche klagt, begleitet ein Sohn des Verlegers den Komponisten ins Café. Dort angekommen, werden die Freunde Zeugen, wie Reger mehrfach Tütchen mit Morphiumpulver kauft – dass der Wirt des *Hannes* mit Morphium handelt, ist in der Leipziger Bohème ein offenes Geheimnis. Der tief besorgte Straube überredet seinen Freund, sich im Hotel zu Bett zu legen. Dort angekommen, verabreicht ein herbeigerufener Arzt dem Schwerkranken eine Morphiuminfusion.

Als der Mediziner am nächsten Morgen an das Krankenbett zurückkehrt, ist Max Reger bereits tot. Wie ein Lauffeuer verbreitet sich an diesem 11. Mai erst in Leipzig und dann in der Welt die Nachricht vom Ableben des berühmten Komponisten. Noch am gleichen Tag schreibt Adolf Wach, jener Freund, bei dem Reger tags zuvor zum Mittagessen eingeladen war, an seinen Schwiegersohn Albrecht Mendelssohn Bartholdy, den Enkel des berühmten Komponisten:

»Mein lieber Albrecht! Ich komme eben von Regers Totenbett. Er lag noch so, wie man ihn am Morgen gefunden hatte: etwas tief herabgesunken, aber nicht übergebeugt, auf dem Rücken, ohne irgendwelche Spuren eines Kampfes oder einer Not; der Ausdruck ganz ruhig und lebensvoll; in der Hand eine Zeitung. Der rechte Arm ist herabgesunken gewesen; den hatte man hinaufgelegt. Das Licht hatte am Morgen noch gebrannt. Das alles deutet auf einen plötzlichen, schmerzlosen Tod.«[5]

Es ist eine eigenartige Zeit, das Frühjahr 1916, in dem Reger stirbt. Noch funktionieren die Durchhalteparolen, noch glauben die Deutschen an den »Siegfrieden«. Vom Krieg ist in Leipzig wenig zu spüren. Eine ganze Reihe repräsentativer Bauten, deren Planung weit zurückliegt, werden in diesem Jahr eingeweiht. Das bürgerliche Leben geht seinen gewohnten Gang. Im *Kaffeehaus Felsche* an der Grimmaischen Straße herrscht Hochbetrieb – lediglich Gardinen muss der Besitzer auf polizeiliche Anweisung anbringen, um die Gäste vor allzu hungrigen Blicken von außen zu schützen. Doch nach Frieden sieht das Leben auch nicht aus: Es braucht nur einen Funken, um das Elend der vor den Schaufenstern Stehenden in Aufruhr zu wandeln. Am gefährlichsten ist es in diesen Wochen in den Schlangen vor den Geschäften – »Lebensmittelpolonaise« nennt sie der Volksmund. Schuld trägt die Regierung: Weil sie von einem kurzen Krieg ausgeht, gibt es 1914 keinerlei Vorkehrungen. Die Nahrungsmittelvorräte sind bereits in den ersten Kriegsmonaten aufgebraucht. Als sich ein längerer Krieg abzeichnet, wird das liberale Wirtschaftssystem durch eine vom Staat kontrollierte Planwirtschaft ersetzt. Im Februar 1916 sind alle Grundnahrungsmittel rationiert. Das stärkt jene politischen Kräfte, die dem Kaiserreich schon immer kritisch gegenübergestanden haben: auch den vom Leipziger Reichstagsabgeordneten Karl Liebknecht geprägten linken Flügel der Sozialdemokratie. Mehrfach wird die *Leipziger Volkszeitung* verboten, weil sie sich nicht vom »Hochverräter« Liebknecht distanziert. Am 1. Mai rufen seine Anhänger zu Demonstrationen auf, Tausende legen daraufhin die Arbeit nieder und treffen sich zur größten Demonstration seit Sommer 1914. Doch noch bleibt es friedlich in Leipzig. Aber schon am 13. Mai, zwei Tage nach Regers

Tod, ändert sich das. Nachdem aus anderen Großstädten immer häufiger Plünderungen gemeldet werden und es in Chemnitz sogar zu größeren Krawallen gekommen ist, stürmen Frauen und Kinder auch im Leipziger Westen Lebensmittelgeschäfte. In Windeseile greifen die *Hungerkrawalle* auf die ganze Stadt über, nur massiver Polizeieinsatz verhindert einen flächendeckenden Aufstand.

Noch neun Jahre zuvor sind derartige Szenen in Leipzig, wo dank sozialer Visionäre wie Barnet Licht selbst ärmste Arbeiter Zugang zu Bildung und Kultur erhalten, schlicht und einfach undenkbar. 1907, als es einer Lobby aus Freunden, Förderern und Fans gelingt, den damals 34-jährigen Reger in Doppelfunktion als Universitätsmusikdirektor und Professor für Komposition zu gewinnen, ist die ehrgeizige Metropole die am schnellsten wachsende Großstadt Deutschlands. Zum selbstbewussten Anspruch gehört, dass in der Musikstadt auch die Grundlage für eine wissenschaftliche Beschäftigung mit Musik gelegt wird. Lehrstühle für Musikgeschichte gibt es schon länger – auch in Leipzig, wo Oskar Paul ab 1867 lehrt. Aber es bleibt das Verdienst seines Schülers Hugo Riemann, die Musikwissenschaft als universitäre Disziplin aufzubauen. Ab 1895 lehrt der Thüringer in Leipzig, zehn Jahre später wird er zum Professor ernannt, 1908 gründet er das *Collegium musicum* – den Vorgänger des späteren Instituts für Musikwissenschaft.

Dabei spricht anfangs fast alles dagegen, dass der Universalgelehrte an seinem Studienort ein neues akademisches Fach aus der Taufe heben kann. Riemanns Dissertation *Über das musikalische Hören* wird nämlich in Leipzig abgelehnt, der junge Forscher promoviert daraufhin in Göttingen. Die folgenden Wanderjahre führen ihn in den 1880er Jahren ans *Hamburger Konservatorium*, wo er mit der Arbeit an seinem Opus ultimum beginnt, dem bis heute immer wieder aktualisierten *Riemann Musik-Lexikon*. In diese Zeit fällt auch die Begegnung mit dem 15-jährigen Max Reger, den der Musikgelehrte in der vierten Auflage seines Lexikons 1894 ein »reiches, vielversprechendes Kompositionstalent«[6] nennt. Den Kontakt hat Regers Orgellehrer Adalbert Lindner organisiert. Der fast 50-jährige Riemann findet Interesse am jungen Künstler, rät ihm, sich nicht von Wagner beeinflussen zu lassen und unterrichtet Reger schließlich als Privatschüler, der seinem Lehrer dann nach Sondershausen und Wiesbaden folgt. Darum gehört auch Hugo Riemann zu jenen Männern, die im Frühjahr 1907 dem inzwischen geachteten Komponisten gleich zwei Stellen an Universität und Konservatorium anbieten. Das Argument, dass der Katholik Reger für die Stelle des Universitätsmusikdirektors nicht geeignet sei, wird vom Tisch gewischt. Zum einen ist Reger exkommuniziert, seit er 1902 die geschiedene Protestantin Elsa von Bercken geheiratet hat. Zum anderen werden die Aufgaben des Universitätsmusikdirektors von denen des Universitätsorganisten entflochten. Reger soll hauptsächlich für die akademischen Festmusiken zuständig sein und die Universitätssängerschaft zu St. Pauli – den Männerchor *Paulus* – leiten.

Die pragmatische Trennung wird bis in die Gegenwart hinein Bestand haben. Als im Jahr 2017 die Universität fast fünfzig Jahre nach der Sprengung der Universitätskirche wieder ein geistliches Zentrum erhält, obliegt es dem Universitätsorganisten Daniel Beilschmidt, die Orgeln im *Paulinum* zu spielen, während Universitätsmusikdirektor David Timm den 1926 gegründeten Universitätschor leitet. Sein Vorgänger Reger hat mit dem ehrenvollen Amt weniger Glück und verzweifelt vor allem an den Sängern. Nach nur 18 Monaten reicht er sein Entlassungsgesuch ein, am 1. November 1908 stimmt die Universität zu. Seine Dienste aber hat man sich in Leipzig mit einem Coup gesichert: Ein großzügiges Stipendium des Verlegers Hinrichsen ermöglicht es Reger, seine kräftezehrende Konzerttätigkeit einzuschränken und sich der Komposition großer sinfonischer Werke zu widmen.

Ohne Zweifel zählt Max Reger nun zu den bekanntesten Komponisten des Landes. In der Musikmetropole, die auch ein Zentrum der Musikkritik ist, gehen die Rezensenten aber nicht gerade zimperlich mit ihm um. Der Künstler selbst wird deswegen immer dünnhäutiger und ärgert sich über jede noch so kleine kritische Bemerkung. 1911, als er zum Meininger Hofkapellmeister ernannt wird, entschließt er sich darum, Leipzig zu verlassen. Seinem Freund Adolf Wach schreibt er: »Weshalb ich aus Leipzig weggehe? Erstens, weil ich hier gar keinen, absolut keinen Einfluss in musikalischen Dingen habe. Zweitens, weil ich in keiner Stadt Deutschlands von der Kritik derart angerempelt werde, wie es hier geschieht.«[7] Es passt ins Bild, dass die letzte »Anrempelei« ihm als Komponisten gilt: Im Winter 1914/15 bietet er dem Gewandhaus seine *Vaterländische Ouvertüre* zur Uraufführung an. Doch die Direktion lehnt ab – mit der Begründung, dass es noch nicht so weit sei, den Choral *Nun danket alle Gott* anzustimmen. Reger, der verschnupft reagiert (»Es wird lange dauern, bis ich diese Unliebenswürdigkeit des Gewandhauses mir gegenüber vergessen habe«)[8] wird so das Opfer jenes Wandels, der sich am Anfang des 20. Jahrhunderts im Musikbetrieb vollzieht: Die Komponisten geraten, anders als die Interpreten, inzwischen in den Hintergrund. Die Uraufführung eines Werkes von Mendelssohn abzulehnen, hätte man zu dessen Lebzeiten wohl niemals gewagt. 1914 aber gelten selbst für einen Max Reger, der vom »reichen, vielversprechenden Talent« zu einem der meistgespielten deutschen Komponisten geworden ist, andere Regeln. Die Geschichte zwischen ihm und der Musikstadt findet am Morgen des 11. Mai 1916 ein Ende, und es ist kein glückliches.

MUSIK FÜR ALLE

1924 bis 1931

Leipzig wird Rundfunkstadt · Alfred Szendrei macht das Leipziger Sinfonieorchester zum Vorzeigeorchester · Ein politischer Witz und Rettung in letzter Sekunde

Niemand weiß, wie viele Menschen am 1. März 1924, dem Vortag der Eröffnung der Frühjahrsmesse, jene Worte hören, die verheißungsvoll durch den Äther rauschen: »Hallo, hallo – hier ist Leipzig, hier ist der Leipziger Messamtssender der Reichs-Telegraphen-Verwaltung für Mitteldeutschland, wir senden auf Welle 450.« Sehr viele werden es wohl nicht gewesen sein, denn bisher hält sich die Senderauswahl im Deutschen Reich in Grenzen. Die Messestadt ist erst die zweite Rundfunkstadt. Gerade einmal vier Monate zuvor hatte am 29. Oktober 1923 in Berlin mit der Radiostunde im Vox-Haus der erste deutsche Unterhaltungssender den Betrieb aufgenommen.

Die Wahl fällt nicht zufällig auf Leipzig: Die junge Funkindustrie will während der Messe anhand eines laufenden Radioprogramms die Leistungsfähigkeit ihrer Neuheiten präsentieren. Die am 22. Januar 1924 gegründete *Mitteldeutsche Rundfunk AG (MIRAG)* vereint alles, was in der Stadt Rang und Namen hat: die Handelskammer, die Funkamateurvereinigung, den Verkehrsverein, die Rundfunkhändler und die Tagespresse. Hauptaktionär wird Edgar Herfurth, der Herausgeber der *Leipziger Neuesten Nachrichten*, der größten deutschen Tageszeitung außerhalb Berlins. Im dicht besiedelten Mitteldeutschland sind die Bedingungen für die *MIRAG* günstig. Von den neuartigen verstärkerlosen Rundfunkgeräten kann der Sender bis zu einem Umkreis von 30 Kilometern empfangen werden, was für sprunghafte Nachfrage sorgt. Hatten sich am 1. Januar 1924 erst 1580 Hörer in ganz Deutschland angemeldet, so gibt es schon im Juni 6000 Interessenten allein in Leipzig. Ein Jahr später, die Rundfunkgebühren sind mittlerweile von fünf auf zwei Mark pro Monat gesenkt, verzeichnet der Sender bereits über 100 000 zahlende Hörer.

Das Programm der zunächst nur drei bis vier live produzierten Funkstunden ist eine ausgewogene Mischung aus Wort und Musik. Am Vormittag überwiegen Wirtschaftsnachrichten mit Börsennotierungen sowie politische Informationen, die aus der Zeitung vorgelesen werden. Höhepunkt des Abendprogramms, das gelegentlich schon um 19.30 Uhr mit einem halbstündigen Vortrag beginnt, ist ab 20.15 Uhr ein 90-minütiges Musikprogramm mit der zunächst nicht näher benannten Hauskapelle. Genau dieses Ensemble soll aber genauer in den Blick genommen werden, und der führt noch einmal in die Vergangenheit. Denn natürlich können die Rundfunkpioniere für ihre zahlreichen Sendungen nicht das Gewandhausorchester engagieren, das bereits mit Diensten in Konzerthaus, Oper und Thomaskirche ausgelastet ist. Schon seit der Jahrhundertwende gibt es darum immer wieder Bestrebungen, in Leipzig ein zweites Orchester aufzubauen, um der Nachfrage in der schnell wachsenden Großstadt gerecht zu werden und auch die Nischen zu besetzen, die das Traditionsorchester nicht füllt.

Man fragt sich: Gibt es nicht genau deswegen die 1824 gegründete *Euterpe*? Doch deren Glanzzeiten sind seit dem Weggang von Alfred Volkland 1875 vorbei. Der einst von Schumann bewunderte Konzertverein ist spätestens nach der Teilung im Jahr 1901 auf dem Weg, ein durchschnittliches Laienensemble zu werden. Nein: Gesucht wird in der aufstrebenden Metropole ein wirklich professionelles zweites Orchester. Da die Stadt die Finanzierung einer Philharmonie ablehnt, bleiben alle Pläne Privatinitiativen und zerschlagen sich oft schon wieder nach kurzer Zeit. Einem Dirigenten gelingt es dann aber dennoch, ein Gegengewicht zum ehrwürdigen Konzerthaus zu schaffen: Hans Winderstein, der sein 1896 ins Leben gerufenes *Winderstein-Orchester* in der Alberthalle musizieren lässt und durchaus moderne Werke aufs Programm hebt. Sein Ensemble, das auch von Gustav Mahler und Richard Strauss dirigiert wird, spielt in der Wintersaison in Leipzig, im Sommer ist es im hessischen Bad Nauheim als Kurorchester zu hören. Der Erste Weltkrieg beendet die 18 fruchtbaren Jahre, das *Winderstein-Orchester* löst sich auf.

1919 gründet der Magdeburger Hans L'hermet ein Philharmonisches Orchester, das zunächst im Städtischen Kaufhaus auftritt. Aber auch diese Idee scheitert, ebenso wie das 1920 vom 29-jährigen Hermann Scherchen dirigierte *Grotrian-Steinweg-Orchester* – benannt nach der finanzierenden Klavierbaufirma. Dabei fällt gerade dieses Ensemble, das in der Kongresshalle am Zoo spielt, mit mutigen Programmen auf. Man spielt Musik von Paul Hindemith, Igor Strawinsky und Arthur Honegger. Doch die Inflation vertreibt den aufstrebenden Künstler, der keine feste Anstellung findet. Scherchen und Leipzig – das wird auch später keine Liebesgeschichte. Trotz mehrerer Angebote hochkarätiger Posten wird der Dirigent hier nur als Gast auftreten.

Die Orchesterfrage wird nun jedoch immer drängender. Am 6. Januar 1923 gründen 13 Gesellschafter, darunter die Klavierbauer Blüthner, Feurich und Irmler sowie der Musikverlag *Breitkopf & Härtel*, die *Leipziger Orchester-Gesellschaft m.b.H.* Das 44-köpfige Ensemble soll allen Konzertveranstaltern außerhalb des Gewandhauses zur Verfügung stehen und auch Opernaufführungen im Neuen Theater übernehmen, um teure Gastengagements zu verhindern, wenn das Gewandhausorchester wegen anderer Verpflichtungen nicht zur Verfügung steht. Dass der Gründung dieses *Leipziger Sinfonieorchesters*, dessen Musiker zum Großteil ehemalige Philharmoniker sind, mit Vorbehalten begegnet wird, zeigt die in der *Zeitschrift für Musik* erscheinende Rezension des ersten Konzertes: »Der junge Führer des Leipziger Sinfonie-Orchesters – so nennt sich jetzt nach der Palastrevolution und gewaltsamen Abschüttelung Hans L'hermets der Trümmerhaufen des ehemaligen Philharmonischen Orchesters –, Emil Bohnke, stellte sich seine erste offizielle Aufgabe im Rahmen der philharmonischen Konzerte vor ausverkaufter Alberthalle nicht eben leicht: einen sehr glücklich auf den tragischen Grundton dieser düsteren Tage abgestimmten Brahms-Abend mit Tragischer Ouvertüre, Erstem Klavierkonzert und Erster Sinfonie. Wie vorauszusehen, reichte das Material des im übrigen mit vollster Hingebung und sehr schönem künstlerischem Erfolg spielenden Orchesters teilweise, vor allem bei den Bläsern und Holzbläsern, dafür noch nicht annähernd aus.«[9]

Das wirtschaftliche Umfeld ist in diesen Monaten alles andere als günstig. Die seit 1914 grassierende Inflation weitet sich 1923 zur Hyperinflation aus, bis schließlich am 15. November die neue Rentenmark eingeführt wird, die einer Billion Mark des vorherigen Papiergeldes entspricht. In dieser Lage sind zahlreiche Kultureinrichtungen der Stadt gefährdet und müssen, um zu überleben, massiv sparen. Auch der Erste Kapellmeister des Neuen Theaters Alfred Szendrei blickt sorgenvoll in die Zukunft, als er im Sommer 1924 das Leipziger Sinfonieorchester von Bohnke übernimmt. Mit einem Sechs-Punkte-Plan, der vor allem der Qualitätssteigerung dienen soll (erst jetzt werden zwei wöchentliche Proben ohne Aufwandentschädigung vorgeschrieben), will der 40-Jährige das Ensemble dauerhaft sichern. Dass just in jenen Monaten auch der auf Sendung gegangene Rundfunk musikalische Mitarbeiter sucht, ist für den im Opernhaus nur auf Honorarbasis beschäftigten Dirigenten ein Glücksfall. Selbstbewusst spricht er bei den Gesellschaftern vor, wird als Leiter der Musikabteilung eingestellt und beauftragt, Klangkörper für Rundfunkkonzerte zusammenzustellen. Eine Aufgabe, die Szendrei sofort erfüllen kann: Am 17. Oktober 1924 tritt die *MIRAG* der Orchestergesellschaft bei, nun können die Musiker des Leipziger Sinfonieorchesters regelmäßig für Rundfunksendungen engagiert werden. Auch einen eigenen Konzertsaal erhält das Ensemble. Die Alte Handelsbörse unweit des Senderstandortes am Markt wird zur Dienststelle des ersten deutschen Rundfunkorchesters.

Schon fünf Wochen nach dem Eintritt des Rundfunks in die Gesellschaft strahlt der *Sender Leipzig* am 23. November 1924 erstmals ein Konzert mit seinem neuen Klangkörper aus. Von Anfang an stehen sinfonische Werke und sogar ganze Opern im Vordergrund.

Die Qualität spricht sich herum: Bald übernimmt auch der *Deutschlandsender* die Musikprogramme, der *Mitteldeutsche Rundfunk* wird zum führenden deutschen Musiksender. Für das Leipziger Sinfonieorchester bedeutet das die Rettung. Die Musiker können ganzjährig zusammen spielen, die Truppe bleibt deswegen vereint. Für die Aufführung von Joseph Haydns Oratorium *Die Schöpfung* nur drei Wochen später braucht Szendrei kurzfristig Chorsänger. Er findet sie in den Reihen des Gewandhauschores und formt aus ihnen die *Leipziger Oratorienvereinigung*, der fortan alle chorsinfonischen Aufgaben übertragen werden. Auch dieses Ensemble, das sich schnell ein rundfunktaugliches Repertoire erarbeitet, macht sich einen Namen. 1934 wird es zum *Chor des Reichssenders Leipzig* – der Vorgänger des *MDR-Rundfunkchores*, der bis in die Gegenwart hinein als einer der anerkanntesten Konzertchöre der Welt gilt.

Zurück in die künstlerisch ambitionierte Zeit der späten 1920er Jahre, in der das Medium Rundfunk Szendrei immer wieder zu außergewöhnlichen Experimenten inspiriert: 1928/29 etwa spielt das Orchester als erstes Ensemble überhaupt Konzerte ohne Dirigenten – eine Musizierpraxis, die eine ganz neue Art des Aufeinanderhörens erfordert und ermöglicht. Zugleich fördert der Chefdirigent die zeitgenössische Musik in bisher ungeahnter Weise. Schönberg und Hindemith werden gespielt, Richard Strauss steht als Dirigent vor dem Orchester, Yehudi Menuhin gastiert als junger Geiger. Das Jahr 1931 wird für das junge Ensemble gleich mehrfach zum Schicksalsjahr. Zum einen öffnen sich erstmals die Türen des Gewandhauses: Das bisher in der Alten Handelsbörse und in der Alberthalle spielende Orchester ist nun endgültig in der Elite der Hochkultur angekommen. Zum anderen aber wird der Chefdirigent vertrieben. Nach einem politischen Witz, den Szendrei in einer Probe zum Besten gibt, denunzieren ihn nationalsozialistisch gesinnte Musiker. Die rechte Presse beginnt eine Schlammschlacht und stellt den jüdischen Musiker unter Offenlegung seiner Wohnadresse an den Pranger. Grund genug für die Senderleitung, den Dirigenten postwendend zu beurlauben, anstatt sich schützend vor ihn zu stellen. Gleich zwei ernsthafte Kandidaten gibt es für die Nachfolge – den Thomasorganisten und späteren Thomaskantor Günther Ramin sowie Carl Schuricht, Generalmusikdirektor der Stadt Wiesbaden. Schuricht kann sich durchsetzen und tritt mit der konsequenten Förderung von Zeitgenössischem in die Fußstapfen seines Vorgängers: Schreker und Weill stehen auf dem Programm. Die Musikkritik ist begeistert und adelt das Ensemble zum besten Rundfunkorchester des Landes.

Nach dem Machtantritt der Nationalsozialisten greifen diese sogleich nach dem Rundfunk und beginnen mit dessen Gleichschaltung. Intendant Ludwig Neubeck wird in den Selbstmord getrieben, Schuricht macht Platz für Hans Weisbach, einen Nationalkonservativen und »Dirigenten der zweiten Reihe«,[10] der für mehr »Volksnähe« und Wagnerklänge im Rundfunk sorgen soll. Zur feierlichen Grundsteinlegung des nie vollendeten Richard-Wagner-Nationaldenkmals unweit des Alten Theaters am 6. März 1934 im Beisein von Adolf Hitler spielt denn auch das Rundfunkorchester und nicht das Gewandhausorchester. Im Jahr darauf dirigiert Weisbach den *Ring des Nibelungen*, der von Leipzig aus via Rundfunk in alle Welt übertragen wird. Der Krieg sorgt für massive Einschränkungen: Im März 1941 wird die Auflösung von Chor und Orchester verfügt, der *Sender Leipzig* verstummt. Zu dieser Zeit lebt jener Mann, dem die Leipziger zu verdanken haben, dass im 20. Jahrhundert die Musikstadt auch eine Rundfunkmusikstadt geworden ist, bereits in Amerika. Am 13. Juni 1940, dem Tag vor dem Einmarsch der Wehrmacht in Paris, gelingt Alfred Szendrei unter abenteuerlichen Umständen die Flucht aus der französischen Hauptstadt, wo er seit 1933 im Exil lebt. Nach der Überfahrt in die USA unterrichtet er hauptsächlich an jüdischen Hochschulen. Seine Karriere als Dirigent fortzusetzen, gelingt ihm bis zu seinem Tod im Jahr 1976 nicht mehr. In Leipzig gerät Szendrei für lange Zeit in Vergessenheit: Das vereint ihn mit einem anderen Dirigenten, von dem nun die Rede sein soll.

OHNE AUSWEG

1897 bis 1940

Richard Strauss dirigiert das Werk eines Gymnasiasten · Wie Leipzig dank Gustav Brecher zum Mekka der zeitgenössischen Oper wird · Der braune Mob stört eine Uraufführung · Verfolgt und in den Tod getrieben

Manche Feindschaften halten jahrzehntelang und enden tödlich. Im Mai 1940, als die deutsche Wehrmacht Belgien überfällt, nimmt sich in Ostende der 61-jährige Gustav Brecher das Leben. Sieben Jahre zuvor ist der Dirigent aus Deutschland geflohen. Über die Sowjetunion, die Tschechoslowakei und Italien gelangt er schließlich nach Belgien, wo er vergeblich hofft, Papiere für eine Überfahrt nach England zu erhalten. Brecher ahnt: Fällt er den Besatzern in die Hände, dann ist das sein Todesurteil.

Der einstige Generalmusikdirektor der Leipziger Oper hat mächtige Feinde. In den Wochen vor seiner Beurlaubung durch den Oberbürgermeister am 11. März 1933 machen ihm die Nationalsozialisten das Leben zur Hölle. Assistiert wird ihnen dabei vom antisemitischen Musikkritiker Alfred Heuß, der schon im Dezember 1897 das erste Konzert, das Brecher in seiner Heimatstadt gibt, in Grund und Boden schreibt. Zu dieser Zeit gilt der gerade erst 18-jährige Student Brecher als große Nachwuchshoffnung. Ein Jahr zuvor, da ist er sogar noch Gymnasiast an der Nikolaischule, wurde seine frühe Tondichtung *Rosmersholm* von keinem Geringeren als Richard Strauss in der Alberthalle aufgeführt. Nun steht der junge Mann erstmals vor einem

Orchester. Die *Leipziger Volkszeitung* lobt in höchsten Tönen: »Er dirigierte mit einer Ruhe, als ob er schon jahrelang ein Orchester leitete. Seine Bewegungen und Zeichen sind plastisch und präcis, wenn er darin im jugendlichen Eifer auch noch etwas zu viel thut. Man sieht, daß die Kompositionen, die er zu Gehör bringt, in ihm leben.«[11] Doch schon wenige Tage später meldet sich eine gehässige Gegenstimme, die Brecher mehr als 35 Jahre lang bis zu seiner Vertreibung begleiten wird. In der *Neuen Zeitschrift für Musik* schreibt der Judenhasser Heuß: »Den verzwicktesten Firlefanz zu spielen unter der Leitung eines Gymnasiasten, der bei aller Intelligenz doch kaum über das Abc der Dirigierkunst hinausgekommen, war in der That eine starke Zumuthung, die man hoffentlich an die sowieso schon genug geplagten Capellisten ein zweites Mal nicht stellt.«[12]

Trotz dieser frühen Anfeindungen kehrt Brecher mit 44 Jahren nach Lehr- und Gesellenzeit in Wien, Hamburg und Köln in seine Heimatstadt zurück, wo er sich 1923 um den Posten des Operngeneralmusikdirektors bewirbt. Wenige Tage vor der Ernennung dirigiert er am 26. Oktober Wagners *Lohengrin*, im November übernimmt er das *Rheingold*. Die Rezension der *Leipziger Volkszeitung* verrät, dass die Erinnerung an den einstigen Hoffnungsträger auch nach 26 Jahren nicht verblichen ist: »Seine musikalischen Anfänge fallen in seine Leipziger Schülerzeit. Richard Strauss führte in der Alberthalle seine erste sinfonische Dichtung *Rosmersholm* auf. Gustav Brecher ist im Laufe der Zeit ein tüchtiger, ein erstklassiger Dirigent geworden. Dass er ein musikdramatisches Werk aufzubauen und zu steigern, dass er seinen Willen dem Orchester und den Sängern mitzuteilen vermag, das bewies diese Vorstellung.«[13]

Nach wie vor aber schreibt hier auch Heuß, der nicht nur mit Rezensionen gegen Brecher kämpft. Schon im Jahr 1924 versucht er, einen Keil zwischen Gewandhaus und Oper zu treiben: Als sich Wilhelm Furtwängler beklagt, dass 33 Proben für 22 Gewandhauskonzerte schlicht zu wenig seien, er wegen der Operndienste aber keine weiteren Proben ansetzen könne, kommentiert Heuß, dass Brecher gegen das Gewandhaus arbeiten würde. Einen Vorgeschmack auf die Art der Auseinandersetzungen, die später noch kommen, liefert ein

Schreiben des NSDAP-Stadtverordneten Paul Götte vom 22. November 1925 an den Rat der Stadt, das im Leipziger Stadtarchiv aufbewahrt wird: »Bei der Oper sind in der letzten Zeit folgende Juden und Judenchristen beschäftigt worden: [...] Dadurch ist der Beweis erbracht, dass durch den entscheidenden Einfluss des Generalmusikdirektors Brecher (Judenchrist) die Oper zu einer beinahe jüdischen Kultstätte gemacht wird. Der Rat wird um Auskunft ersucht, ob er die Verjudung der Oper billigt und was er zu tun gedenkt, damit eine weitere Verjudung unterbunden wird.«[14] Der zuständige Dezernent verwahrt sich zwar gegen den Ton des Schreibens, doch der Rahmen ist gesetzt. Weil der neue Generalmusikdirektor, der zugleich als Operndirektor fungiert, zudem an den Säulenheiligen des Repertoires rüttelt und bald nach seinem Amtsantritt die Uraltproduktion von Wagners *Ring* absetzt, gilt er für die konservative Presse als einer, der die Leipziger Tradition zerstören will.

Doch das Gegenteil ist wahr. Mit bemerkenswertem Tempo baut Brecher ein breites Repertoire auf. In seiner ersten Spielzeit leitet er 15 Premieren, davon vier Erstaufführungen. Den Takt hält er vor allem mit Hilfe des 1924 engagierten Oberspielleiters Walther Brügmann, der zu Brechers wichtigstem Partner wird. 1924/25 stehen drei Erstaufführungen (unter anderem *Tamerlan*, der die Händel-Renaissance einleitet), sieben weitere Premieren und fünf Neueinstudierungen auf dem Plan. Es häufen sich Uraufführungen, mit denen Leipzig überregional für Aufsehen sorgt. Die spektakulärste geht am 10. Februar 1927 über die Bühne: *Jonny spielt auf* des erst 26-jährigen Ernst Krenek. Eine Oper mit einem schwarzen Helden, in der Jazzelemente wesentliche musikalische Bausteine sind, gab es zuvor noch nie. Die Reaktion ist zwiespältig. *Jonny* wird sagenhafte 25 Mal gespielt, aber die Aufführungen werden ebenso wie in Wien und München auch von Gegnern gestört.

Leipzigs Ruf als Hochburg des zeitgenössischen Musiktheaters schaden die Proteste keineswegs. 1928 hebt Brecher Kurt Weills *Der Zar lässt sich photographieren* aus der Taufe, gefolgt von Eugen d'Alberts *Schwarzer Orchidee*. Zudem dirigiert der Generalmusikdirektor auch sämtliche Erfolgsstücke des Jahrzehnts: Allein 1928/29 gibt es mit

Weills *Protagonist*, einem Krenek-Tryptichon, Weinbergers *Schwanda* sowie der d'Albert-Uraufführung vier zeitgenössische Opernproduktionen. Zur regelrechten Saalschlacht kommt es, als am 9. März 1930 Nationalsozialisten die Uraufführung von Bertolt Brechts und Kurt Weills *Aufstieg und Fall der Stadt Mahagonny* verhindern wollen. Setzen die Zuschauer den Unrufestiftern zunächst noch demonstrativen Beifall entgegen, so stört sich am parodistischen Schlussbild einer antimilitaristischen Massendemonstration doch die große Mehrheit des Publikums. Den Berichten von Weills Ehefrau Lotte Lenya zufolge endet die Premiere mit Tumult und Schlägereien, die auch im Foyer fortgeführt werden.

Der Skandal ist der Theaterleitung unangenehm, denn das Haus unterliegt einem strengen Sparregime. Brechers Gegner versuchen, den Vorfall für eine Abrechnung zu nutzen. Es ist dem souveränen Wirken des von allen Seiten anerkannten Intendanten Guido Barthol zuzuschreiben, dass die Wogen geglättet werden. Der Theaterausschuss lehnt den Antrag ab, *Mahagonny* abzusetzen. Man empfiehlt lediglich, dass die von Brecht und Weill autorisierten Änderungen beachtet würden. Barthols Entscheidung, das Stück aus dem Anrecht in den Freiverkauf zu nehmen, wird hingegen gelobt.

Um Sparvorgaben aber kommt die Oper nicht herum. Nach den Erfahrungen mit *Mahagonny* nimmt die Theaterleitung Abstand vom Wunsch nach überregional ausstrahlenden jährlichen Uraufführungen. Die weitgediehenen Pläne für Ernst Kreneks zeitkritische Oper *Kehraus um St. Stephan* werden im Sommer 1930 auf Eis gelegt – erst sechs Jahrzehnte später wird das Stück in Wien zum ersten Mal gespielt. Gut möglich, dass derartige Entscheidungen Brecher deutlich missfallen. Zudem kühlt das Verhältnis zum Oberspielleiter ab. In dem Streit um Kompetenzen greift sogar der Theaterausschuss ein: Brügmann besteht darauf, dass der Generalmusikdirektor kein Recht auf Einspruch in szenischen Dingen habe. Der Dirigent muss nachgeben. Als 1931 mit Intendant Barthol seine größte Stütze langfristig erkrankt, tritt Brecher als Operndirektor zurück, bleibt jedoch als Generalmusikdirektor im Amt.

Nach Barthols Pensionierung im Juni 1932 werden die Sparten neu strukturiert. Die Stelle des Operndirektors wird deutschlandweit ausgeschrieben. Unter elf Bewerbern wählt der Rat den Königsberger Hans Schüler, der am 6. Januar 1933 von Oberbürgermeister Carl Goerdeler – ebenfalls ein Königsberger – ins Amt eingeführt wird. Die ostpreußische Freundschaft ruft die rechte Presse auf den Plan, die von einer »Königsberger Invasionswelle« schreibt. Weil der Neue den von den Rechten verhassten Generalmusikdirektor im Amt bestätigt, verhöhnt der *Nationale Weckruf* den Operndirektor als »Schüler Brechers« und stellt seinen Posten infrage.

Das Miteinander dauert nur wenige Wochen: Für den 50. Todestag von Richard Wagner am 12. Februar 1933 konzipiert Brecher noch umfangreiche *Richard-Wagner-Festspiele*. Höhepunkt soll neben einem Festakt mit Adolf Hitler als Ehrengast auch Hans Schülers erste Leipziger Inszenierung sein – eine Produktion von Wagners früher Oper *Das Liebesverbot*, die natürlich Brecher dirigieren würde. Doch unmittelbar nach der Ernennung Hitlers zum Reichskanzler am 30. Januar 1933 wollen die Nationalsozialisten ihre offenen Rechnungen begleichen. Dass der Generalmusikdirektor während der mehrmonatigen *Wagnerfestspiele* auch noch die Uraufführung von Kurt Weills *Der Silbersee* dirigiert, sorgt für Wut bei den Braunhemden. Am 8. März 1933 verhindern sie mit »Brecher raus!«-Rufen im Saal, dass der Generalmusikdirektor ans Pult tritt – er muss sich durch einen Nebenausgang davonstehlen. Drei Tage später wird Brecher vom Oberbürgermeister beurlaubt. Die von ihm vorbereite Neueinstudierung des *Ring* übernimmt ein Kollege. Vier Wochen später gibt Alfred Heuß seinem Intimfeind mit den Worten »GMD Gustav Brecher ist wenige Tage nach der großen Wahlschlacht beurlaubt worden und kehrt natürlich nicht wieder«[15] den letzten publizistischen Tritt. Gehässig trägt er vor, wie er jahrelang gegen den Generalmusikdirektor agiert hätte. Weil sein Text auch eine Rezension der *Wagnerfestspiele* ist, wird dem Vertriebenen angesichts seines *Rienzi* noch hinterhergerufen: »Ahnungslos hat hier Brecher zum letztenmal an einer Wagner-Vorstellung sein so kurioses Dirigentenstäblein gehandhabt.«[16]

Von seinem Dritten Reich, das der Musikkritiker so emphatisch bejubelt, hat der gefühllose Antisemit aber nicht mehr viel: Heuß stirbt im Juli 1934 – sechs Jahre bevor der von ihm Gedemütigte den Freitod wählt. In Hamburg, wo Brecher acht Jahre lang als Kapellmeister wirkte, erinnert immerhin ein Stolperstein an ihn. Dabei wäre es in Leipzig notwendiger, Gustav Brecher angemessen zu ehren. In der Musikmetropole sucht man lange vergeblich nach Spuren dieses unermüdlichen Förderers des zeitgenössischen Musiktheaters. Erst im Herbst 2020 benennt Intendant und Generalmusikdirektor Ulf Schirmer eine Probebühne im Leipziger Opernhaus nach seinem leidgeprüften Vorgänger.

BARBAREN

1933 bis 1945

Das rote Leipzig wird schnell braun · Das Bürgertum verrät seine Künstler · Das Mendelssohndenkmal wird entfernt und Mendelssohns Nachfolger schweigt · Ein Gewandhauskapellmeister ohne politisches Rückgrat und ein mutiger Oberbürgermeister

Der 30. Januar 1933, jener deutsche Schicksalsmontag, an dem Reichspräsident Paul von Hindenburg NSDAP-Chef Adolf Hitler zum Reichskanzler ernennt, ist in Leipzig ein ruhiger Tag. Keine SA marschiert durch die Innenstadt, kein Fackelzug feiert den Triumph der Nationalsozialisten über die erste deutsche Demokratie. Noch viele Jahre später werden Leipziger darum immer wieder betonen, dass ihre Stadt sich keineswegs sofort den neuen Machthabern angedient hätte.

Dafür hat Leipzig eigentlich auch eine viel zu lange sozialdemokratische Geschichte: Bei den Reichstagswahlen im Jahr 1920 stand hier sogar die linkssozialistische USPD knapp vor der absoluten Mehrheit. Auch Anfang der 1930er Jahre ist die sächsische Großstadt, die nach Einwohnerzahl die fünftgrößte im Reich ist und nach Wirtschaftskraft auf dem dritten Rang hinter Berlin und Hamburg steht, einerseits Hochburg der Arbeiterparteien und andererseits Hort des Bildungsbürgertums. Der Siegeszug der Nationalsozialisten lässt hier jedenfalls auf sich warten: Bei der Reichstagswahl im November 1932 erringt die SPD (32,2 Prozent) mehr Stimmen als die NSDAP

(31,1 Prozent). Selbst nach der Wahl vom März 1933, die vom Musikjournalisten Alfred Heuß als »Wahlschlacht« bezeichnet wird und von der beginnenden Diktatur geprägt ist, gäbe es rechnerisch eine linke Mehrheit im Wahlbezirk Leipzig, wenn sich SPD (30,1 Prozent) und KPD (17,4 Prozent) nicht gegenseitig als Feinde betrachten würden. Vom Ziel der absoluten Mehrheit jedenfalls ist die NSDAP in der Messestadt trotz Terror und Einschüchterung ihrer Gegner mit einem Wahlergebnis von 40,0 Prozent noch weit entfernt.

Doch die Legende vom widerständigen Leipzig ist eben nur eine Legende. Nur wenige Wochen vergehen im Jahr 1933, dann ertrinkt auch die sächsische Stadt im Meer der Hakenkreuzfahnen, jubeln auf dem Augustusplatz und vor dem Völkerschlachtdenkmal Hunderttausende ihrem Führer zu, sind alle Rechtsgrundlagen eines demokratischen Gemeinwesens hinweggefegt. Als Generalmusikdirektor Gustav Brecher am 8. März im Opernhaus niedergeschrien wird und das Podium nicht einmal mehr betreten darf, regt sich niemand zu seiner Verteidigung – kein einziger der im Saal Anwesenden wagt es, den braunen Mob zurechtzuweisen.

Es ist keine Machtergreifung, die da über die Bühne geht, erst recht keine »nationale Erhebung«. Es ist eine eilfertige Machtübergabe. Blättert man in Zeitungen des Januar 1933, dann wird deutlich, warum sich das Bürgertum freiwillig einem Diktator ausliefert: Von »19 Krisenjahren« schreibt die größte Zeitung am Ort, die bürgerlichen *Leipziger Neuesten Nachrichten*. Man sehnt sich nach Ruhe und Ordnung, hadert mit den wirtschaftlichen Verhältnissen und klagt über die fortwährenden blutigen Auseinandersetzungen zwischen Kommunisten und Nationalsozialisten – zuletzt am 23. Januar 1933, als sich in Plagwitz 3000 SA-Schläger und ebenso viele Rotfrontkämpfer eine stundenlange Schlacht liefern. Fünf Tage später verbietet die Polizei alle kommunistischen Demonstrationen und glaubt, damit den Straßenterror gebannt zu haben. Im Stadtrat, wo Anfang Januar nur mit Mühe ein Haushalt für das Jahr 1933 beschlossen wird, haben die linken Parteien gemeinsam eine satte Mehrheit. Doch es fehlt der Wille zur Zusammenarbeit. Auch die Bürgerlichen sind zerstritten. Viele von ihnen wollen lieber einen NSDAP-Mann zum

Stadtverordnetenvorsteher wählen als traditionell einem Vertreter der stärksten Fraktion die Stimme zu geben. Nicht nur heimlich träumen die Konservativen davon, die Nationalsozialisten in ihren Block einzubinden und das linke Leipzig zu schleifen. Ein folgenreicher Irrtum: Schon wenige Monate später wird es neben der NSDAP keine weiteren Parteien mehr geben.

Zu diesem Zeitpunkt hat die Stadt bereits zum zweiten Mal einen namhaften Dirigenten verloren. Nur sechs Wochen genügen den Machthabern nach dem 30. Januar, um vor Ort einen Kulturbruch sondergleichen zu vollführen. Nach der Vertreibung von Gustav Brecher aus der Oper am 8. März 1933 suchen sich die grölenden Braunhemden ein neues Opfer und finden es: Gewandhauskapellmeister Bruno Walter. Dabei wird dem 56-jährigen mit Geburtsnamen Schlesinger, der einer Berliner jüdischen Familie entstammt, aber schon in Jugendjahren seinen Namen ändert und zum Katholizismus konvertiert, eigentlich eine lange Ära im Gewandhaus prophezeit, als er 1929 die Nachfolge von Wilhelm Furtwängler antritt. Über den Coup ist man damals regelrecht stolz, denn um den Stardirigenten buhlen zahlreiche Orchester – allen voran die großen in Amerika. Dennoch entscheidet sich Walter für Leipzig.

Dass die Ära nur vier Jahre dauert, ist jenen Schreihälsen zu verdanken, die am 15. März vor seinem Hotel am Roßplatz aufmarschieren. Hakenkreuzflaggen und Uniformen sollen den Gewandhauskapellmeister einschüchtern. Die Horden machen keinen Hehl daraus, dass sie Walters Konzert zwei Tage später verhindern wollen. Immer lauter wird das Gebrüll, man werde es mit ihm wie mit Brecher machen. Die Bildungsbürger in der Gewandhausdirektion glauben da noch, dass die Krawallbrüder in die Schranken gewiesen werden können, und rufen in Bayreuth Hitlers Vertraute Winifred Wagner an. Die versichert, dass die Übergriffe nicht dem Willen des Reichskanzlers entsprechen. Doch es hilft nichts. Erst verhindern Demonstranten, dass der Dirigent das Gewandhaus zur Generalprobe betreten kann. Dann wird das Konzert verboten – »aus Gründen der öffentlichen Sicherheit«. Man könne nicht garantieren, dass sich der Volkszorn am Gewandhauskapellmeister entlade, so die zynische Begründung. Für Saalschutz will man natürlich auch nicht sorgen.

Der Fall wird publik. Schon zwei Tage später berichtet die *New York Times* vom Verbot und nennt die wahren Gründe: Walters jüdische Abstammung. Schon oft hat die führende amerikanische Ostküstenzeitung über ihn berichtet. Nun, da auch in Berlin seine Konzerte abgesagt werden und der Dirigent Deutschland zunächst nach Österreich verlässt, rollen ihm die Amerikaner den roten Teppich aus. Das Werben hat Erfolg. Sechs Jahre später emigriert Walter in die USA, wo er bis zu seinem Tod im Jahr 1962 die Orchesterkultur des 20. Jahrhunderts entscheidend verändert. Die Leipziger Musikgeschichte wäre anders verlaufen, hätte nicht Hindenburg am 30. Januar 1933 in Berlin einen »böhmischen Gefreiten« zum Reichskanzler ernannt.

So aber tritt 1934 ein Hesse in Walters Fußstapfen, mit dem Leipzig bis heute Probleme hat. Nicht, dass der Gewandhauskapellmeister Hermann Abendroth ein glühender Nazi gewesen wäre. Im Gegenteil: In Köln, wo er zuvor engagiert ist, setzt er sich für die musikalische Moderne ein und ist mit dem jüdischen Komponisten Walter Braunfels befreundet. Da er mehrfach auch in Leningrad dirigiert, wird er von den neuen Machthabern zunächst sogar des »Kulturbolschewismus« verdächtigt. In Leipzig aber wird klar, dass Abendroth ein biegsamer Opportunist ist. Mehrfach schreibt er in Fachzeitschriften nationalsozialistische Pamphlete. Unmittelbar nach Ende der seit Mai 1933 geltenden Beitrittssperre tritt er 1937 der NSDAP bei, was nach dem Krieg zu seiner Entlassung am Gewandhaus führt. Da er aber wegen seiner früheren Gastspiele in der Sowjetunion von den Russen verehrt wird, rehabilitieren ihn die Besatzer umgehend. Noch 1945 übernimmt er die Staatskapelle Weimar, vier Jahre später kehrt er als Chef des Rundfunkorchesters auch nach Leipzig zurück. Zu dieser Zeit hat Abendroth bereits ein neues Parteibuch: Als Mitglied der Blockpartei NDPD wird er 1949 Abgeordneter der Volkskammer und erhält 1954 den *Vaterländischen Verdienstorden* – eine weitere Wendung, die ihm manche nicht mehr verzeihen können. Vor allem aber kreidet man dem Gewandhauskapellmeister an, dass er den kulturbarbarischsten Akt der Nationalsozialisten in der Musikstadt kommentarlos geschehen lässt – den Abriss des Mendelssohndenkmals vor dem Gewandhaus am 9. November 1936. Obwohl sich Abendroth für den »halbjüdischen« Komponisten Günther Raphael einsetzt und 1938 sogar in einem Brief an Kulturpolitiker betont, dass er nicht plane, sich »an einem Unternehmen zu beteiligen, das das Judentum planmäßig boykottiert«,[17] schweigt er zum Umgang der Machthaber mit seinem Amtsvorgänger.

Der Protest gegen die Demontage des Denkmals bleibt dem Oberbürgermeister Carl Goerdeler vorbehalten, der wegen einer Dienstreise nicht vor Ort ist, als Mitarbeiter der Stadtverwaltung die Statue heimlich entfernen. Nach Leipzig zurückgekehrt, fordert das Stadtoberhaupt umgehend die Wiederaufstellung und legt, weil er sich mit dem Appell nicht durchsetzen kann, schließlich sein Amt nieder. Acht Jahre später geht sein Name noch einmal durch aller Munde. Als Mitverschwörer der Gruppe um Oberst Graf von Stauffenberg gehört er zu den Männern, die am 20. Juli 1944 ein Attentat auf Adolf Hitler verüben. Seine Aufgabe wäre es, nach dem Umsturz eine zivile Regierung aufzubauen. Das Attentat misslingt – Goerdeler taucht unter, wird verraten und im Februar 1945 hingerichtet. Zu den Mitwissern des Goerdeler-Kreises gehört auch dessen alter Königsberger Freund Hans Schüler, der seit Januar 1933 Operndirektor in Leipzig ist und 1939 sogar zum Generalintendanten aller städtischen Bühnen ernannt wird – ein Amt, das er bis Ende 1946 behält. In einer Ansprache vor den Mitarbeitern unmittelbar nach dem Einmarsch der Amerikaner spricht Schüler erstmals davon, dass er seit 1938 in die Umsturzpläne eingeweiht gewesen wäre. Im Auftrag von Goerdeler habe er Konzepte für Theater in einem Nachkriegsdeutschland erarbeitet. Zudem habe er im Keller seines Hauses Unterlagen aufbewahrt und nach dem gescheiterten Attentat Materialien, die sich auf den Staatsstreich bezogen, verbrannt, andere hingegen versteckt.

Es gibt keinen Grund, an Schülers Aussagen zu zweifeln. Denn in seinem Nachlass findet sich eine kulturpolitische Skizze, die er gemeinsam mit Goerdeler im Jahr 1943 erarbeitet hat. Erstaunlich sind darin vor allem zwei Dinge: Zum einen stellt das Papier öffentlich geförderte Theater in Städten mit weniger als 100 000 Einwohnern zur Disposition. Zum anderen beschreibt es, wie eine neu zu gründende und spartenübergreifende Künstlergewerkschaft ein Vier-Klassen-Gagensystem garantieren könnte, bei dem feste Obergrenzen für soziale Ausgewogenheit sorgen. Die Zeitläufte nach dem Krieg verhindern jedoch, dass diese gewagten Ideen auch umgesetzt werden. In Leipzig wird Schüler Ende 1946 wegen seiner einstigen NSDAP-Mitgliedschaft und trotz seiner Nähe zum Widerstand gekündigt. In Westdeutschland arbeitet er bis zu seinem Tod als Intendant an der Mannheimer Oper und überlässt die Kulturpolitik anderen.

Bleibt die Suche nach dem Denkmal, für das sein Mitstreiter Goerdeler einst den Oberbürgermeisterposten aufgab. Trotz intensiver Nachforschungen auf diversen Metallfriedhöfen, auf denen Denkmale und Glocken gelagert werden, bleibt es auch nach Kriegsende verschollen. Offiziell heißt es schon nach dem Abbau 1936, dass das Mendelssohndenkmal an einem geheimen Ort eingelagert sei und später eingeschmolzen werde, um im noch zu errichtenden Wagner-Nationaldenkmal aufzugehen. In Wirklichkeit aber wird es wohl jenen Weg gegangen sein, den in jener Zeit viele Statuen nehmen. Sie werden im Zweiten Weltkrieg meist still und heimlich als »Metallspende des Deutschen Volkes an den Führer« zu Waffen umfunktioniert.

70 Jahre nach der schändlichen Nacht- und Nebelaktion der Nationalsozialisten bemühen sich die Leipziger, die Gräueltat vergessen zu machen. Mittlerweile steht am Promenadenring vor der Thomaskirche eine Statue, die der alten von Werner Stein aus dem Jahr 1892 aufs Haar gleicht. 2008 wird dieses neue Mendelssohndenkmal nach der Auswertung alter Fotos originalgetreu angefertigt. Typisch für das 21. Jahrhundert: Über den Aufstellungsort wird länger gestritten, als die Werkstatt für die Anfertigung der Kopie braucht. Der endgültige Platz ist dann einer der eigentümlichen Kompromisse hiesiger Kulturpolitik.

TAKTIEREN UND ÜBERLEBEN

1918 bis 1956

Orgelgenie Karl Straube schickt den Chor auf Reisen · Jeden Sonntag eine Bachkantate im Rundfunk · Die Thomaner in der Uniform der Hitlerjugend · Wie die Sänger dank Günther Ramin der Kirche verbunden und am Leben bleiben

Noch einmal soll der Fokus auf die Thomaner gerichtet werden. Schon mit ihnen allein ließe sich die Musikgeschichte Leipzigs erzählen, weil ihre Historie oft symptomatisch für das große Ganze steht. Das gilt auch für das 20. Jahrhundert, in dem gleich zwei Diktaturen versuchen, den Chor für ihre Sache zu vereinnahmen. Regelrecht verstörend etwa ist ein Foto aus dem Jahr 1937. Es zeigt die Sänger, wie sie auf einer Bühne akkurat in sechs Reihen seitlich eines Naziführers stehen. Statt ihrer traditionellen Kieler Bluse tragen sie die Uniform der Hitlerjugend, der sie soeben als Gefolgschaft eingegliedert wurden. Die Thomaner unterm Hakenkreuz – ein Bild, das fern jeder Vorstellungskraft liegt.

Um die Erzählung zu verstehen, die mit diesem Foto verbunden ist, muss man dessen Entstehungsgeschichte kennen. Sie beginnt in einer Zeit, in der das Deutsche Reich noch von einem Kaiser geführt wird. Als im Januar 1918 Thomaskantor Gustav Schreck nach 25-jähriger Amtszeit im Sterben liegt, endet eine Ära. Schreck ist die Personifikation eherner Prinzipien, die im 19. Jahrhundert allgemeingültig sind und nur wenige Jahre später altmodisch werden: »Wer die Thomaner hören will, möge nach Leipzig kommen«,[18] betont der Thomaskantor stets, wenn er die zunehmend häufigeren Bitten um Auftritte außerhalb der Musikstadt abschlägt. Nun soll ein neuer Geist im Alumnat einziehen. Seit langem schon steht Thomasorganist Karl Straube als Wunschnachfolger fest. Vor allem an der Orgel gilt Straube als genialer Künstler. 1902 setzt er sich im Bewerbungsverfahrungen um den Organistenposten der Thomaskirche als 29-Jähriger gegen neun Kandidaten durch, seine atemberaubende Virtuosität inspiriert auch den gleichaltrigen Freund Max Reger zu großen Werken. 1898 treffen sich die beiden erstmals in Frankfurt am Main. Aus der Begegnung erwächst eine produktive Freundschaft, die bis zu Regers frühem Tod im Jahr 1916 währt. Straube berät Reger und macht dessen anspruchsvolle Orgelwerke in ganz Europa bekannt. Der Organist, der selbst nie studiert hat, wird Professor und begründet in Leipzig eine Orgelschule: Auf seine Initiative hin entsteht am Konservatorium ein *Kirchenmusikalisches Institut*, das die Ausbildung von Kantoren auf ein neues Niveau hebt. Zudem ernennt ihn das Gewandhaus zum Hausorganisten und überträgt ihm, weil er den *Bach-Verein* leitet, auch die Verantwortung für die gesamte Chorsinfonik der traditionsreichen Konzertinstitution.

Und doch plagen Straube Skrupel, als er zum Thomaskantor ernannt wird. So recht gewachsen fühlt er sich dem neuen Job nämlich nicht. Schon nach kurzer Zeit bemüht er sich um einen Nachfolger und fordert den Berliner Gerhard von Keußler regelrecht auf, ihn abzulösen: Er selbst habe nicht die nötige Begabung, um das Amt ausfüllen zu können. »Der Thomaskantor muss ein Komponist sein. Da ich das in keiner Weise bin, fühle ich, wie eigentlich verfehlt meine Berufung ist. Ein rechter Notstopper bin ich!«[19] Für Leipzig ist es ein Glücksfall, dass Keußler das Angebot ausschlägt. Denn Straube, der als Organist bereits Erfahrungen mit Konzertreisen gesammelt hat, schickt die Thomaner auf Reisen, als bei ihm die nächste Gastspieleinladung eintrifft. Nach mehr als sieben Jahrhunderten ist das ein echtes Novum in der Geschichte des Chors. Zuvor beschränkten sich die auswärtigen Auftritte des Ensembles auf wenige Ausnahmen: Bach nimmt 1723 einige Sänger zur Orgelweihe nach Störmthal mit, unter Moritz Hauptmann gastiert der Chor im 50 Kilometer entfernten Altenburg.

Dass nun die erste Auslandsreise nach Skandinavien führt, ist kein Zufall: Dort hat Straube schon oft Konzerte gegeben. Organisatorisch ist die Fahrt mit mehr als vier Dutzend Knaben zwei Jahre nach dem Ersten Weltkrieg ein Kraftakt. Künstlerisch wird die Premiere jedoch ein großer Erfolg, wie ein Bericht der dänischen Tageszeitung *Berlingske Tidende* am 29. Oktober 1920 zeigt: »In allen Konzerten hat uns der Chor um unermessliche Schönheitseindrücke bereichert. Man fühlte, dass der Gipfel dessen erreicht war, was überhaupt im Kirchenchorgesang geleistet werden kann.«[20] In Oslo überreicht der König dem Thomaskantor den höchsten Orden seines Landes. Für die Gastgeber ist der Besuch eine unvergleichliche Ehre, sie vergöttern Bach und seinen Chor. Wie schon bei der ersten Tournee des Gewandhausorchesters vier Jahre zuvor wird deutlich, dass Musiker von der Größe eines Nikisch oder Straube, die ihre Ensembles stolz der Welt präsentieren, aber nicht selbst komponieren, jetzt bereitwillig ernten, was Generationen vor ihnen gesät haben.

Das gilt auch für ein weiteres Projekt, dessen Tragweite zunächst nicht einmal Straube bewusst ist – die Live-Rundfunkübertragung der Bachkantaten. Heute gehört diese zu einem perfekten Sonntagmorgen wie das Frühstücksei oder die Zeitung, und längst setzt jeder Kultursender bezüglich der Interpretation eigene Schwerpunkte. Begonnen aber hat alles mit den Thomanern im Jahr 1931. Auf vier Jahre ist dieses Projekt angelegt. Organisatorische und technische Schwierigkeiten führen jedoch dazu, dass es zwei weitere Jahre bis 1937 dauert, ehe das ambitionierte Großunternehmen abgeschlossen ist. Aufgenommen wird übrigens nicht nur in den Gottesdiensten, sondern meist im Gewandhaus, das dafür mit modernster Aufnahmetechnik ausgestattet wird. Es sind diese bisweilen sogar weltweit übertragenen Bachkantaten, die die Leistungsfähigkeit des Chores weit über die Grenzen Leipzigs hinaus hörbar machen. Spätestens Anfang der 1930er Jahre hat Straube gemeinsam mit seinem Stimmbildner Otto Erich Lindner die Thomaner zu einem Ensemble mit einzigartigem Klang geformt. Diesem Anspruch ordnet er alles unter.

Die Nationalsozialisten wollen die Verbindung von Chor und Kirche gern lösen, was ihnen nie wirklich gelingen wird. Der Thomaskantor entzieht bis zum Ende seiner Amtszeit 1939 das Ensemble dem Zugriff der Machthaber, indem er es zum Star im internationalen Musikgeschäft macht. Die künstlerische Unabhängigkeit und die fortdauernde Bindung an die Kirche gewinnt Straube durch geschicktes Taktieren am Rand des Opportunismus. Er selbst tritt im Mai 1933 der NSDAP bei,[21] in einem Bericht, den er 1945 zu seiner Rehabilitierung vorlegt, begründet Straube den Schritt. Schon vor 1933 haben sich die Leipziger Nationalsozialisten dafür ausgesprochen, den städtischen Zuschuss für die Kirchenmusik zu streichen, faktisch also den *Kirchenorchester* genannten Teil des Gewandhausorchesters aufzulösen. Straube sieht es fortan als seine Hauptaufgabe, den Thomanerchor zu erhalten und geht darum Kompromisse ein: »Eine musikalische Überlieferung aus der vorreformatorischen Zeit sollte sinnlos zerstört werden. Solche Tatsache zeugte davon, welche Einstellung die Partei Hitlers den Aufgaben des Chores und dem Kantor gegenüber einnahm. Für meine eigene Person war mir um mein Schicksal nicht bange. Sollte ich aus meinen Ämtern entlassen werden, so konnte ich jederzeit in die Schweiz übersiedeln. Späterhin wäre ich aller Wahrscheinlichkeit nach Amerika gegangen. […] Wesentlich anders aber lag die Frage um das Schicksal des Thomanerchores und seine Stellung im Musikleben der Welt. Der Chor hatte sich auf Auslandsreisen durch seine Leistungen einen weitreichenden Ruf erworben, der unter keinen Umständen angetastet werden durfte. In den Wirrungen des Jahres 1933 drohte die Gefahr der Ernennung eines Musikers zum Kantor aus der Reihe der Parteigenossen, dadurch die Zerstörung der von J. S. Bach geschaffenen Tradition und die Umwandlung der Institution in einen der üblichen weltlichen Chöre. Ein Geschehen, das die Auflösung des Ganzen nach wenigen Jahren zur Folge gehabt hätte. […] Ich galt bei dem Thomanerchore vom ersten Tage an als Feind der Partei. […] Ich hielt es für richtig, mit der eigenen Anschauung nicht zurückzuhalten. Das Ergebnis war, dass die nachdenkenden Glieder des Thomanerchores die Partei und ihre Spitzen sehr kritisch beurteilten, und mit dem Ausbruch des Krieges im Herbst

1939 wurde der ganze Chor ablehnend und antinationalsozialistisch. Herr Mutschmann in Dresden [NSDAP-Gauleiter von Sachsen] hatte durchaus Recht, wenn er gegen den Chor heftige Schmähungen ausstieß, die in den Worten gipfelten: ›Dieses katholische Nest werden wir gründlichst ausräuchern!‹«[22]

Zur Taktik zählt auch, dass Straube 1937 zustimmt, den Chor geschlossen in die Hitlerjugend als eigenständige »Gefolgschaft Thomanerchor« einzugliedern und weltliche Auftritte fortan in Uniform singen zu lassen. Für die Machthaber aber ist der zu dieser Zeit 64-jährige Thomaskantor nach wie vor ein unverbesserlicher Ewiggestriger, der möglichst bald einem ihnen genehmeren Nachfolger Platz machen soll. Wie schon 1918 steht auch diesmal der Nächste schon fest, wieder ist der amtierende Thomasorganist an der Reihe. Schon als 20-Jähriger wird Günther Ramin an die Thomaskirche berufen und jahrelang von Straube gefördert. Als er Anfang der 1930er Jahre eine Professur in Berlin erhalten soll, hält ihn Leipzig mit dem Versprechen, dass er Straube eines Tages auch als Thomaskantor beerben werde.

Nun aber kühlt sich das Verhältnis zum Lehrer ab. Ein Missverständnis führt 1939 gar zum Bruch. Als Straube eine Vertragsverlängerung mit den Worten angeboten wird, Ramin habe bereits zugestimmt, tritt der alte Thomaskantor vom Amt zurück. Er möchte sich nicht vom Wohlwollen seines Schülers abhängig machen. Die Nationalsozialisten glauben, mit Ramin leichteres Spiel zu haben als mit seinem Vorgänger. Doch sie irren: Diskussionen über die Belastung des Chores, die erneut dessen Verweltlichung zum Ziel haben, bricht Ramin die Spitze, indem er per Federstrich die jahrhundertelange Verbindung der Thomaner zur Nikolaikirche kappt und Kirchenmusik fortan nur noch in St. Thomas singen lässt. Der Thomaskantor, der weder NSDAP-Mitglied ist noch den in Uniform singenden Chor dirigiert, beugt sich jedoch dem Willen der Machthaber an anderer Stelle, ohne dass zuvor überhaupt darüber eine Diskussion stattgefunden hat. Das Wort *Israel* wird rigoros getilgt. Statt »Israel freue sich des, der ihn gemacht hat« singen die Thomaner in Bachs Motette *Singet dem Herrn* nun »Alle Welt freue sich …«. Eine antisemitisch motivierte

Änderung, die zudem auch der theologischen Aussage entgegensteht, wie Thomaskirchenpfarrer Oskar Meder, Mitglied der *Bekennenden Kirche*, in einem Beschwerdebrief darlegt: Der in Bachs Werk zitierte 149. Psalm sei eine alttestamentliche Prophezeiung, die explizit dem jüdischen Volk gelte. Ramin verschließt sich dem Argument, droht und gewinnt den Machtkampf. Selbst nach Kriegsende singen die Thomaner noch einige Zeit Bachs Motette mit dem veränderten Text.

Wichtiger als diese in seinen Augen kleinlichen Detailfragen sind für Ramin andere Dinge. Dass die Nationalsozialisten die Gründung eines musischen Gymnasiums dazu benutzen wollen, um den Chor aus der Kirche herauszulösen, wird ihm bald klar. Einige Jahre lang firmiert er als Direktor der Elite-Bildungsstätte, in der die Thomaner später aufgenommen werden sollen, dann beendet er im Herbst 1943 das Experiment.

Nur wenige Monate später bricht im vierten Kriegsjahr der Bombenkrieg über das bisher verschonte Leipzig herein. Am 4. Dezember 1943 liegt die Innenstadt in Schutt und Asche. Auch das Alumnat ist nicht mehr nutzbar, und es ist allein Ramins schnellem Handeln zu verdanken, dass inmitten der Katastrophe die Institution Thomanerchor funktioniert. Seit langem ist die Fürstenschule in Grimma als Ausweichquartier vorgesehen. Nun tritt der gewissenhaft vorbereitete Plan in Kraft. Nachdem das Bombardement vorbei ist, bekämpfen ältere Thomaner gemeinsam mit dem Kantor eine Reihe von Bränden. Die Turnhalle und den Speisesaal können sie zwar nicht retten, wohl aber ein Feuer eindämmen, das sich von der Dachrinne aus unter der äußeren Verkleidung der Fassade entwickelt. Während die Großen löschen, holt Ramins Ehefrau Charlotte die Jüngsten aus dem Luftschutzkeller und versorgt sie in der Kantorenwohnung. Als gegen Mittag das Schlimmste vorbei ist, beschafft der Thomaskantor umgehend Busse für die Evakuierung nach Grimma. In der 35 Kilometer entfernten Kleinstadt bleibt das Ensemble fast eineinhalb Jahre. Für die Grimmaer ist die Tatsache, dass sie die Thomaner beherbergen, ein großes Ereignis, denn ab sofort singt der renommierte Chor regelmäßig in ihrer Stadt. Nach der Besetzung Grimmas durch die Amerikaner platzt die für 140 Schüler erbaute Fürstenschule aus allen

Nähten. Mehr als 600 Menschen werden in den kriegszerstörten Räumen einquartiert, neben den Sängern drängen sich Flüchtlinge und ehemalige Häftlinge. Dass Ramin in dieser Situation beim Stadtkommandanten durchsetzt, dass der Chor zusammenbleiben darf, ist für die Leipziger ein unbeschreiblicher Segen.

Der Zweite Weltkrieg hat für den Thomanerchor auch unmittelbare Folgen. Die älteren Sänger werden für die Wehrmacht eingezogen, die meisten von ihnen direkt nach dem Abitur. Viele kommen nicht wieder zurück. Auch für den Chor ist das ein großer Verlust, denn wie schon zu Bachs Zeiten ist es auch im frühen 20. Jahrhundert Tradition, dass Alumnen nach dem Abitur so lange im Chor singen, bis sie die Stadt verlassen. Ramins Mut führt den Chor zudem an gefährlichen Klippen vorbei, als nach dem Kriegsende den braunen Machthabern rote folgen. Dass nach der Schulreform von 1947, die das humanistische Gymnasium ausmerzt und die Einheitsschule betoniert, für die Thomaner Ausnahmen gemacht werden, ist dem Verhandlungsgeschick des Kantors zu verdanken. Mehr als der religiös liberale Straube ist Ramin zudem eine geistliche Autorität: Als Tischgebet und Andacht im Alumnat abgeschafft werden sollen, setzt er durch, dass an der Tradition nicht gerüttelt wird.

So unterschiedlich Straube und der ein Vierteljahrhundert jüngere Ramin auch sind: Als Thomaskantoren kämpfen sie mit ähnlichen Widrigkeiten. Beide deutsche Diktaturen versuchen im 20. Jahrhundert, die uralte Bindung des Thomanerchores an die Thomaskirche zu lösen. Beide Male gelingt dies nicht. Und wie zuvor schon Straube nutzt auch Ramin bis zu seinem Tod im Februar 1956 das Renommee des weltbekannten Chores, um seine eigene Position abzusichern. Er ist überzeugt: Ein derart anerkanntes Ensemble, das zudem dem chronisch klammen Staat Devisen bringt, steht unter besonderem Schutz und bleibt vor den Zugriffen engstirniger Kleingeister geschützt. Der Thomaskantor wird damit Recht behalten.

HARTE ZÄSUR

1943 bis 1962

Der Untergang einer Kulturstadt in 35 Minuten · Neue Orte für Musik nach dem Krieg · Provisorien halten am längsten · Ein emotional überwältigender Abschied von Franz Konwitschny

Für die Leipziger Kulturinstitute ist der 4. Dezember 1943 der folgenreichste Tag des 20. Jahrhunderts. In den frühen Morgenstunden dieses zweiten Adventssonnabends entladen in nur 35 Minuten 400 britische Bomber ihre tödliche Fracht über dem dicht bebauten Stadtkern und den angrenzenden Stadtteilen. Zunächst brechen Sprengbomben die Dächer auf. Die folgenden Stabbrandbomben und Phosphorkanister entfachen viele einzelne Brände, die sich zwei Stunden nach den Abwürfen zu einem riesigen Feuersturm vereinen, der Bäume umknickt und alles mit sich reißt. Innerhalb weniger Stunden sind 35 000 Gebäude und 20 Prozent aller Wohnungen zerstört. 140 000 Menschen haben ihr Obdach und alles Hab und Gut verloren. Dass es mit 1815 Toten und geschätzt 4000 Verletzten weniger Opfer als beim Hamburger Feuersturm vier Monate zuvor zu beklagen gibt, ist kollektiver Disziplinlosigkeit zu verdanken: Wegen der Berichte aus der Elbmetropole, wo Zehntausende in Kellern erstickten, wartet man nicht auf das Signal zur Entwarnung, sondern klettert gleich nach dem Ende des Angriffs wieder ans Tageslicht. Hätten sich alle an die Vorschriften gehalten, wären die Opferzahlen viel höher. Denn am 4. Dezember gibt es in Leipzig keine Entwarnung.

Die Zerstörung unzähliger Wohnhäuser und Industrieanlagen und die massiven Probleme in Verkehr und Versorgung schränken den Alltag erheblich ein. Auch die Kulturinstitute sind betroffen, das kulturelle Leben kommt fast vollständig zum Erliegen. Opernhaus und Altes Theater sind ausgebrannt, das Alumnat der Thomaner unbewohnbar. Mühsam suchen die Verantwortlichen nach intakten Spielstätten. Die Oper kommt im Varieté *Dreilinden* im westlichen Vorort Lindenau unter. Einst stand dort ein Gasthaus, in dem im Sommer Theater gespielt wurde. 1912 baute man einen Festsaal, dessen Zuschauerraum mehr Personen Platz bietet als das Opernhaus – wenngleich die Bühne wesentlich kleiner ist, so dass an die Bühnenmaler höchste Anforderungen gestellt werden. Bereits am 14. Februar geht im *Dreilinden* mit Webers *Freischütz* die erste Vorstellung über die Bühne.

Doch der nächste Großangriff steht schon bevor. Das Bombardement am 20. Februar 1944 trifft weitere Kulturstätten, darunter das Gewandhaus und die Musikhochschule. Die nachfolgenden Luftangriffe verwandeln die Musikstadt in eine Trümmerlandschaft. Nach elf Bombenangriffen ist jedes zweite Gebäude zerstört oder beschädigt. Ruinen werden für Jahrzehnte das Bild auf Straßen und Plätzen prägen. Das *Dreilinden* aber bleibt intakt und wird bis zur Neueröffnung des Opernhauses im Jahr 1960 zur Hauptspielstätte des Musiktheaters. Noch 1944 gibt es dort mit Beethovens *Fidelio* am 14. März und Orffs *Die Kluge* am 18. Juni weitere Premieren. Öffentliche Konzerte des Gewandhausorchesters sind im *Capitol* in der Petersstraße zu erleben, einem Kino, dessen unterirdischer Saal erhalten ist. Auch für die Spielzeit 1944/45 sind die Pläne von Oper und Gewandhausorchester bereits fertig. Doch es kommt nur noch zu einer Ballett-Premiere am 9. August, dann schließen im September 1944 im Zuge des »totalen Krieges« die Kulturstätten in ganz Deutschland.

Das Orchester darf auch in dieser letzten Phase des Krieges weiter musizieren. Da die rundfunkeigenen Ensembles bereits seit 1941 aufgelöst sind, teilen sich das Leipziger Gewandhausorchester und die Dresdner Staatskapelle die vom *Großdeutschen Rundfunk* befohlene Aufgabe, die Menschen musikalisch vom Alltag mit seinen

Entbehrungen, Verlusten und Trauer abzulenken. In unablässiger Folge produzieren beide Ensembles Konzerte und sogar ganze Opernaufnahmen, die nun dank des Wechsels von Schellackplatten (so werden noch die Bachkantaten der Thomaner in den 1930er Jahren produziert) zum Magnet-Tonband möglich werden. Die ungewohnte Aufgabe als Rundfunkorchester-Ersatz wird für die Mitglieder des Gewandhausorchesters zur Überlebensgarantie. Gewandhauskapellmeister Hermann Abendroth, der von Hitler und Goebbels persönlich auf deren *Gottbegnadetenliste* gesetzt und damit vom Kriegsdienst befreit wird, verhindert auch für zahlreiche seiner Musiker, dass sie an die Front oder zum Arbeitsdienst abkommandiert werden.

Nicht ganz einfach gestaltet sich die Suche nach einem Aufnahmesaal. Das unzerstörte *Capitol* ist akustisch ungeeignet, der Sendesaal des Rundfunkorchesters in der Alten Handelsbörse aber ist in der gleichen Nacht wie das Opernhaus im Bombenhagel ausgebrannt. Fündig werden die Rundfunktechniker in Gohlis. Im viel zu engen und ungeheizten *Concordia-Ballsaal* hocken die Gewandhausmusiker auf knarrenden Stühlen und spielen auf zum Teil geliehenen Instrumenten Werke wie Engelbert Humperdincks *Maurische Rhapsodie* ein, die am 12. März 1945 hinter verdunkelten Fensterscheiben aufgezeichnet wird, um gleich danach über den Äther zu gehen.

38 Tage später besetzen die Amerikaner Leipzig. Für die Bürger der Messestadt ist der Krieg damit beendet. Obwohl die Amerikaner den Kulturinstitutionen keine Spielerlaubnis geben, funktioniert deren Verwaltung. Umgehend legt der Generalintendant Pläne für einen Neuaufbau der städtischen Theater vor. Zugleich wird deutlich, dass mit der Übergabe der Besatzung an die Rote Armee einstige NSDAP-Mitglieder wie Hermann Abendroth oder Hans Schüler nicht zu halten sind. Der von den Russen zum Oberbürgermeister ernannte Erich Zeigner betrachtet dennoch jeweils den Einzelfall. Der Intendant wird von ihm bestätigt und mit der Entnazifizierung des Ensembles beauftragt. Der Gewandhauskapellmeister hingegen erhält im November die Kündigung und darf trotzdem vorerst weiter dirigieren. Kurz vor Weihnachten beschwert er sich beim Stadtoberhaupt: Er sei nicht Mitglied des Orchesters und könne daher nicht

von der Stadt gekündigt werden, sein Arbeitgeber sei vielmehr die 1940 gegründete Stiftung *Gewandhaus in Leipzig.* Gut möglich, dass Abendroth damit den Bogen überspannt. Zwar finden sich keine Unterlagen zum Vorgang, aber als Kurator der Stiftung darf Zeigner dem Gewandhauskapellmeister rechtmäßig kündigen. Was er wohl auch tut, denn schon am 20. Dezember 1945 steht Abendroth entgegen der Konzertankündigung nicht mehr auf dem Podium.

Da hilft es dem Gewandhauskapellmeister letztlich auch nicht, dass er schon kurz nach dem Einzug der sowjetischen Besatzer, die anders als ihre amerikanischen Vorgänger das öffentliche Kulturleben wieder zulassen, zu einem »Symphonie-Konzert zur Begrüßung der Roten Armee« geladen hat. Dieses findet am 8. Juli 1945, einem Sonntag, im *Capitol* statt und kombiniert Beethovens *Egmont* mit Tschaikowskis *Fünfter.* Zumindest jene Zuhörer, die in den vergangenen zwölf Jahren nicht das Langzeitgedächtnis verloren haben, werden über diese Ankündigung wohl gehörig gestaunt haben. Nicht, weil nach vier Jahren Abstinenz erstmals wieder russische Musik auf dem Spielplan steht. Sondern weil Abendroth den *Egmont* schon einmal prominent dirigierte: zu seinem Amtsantritt am 4. Oktober 1934 außerhalb der Abonnementreihe in einem Sonderkonzert zur *NS-Kulturwoche*.

Lange dauert es zum Jahreswechsel 45/46 nicht, bis man einen Neuen findet: Herbert Albert heißt dieser oft vergessene Kapellmeister, der nur zwei Jahre bleibt, bevor er im Machtkampf mit dem Oberbürgermeister das Handtuch wirft. Mit dem Blick aufs Repertoire sind es dennoch fruchtbare Jahre. In jedem zweiten seiner fünfzig Konzerte steht eine Erstaufführung auf dem Plan. Überregional beachtet wird vor allem die Uraufführung von Boris Blachers *Paganini-Variationen* am 27. November 1947. Alberts kurze Amtszeit ist zudem mit einer wichtigen Zäsur der Nachkriegszeit verbunden – dem Wechsel in eine neue Dauerspielstätte. Während die Gewandhausruine gesichert und mit einem provisorischen Dach versehen wird, um irgendwann einen Wiederaufbau zu ermöglichen, sucht das Traditionsorchester noch immer nach einem Konzertort, der mehr als nur Notlösung ist. 1947 findet man ihn in der Kongresshalle am Zoo, einem damals gut fünfzig Jahre alten Gesellschaftshaus im Stil des Art déco. Auch wenn der akustisch anspruchsvolle große Saal eigentlich als »schwingender Tanzboden« und weniger für klassische Konzerte geschaffen wurde, ist er im Jahr 1947 bereits ein Ort der Musikgeschichte. Hermann Scherchen dirigierte hier einst legendäre Mahleraufführungen. In den folgenden 34 Jahren wird die Kongresshalle nicht nur Heimstatt des Gewandhaus- und des Rundfunkorchesters, sondern auch anderer obdachlos gewordener Ensembles. In dieser Zeit wird die Interimsspielstätte berühmt: Stars wie David Oistrach gastieren regelmäßig. 1968 protestieren Studenten beim Preisträgerkonzert des *Bachwettbewerbs* in der Kongresshalle gegen die zuvor erfolgte Sprengung der Universitätskirche. Zwanzig Jahre später zerstört ein Großbrand das Gebäude. Zu diesem Zeitpunkt hat das Gewandhausorchester aber bereits ein neues Haus. Die Sanierung zieht sich mehr als ein Vierteljahrhundert hin. Erst 2015 öffnet die Kongresshalle wieder und knüpft an die goldene Ära der 1920er Jahre an.

In der Rückschau ist es vor allem ein Name, der den Konzerten am neuen Ort zu alter Größe verhilft: Franz Konwitschny. Dabei steht sein Amtsantritt 1949 unter keinem glücklichen Stern. Wie Johann Sebastian Bach mehr als zwei Jahrhunderte zuvor ist auch der in Mähren geborene Dirigent zunächst nur dritte Wahl bei der Suche nach einem großen Namen. Dass er dennoch Albert beerbt, hat einen simplen Grund: Konwitschny ist der einzige Bewerber, der bereit ist, nach Leipzig zu ziehen. Schon als 1945 ein Nachfolger für Abendroth gesucht wird, greift man nach den Sternen. Die Kulturverantwortlichen wollen Hermann Scherchen engagieren, der Oberbürgermeister hingegen wünscht sich Joseph Keilberth. Ersterer, ein einst mit den Kommunisten sympathisierender Exilant, gilt als Förderer der zeitgenössischen Musik, will aber seine Posten in der Schweiz nicht aufgeben. Letzterer wird nach Kriegsende aus Prag nach Sachsen ausgewiesen und in Dresden sofort zum Chef der Staatskapelle ernannt. Ihn dort abzuwerben, gelingt dem Oberbürgermeister nicht.

Drei Jahre später wiederholt sich das Spiel, wieder sind die Namen der beiden im Spiel. Da Keilberth aber inzwischen zusätzlich noch den Chefposten der Staatskapelle Berlin übernommen hat, verzichtet

Zeigner auf eine erneute Anfrage und telegrafiert stattdessen nach Winterthur, um Scherchen zu überzeugen. Die Bedingung aber, dass er in Leipzig wohnen müsse, ist für den Neuschweizer untragbar. Nun verhandelt der städtische Musikausschuss mit dem Berliner Generalmusikdirektor Leopold Ludwig. Da es mit Franz Konwitschny noch einen weiteren Bewerber gibt, darf auch das Orchester ein Votum abgeben. Das Urteil könnte nicht klarer sein: Von 104 Musikern sprechen sich nur vier für Konwitschny aus, die restliche Hundertschaft votiert für Ludwig. Doch der will ebenfalls auf keinen Fall umziehen. Dafür aber verspricht Konwitschny, seinen Wohnsitz nach Leipzig zu verlegen und wird deshalb am 5. Mai 1949 mit knapper Mehrheit zum Gewandhauskapellmeister gewählt.

Nur 13 Jahre liegen zwischen diesem unglücklichen Anfang und dem emotional überwältigenden Ende am 2. August 1962. An diesem kühlen Sommertag versammeln sich Zehntausende, um sich vom überraschend verstorbenen 61-jährigen Konwitschny zu verabschieden. Die riesige Menschenmenge, die dem Gewandhauskapellmeister in einem endlosen Zug zum Südfriedhof das letzte Geleit gibt, zeigt, dass aus dem Dirigenten vermeintlich dritter Wahl ein international anerkannter Künstler geworden ist, an dessen Grab sich Parteigrößen und einfache Menschen gleichermaßen verneigen. Schon das Defilee übertrifft alle Vorstellungen. Drei Stunden sind für die Feier im Foyer des Opernhauses geplant, ganze fünf wird es dauern, bis die unzähligen Trauernden am Sarg und der Ehrenwache der Thomaner vorbeigezogen sind.

Was ist in diesen Jahren geschehen, dass der von vielen zunächst Ungeliebte nach seinem Tod in einer Weise geehrt wird, die man mit der öffentlichen Trauer für Felix Mendelssohn Bartholdy 115 Jahre zuvor vergleichen kann? Sehr wahrscheinlich ist es die Mischung aus Bodenständigkeit und Beharrlichkeit, die die Menschen überzeugt. Vor allem aber ist aus dem Hannoveraner Franz Konwitschny ein Leipziger geworden – im Gegensatz zu vielen seiner Vorgänger im 20. Jahrhundert, etwa Wilhelm Furtwängler in den 1920er Jahren, die nur für Proben und Konzerte in der Musikstadt weilen und ansonsten ihren Ruhm mit Gastspielen mehren. Die Leipziger wissen es zu schätzen, dass ihr Gewandhauskapellmeister für alle sichtbar um die Stellung seines Hauses nicht nur im städtischen Musikleben kämpft. Obwohl er auf dem Papier Thomaskantor Günther Ramin und dem Operndirigenten Helmut Seydelmann gleichgestellt ist, wird er zum inoffiziellen Generalmusikdirektor der Musikmetropole – auch, weil er neben unzähligen Konzerten insgesamt noch 117 Opernvorstellungen dirigiert. Was ihm jedoch am meisten angerechnet wird, auch weil es in jenen Jahren kaum mehr selbstverständlich ist: Franz Konwitschny bleibt bis zu seinem Tod in Leipzig. Anders als viele Gewandhausmusiker und Dirigenten, die in den 1950er Jahren die DDR in Scharen verlassen.

Dabei ist der Gewandhauskapellmeister nicht nur Leipzig verbunden: 1953, als Rudolf Kempe seinen Posten als Generalmusikdirektor der Dresdner Staatskapelle aufgibt, übernimmt Konwitschny das Amt parallel zur Tätigkeit in Leipzig. Ein wenig liebäugelt er sogar mit dem Gedanken, ganz nach Dresden zu ziehen, doch Leipzig kann er letztlich nicht loslassen. Zwei Jahre später legt dann auch noch Erich Kleiber, Leiter der Berliner Staatskapelle, im Streit mit den Kulturbürokraten seinen Dirigentenposten nieder. Die Berliner küren nun den letzten Dirigenten von Format, den es in der DDR gibt, zu ihrem Chef: Franz Konwitschny. Der 54-Jährige muss sich von einem seiner Ämter trennen. Er entscheidet sich, die Stelle in Dresden aufzugeben. Den Leipzigern bleibt er bis zuletzt treu.

TRÄUMER UND ZERSTÖRER

1960 bis 2001

Helmut Seydelmann verausgabt sich am Opernpult · Sozialistische Selbstkritik und die Sprengung der Universitätskirche · Die Vorgeschichte des »Jahrhundertrings« · Künstlerischer Anspruch und Realität

Ein halbes Jahr zuvor ist das Foyer des Opernhauses schon einmal Kulisse für eine Trauerfeier, die wie ein Staatsakt inszeniert ist. Am 17. Januar 1962 stirbt Helmut Seydelmann, seit über zehn Jahren Generalmusikdirektor der Leipziger Oper. Unter Leitung von Franz Konwitschny spielt das Gewandhausorchester Beethoven, Wagner und Strauss. Die Gedenkrede hält der stellvertretende Kulturminister Hans Pischner.

An jenem kalten Januartag, an dem der gebürtige Schlesier Seydelmann in Leipzig beerdigt wird, schließt sich ein denkwürdiger Kreis. Denn wo sonst als im 1960 wiedererbauten Opernhaus sollen sich die Leipziger von jenem Mann verabschieden, der 17 Jahre nach der verhängnisvollen Bombennacht vom Dezember 1943 als erster wieder eine Oper in einem eigens dafür errichteten Musentempel dirigiert? Für Seydelmann jedenfalls ist die Premiere der *Meistersinger* am 9. Oktober 1960, mit der das neue Haus eröffnet wird, zweifellos der Höhepunkt seines bisherigen Lebens. Dass er ein gutes Jahr später als Generalmusikdirektor an die Deutsche Staatsoper nach Berlin geht, ist seinem Pflichtbewusstsein geschuldet. Der Bau der Mauer am 13. August 1961 reißt an der Staatsoper, deren Mitarbeiter zu einem erheblichen Teil in Westberlin leben, riesige personelle Lücken. Zudem erkrankt Franz Konwitschny, der inzwischen auch in Berlin Chefdirigent ist. Der 60-jährige Seydelmann muss darum zunächst als Ersatz zum Staatsjubiläum im Oktober und dann als kurzfristig ernannter Generalmusikdirektor die Spielfähigkeit des ersten Hauses der DDR sicherstellen, ein schier übermenschlicher Kraftakt, der ihm letztlich das Leben kostet.

Auch in Leipzig hat sich der Dirigent als tatkräftiger Krisenmanager Verdienste erworben. 1951 bricht Paul Schmitz, jener Generalmusikdirektor, der 1933 den vertriebenen Gustav Brecher beerbt hat, überraschend seine Zelte in Leipzig ab und wechselt nach Kassel. Weil in den 1950er Jahren auch zahlreiche Ensemblemitglieder die DDR verlassen, wird allmählich jede abendliche Opernvorstellung zum Vabanquespiel: Oftmals weiß der neu engagierte Seydelmann am Vormittag noch nicht, ob ihm zu Vorstellungsbeginn im Lindenauer Haus *Dreilinden* eine komplette Besetzung zur Verfügung steht. Künstlerisch aber setzt der Operndirigent in dieser Zeit ein Achtungszeichen: 1957 führt er Paul Dessaus *Die Verurteilung des Lukullus* auf. Die Produktion wird zum Festival *Theater der Nationen* nach Paris eingeladen und dort bejubelt. Der Coup hält nicht nur international die Erinnerung an das Leipziger Musiktheater wach. Er sorgt zudem dafür, dass in Berlin, wo die Deutsche Staatsoper seit 1955 in der wiederaufgebauten Lindenoper spielt, das Bewusstsein dafür geschärft wird, dass auch die Opernensembles außerhalb der Hauptstadt der DDR Nachkriegsneubauten brauchen.

Als erste sind die Leipziger dran. Bis 1960 entsteht an Stelle des zerstörten Neuen Theaters am Karl-Marx-Platz ein neues Opernhaus. Das bis ins Detail durchdachte Prestigeobjekt liefert zugleich den Startschuss für die mehr als zwei Jahrzehnte dauernde Umgestaltung des einstigen Augustusplatzes zum großflächig betonierten Schaufenster der sozialistischen Großstadt. Die zukünftige Weitläufigkeit des für Aufmärsche geeigneten Platzes findet ihre Entsprechung im riesigen Foyer des Opernhauses. Es dient ebenso der Repräsentation wie die Staatsratsloge mit separatem Zugangsbereich. In dieser Loge nimmt zur Weihe des Hauses am 8. und 9. Oktober 1960

Walter Ulbricht Platz. Der SED-Chef ist, seit Staatspräsident Wilhelm Pieck vier Wochen zuvor starb, als Vorsitzender des neu gegründeten Staatsrates auch offiziell Staatsoberhaupt der DDR. In gewohnter Diktatorenmanier lässt man zunächst Beethovens *Neunte* spielen, ehe sich tags darauf der Vorhang für die *Meistersinger* hebt.

Gleich zwei Ereignisse dieses Tages werfen ein bezeichnendes Licht auf die Musikstadt der 1960er Jahre. Zunächst gerät der Rezensent der *Leipziger Volkszeitung* ins Visier. Werner Wolf, SED-Mitglied und später Professor für marxistisch-leninistische Musikwissenschaft, ist eigentlich kaum oppositionsverdächtig. Weil der 35-Jährige aber beim Schlussbeifall sitzen bleibt, wird er später vor die Parteigremien zitiert. Schließlich hätten die Zuschauer dem Staatsoberhaupt ihren Respekt bezeugt, erläutern die Bonzen dem Journalisten. Der aber will lediglich die musikalische Qualität als »nicht für stehende Ovationen würdig« beurteilt wissen. Weil sich Wolf mit Blick auf seine Augenschwäche herausreden kann, bleibt es bei sozialistischer Selbstkritik.[23]

Folgenreicher ist das zweite Ereignis, dessen Bericht sich wie ein Lauffeuer in der Stadt verbreitet. Beim Heraustreten auf die Freitreppe der Oper hätte Ulbricht mit den Worten »Das Ding muss weg« auf die Universitätskirche gewiesen. Am 23. Mai 1968, knapp acht Jahre später, beschließen die Stadtverordneten, den Wunsch des Parteichefs zu erfüllen. Das immer noch intakte Gotteshaus, vielfacher Ort Leipziger Musikgeschichte, wird eine Woche später gesprengt. Es soll Platz schaffen für einen funktionalen Zweckbau der Universität, mit dem die Umgestaltung des Karl-Marx-Platzes in die nächste Phase tritt. Mehr als ein halbes Jahrhundert später ist jener Zweckbau selbst schon wieder Vergangenheit. An seiner Stelle erhebt sich seit 2017 ein Neubau mit dem Doppelnamen *Paulinum – Aula und Universitätskirche St. Pauli*. Das Gebäude, das äußerlich an die gesprengte Kirche erinnert, aber nicht in erster Linie Gotteshaus sein will, ist nun abermals Heimstatt der Universitätsmusik. Zudem gibt das *Paulinum* der Westseite des Platzes, der längst wieder Augustusplatz heißt, ein neues Gesicht.

Die Nordseite mit dem Opernhaus aber ist seit 1960 unverändert und steht mittlerweile unter Denkmalschutz. Denn architektonisch kombiniert der Bau die damalige spätstalinistische Ästhetik mit der

Neoklassik der Leipziger Gründerzeit. Für das Opernhaus wird 1960 wie so oft bei Neubauten der Kostenrahmen nicht eingehalten. Am Ende stehen 44,6 Millionen DDR-Mark zu Buche, viele Materialen müssen importiert werden. Doch der Aufwand lohnt sich: Akustisch ist das Haus selbst im internationalen Maßstab auf der Höhe der Zeit. Der riesige Orchestergraben bietet zudem die Möglichkeit, das Werk Richard Wagners in dessen Geburtsstadt wieder adäquat umzusetzen. Gleich mit der Eröffnungspremiere prescht der 1959 zum Operndirektor ernannte Joachim Herz vor und zeigt, was zukünftig hier zu sehen sein wird. In der Festschrift formuliert der 35-Jährige: »Unser Grundsatz soll sein: Wesentliche Werke in gültigen Aufführungen.«[24] Dass die Eröffnung mit den *Meistersingern* nicht nur gültig, sondern sogar »maßstabsetzend«[25] ist, versteht das Publikum schon am Premierenabend.

Es ist Zufall, dass bereits die erste Produktion eine große Wagneroper ist. Zunächst nämlich plant die Leitung, das Haus als Ehrbezeugung vor den sowjetischen Freunden mit einem russischen Werk zu eröffnen. Doch der »große Bruder« erbittet sich explizit eine deutsche Nationaloper.[26] Wenngleich die Arbeit mit Joachim Herz wegen dessen cholerischer Natur für die Beteiligten oft zur Grenzerfahrung wird, liegt gerade in der Regie von Massenszenen die Stärke des Operndirektors. In Sachen Chorregie schöpft Herz jedenfalls stets aus dem Vollen, wie ein 1989 geschriebener Erinnerungsbericht zeigt: »Um einen Chor von inzwischen 100 Mitgliedern im Rahmen fest strukturierter Musik zu exakten Vorgängen und Reaktionen zu führen, die sich in jeder Vorstellung präzise wiederholen sollten, müssen auf den Proben alle Abläufe fixiert werden. In Kenntnis der Partitur trug Joachim Herz die großen Chorbewegungen für jedes einzelne Mitglied minutiös in eine Grundrisszeichnung der Bühne, später vereinfacht in seinen Arbeitsklavierauszug ein, kontrapunktierende Bewegungsabläufe oder Gruppenformationen in unterschiedlichen Farben und grafischen Formen. Scheinbar ein Reißbrettspiel, in Wahrheit strengste Arbeit zur Überprüfung künstlerischer Phantasie. Auf den Bühnenproben trugen die Chorsänger Zeichen, verschiedenfarbige Armbinden, charakteristische Probenkleidung, Nummern oder ähnliches, damit die rivalisierenden Gruppen jedem erkennbar waren. Seine früheren Leipziger Mitarbeiter charakterisieren sein Arbeiten mit dem Chor informatorisch: Wer tut was, wann und zu welchem Zweck? – oder psychologisch: Die Einbindung von individuellen Trieben in kollektives Handeln – oder dramaturgisch: Aufbau des Chores zum Handlungsträger für die Fabelerzählung. Alleiniger Zweck der Übung: große, klare Linien für die Motive und Wirkungen des Chores zu finden.«[27]

In schneller Folge liefert der Operndirektor Inszenierungen, die zumindest diesseits des »Eisernen Vorhangs« für Aufsehen sorgen. Allen voran Wagners *Der Ring des Nibelungen* zwischen 1973 und 1976. Für die Konzeption steigt Herz tief in die sozialrevolutionären Anschauungen des Barrikadenkämpfers Wagner hinab und verbindet diese mit der Kapitalismuskritik von George Bernard Shaw: ein dramaturgischer Ansatz für die Tetralogie, den es zu dieser Zeit nirgendwo zu sehen gibt. Drei Jahre später findet in Bayreuth ein französischer Regisseur einen ähnlichen Zugang: Patrice Chéreaus *Ring* wird dort zunächst leidenschaftlich abgelehnt, aber schon bald als *Jahrhundertring* bejubelt und zuletzt mit 45-minütigem Applaus verabschiedet. Was kaum einer weiß: Die geistige Vorarbeit stammt aus Leipzig – einem Ort, der zu dieser Zeit von Bayreuth weiter entfernt scheint als der Mond.

Mit dem *Ring* ist Herz auf dem Zenit angelangt, der Kreis ist ausgeschritten: Noch im Jahr der Premiere der *Götterdämmerung* wechselt der Operndirektor 1976 nach Berlin. Seine Nachfolger Günter Lohse und Uwe Wand treten ein schweres Erbe an, das sie nur noch verwalten dürfen. Denn immer mehr wird deutlich, dass das Ensemble in die Jahre gekommen ist, gerade im dramatischen Fach herrscht Nachwuchsmangel. Auch die Produktionen können bis auf wenige Ausnahmen nicht an früheren Glanz anknüpfen. Die Oper Leipzig versinkt zum Ende der DDR-Zeit in Provinzialität, auf der Bühne hat das Ausstattungstheater Herz' realistisches Musiktheater abgelöst. Es ist darum vor allem eine Aufgabe, die an Udo Zimmermann gestellt wird, als er 1990 zum Opernintendanten ernannt wird: Er soll das Haus wieder in die erste Reihe führen. Der Dresdner ist für die Kulturpolitiker eine Art »weißer Ritter«. Denn er hat etwas, was kaum ein anderer DDR-Bürger vorweisen kann – Leitungserfahrung in Westdeutschland. Weil er zudem als Chef der *Werkstatt für zeitgenössisches Musiktheater* an der Oper Bonn seit 1985 jede Menge westliche Künstler und Journalisten kennengelernt hat, sind seine Pläne ebenso ambitioniert wie das Presseecho beeindruckend. Zimmermann verpflichtet große Namen des Regietheaters, zeigt spektakulär Neues und holt mit Uwe Scholz einen Ballettmeister von Weltrang. Als 1993 sein Haus von der Fachpresse zum Opernhaus des Jahres gekürt wird, ist der Plan aufgegangen: Karlheinz Stockhausens *Dienstag aus Licht* zum dreihundertjährigen Jubiläum der Oper Leipzig sichert als Spektakel die überregionale Presse, mit *Nachtwache* von Jörg Herchet hat man noch eine weitere vielbeachtete Uraufführung im Programm. Große Ankündigungen sorgen für mediale Präsenz. Für Wagners *Ring* will Zimmermann Steven Spielberg engagieren, Stockhausens *Dienstag* soll 1996 *Freitag* folgen. Zumindest letzteres gelingt, doch als der Komponist nach der Uraufführung ankündigt, seine nächste Oper werde im Glaspalast der neuen Leipziger Messe gespielt, mit dem *Helikopter-Quartett* als Höhepunkt, zieht Zimmermann die Reißleine. Wie so oft liegt es an Sparzwängen, wenn hochfliegende Pläne nicht aufgehen. Dass ihn aber vor allem das Publikum im Stich lässt, dass selbst herausragende Produktionen vor beschämend leeren Reihen gezeigt werden, gehört auch zur Bilanz von Udo Zimmermann, als er im Jahr 2001 Leipzig nach elf Jahren verlässt.

Die Aufgaben, die seine Nachfolger – Henri Maier und seit 2009 Ulf Schirmer – auf ihren Zetteln stehen haben, sind andere. Sie sollen bei allem künstlerischem Anspruch vor allem für kräftigen Andrang an den Kassen sorgen. Da erinnert man sich an einen Eklat aus dem Jahr 1844, als in Leipzig einem erfolgreichen Intendanten gekündigt wurde, weil dieser »dem Publikumsgeschmack in übertriebenem Maße Rechnung trug«. Zu Beginn des 21. Jahrhunderts hätten die Stadtoberen einen Mann mit Gespür fürs Populäre wie Friedrich Sebald Ringelhardt, den damals dieses harte Verdikt traf, möglicherweise sofort zum Intendanten gekürt.

LIED VON DER ERDE

1968 bis 1981

Gewandhauskapellmeister Kurt Masur entdeckt seinen Vorgänger Mendelssohn und bleibt unantastbar · Wirklich große Architektur entsteht · Der Baumeister darf im Westen spionieren · Musik und Malerei streben nach Höherem

Im 20. Jahrhundert ist es vor allem ein Name, der über die Stadt hinaus in die Welt strahlt: Kurt Masur. Von 1970 bis 1996 prägt er als Gewandhauskapellmeister nicht nur musikalisch, sondern auch politisch und gesellschaftlich die Stadt. Masur wird nach Jahrzehnten des konzerthallenlosen Interims einen Neubau erstreiten und Jahre später das Traditionsorchester durch die Zeitenwende führen. Doch die Ära Masur beginnt viel früher und eher zufällig: im Spätsommer 1968, zwei Jahre vor seinem Amtsantritt. Zu dieser Zeit ist seit vier Jahren der Tscheche Václav Neumann in Leipzig zuhause. 1964 hat Neumann nicht nur Gewandhauskapellmeister Franz Konwitschny beerbt, sondern auch – was in der Musikstadt selten ist – die Position des Generalmusikdirektors im Opernhaus übernommen. Wirklich alle rechnen damit, dass die gemeinsame Zeit noch lange andauert.

Das Publikum liebt den Neuen. Weil er den Leipziger Klang mit der Musik von Brahms und Bruckner einerseits gewissenhaft pflegt, anderseits aber dennoch das Repertoire behutsam ausweitet, wie sich Neumann ein Vierteljahrhundert später erinnert: »Der Klang des Gewandhauses ist charakteristisch. Ein deutscher Klang: Brahmssisch, nicht farbig, nicht impressionistisch, sondern mehr kräftig, mit Kraft produziert. Das Orchester klingt wie eine Mischung aus Bruckner und Brahms, wenn man sich ideale Klänge vorstellt. [...] Ich habe nicht versucht, das Orchester zu ändern. Ich nahm es als deutsches Orchester, das deutsch empfindet, im besten Sinne der Tradition. Es ist übrigens sogar deutscher als die Dresdner Staatskapelle. Deren Klang ist weiblicher, mehr im Sinne von Richard Strauss und Mozart. Ich habe versucht, dem Orchester die Kultur Gustav Mahlers nahezubringen. Die Deutschen bezeichneten Mahlers Musik gern als trivial oder sentimental und betonten dann diese Trivialität bei ihm. Im Gewandhaus hat man aber über die Tradition Wagner-Brahms-Bruckner auch die richtige Beziehung zu Mahler gefunden.«[28]

Die Renaissance des böhmisch-österreichischen Komponisten in den 1960er Jahren fällt auch in Leipzig, wo es bis 1933 eine lebendige Mahler-Pflege gab, auf fruchtbaren Boden. Mehrere Sinfonien lässt der Dirigent für die Schallplatte einspielen. Weil die Kongresshalle akustisch ungünstig ist, entstehen die Aufnahmen im *Haus Auensee*. Die zu Mahlers Instrumentarium gehörenden Kuhglocken werden dort im Toilettentrakt aufgestellt. Zweifellos könnte das Gewandhausorchester mit diesem leidenschaftlichen Dirigenten, der es als sein einziges Manko sieht, nicht streng genug zu sein, für Jahrzehnte planen. Aber wieder einmal kommt in diesem zerrissenen Jahrhundert die große Politik dazwischen. In Neumanns Heimat gibt der Prager Frühling, mit dem auch der Dirigent sympathisiert, dem Sozialismus ein lächelndes Gesicht: Hoffnung für Millionen Menschen in Ost und West auf ein Ende der starren Machtblöcke im Kalten Krieg. Am 20. August 1968 reist Neumann zu Spielzeitbeginn mit seinem Sohn in Leipzig an. Für den Tag darauf ist eine Probe angesetzt, die neue Saison soll am 1. September in der Oper mit der Premiere von Janáčeks *Jenufa* beginnen.

Noch vor Dienstbeginn meldet sich Gewandhausdirektor Karl Zumpe bei Neumann. Mit brüchiger Stimme berichtet er ihm, dass die Armeen des Warschauer Paktes in die Tschechoslowakei einmarschiert seien. Aus dem Bauch heraus entscheidet der Gewandhauskapellmeister, dass er Leipzig dauerhaft verlassen muss. Den gefassten

Plan behält er aber zunächst für sich: Die *Jenufa*-Premiere elf Tage später dirigiert er noch, danach schreibt er einen Brief an den Oberbürgermeister, in dem er erklärt, dass er unfähig sei, das Podium zu betreten (als nächstes stünde das Messeeröffnungskonzert mit Tschaikowski auf dem Plan), und reist auf eigene Faust ab. Daraufhin versuchen die Machthaber, den Dirigenten zu diskreditieren, was ihnen jedoch nicht gelingt. Noch 1968 wird Neumann zum Chefdirigenten der Prager Philharmoniker gewählt. Das Amt behält er bis zur Pensionierung 1990 und übernimmt zudem auch immer wieder Engagements im westlichen Ausland. Als er 1970 zum Chefdirigenten der Stuttgarter Staatsoper ernannt wird, bezeichnet ihn ein Leipziger Kulturpolitiker als »musikalischen Abenteurer« – eine Formulierung, die das Gewandhausorchester in einer Vollversammlung zurückweist und gleichzeitig Neumanns Ausscheiden außerordentlich bedauert.

Zu dieser Zeit ist das zwei Jahre lange Interim nach Neumanns Weggang gerade vorbei. Der 43-jährige Kurt Masur, bisher Leiter der Dresdner Philharmonie, wird mit Beginn der Spielzeit 1970/71 zum Gewandhauskapellmeister ernannt. Der gebürtige Schlesier, der zuvor in Schwerin und Berlin dirigiert hat, zählt schon länger zu den künstlerischen Aushängeschildern der DDR. Seine Schallplattenaufnahmen verkaufen sich auch international hervorragend. Anders als sein Vorgänger setzt er im Orchester durchaus auf Strenge und arbeitet mit viel Liebe fürs Detail. Ein Name, der in Masurs Programmen immer wieder auftaucht, ist der von Felix Mendelssohn Bartholdy. Der war zuvor weltweit etwas in der Versenkung verschwunden, viele seine Werke gelten in den Jahren des bedingungslosen Fortschrittsglaubens als Inbegriff von Biedermeier und Altbackenheit. Dass diese Vorurteile keineswegs einer vernünftigen Betrachtung standhalten, zeigt Masur immer wieder: Nach und nach spielt er fast das komplette Werk seines berühmtesten Vorgängers auf Schallplatte ein, darunter auch die zuvor noch niemals beachteten frühen Streichersinfonien.

Die Nischen des realen Sozialismus weiß der Dirigent, der dem Staat jede Menge Devisen einbringt, zu nutzen. In der Kulturszene ist er durchaus umstritten, auch weil er als unantastbar gilt. Ein von

Masur verschuldeter schwerer Verkehrsunfall, bei dem drei Menschen ihr Leben verlieren, darunter seine eigene Ehefrau, wird zwar nicht geheim gehalten, gelangt aber nie vor Gericht. Das oft zwiespältige Verhältnis gerade der kritischeren Öffentlichkeit zum Gewandhauskapellmeister wird sich erst 1989 ändern, als Masur Missstände anprangert und sein Haus für den Dialog mit der Opposition öffnet.

Dass es dieses Haus überhaupt gibt, ist vor allem ihm zu verdanken. Zwar gibt es schon bald nach dem Zweiten Weltkrieg Ideen, das Gewandhaus im Musikviertel wiederaufzubauen. Doch in der chronisch klammen DDR fehlt das Geld an allen Ecken und Enden. Am 29. März 1968 ist die Sprengung der Ruine in der ganzen Stadt zu hören. Schon bald nach Masurs Amtsantritt entsteht ab 1971 ein neuer Plan: das Projekt *Auditorium maximum* der Universität mit Spielstätte und Heimstatt des Gewandhausorchesters. Beides soll als Einheit am früheren Augustusplatz, der nun nach Karl Marx benannt ist, entstehen – ein Platz, der vom Bombardement schwer gezeichnet ist. Die Verbindung aus Universität und Gewandhaus ist ein kluger Schachzug. Erst diese Einheit macht nämlich möglich, was aus alleiniger Kraft weder Stadt noch Bezirk Leipzig schaffen können: den Bau eines neuen Konzerthauses in die Wege zu leiten. Dabei weiß der einstige Chefdirigent der Dresdner Philharmonie genau, was er auf keinen Fall will: ein Multifunktionsgebäude, wie es 1969 in Dresden mit dem *Kulturpalast* eingeweiht wurde. Die Heimstatt des zweiten Orchesters der Landeshauptstadt mit ihrer gewaltigen Bühne ist nämlich akustisch derart ungeeignet, dass sie zu Beginn des neuen Jahrtausends mit riesigem Aufwand umgebaut wird und – Ironie der Geschichte – wie eine Adaption des Leipziger Gewandhauses wirkt.

Einige Jahre gehen die Planungen des Doppelbaus zügig voran, doch im Sommer 1974 wird plötzlich alles zur Disposition gestellt: Der im Jahr zuvor eingeweihte Gebäudekomplex der Universität mit dem markanten Hochhaus war teurer als geplant, die Mittel für ein Konzerthaus werden gestrichen. Masur schreibt daraufhin einen Brief an den Staatschef Honecker persönlich: »Im Vertrauen auf Ihren Weitblick und Ihre Entschlussfähigkeit bitte ich Sie um Hilfe. Das Gewandhausorchester wird im Jahr 1981 den 200. Jahrestag des

Einzuges in den ersten Saal feiern, der diesem Klangkörper seinen Namen gegeben hat. […] Ich glaube, dass es nicht nur ein künstlerisches, sondern auch ein politisches Ereignis sein wird, wenn wir diesen Tag nicht schamvoll verschweigen müssen, sondern festlich im neu erbauten Konzertsaal des Gewandhauses begehen können.«[29] Der Brief wirkt, sicher auch die enthaltene latente, aber nie ausgesprochene Drohung, der Vorzeigedirigent der DDR könnte wie so viele seiner Kollegen das Land verlassen. Auch der Zeitpunkt hilft Masur: Er trägt seine Bitte in jenem kurzen historischen Zeitfenster zwischen Honeckers Amtsantritt und der Biermann-Ausbürgerung vor, in dem der sozialistische Staat wirtschaftlich und politisch stabilisiert erscheint. Honecker persönlich bewilligt den Neubau, für den 1977 der Grundstein gelegt wird.

Dass das dritte Gewandhaus, das ebenso wie das zerstörte Konzerthaus im Musikviertel den Namen *Neues Gewandhaus* tragen wird, nicht nur dem Vergleich mit den Vorgängern standhalten, sondern auch im internationalen Maßstab bestehen soll, ist Masurs größter Wunsch. Darum erreicht er, dass Architekt Rudolf Skoda in den Westen fahren darf, um dort neue Konzerthallen zu studieren. Nonplusultra ist zu dieser Zeit die 1963 von Hans Scharoun entworfene Berliner Philharmonie, die mit ihrer »Weinberg«-Architektur keine hierarchische Trennung in bessere und schlechtere Plätze mehr kennt. Fündig wird Skoda in Rotterdam, wo 1966 das Konzerthaus *De Doelen* wiederersteht. Optisch erinnert es noch an den klassischen »Schuhkarton«-Konzertsaal des 19. Jahrhunderts. Dennoch zitiert der Bau Scharouns »Weinberg«-Architektur, ohne jedoch deren Radikalität zu wiederholen. Genau das muss in Leipzig entstehen, sind sich Masur und Skoda einig. Allerdings soll der Architekt auch lernen, wie die Raumakustik verbessert werden könnte, denn hier lässt *De Doelen* noch zu wünschen übrig, weiß Masur. Den Auftrag erfüllt der Baumeister gewissenhaft. Zweifellos ist das Konzerthaus, das er an die Südseite des Karl-Marx-Platzes bauen lässt, mit seiner kopflastigen Fassade nicht gerade für einen Schönheitspreis prädestiniert. Aber die Akustik des Großen Saals, der 1900 Besucher fasst, ist schlichtweg herausragend.

Eigentlich grenzt es an ein Wunder, dass im Herbst 1981 alles wie geplant fertig ist. Nicht nur, weil zu dieser Zeit die kurze Phase der Konsolidierung der DDR längst schon wieder Vergangenheit ist und nun alle Kapazitäten in riesige Plattenbausiedlungen gesteckt werden. Die Baugeschichte des dritten Gewandhauses jedenfalls ist reich an Anekdoten eines listenreichen Dirigenten, dem es durch viel Nähe zu Bauarbeitern einerseits und Politikern in Ost und West andererseits gelingt, die realsozialistischen Widrigkeiten pragmatisch zu umgehen. So setzt er beim Staatschef durch, dass die Orgelbauwerkstatt Schuke eine Orgel in den Saal bauen darf. Mit ihren mehr als 6600 Pfeifen steht diese majestätisch und in reizvoller optischer Disproportionalität auf der Empore. Senecas »Res severa verum gaudium«, seit langem schon das Motto des Gewandhauses, prangt über dem Spieltisch. Als nach kurzer Zeit deutlich wird, dass der Organist zusätzlich einen mobilen Spieltisch benötigt, damit das Instrument in großsinfonischen Werken auch vom Podium aus bedient werden kann, schaltet Masur sogar westdeutsche Politiker ein: Denn das für die Verbindung zur Orgel benötigte Hightechkabel steht in den 1980er Jahren auf der Embargoliste, weil es auch militärisch genutzt werden könnte.

Es ist eine Ehrbezeugung des Gewandhauskapellmeisters, dass bereits vor dem Einweihungskonzert vor der Partei- und Staatsführung am 8. Oktober 1981 zwei Voraufführungen als »Sonderkonzerte zu Ehren der Bauarbeiter« gegeben werden. Im Saal sitzen nun nicht diejenigen, die glauben, die Arbeiterklasse zu vertreten, sondern wirkliche Arbeiter, jene, die vier Jahre lang am Gewandhaus gebaut haben. Weil das viele sind, reicht ein Sonderkonzert nicht – Masur möchte jeden einzelnen Beteiligten im Publikum wissen. Zählt man zu diesen Konzerten für die Bauleute und den offiziellen Festkonzerten noch die zwei Generalproben hinzu, von denen eine öffentlich ist, dann gibt es in der Festwoche gleich sieben Mal das Eröffnungsprogramm mit Orchester, Solisten und einem riesigen Chor, der sich aus Sängern von Thomanern, Rundfunk und Gewandhaus zusammensetzt. Siegfried Thieles *Gesängen an die Sonne* im ersten Teil folgt nach der Pause Ludwig van Beethovens *Neunte Sinfonie*.

Zumindest dieses Großwerk des Humanismus lässt sich die Staatsführung nicht nehmen – trotz oder gerade wegen der Tatsache, dass die *Neunte* schon seit Jahrzehnten immer dann auf das Pult gelegt wird, wenn es gilt, der jeweiligen Staatsführung zu huldigen. Das beklagt auch der einst hochgeschätzte, im Zuge der Biermann-Affäre aber ausgebürgerte Komponist Tilo Medek, der von seinem neuen Wohnsitz am Rhein aus die gallige Frage nach Leipzig sendet, ob man das Gewandhaus nicht mit einem der zahlreichen hier uraufgeführten Werke von Weltrang hätte eröffnen können anstelle die Liste der Missbräuche von Beethovens *Neunter* noch zu erweitern.

Die bissige Botschaft verkennt jedoch den Stellenwert jenes Werkes, das noch vor Beethovens »Götterfunken« aus dem Gewandhaus tönt und dem so die eigentliche Ehre der Eröffnungsmusik zugutekommt: Denn die *Sonnengesänge* des Leipziger Komponisten Siegfried Thiele sind alles andere als propagandistische Staatskunst. Einzige Bedingung des Gewandhauskapellmeisters bei der Auftragserteilung: Thiele solle groß besetzte Musik schreiben, die der Orgel einen zentralen Platz einräumt. Der Musiker, der aus seiner anthroposophischen Grundhaltung keinen Hehl macht, findet sein Sujet in Goethes *Prolog im Himmel*, in Schillers *An die Sonne* und in Hölderlins *Dem Sonnengott*. Die Textauswahl gestattet ihm einen ökologisch-inspirierten sorgenvollen Blick von der Sonne aus zur Erde, wo die Mächtigen zur Vernunft gemahnt werden. In der DDR von 1981 ist derlei durchaus beachtenswert, weil es sich weit von der Doktrin des »sozialistischen Realismus« entfernt.

Das gilt auch für die Kunst am Bau. Über vier Etagen erstreckt sich das Kunstwerk *Gesang vom Leben*, das Sighard Gille für das Gewandhaus von Oktober 1980 bis September 1981 erschafft: die größte zeitgenössische Deckenmalerei Europas. Sie paraphrasiert in ihren vier Teilen *Orchester, Mächte der Finsternis, Lied der Stadt* und *Lied vom Glück* Musik mit bildlichen Mitteln. Das von Gustav Mahlers *Lied von der Erde* inspirierte Werk, über das der Künstler selbst kaum spricht, knüpft an längst vergangene monumentale Konzepte eines *Welttheaters* an, wie bereits eine frühe Besprechung erkennt: »In einer Zeit, für die die Einheit der Künste nicht, wie im Barock, selbstverständlich ist, war dieses Wagnis über das gewohnte Feld der abgegrenzten Reservierung oder dekorativen Abstimmung hinaus doch eine Tat, die beachtenswert ist.«[30] Zur Idee gehört, dass das Werk von keinem Standpunkt aus komplett überschaubar ist. Nur ein Abschreiten des Bildes enthüllt dessen Variationsbreite zwischen Realismus, Ironisierung und Abstraktion. Das thematische *Aufstreben* wirkt der Schwere des Baukörpers entgegen. Wohl auch deshalb lässt sich das Gemälde, das in der ursprünglichen Konzeption gar nicht vorgesehen ist, nicht mehr aus dem Gewandhaus wegdenken. Die Transparenz der Glasfassade hebt das Kunstwerk in den öffentlichen Raum. Die Interpretation der eigenen Musikgeschichte ist in Leipzig so zu städtischer Architektur geworden – ein bis heute einzigartiger Geniestreich.

DIE ENTHUSIASTEN

ab 1935

Der aussichtslose Kampf des Regimes gegen »entartete Musik« · Die Swing-Jugend tanzt weiter · Kurt Henkels und die populärste deutsche Bigband · Das schwierige Verhältnis der DDR zum Jazz

Zu der Zeit, als am Karl-Marx-Platz direkt neben dem neuen Universitätshochhaus der Grundstein für das Gewandhaus gelegt wird, sucht eine Handvoll Studenten fieberhaft nach einem Ort für ihre eigenen Konzerte. Ob sie ganz im Stillen davon träumen, dass die von ihnen geliebte Musikrichtung auch einmal in solch einem Heiligtum der Hochkultur gespielt wird, wie es hier in die Höhe wächst? Man weiß es nicht, und vielleicht hätten die Enthusiasten, die da Mitte der 1970er Jahre dem Jazz huldigen, dieses Ansinnen auch entrüstet abgelehnt. Denn Leipzig und der Jazz – das ist lange Zeit alles andere als eine Liebesgeschichte. Dabei wäre es doch so schön, könnte man berichten, dass schon im Jahr 1927 die Uraufführung von Ernst Kreneks *Jonny spielt auf* ein breites Interesse am Jazz geweckt hätte. Doch das Gegenteil ist der Fall. *Jonny* bleibt ein Solitär, in Sachen Jazz liegt die Musikstadt viele Jahre lang im Dornröschenschlaf. Die erste Jazzwelle, die Ende der 1920er Jahre so gewaltig durch Berlin rauscht, bleibt in Leipzig nahezu ohne Folgen.

Das ändert sich erst Mitte der 1930er Jahre, als mit der zweiten Jazzwelle auch der Swing nach Deutschland kommt. Zuvor hat sich in Amerika im Zuge der Weltwirtschaftskrise der Jazz deutlich verändert. Zahlreiche Plattenfirmen und Bars müssen schließen und entlassen ihre Angestellte, darunter kleine Bands und Solomusiker. Diese finden sich zu Bigbands zusammen, um in großen Städten auftreten zu können oder um als Studiobands im Rundfunk Livekonzerte zu geben. Einher geht das mit einer deutlichen stilistischen Veränderung. An die Stelle der bis dahin für den Jazz charakteristischen spontanen Improvisation auf Basis vorher getroffener Absprachen tritt das geschriebene Arrangement, denn anders ist das Zusammenspiel nun nicht mehr zu organisieren. Die Ausdrucksmöglichkeiten für die Musiker bleiben so auf die in den Stückablauf eingefügten Soli beschränkt. Dafür aber lassen die komplex arrangierten Stücke eine harmonische Ausweitung zu, so dass immer kompliziertere Akkordfolgen Eingang in den Jazz finden. Zum wichtigsten Kennzeichen wird der *swing* genannte Rhythmus, der mit durchgängigem Offbeat-Spiel ganzer Passagen besonders dominant erscheint. So entwickelt sich etwas zum durchgängigen Stilkriterium, was zuvor eigentlich nur ein Mittel der Ausdruckssteigerung ist. In den Augen der Traditionalisten verliert der Jazz damit seine Unschuld, weil er sich von seinen Wurzeln entfernt. Im Vordergrund steht nicht mehr die subtile Botschaft rassistisch Unterdrückter, sondern Unterhaltung und Tanzbarkeit. Was die Gegner als »Mainstream« verunglimpfen, trifft jedoch den Nerv der Zeit und wird die erste globale Mode der Musikgeschichte. Der an den Publikumsgeschmack angepasste Swing erklingt als Tanzmusik in den großen Sälen von New York, Paris und Shanghai.

Im Deutschland der 1930er Jahre trifft diese Mode jedoch auf eine nationalsozialistische Gesellschaft, zu deren ästhetischen Vorstellungen der Swing keineswegs passt. Dennoch darf die Rolle der Machthaber nicht überbetont werden. Wenn es um Musik geht, finden sich selbst in Diktaturen genügend Nischen. Auch in Leipzig tanzen junge Menschen Swing, auch hier wird ein *Hot Club* gegründet, wie die Lokale genannt werden, in denen einheimische Bands Swing spielen. Von Vorteil ist, dass die Behörden eher widersprüchliche Signale aussenden. Bis zum Eintreffen der Swingwelle Mitte der 1930er Jahre spielt Jazz im Musikleben nur eine untergeordnete Rolle. Wenn dennoch Verbote ausgesprochen werden, dann aus rassischen Gründen. Einen Einfluss auf die Jazzpraxis hat eher die Gleichschaltung des Kulturlebens durch die Reichsmusikkammer: Die Vertreter der *populären Musik* werden automatisch dieser Kammer eingegliedert, deren Hauptaufgabe es ist, die deutsche Kultur möglichst frei von fremden Einflüssen zu halten.

Den plötzlichen Stilwandel aber verschlafen die Kulturpolitiker oder tolerieren ihn zumindest, indem sie den Swing als »kultivierten Überwinder des wilden Jazz der dekadenten zwanziger Jahre«[31] ansehen. So haben die Bigbands zunächst kaum mit Anfeindungen zu kämpfen. Die Szene leidet natürlich darunter, dass die Jazzklasse am Frankfurter Konservatorium 1933 geschlossen worden ist und in Leipzig an eine derartige Ausbildung nicht einmal im Traum zu denken ist. Aber die allermeisten Musiker in den Bigbands sind Autodidakten oder lernen von ihren Bandleadern.

Die Olympischen Spiele 1936 ermöglichen noch einmal ein Aufatmen in der Kunst, kulturpolitisch nimmt man die Dinge weniger eng und will die Welt von den Vorzügen des nationalsozialistischen Deutschlands überzeugen. Doch danach dreht sich der Wind. 1938 wird in Düsseldorf die Ausstellung *Entartete Musik* gezeigt. Die richtet sich zwar hauptsächlich gegen nicht genehme Ernste Musik, hat aber auch den Jazz im Visier. So ist das Plakat zur Schau eine bösartige Persiflage auf den 1927 in Leipzig gespielten *Jonny*: Es zeigt einen Saxophon spielenden Affen, der einen Judenstern trägt. Spätestens mit Kriegsbeginn geht das Regime aber auch gegen Jugendliche vor, die als *Swing-Jugend* in Opposition zur Hitlerjugend gehen. Zudem ist es nun verboten, Musik aus den sogenannten Feindländern zu hören oder zu spielen. Da viele Musiker als Soldaten an die Front geschickt werden, ebbt die Swingwelle erst einmal ab, um nach den Erfolgen der Blitzkriege 1941 erneut aufzuwallen. Die Bands, die im *Hot Club Leipzig* spielen, geben ihren Songs jetzt einfach deutsche Namen: Aus *A tisket, a tasket* wird *Laterne, Laterne*, den *St. Louis Blues* kündigt man als *Lied des blauen Ludwig* an, *Big Noise auf Wineteka* heißt jetzt *Großer Lärm vom Ku'damm*.

Angesichts der Tatsache, dass selbst NS-Größen und als Helden verehrte Kampfpiloten öffentlich ihre Liebe zum Swing bekunden, ist der Kampf gegen die globale Mode ein Kampf gegen Windmühlenflügel. 1943/44 gibt man ihn ganz auf. Immer öfter werden Jazzmusiker nun sogar für Propagandaaufnahmen benutzt. Andere dürfen in Militärformationen ungestört Tanzmusik spielen, wie etwa der 1910 in Solingen geborene Kurt Henkels. Der junge Musiker, der in den 1930er Jahren mit verschiedenen Bands in ganz Deutschland erfolgreich ist, wird 1941 in Danzig einem Wehrmachtsmusikkorps unterstellt und baut dort das bekannteste Tanzorchester seiner Zeit auf.

Letztlich sind für das Fortbestehen des Jazz in Deutschland die internationalen Verflechtungen der Plattenindustrie verantwortlich. Deutsche Hersteller produzieren in den Jahren 1933 bis 1943 insgesamt 206 Jazztitel, während in den Jahren der Weimarer Republik nur 143 Titel erschienen sind. Produziert werden diese Platten aber weniger für den einheimischen Markt, sondern für neutrale oder besetzte Länder, von wo aus sie heimkehrende Soldaten massenhaft nach Hause bringen. So ist es auch eher als ungebrochene Tradition denn als Wiederaufflammen alter Liebe zu verstehen, wenn nach dem Ende des Nationalsozialismus der Swing zum Grundrauschen der alltäglichen Musikkultur gehört. Besonders im amerikanischen Soldatensender *AFN* sind derartige Klänge zu hören, und selbst die Sowjetische Militäradministration hat nichts gegen unpolitische Tanzmusik einzuwenden. Im Gegenteil, auch in ihrer Besatzungszone soll der Rundfunk Swing spielen. Und da in der Mitte des 20. Jahrhunderts Radiomusik meist live gesendet wird, braucht man ein passendes Ensemble. So gründet sich schon 1947 das *Tanzorchester des Sender Leipzig*. Geleitet wird es von Kurt Henkels, dem als Soldat die Flucht aus Danzig gelungen ist. Die Liste der Gründungsmitglieder seines Orchesters ist ein Who's Who der Jazzszene der 1940er Jahre: Rolf Kühn spielt Klarinette und Saxophon, Walter Eichenberg Trompete, Günter Oppenheimer Klavier, Fips Fleischer Schlagzeug.

Schon kurz nach der Gründung ist das Ensemble die populärste deutsche Bigband. Das Plattenlabel Amiga verpflichtet das Orchester umgehend. Das erste Konzert in Berlin im Mai 1948 lässt den Kritiker der von der französischen Militärverwaltung lizensierten Musikzeitschrift *Melodie* schwärmen: »Es musste erst ein Orchester aus der Provinz kommen, um den Berlinern zu zeigen, wie modern gespielt wird.«[32] Der Erfolg beruht einerseits auf Henkels' pädagogischen Fähigkeiten, innerhalb kurzer Zeit eine Einheit aus unterschiedlichen Musikern zusammenzuschweißen, und andererseits darauf, dass er die Vorgabe umgeht, dass maximal 40 Prozent der Titel aus dem Westen stammen dürfen: mit eigenen Arrangements der Titel. Dank der Arbeit des Bandleaders wird der *Sender Leipzig* zum Mekka für Jazzfans. Den Musikern, die sich ansonsten mit leichter Tanzmusik und Schlagern über Wasser halten müssten, gibt er ungeahnte Freiräume. Rolf Kühn bringt es später in den USA als Leiter des Orchesters von Benny Goodman zu Ruhm und tritt beim legendären *Newport Festival* auf, der *King of Swing* Fips Fleischer wird auch im Westen berühmt.

Dennoch hat es der Jazz in den 1950er Jahren nicht leicht: Die liberale Kulturpolitik der Besatzer ist längst Geschichte, in der DDR überwiegt das Misstrauen gegenüber Einflüssen aus Amerika. Jazz findet in jenen Jahren in Leipzig hauptsächlich in privaten Zirkeln statt. Dort hört und tauscht man mit Hilfe der legendären *Musikalienhandlung Tappert* Schallplatten. Ganz in der Tradition der 1940er Jahre nennen sich diese Zirkel bisweilen auch *Hot Clubs*, der bekannteste wird der *Jazzkreis Nord*. Wie groß die Unkenntnis innerhalb der Kulturbürokratie ist, zeigt sich in der ernsthaft geäußerten Behauptung marxistischer Musikwissenschaftler, Jazz sei in der Sowjetunion am Schwarzen Meer entstanden. Grund genug für den Leipziger Soziologen Reginald Rudorf, das Phänomen wissenschaftlich zu erforschen und 1955 die *Interessengemeinschaft Jazz* zu gründen. Seine Westreisen machen den Forscher verdächtig. Zwar wird ein von ihm gedrehter Dokumentarfilm noch 1956 vor 2000 Fans im *Capitol* in gekürzter Fassung uraufgeführt. Aber schon bald gerät Rudorf in die Mühlen des Regimes: Im Jahr darauf wird er wegen unerlaubter Westkontakte sowie angeblicher konterrevolutionärer Aktivitäten zu einer zweijährigen Gefängnisstrafe verurteilt. Anschließend übersiedelt er nach Westdeutschland – nahezu zeitgleich mit Kurt Henkels, den die ständige Gängelei der Kulturpolitiker zunehmend einengt.

Nach dem Mauerbau entspannt sich die Situation. Mitte der 1960er Jahre erklärt die DDR den Jazz zum Bestandteil sozialistischer Musikkultur, zweimal jährlich organisiert die Konzert- und Gastspieldirektion Jazzkonzerte im Rahmen der Messe-Kulturprogramme. Zum Symbol dieser Öffnung wird am 23. März 1965 ein Konzert des *King of Jazz* Louis Armstrong in der Messehalle III, das Jazzfans für 20 Mark die Möglichkeit gibt, sich einen Abend lang in die große weite Welt zu träumen.

Die 1970er Jahre sind – zumindest bis zu Wolf Biermanns Ausbürgerung – die besten Jahre für Musiker abseits der sogenannten Hochkultur im Osten. Nach der Machtübergabe auf Erich Honecker erlebt die DDR einen kurzen kulturellen Frühling, in dem der Jazz zum Massenphänomen wird. Ein Festival im Spreewalddorf Peitz zieht bis zu 4000 Besucher an, bevor es 1982 verboten wird. 1973 gründet sich der *Freundeskreis Jazz* innerhalb des Kulturbundes, aus dem später der *Jazzclub Leipzig* hervorgeht. Drei Jahre später lädt dieser Freundeskreis mit 500 Mitgliedern erstmals zu einem Festival – zunächst in einem Studentenklub, im Jahr darauf in einem Hörsaal und ab 1978 sogar in der Kongresshalle. Der Weg in Leipzigs größte Konzerthalle ist jugendlichem Übermut zu verdanken, wie sich Hans-Jürgen Lindner vierzig Jahre später erinnert. Nach den schlechten Erfahrungen der Vorjahre marschieren die Jazzfans einfach in die Kongresshalle, tragen dort ihren Wunsch vor, ein viertägiges Festival veranstalten zu dürfen und erhalten eine Reservierung für Mai 1978 einschließlich der Folgejahre: »Der Saal hatte 1600 Plätze. Das bedeutete: Großveranstaltung, Popularität, ausreichende Finanzierung, die Leipziger Jazztage waren für die Zukunft gesichert.«[33]

Dieser Mut ist auch deshalb bewundernswert, weil die ersten Jahrgänge des Festivals komplett in Eigenregie organisiert und finanziert werden. Erst ab 1980 unterstützt die Stadt Leipzig die *Jazztage*, die schnell zum bedeutendsten Treffpunkt der DDR-Szene werden. Zugleich erweitert sich das musikalische Spektrum immer mehr, die Organisatoren laden über private Kontakte Bands aus der ganzen Welt ein und machen die Musikstadt so zu einem Ort internationaler musikalischer Begegnung.

Das Festival überdauert alle Stürme der nachfolgenden Jahrzehnte und ist heute das älteste und traditionsreichste seiner Art in ganz Deutschland. 1991 zieht man ins Opernhaus und wagt eine Ausrichtung, die weniger auf den Mainstream schaut. Neben Konzerten mit Szenegrößen setzt man öfter auf eigenständige Projekte und stellt neue Strömungen vor, um die Vielfalt des zeitgenössischen Jazz mit Stars, Newcomern und Nachwuchs zu präsentieren. Letzterer rückt inzwischen gleich doppelt in den Mittelpunkt: Zum einen verleiht der *Jazzclub* jährlich einen Nachwuchspreis. Zum anderen aber hat man mit *Jazz für Kinder* ein außergewöhnliches Programm entwickelt, in dem die Jüngsten nicht nur zuhören, sondern selbst musizieren dürfen. Seit Beginn des neuen Jahrtausends rückt die Klubszene in den Fokus des Festivals, um einst fest zementierte Genre- und Stilgrenzen zu überwinden. Konzerte gibt es nun an so unterschiedlichen Orten wie der *Moritzbastei*, der *naTo*, dem Szeneclub *Horns Erben*, dem *Werk* 2, dem *UT Connewitz* oder dem *Lindenfels*.

Es ist eine wundervolle ironische Wendung der Leipziger Musikgeschichte: Als die DDR-Bürokraten 1973 den lokalen *Freundeskreis Jazz* dem Kulturbund eingliedern, wollen sie die beargwöhnten Musikenthusiasten eigentlich auf eine Stufe mit Briefmarkensammlern und Heimatforschern stellen. Dass sie damit aber die Basis für ein zehntägiges Musikfestival legen, das heute zu den wichtigsten Terminen in den Konzertkalendern der internationalen Jazz-Szene gehört, das war so garantiert nicht geplant.

ALTE UND NEUE KLÄNGE

ab 1957

Wie man barocker Musik mit Darmsaiten zu Leibe rückt · Andere zeigen dem Publikum ihren Hintern · Avantgardistisches im altehrwürdigen Gewandhaus und Landmaschinen-Sinfonien mit brennenden Klavieren

Aufgeführte Musik ist neue Musik. Im 18. Jahrhundert würden wohl alle Komponisten diesen apodiktischen Satz ohne zu zögern unterschreiben. Wenn Musiker wie Telemann oder Bach die Werke deutlich älterer Kollegen aufs Pult legen, dann haben sie dafür schon besondere Gründe – etwa den, dass die Thomaner selbst noch zu Bachs Zeiten die Musik aus dem *Florilegium Portense* von 1618 in ihren Gottesdienst integrieren. Ansonsten aber gilt bis weit in 19. Jahrhundert hinein: Nur Neues ist wirklich gut, das Alte hingegen ist fast immer überkommen.

Das ändert sich mit Mendelssohn, der erstmals *Historische Konzerte* organisiert, mit denen er musikgeschichtliche Zusammenhänge verdeutlicht. Nun rücken Bach und Händel auf die Spielpläne. Was um 1840 eine regelrechte Sensation ist – das Sichtbarmachen von Tradition als Zeichen von Vielfalt –, legt die Basis für eine gegenteilige Entwicklung: Es bildet sich nach und nach ein Kanon heraus, der nicht nur die Grundlage, sondern irgendwann sogar Hauptbestandteil des Repertoires ist. Eineinhalb Jahrhunderte nach Mendelssohns Amtsantrittskonzert als Gewandhauskapellmeister ist die Musikgeschichte in klassischen Konzerten erstaunlich verengt.

Sie beginnt mit Wolfgang Amadeus Mozart und endet bei Richard Strauss: Gefühlte 90 Prozent aller zu hörenden Werke entstammen diesem nur zweihundertjährigen Zeitraum, dessen Eckpunkte die Sterbejahre von Bach und Strauss 1750 und 1949 bilden. Alles andere wird nach und nach ausgelagert, weil sich im späten 20. Jahrhundert der Glaube durchsetzt, ein modernes Sinfonieorchester könne weder die Werke von vor 1750 noch die von nach 1950 adäquat aufführen. Dafür hat man Experten, und deren Nischen werden von Ausführenden und Fans gleichermaßen bald als *Alte Musik* und *Neue Musik* bezeichnet.

Der Name für die erste Nische ist in den 1950er Jahren noch gar nicht gefunden, da geschieht in Leipzig bereits das, was in Westeuropa erst zwei bis drei Jahrzehnte später zu einer regelrechten Mode wird: Musik des Mittelalters, der Renaissance und des Barock auf historischen Instrumenten ihrer Zeit und mit dem Wissen um die jeweilige Stilistik möglichst authentisch aufzuführen. In Leipzig funktioniert das von Anfang an gut, weil es hier mit der Sammlung von Paul de Wit eine der größten Musikinstrumentenkollektionen Deutschlands zu bewundern gibt. Möglich wird deren Ankauf für die Universität im Jahr 1926 überhaupt erst, als der Musikverleger Henri Hinrichsen eine große Spende hinterlegt, durch welche die einst in Leipzig zusammengetragene und dann nach Köln gegebene Sammlung an ihren Ursprungsort zurückkehren kann – zur Präsentation der Schau stellt die Stadt damals den Nordflügel des gerade erst erbauten Grassimuseums zur Verfügung. Weil bereits vor dem Bombenangriff vom 4. Dezember 1943, der auch den Museumskomplex trifft, Inventar ausgelagert wird, übersteht die Kollektion den Krieg wenigstens teilweise. In den 1950er Jahren, als das Museum das Musikwissenschaftliche Institut beherbergt, erwacht die Sammlung wieder zum Leben. Einen der jungen Forscher inspiriert sie 1957 gar zu einer visionären Idee: Die Instrumente sollen nicht nur gezeigt, sondern auch gespielt werden – am besten in einem festen Ensemble.

Der Mann hinter der Idee, der 28-jährige Hans Grüß, gilt lange als Sonderling. Gleichermaßen forscht er zu ältester und neuester Musikgeschichte. Lange bevor die historische Aufführungspraxis

Mode wird, überzeugt er einige Freunde, die Werke früherer Zeiten mit jenen Instrumenten zu spielen, für die sie geschrieben wurden. Die dafür nötigen Forschungen, vor allem das Studium alter Quellen, in denen von Instrumenten und ihren Spielweisen berichtet wird, erledigen die jungen Leute selbst und knüpfen auch Kontakte zu Instituten in Westeuropa, an denen ähnlich geforscht wird. Was heute selbstverständlich ist, sorgt damals bei vielen Kollegen für Kopfschütteln. Bis ins Gewandhausorchester hinein reicht die Ablehnung. Denn der »Heilige Stuhl« in Sachen Alter Musik ist hier unzweifelhaft der Thomanerchor, an dem sich die Welt zu messen habe. Dass aber seit den 1970er Jahren auf der anderen Seite der Mauer immer mehr auf Originalinstrumenten agierende Spezialensembles eine historisch informierte Stilistik pflegen, nimmt man kaum zur Kenntnis. Wenn er den Namen *Harnoncourt* höre, drehe er das Radio ab, kokettiert zum Bachjubiläum 1985 der Konzertmeister eines Ensembles, das den Thomaskantor sogar im Namen trägt.

Leipzig tut sich lange schwer mit jenen Musikern, die Barockem mit Darmsaiten und Rosshaarbögen zu Leibe rücken. Noch im Bachjahr 2000 eskaliert eine Podiumsdiskussion, weil Experten wagen, die hiesige Bachpflege infrage zu stellen. Öffnen sich die einheimischen Säulen nicht jenen musikhistorischen Erkenntnissen, die andernorts längst Standard sind, geht der Anschluss an die internationale Szene verloren und das *Bachfest* hätte keine Berechtigung, heißt es damals. Die drastische Prophezeiung bewahrheitet sich zum Glück nicht. Denn zu dieser Zeit geht bereits eine neue Saat auf: Nach der Friedlichen Revolution gründen Musiker wie Gotthold Schwarz, der 2016 Thomaskantor wird, eine Reihe von Ensembles, in denen junge Musiker auf alten Instrumenten spielen. Gefördert werden diese besonders an der Universität, wo Wolfgang Unger und sein Nachfolger David Timm seit 1993 mit dem *Pauliner Barockorchester* konsequent auf historische Instrumente setzen. Der Generationswechsel in den beiden Traditionsorchestern führt zudem dazu, dass auch dort immer mehr Musiker gleichermaßen in moderner wie in historischer Stilistik bewandert sind. Ein Pfund, das auch Thomaskantor Georg Christoph Biller am Ende seiner Amtszeit nutzt, um die Leipziger

Bachpflege des 21. Jahrhunderts wieder näher an jene des 18. Jahrhunderts zu rücken.

Leichter hingegen haben es jene Leipziger Musiker, die bereits zu DDR-Zeiten in der Nische Neue Musik heimisch sind. Das hat viele Gründe: Die Szene, die der offiziellen Kulturpolitik sowieso als wenig massenkompatibel gilt, wird in Leipzig nicht so scharf beobachtet wie in der Hauptstadt, wo vor allem nach der Biermann-Ausbürgerung im November 1976 die Grenzen zwischen den kulturellen Milieus fließender sind. Zudem sind hier die richtigen Leute an der richtigen Stelle, beispielsweise Herbert Kegel, der von 1949 bis 1977 beim Rundfunk arbeitet, zuletzt ab 1960 als Chefdirigent des Rundfunksinfonieorchesters. 1966 organisiert er die Doppelaufführung der Gemeinschaftskomposition *Jüdische Chronik* der Komponisten Paul Dessau, Karl Amadeus Hartmann, Hans Werner Henze und Rudolf Wagner-Régeny in Köln und Leipzig. Einen regelrechten Eklat gibt es nach der von ihm dirigierten DDR-Erstaufführung von Henzes *Das Floß der Medusa*, als die Kritik der Kulturfunktionäre zu Kegels Austritt aus dem Komponistenverband führt. Der charismatische Dirigent ist auch der geistige Vater der 1970 gegründeten *Gruppe Neue Musik Hanns Eisler* um die damals 27-jährigen Burkhard Glaetzner und Friedrich Schenker, die der zeitgenössischen Musik nicht nur in Leipzig, sondern im ganzen Land eine Heimat gibt.

Die Vorarbeit dieses Kammermusikensembles beflügelt dann die nächste Generation, die wiederum einflussreiche Förderer in den ehrwürdigen Kulturstätten hat. Diesmal ist es Kurt Masur, der 1988 dem 28-jährigen Steffen Schleiermacher den Auftrag gibt, eine Reihe mit Neuer Musik zu etablieren, was letztlich zur Gründung des *Ensemble Avantgarde* führt. Dessen *Musica Nova*-Konzerte im Gewandhaus begeistern zahlreiche Musikenthusiasten, die erstmals neueste westliche Musik live erleben dürfen, die sonst nur heimlich auf Tonbändern weitergegeben wird. Für die jungen Musiker kommt die Friedliche Revolution 1989 zur richtigen Zeit, denn nun erspielt sich das Ensemble auch über Leipzig hinaus einen Namen. Die Konzerte vor Ort jedoch, die der unkonventionell agierende Gründer als Moderator begleitet, werden nicht nur dank Schleiermachers flotter

Sprüche zu regelrechten Ereignissen. Wer sich in den 1990er Jahren für Neue Musik interessiert, darf da nicht fehlen.

Auch wenn Neue Musik in den Orchesterkonzerten nur ein Randdasein fristet, leistet sich der Gewandhauskapellmeister Kurt Masur nach der Eröffnung des neuen Konzerthauses sogar einen eigenen Berater für Zeitgenössisches. Der Posaunist Friedrich Schenker, einer der wenigen Freiberufler in der DDR, übernimmt 1982 den Job und erhält dafür auch eine Reihe von Kompositionsaufträgen. Selbst im Rückblick erstaunt noch, mit welcher Konsequenz der damals 40-Jährige arbeitet. Die Aufführungen seiner avantgardistischen Werke, für die er, wie etwa 1985 in seiner *Michelangelo-Sinfonie*, gigantische Massen auf die Bühne stellt, werden für Musiker und Publikum zur Grenzerfahrung. Die Klangorgien stoßen oft auf Ablehnung, der Komponist selbst genießt die Rolle des *enfant terrible* und dreht nach einer Uraufführung, die besonders viel Widerspruch erhält, den Zuhörern demonstrativ den Rücken zu. Während er sich vor den Musikern tief verbeugt, streckt er dem Publikum in Mozart-Manier das Gesäß entgegen – anders als das Vorbild zieht er jedoch wenigstens nicht blank. Dass dann mitten im heißen Herbst 1989 eine Schenker-Uraufführung bejubelt wird, ist eine andere Geschichte, von der noch zu erzählen ist. Die Musiker jedenfalls lästern gern über ihren Avantgardisten, dessen Partituren mitunter so riesig sind, dass sie von zwei Technikern auf die Bühne getragen werden müssen. Als in den 1980er Jahren das Gewandhausorchester einmal auf Westreise ist und der Bus einen Lastkraftwagen der Spedition Schenker überholt, stöhnt ein Musiker laut hörbar: »Jetzt braucht der schon einen ganzen LKW für seine Noten!«

Für das kulturelle Klima in der Musikmetropole ist ein Mann wie Schenker jedoch ein Segen. Selbst die Oper, die nach dem Weggang von Joachim Herz in künstlerisch-kreativer Starre ist, wagt 1988 wieder etwas Besonderes. Karl Ottomar Treibmanns Oper *Der Idiot* ist sicher kein avantgardistisches Musiktheater, doch diese Dostojewski-Adaption ist auch keine angepasste Kunst, sondern gespickt mit hintergründigen Anspielungen, wie man sie schon aus Treibmanns Sinfonie *Der Frieden* kennt, wo ein permanent deklamierender Chor die hohlen Friedensphrasen des Staates konterkariert. Vor allem aber ermutigt Schenker, der an der Musikhochschule Komposition und Improvisation unterrichtet, viele junge Künstler zu unideologischen Experimenten, die in den frühen 1990er Jahren manch überraschende Symbiose nach sich ziehen. Wenn Musiker wie der Bratscher Henry Schneider und der Klanggestalter Erwin Stache erst ein Festival im Reichsgerichtsgebäude installieren und dann mit ihren Aktionen in die von Theaterleuten wiederentdeckte Ruine des Plagwitzer *Lindenfels* wechseln, dann offenbart sich hier eine geistige Freiheit, die zwar die Puristen unter den Neue-Musik-Anhängern hinter sich lässt, aber eben auch neue Zuhörerschichten erschließt.

In seinem thüringischen Heimatdorf Stelzen ruft Schneider zu jener Zeit ein Wald-und-Wiesen-Festival ins Leben, bei dem die gesamte Leipziger Musikszene ohne jede Berührungsängste ein- und ausgeht und das der Avantgarde ebenso wie der Tradition huldigt. Klavierrezitals und Chormusik gibt es da direkt neben Staches *Landmaschinen-Sinfonien* mit klingenden Mähdreschern und brennenden Klavieren. Es scheint, als wären diese Aktionen, die anfangs von vielen nur als Klamauk gedeutet werden, Vorboten jener Probleme, die mancher Akteur heute mit der Neuen Musik hat: Im 21. Jahrhundert nämlich zeichnet sich die zeitgenössische Musik immer mehr durch grenzenlose Vielfalt aus, eine Vielfalt, die vom althergebrachten Begriff *Neue Musik* kaum noch erfasst werden kann. Protagonisten der Szene lehnen den Terminus darum auch aus diesem Grund zunehmend ab, zahlreiche neue Begriffe werden erfunden, die ihrerseits aber selbst nicht reichen, um das zu beschreiben, was Musiker heute in Konzerten und Tonstudios produzieren.

Diese Vielfalt geht auch in Leipzig einher mit einer stetigen Aufweichung des musikalischen Materials. Historische und aktuelle Klänge werden aufgegriffen, vorbehaltlos schöpft man aus dem akustischen Vorrat der Welt. Beschränkungen gibt es keine, alles kann zum Gegenstand von Kunst werden. Komponisten sind nicht mehr nur Klangschöpfer, sondern auch Klangforscher, die ihr Material aus einem riesigen Steinbruch immer wieder neu zusammentragen. Sie integrieren Elemente anderer Kulturen, Jazz, Rock und Pop, sie verarbeiten elektronische Klänge, Umweltgeräusche, gesprochenes Wort, Zitate der traditionellen Musikgeschichte. Alles, was klingt, alles, was Geräusch ist, kann heute Musik werden – oder genauer: Alles ist bereits Musik. Die Zeit fixierter Normen und dogmatischer »Ismen« ist endgültig vorbei.

DIE STANDHAFTEN

1965 bis 1989

Die Beat-Demo wird niedergeknüppelt, aber Musik lässt sich nicht zum Schweigen bringen · Renft wird zweimal verboten und ein Knast-Projekt zum Hit im Leipziger Untergrund · Die große, weite Welt muss warten

Nicht nur globalgeschichtlich sind diese »Ismen« die bittere Essenz des 20. Jahrhunderts. Eine ehrliche Musikgeschichte müsste das im Blick haben und all die gegenseitigen Verwerfungen und Abgrenzungen, die Spaltungen und ihre Folgen beschreiben. Fast alle lassen sie sich zurückführen auf eine Ursünde: auf die historisch unverständliche Teilung der Musik in Ernst und Unterhaltung, in schwer und leicht, in hoch und niedrig. Diese Teilung wurzelt im Bildungsideal der Aufklärung, im bürgerlichen 19. Jahrhundert wird sie zum Standard. Dass Musik in irgendeiner Weise immer auch der Unterhaltung dient, ist zu dieser Zeit längst vergessen.

So ist es folgerichtig, dass die Jugendlichen, die in der Moderne des 20. Jahrhunderts erstmals auf der Suche nach eigenen kulturellen Formen und Ausdrucksmitteln ihrer Generation sind, diese in der Unterhaltungsmusik finden. Ein Fakt, der in der Zeit des Swing als erster globaler Mode noch die Älteren verstört, der aber 90 Jahre später nach mehreren Generationen Jugendkultur zum Allgemeingut geworden ist. Irgendwann ist das auch den Bürokraten des realsozialistischen Staates klar. Lange haben sie gebraucht, um ihr Verhältnis zum Jazz wenigstens so weit zu klären, dass sie mit dieser Musik zwar nicht ihren Frieden machen, aber sie wenigstens tolerieren. Leipziger Jazzfans können diese kulturpolitische Wende an einem einzigen Datum festmachen – dem 23. März 1965, jenem Tag, an dem der *King of Jazz* Louis Armstrong sein umjubeltes erstes Konzert in Ostdeutschland gibt.

Natürlich bleibt die Staatssicherheit misstrauisch. Massenhaft sogenannte »Inoffizielle Mitarbeiter« sollen das Konzert besuchen, denn es sei damit zu rechnen, »dass der Auftritt Louis Amstrongs [sic] durch Jugendliche, die in der Vergangenheit bei Tanzveranstaltungen negativ aufgefallen sind, zu Provokationen ausgenutzt werde.«[34] Der Geheimdienst hat zweifellos Grund genug, skeptisch auf die Jugend zu schauen. Allerdings lässt die musikalische Kenntnis der Spitzel zu wünschen übrig. Denn wenngleich Armstrongs Konzert ausverkauft und auch jüngeres Publikum anwesend ist, lässt sich die Jugend jener Zeit längst nicht mehr wie in früheren Jahrzehnten von Jazz und Swing zu politischen Statements hinreißen. Dafür hat man nun eine eigene Musik: den *Beat*. Der entwickelt sich in jenen Jahren aus dem Rock'n'Roll der 1950er und wird dank eines Quartetts aus Liverpool, das als *Beatles* den Stil im Namen trägt, zur globalen Mode, die sich von keinem »Eisernen Vorhang« aufhalten lässt. Beatbands greifen zu zwei bis drei E-Gitarren, singen oft mehrstimmig und bevorzugen simpel aufgebaute Lieder, die sich rhythmisch bewusst vom Swing abgrenzen. Weil mancher zudem lieber in Alltagskleidung als im Anzug spielt und auch sonst einige der bisherigen ästhetischen Übereinkünfte aufgekündigt werden, wird der Beat überall in der Welt – und so auch in Leipzig – zum Ärgernis für die ältere Generation.

Als Fans der *Rolling Stones* im September 1965 in Hamburg und Westberlin massiv randalieren, schlägt das Establishment in Ost und West nicht nur verbal zurück. Intellektuell geschliffen drückt sich ein nur mit Kürzel zeichnender Autor der *Zeit* neun Tage nach dem Berliner Skandalkonzert aus, wenn er über den »kehlkopfzerstörenden, nervenzerfetzenden Schrei« als »Kunstmittel des Beat« schreibt: »Viel wichtiger als die Beherrschung der Stimmbänder ist die Beherrschung der Mikrophone und der Lautsprecher. Der Schrei stößt tief in die Seele hinab und erregt das Gemüt. Der Hörende wird zum

Betroffenen. Der Betroffene ist aufgestört, wird unsicher und ratlos. Wer schreit, will entweder terrorisieren oder braucht Hilfe. In jedem Falle wird der, der den Schrei vernommen hat, aus seiner Ruhe aufgescheucht.«[35] Auch in Leipzig sind die Kleinbürger aufgescheucht. Nur drückt man sich hier weniger intellektuell aus, werden Beatfans als »Gammler«, »Rowdys«, »Langhaarige« und »Verwahrloste« bezeichnet. Um Vorfälle wie in Berlin oder Hamburg von vornherein auszuschließen, spricht man massenhaft Verbote aus: 54 von 58 der in Leipzig registrierten Bands trifft der Bannstrahl. Darunter sind nicht nur Hinterhof-Gruppen, sondern auch die von Klaus Jentzsch alias Renft gegründeten *The Butlers*, die als Antwort der DDR auf die Beatles ein »zentraler kultureller Hoffnungsträger«[36] sind.

Zwei Jugendliche aus Markkleeberg, die sich mit dem Verbot nicht abfinden wollen, rufen daraufhin für den 31. Oktober 1965 zu einer Protestdemonstration auf. Obwohl die beiden nur wenige Flugblätter anfertigen, sind die Machthaber äußerst nervös. Die Presse hetzt gegen die Beatfans, Lehrer warnen vor der Teilnahme an der Demo und erreichen das Gegenteil: Jetzt spricht sich erst recht herum, dass auf dem Wilhelm-Leuschner-Platz demonstriert werden soll. Schätzungsweise 2500 Jugendliche treffen sich so an jenem Sonntag unweit des Neuen Rathauses. Es ist ein unfreundlicher Herbsttag, das Thermometer steigt nur auf acht Grad, immer wieder regnet es. Nass werden die Beatfans aber sowieso: Mit Gummiknüppeln, Hunden und Wasserwerfern löst die Staatsmacht die Demonstration auf – immerhin die größte nicht genehmigte in der DDR zwischen 1953 und 1988. 267 Jugendliche werden verhaftet, 97 von ihnen müssen ohne Gerichtsurteil bis zu sechs Wochen lang Zwangsarbeit in Braunkohletagebauen leisten, unzählige werden von ihren Schulen relegiert.

Äußerlich scheint der Widerstand der Jugendlichen gebrochen. In Wirklichkeit aber suchen sie nur weniger verdächtige Nischen. Sie finden diese bei Liedermachern und im Chanson, der sich zur legendären *Leipziger Liederszene* auswächst. Nachdem der Zentralrat der Freien Deutschen Jugend Gitarrensounds als »progressive Erscheinung der Tanzmusikentwicklung«[37] bezeichnet, wird per FDJ-Beschluss eine *Singebewegung* ins Leben gerufen, bei der Bands oder

Solisten durchaus anspruchsvolle deutsche Texte mit akustischen Gitarren verbinden: die sozialistische Antwort auf kritische amerikanische Liedermacher wie Bob Dylan, der 1965 das traditionelle *Folk-Festival* in Newport mit seinen E-Gitarren regelrecht schockt. Dylans Stilpluralismus aber traut man sich im Osten nicht. Die Grenzen zwischen Liedermacher, Folk, Weltmusik und Rock bleiben hier noch lange fest zementiert. Doch gerade wegen der glaubhaften Abgrenzung der Gitarrenkünstler zum ungeliebten Beat entwickelt sich die Liedermacherzunft einige Jahre lang nahezu ungebremst.

Erst als die Künstler, nachdem die Singebewegung Mitte der 1970er Jahre landesweit etabliert ist, beginnen, auch kritische Texte zu schreiben, schaut die Staatsmacht genauer hin: »Überholen ohne einzuholen, das ist DDR-konkret. Idioten macht man zu Idolen, weil sie loben, was besteht«, singt 1975 Gerulf Pannach, der Verantwortliche der Singebewegung im Kreiskabinett für Kulturarbeit. Umgehend wird ein Auftrittsverbot ausgesprochen, das auch für die Rockband *Renft* gilt, für die Pannach ebenfalls dichtet – Klaus Jentzsch trifft nun bereits zum zweiten Mal ein strenges Verdikt. Zuvor schon wagt sich Michael Sallmann aus der Deckung. Auch ihm werden die Auftritte untersagt, aber er spielt illegal weiter und wird inhaftiert. Zur gleichen Zeit schreibt sich ein ehemaliger politischer Häftling als Student an der Musikhochschule ein: Hubertus Schmidt. Während eines Krankenhausaufenthaltes vertont er Texte von Andreas Reimann, den er bereits aus seiner Cottbuser Gefängniszeit kennt. Das daraus entstehende *Knast-Projekt* mit 50 Klavierliedern im Stil von Brecht und Weill wird in den 1970er Jahren eines der meistaufgeführten Stücke im Leipziger Untergrund: *Liedertheater* nennen die Protagonisten den Stilmix.

Zwei Druckmittel haben die Machthaber bis zum Ende der DDR gegen aufmüpfige Musiker, beide zeigen stets Wirkung. Wer es zu sehr übertreibt, wandert wegen »staatsfeindlicher Hetze« ins Gefängnis und wird dann in den Westen abgeschoben. Für alle anderen reichen in Aussicht gestellte Lockerungen der rigiden Vorschriften zu Auftritts- und Aufnahmemöglichkeiten. Denn nach dem Amtsantritt von Michail Gorbatschow als Generalsekretär der KPdSU 1985 lassen sich längst nicht mehr alle kritischen Aussagen verbieten. Wohl aber können die Kulturbürokraten verhindern, dass diese Kritik in großen Hallen zu hören ist oder gar auf Schallplatte gepresst wird.

So kommt es, dass die viel gerühmte Leipziger Liederszene kaum außerhalb ihrer eigentlichen Kreise bekannt wird. Während der Berliner *Oktoberklub* als offizielle und staatskonforme Dependance der Singebewegung Schallplatte um Schallplatte produziert, werden den Liedermachern der Musikstadt so gut wie keine Studioproduktionen erlaubt. Dem widerspricht die Qualität dessen, was hier entsteht. Weil überproportional viele Preisträger der *Nationalen Chansontage* in Frankfurt/Oder aus Leipzig kommen, wird die Musikstadt auch zur »Chansonhauptstadt der DDR« geadelt. Doch einen Studiovertrag erhält keiner der Geehrten. Nur wenige Mutige, wie der einstige Häftling Hubertus Schmidt, wagen es, Kopien selbst produzierter Aufnahmen bei ihren Konzerten zu verkaufen – zumindest deren Vervielfältigung ist zu dieser Zeit illegal.

Die kulturpolitische Großwetterlage der späten 1980er Jahre lässt auch jene hoffen, die nicht auf sorgsam komponierte Mehrstimmigkeit zu Akustik-Gitarren setzen, sondern in Nachfolge der *Rolling Stones* einen Rock in eher härteren Spielarten bevorzugen. Spätestens seit 1982 gibt es auch in Leipzig eine Formation, die diesen Stil bedient und die dank der Tatsache, dass die beteiligten Musiker ihr Handwerk verstehen, eine Art Hoffnungsträger der Szene ist: *Die Zucht*. Die Gruppe, die einige Zeit lang im halblegalen Bereich auftritt, präsentiert sich ebenso wie viele ähnliche Bands zwischen Rostock und Plauen überraschend unangepasst. Das Lebensgefühl der letzten Generation der DDR-Jugend prägen diese selbst ernannten »anderen Bands aus dem Osten« (in Abgrenzung zu den offiziell zugelassen Gruppen) damit so deutlich, dass ihre Musik später zum Sound der Wende wird. *Postpunk* und *New Wave* sind die Schubladen, die Musikkritiker gern öffnen, wenn sie diese Musik beschreiben. Doch viel entscheidender ist die theatralische Inszenierung der Auftritte als Gesamtkunstwerk, was einige Jahre später auch Nachwendebands wie *Rammstein* imitieren, weil deren Musiker ähnlich sozialisiert sind. »Wir haben unsere eigene Musik gemacht, weil es das, was wir gerne gehört hätten, zuvor noch nicht gab«, antwortet *Zucht*-Sänger Makarios Jahre später in einem Fernsehinterview auf die Frage, warum seine Band so und nicht anders musiziert hätte.

Zugeständnisse an die Kulturbürokratie macht die englisch singende Punkband kaum noch, als sie die staatliche Spielerlaubnis für Amateurtanzmusik in der Kategorie »Mittelstufe« bekommt. Lediglich den Namen ändert man, nachdem der Gruppe deutlich gemacht wird, dass es mit der bisherigen Bezeichnung keine weiteren Auftritte gäbe. So wird 1985 aus *Die Zucht* die Band *Die Art* – die Musik aber bleibt die gleiche. Auch für *Die Art* ist ein Plattenvertrag Utopie. Also nimmt man Kassetten auf und schickt sie an den Jugendsender DT64. Deren Moderator Lutz Schramm ruft in seiner Sendung *Parocktikum* stets dazu auf, ihm derlei Tapes zu senden und schafft so eine kulturelle Gegenöffentlichkeit. Als *Die Art* zum *Pfingsttreffen der Jugend* 1989 in Berlin spielt, sind die Leipziger, die mit *Black Dust* auch einen Song über Umweltverschmutzung im Repertoire haben, längst kein Geheimtipp mehr.

Kurz vor Toresschluss der DDR 1989 bietet die Plattenfirma Amiga der unabhängigen Truppe dann doch noch einen Plattenvertrag an. Die Amiga-Direktoren wollen jedoch mitentscheiden, was auf der LP erscheint: *Black Dust* wird genehmigt, *Wide Wide World* aber nicht. Der Song, mit dem sich *Die Art* wie zeitgleich *Keimzeit* in *Kling Klang* in die große weite Welt träumt, wird als Aufforderung zur Republikflucht interpretiert. Weil die Rocker standhaft bleiben und lieber den Plattenvertrag ablehnen als Kompromisse einzugehen, sind sie schon kurze Zeit später Helden im revolutionären Leipzig. Dass sich die Musiker nicht korrumpieren lassen, gefällt ihren Fans. 1990 kommt die Nachfolgefirma von Amiga auf *Die Art* zu und produziert doch noch die im Jahr zuvor geplante Schallplatte – nun natürlich mit *Wide Wide World*. Die Band aber muss sich extra deswegen einen neuen Schlagzeuger suchen. Der bisherige Drummer hatte im Herbst 1989 einen Einberufungsbefehl zur Nationalen Volksarmee erhalten und sich daraufhin in den Westen abgesetzt, weil er den Wehrdienst zu dieser Zeit für ein Himmelfahrtskommando hielt.

DIE MUTIGEN

1989

Straßenmusiker werden zu Staatsfeinden · Kurt Masur schämt sich im Westfernsehen · Das Publikum versöhnt sich mit dem Avantgardisten · Ein denkwürdiger Abend im Gewandhaus und danach ist alles anders

Die Befürchtungen, dass all die Widersprüche, die sich in vierzig Jahren DDR aufgebaut haben, mit einem Schlag eskalieren könnten, liegen schon lange in der Luft, als der Staat im Oktober 1989 sein Jubiläum feiert. Nicht nur, dass die Opposition Anfang September die Anwesenheit internationaler Medien zur Messe nutzt, um den Montagsgebeten erstmals Demonstrationen folgen zu lassen. Auch die Machthaber holen 1989 plötzlich den Knüppel aus dem Sack und stürzen sich auf eine Szene, die eigentlich kaum friedlicher sein könnte – die der Straßenmusiker als Teil der *Folk-Szene*. Seit Mitte der 1970er Jahre gibt es auch in Leipzig Musiker, die ihre Inspiration in der Volksmusik suchen. Gemeint ist natürlich nicht jene kommerzielle Musik, die im Fernsehen als »Volkmusik« firmiert – eine Genre, das mit simplen musikalischen Mitteln eine heile Welt baut, in der »über jedes Bacherl ein Brückerl« führt, wie ein 1979 in Sachsen geborenes Mädchen als gesamtdeutscher Kinderstar singt. Die eigentliche Volksmusik, die sich weltoffen lieber *Folk* nennt, hat ihre Wurzeln in längst Vergessenem und kultiviert dabei dennoch eine Spontaneität, die den Herrschenden schon deswegen verdächtig ist, weil sie sich nicht kontrollieren lässt.

Die junge Szene, die von westdeutschen Bands wie *Zupfgeigenhansel* oder *Liederjan* inspiriert wird, sucht in der DDR lange nach ihrem Platz. Zumindest für den Volkstanz gibt es seit 1955 im thüringischen Rudolstadt ein Festival, wo nun hin und wieder auch Folkkonzerte zu erleben sind. Doch es dauert noch bis nach der Friedlichen Revolution, dass dieses Volkstanzfest als *Tanz- und Folkfest Rudolstadt* zu einem der wichtigsten europäischen Treffen der Folkszene wird. Zunächst müssen Musiker aus Leipzig die Lücke schließen. Nachdem der 23-jährige Student Jürgen Wolff 1976 die Band *Folkländer* gegründet hat, lädt noch im gleichen Herbst der Studentenklub der Hochschule für Grafik und Buchkunst zur ersten *Folkwerkstatt* ein. Ziel der Veranstaltung ist es, die weltweite Volksmusik kennenzulernen und gemeinsam auch die jeweiligen Regeln zu studieren.

Noch viel weniger kontrollierbar als der *Folk* aber ist für die Machthaber die Straßenmusik. Denn hier ist konsequente Regellosigkeit künstlerisches Prinzip, die spontane Aktion das eigentliche Ziel. Zwar bewilligt die Kulturbürokratie in den späten 1980er Jahren in ausgewählten Großstädten – wo westliche Touristen erwartet werden – Auftritte von Straßenmusikern, doch deren Repertoire muss genehmigt werden. Ganz anders soll ein autonomes Festival werden, zu dem im Juni 1989 ein Kreis um den 27-jährigen aus politischen Gründen exmatrikulierten Theologiestudenten Jochen Lässig einlädt. Auf die Genehmigung verzichten die Organisatoren. Sie möchten ein Zeichen für die Legalisierung von Straßenmusik setzen und geben den Termin im ganzen Land bekannt: »Wir wollen den ganzen Tag lang Gesang, Spiel und Tanz. Musiker und andere Künstler haben sich angesagt. Jeder kann noch mitmachen. Alle sind eingeladen! Am 10. Juni im Stadtzentrum«,[38] heißt es auf dem von Katrin Hattenhauer gestalteten Plakat. So reisen zahlreiche Musiker aus der gesamten DDR nach Leipzig, um einen Tag kreative Heiterkeit in den realsozialistischen Alltag zu bringen. Für kurze Zeit schaffen sie das auch. Bis zum Mittag machen junge Leute an allen Ecken der Innenstadt Musik und führen Theaterstücke auf. Dann aber greift die Bereitschaftspolizei ein, Sicherheitskräfte verhaften zahlreiche Musiker und verfrachten sie auf Lastkraftwagen.

Mit dem Blick von heute ist klar, dass dieser 10. Juni 1989 ein Meilenstein auf dem Weg zur Friedlichen Revolution ist. Denn zur Überraschung der Herrschenden solidarisieren sich Unbeteiligte mit den bedrängten Musikern. Die Polizeigewalt empört Passanten, die sich schützend vor Musiker und Instrumente stellen. An vielen Stellen der Innenstadt protestieren Einheimische gegen die Verhaftungen. In den Tagen darauf gehen bei den Verantwortlichen zahlreiche Beschwerden ein. Einer, der kein Blatt vor den Mund nimmt, ist der bekannteste Künstler der Stadt: Gewandhauskapellmeister Kurt Masur. Er adelt das von den Machthabern beargwöhnte Genre regelrecht, als er sieben Wochen nach den Ereignissen des 10. Juni im Gewandhaus eine Veranstaltung mit dem Titel *Straßenmusik in Vergangenheit und Gegenwart* ansetzt. Für ihn ist es selbstverständlich, dass er dafür auch die Organisatoren des von der Polizei aufgelösten Festivals aufs Podium bittet.

Nur wenige Wochen später zieht dann die ganz große Weltgeschichte im Musentempel ein, und wieder ist es der Gewandhauskapellmeister, der die entscheidenden Weichen stellt. Woche für Woche wachsen im September die Montagsdemonstrationen an. Und obwohl Woche für Woche auch Demonstranten zusammengeschlagen und verhaftet werden, stehen am folgenden Montag stets noch mehr Menschen auf der Straße. Als am 2. Oktober dann 20 000 Menschen über den kompletten Innenstadtring ziehen, erstmals »Wir sind das Volk« rufen und am Ende erneut Demonstranten verprügelt und verhaftet werden, ahnen die meisten Anwesenden: Das alles ist vielleicht nur ein Testlauf für die *chinesische Lösung* – ein Massaker wie jenes in Peking im Juni 1989. Man befürchtet, dass sich die ostdeutschen Parteibonzen ihr endgültiges Durchgreifen für die Zeit nach dem Staatsjubiläum am 7. Oktober aufsparen wollen.

Just am Abend des 2. Oktober sendet die ARD ein Interview, das der Ostberlin-Korrespondent Claus Richter drei Wochen zuvor mit dem Gewandhauskapellmeister geführt hat. Ohne Umschweife fragt der Journalist darin den Dirigenten, was er von dem Vorgehen der Sicherheitskräfte halte, ebenso ohne Umschweife entgegnet Masur: »Ich schäme mich«. Der kurze Satz lässt Millionen Fernsehzuschauer erstarren: Noch nie zuvor hat sich ein herausragender Künstler der DDR so deutlich von der Staatsgewalt distanziert. Als Masur am nächsten Tag vor das Gewandhausorchester tritt, dankt ihm Konzertmeister Karl Suske im Namen des Orchesters für die mutigen Worte, später solidarisieren sich auch alle übrigen Gewandhausmitarbeiter mit ihrem Chef.

Am Abend des 7. Oktober ist das Gewandhaus voll mit Ehrengästen zum Staatsjubiläum. Auf dem Programm steht die Uraufführung von Friedrich Schenkers *Commedia per musica*. Das Stück transportiert kaum noch versteckte Kritik an den politischen und ökologischen Zuständen im Land. Eine Botschaft, die der führende Leipziger Avantgardist seinem Lieblingsensemble, dem Gewandhauskinderchor, einem Aufschrei gleich in die Kehlen schreibt: »Geld stinkt!« Zwischen Probe und Aufführung aber werden die Kinder Zeugen von bürgerkriegsähnlichen Zuständen, als Wasserwerfer vor dem Gewandhaus auffahren und Bereitschaftspolizisten Demonstranten jagen. Für den 9. Oktober, den nächsten Montag, lässt dies nichts Gutes erahnen. Um 20 Uhr steht im Gewandhaus ein Konzert mit Strauss' *Till Eulenspiegel* auf dem Programm. Zuvor sollen erneut Friedensgebete stattfinden, nach deren Ende wird wieder mit einer Demonstration gerechnet. Nun aber machen Gerüchte von Internierungslagern, Notlazaretten und Spezialeinheiten die Runde. Zudem hat die Bereitschaftspolizei am Vortag für viele sichtbar die Auflösung großer Demonstrationen geübt.

Deshalb greift Masur zum Telefon und ruft den SED-Kulturverantwortlichen Kurt Meyer an: Man müsse etwas tun, denn wenn geschossen würde, könne er unmöglich dirigieren. Meyer solle sich um Mitstreiter kümmern. Gut zwei Stunden braucht der Parteisekretär, dann meldet er sich zurück und berichtet, ihnen stünden die Kollegen Roland Wötzel und Jochen Pommert von der Parteileitung sowie der Kabarettist Bernd-Lutz Lange und der Theologe Peter Zimmermann zur Seite. Die sechs Männer treffen sich in Leutzsch in Masurs Haus, um einen Aufruf an die Demonstranten zu formulieren. Schnell ist man sich einig, dass der Gewandhauskapellmeister selbst sprechen soll, was dann ab 18 Uhr über den Stadtfunk in Dauerschleife auf den

Straßen zu hören ist: »Unsere gemeinsame Sorge und Verantwortung haben uns heute zusammengeführt. Wir sind von der Entwicklung in unserer Stadt betroffen und suchen nach einer Lösung. Wir alle brauchen freien Meinungsaustausch über die Weiterführung des Sozialismus in unserem Land. Deshalb versprechen die Genannten heute allen Bürgern, ihre ganze Kraft und Autorität dafür einzusetzen, dass dieser Dialog nicht nur im Bezirk Leipzig, sondern auch mit unserer Regierung geführt wird. Wir bitten Sie dringend um Besonnenheit, damit der friedliche Dialog möglich wird. Es sprach Kurt Masur«.[39]

Als der Gewandhauskapellmeister um 20 Uhr den Taktstock für *Till Eulenspiegel* hebt, ist längst nicht klar, ob der Aufruf erfolgreich ist. Heute weiß man, dass viele Gründe dazu führen, dass entgegen aller Befürchtungen am 9. Oktober nicht geschossen wird. Die fehlenden Anordnungen aus Berlin gehören ebenso dazu wie die Gewaltlosigkeit der Demonstranten und die schiere Masse der Menschen, die nach 18 Uhr auf die Straße drängen. Die immer wieder genannte Zahl von 70 000 entsteht ad hoc ohne jede Grundlage als Schätzung eines Beteiligten, der den westdeutschen Abendnachrichten eine Zahl nennen will. Spätere Auswertungen von Fotos legen jedoch nahe, dass es sogar mehr als 100 000 Menschen sind, die an diesem Abend in Leipzig für Freiheit und Demokratie auf die Straße gehen.

Nach seinem Einsatz für Gewaltlosigkeit öffnet Kurt Masur auch »sein« Haus für den versprochenen Dialog. Knapp zwei Wochen später lädt der Gewandhauskapellmeister gemeinsam mit den fünf Mitstreitern der inzwischen *Leipziger Sechs* genannten Gruppe zum Bürgergespräch in den Kleinen Saal. Es ist der Auftakt einer ganzen Reihe politischer Veranstaltungen im Gewandhaus, das damit neben der Nikolaikirche zu einem wesentlichen Ort der Friedlichen Revolution von 1989 wird.

WAS ÜBRIG BLEIBT

ab 1990

Der Thomaskantor soll gehen und kündigt · Hochkultur in leeren Sälen · Fünf junge Männer trotzen der bleiernen Stimmung · Im neuen Jahrtausend kann es nur besser werden

Die im Herbst 1989 erkämpfte Freiheit, die zu den ersten freien Wahlen seit 57 Jahren und zur Deutschen Einheit führt, schreibt nicht nur positive Geschichten. Einige von ihnen handeln auch von enttäuschten Erwartungen angesichts des extrem schnellen Umbaus der Gesellschaft. Gerade im offiziellen Kulturbereich ändert sich eine Menge. Gewachsene Strukturen werden von einem Tag auf den anderen gekappt, binnen weniger Monate schnellt auch hier die Arbeitslosigkeit nach oben. Zudem wirft die Staatssicherheit lange Schatten. Als erstes bekommen das die Thomaner zu spüren: Es gehört zu den dunklen Seiten der Chorgeschichte, dass das Bespitzelungssystem nicht spurlos am Ensemble vorübergeht – erst recht, da die Thomaner zwar kulturell mit der Kirche verbunden, faktisch aber seit der Reformation eine städtische Institution sind. Ein Zwiespalt, der immer dann bedrohlich wird, wenn die herrschende Ideologie die Kirche und ihre Traditionen ablehnt.

Werden im Alumnat noch bis in die 1970er Jahre tapfer Reste des humanistischen Erziehungsideals bewahrt, so sucht die Staatssicherheit später umso mehr Einfluss auf den Chor zu nehmen. In den Spitzeldienst sind nicht nur eine Lehrerin und der Chordirektor einbezogen, auch Schüler schreiben Berichte über Mitsänger. Als im Mai 1991 bekannt wird, dass selbst der Thomaskantor Hans-Joachim Rotzsch als Inoffizieller Mitarbeiter verwickelt war, stürzt dies den Chor in eine seiner größten Krisen. Mehr als seine Vorgänger versteht sich Rotzsch als Pädagoge und Ersatzvater für die Thomaner. Was vielleicht erklärt, warum die Sänger und ihre Eltern vehement gegen die vom Stadtrat beschlossene Entlassung protestieren. »Wir wollen unseren Thomaskantor wiederhaben« prangt zu jener Zeit als Graffito an der Alumnatsmauer. Einem für alle Seiten unwürdigen Gerichtsverfahren kommt der Thomaskantor mit seinem Rücktritt zuvor. Im Herbst 1991 bekommt er dafür einen Abschied zweiter Klasse.

Doch damit ist die Krise noch lange nicht ausgestanden. Als es im Frühjahr 1992 zum Berufungsverfahren kommt, entscheidet sich die Auswahlkommission für den Rheinländer Hermann Max – einen ausgewiesenen Fachmann für Alte Musik. Der Wunschkandidat der Sänger hingegen, ein ehemaliger Thomaner, der bereits den Rundfunkchor leitete und der auch der Favorit der Gewandhausmusiker ist, spielt für die Jury augenscheinlich keine Rolle. Im Jahr Zwei nach der Friedlichen Revolution glauben die Sänger jedoch, dass derartige Besetzungen basisdemokratisch funktionieren und lehnen den Neuen so rigoros ab, dass Max das Amt nicht einmal antritt. Nun beginnt alles von vorn. Jurymitglied Kurt Masur bringt den von ihm geförderten einstigen Gewandhauschorleiter Georg Christoph Biller, auch er ein ehemaliger Thomaner, ins Spiel – dessen Wahl ist jetzt nur noch Formsache. Biller ist es, der das Ensemble in den 1990er Jahren durch schwierige Fährnisse wie etwa Nachwuchssorgen leitet und im neuen Jahrtausend den traditionsreichen Chor zunehmend an die historische Aufführungspraxis heranführt, ehe er Anfang 2015 schwer krank das Amt abgibt.

Auch die anderen Säulen der Hochkultur haben in den 1990er Jahren bisweilen Mühe mit ihren Amtswechseln. Die Oper spielt oftmals vor fast leerem Saal, dennoch wagt kaum jemand, Udo Zimmermanns Konzepte infrage zu stellen. Beim Mitteldeutschen Rundfunk scheitert erst der indische Chefdirigent Daniel Nazareth, die Senderverantwortlichen vertrauen ihre Ensembles zudem überaus häufig fragwürdigen Pultstars wie Justus Frantz an. Ein Triumvirat mit Marcello Viotti, Manfred Honneck und Fabio Luisi setzt nach 1996 zwar neue Akzente, doch die drei jeweils hochtalentierten jungen Dirigenten werden bis zum Ende ihrer Amtszeit kein Team. Im Gewandhaus zieht sich der Abschied über Jahre hin. 1991 tritt Kurt Masur zusätzlich noch das Amt des Chefdirigenten der New Yorker Philharmoniker an. Als er in Interviews die Konstellation metaphorisch als Dreiecksbeziehung mit einer langjährigen Ehefrau in Sachsen und einer flotten Geliebten in Amerika beschreibt, ahnen die Leipziger, dass ihr Gewandhauskapellmeister dabei ist, sich von zu ihnen verabschieden. Bis 1998 soll das Lebewohl dauern. Zwei Jahre zuvor wird Herbert Blomstedt als Nachfolger präsentiert. Was kein Generationenwechsel ist, denn zum Zeitpunkt der Amtsübergabe wird Blomstedt 71 Jahre alt sein. Nur fünf Monate nach dieser Inthronisierung legt Masur sein Amt jedoch schon nieder: Gegenüber Orchestermitgliedern zeigt er sich verärgert über die Stadtverwaltung und fühlt sich nicht seiner Stellung gemäß behandelt. Der Dirigent hat Schwierigkeiten, in den kulturbürokratischen Niederungen der Bundesrepublik anzukommen. Derjenige, der einst den Gewandhausneubau erkämpfte, weil er in Verhandlungen einen direkten Draht zu Staats- und Parteichef Erich Honecker hatte, muss sich nun mit Stadträten und Verwaltungsmitarbeitern aus Leipzig abgeben.

Manchmal ist es eine eigenartige Stimmung, die sich im Leipzig der 1990er Jahre in der klassischen Musikszene breitmacht. Viele Akteure beklagen eine Lethargie, ohne nach deren Gründen zu fragen. Über fehlendes Publikum lästert man lieber anstatt zu schauen, ob man noch die richtigen Konzepte in der Tasche hat. Das geht einher mit der Stadtentwicklung. Zwischen 1990 und 1999 sinkt die Einwohnerzahl von 511 000 auf 437 000. Zum Jahrtausendwechsel ist die Stadt weit davon entfernt, jenes »Hypezig« zu werden, das ein paar Jahre später zu neuer Größe erwacht und mit aktuell 600 000 Einwohnern wieder zum Motor für Kunst und Kultur geworden ist. Irgendwann in ferner Zukunft wird man sich fragen, was entscheidend dafür gewesen sein könnte, dass an der Schwelle zum 21. Jahrhundert in Leipzig doch noch der Schalter umgestellt wird – weg von der nostalgischen Sicht auf alte Größe, mit der Aktuelles natürlich nie vergleichbar sein wird, hin zu einem zupackenden »Lasst es uns einfach probieren und nicht danach schauen, wie es früher gemacht wurde!«

Sucht man eine Antwort, stößt man auf zwei, drei wesentliche Aspekte. Einer davon heißt Herbert Blomstedt. Der öffnet nach 1998 dem Gewandhausorchester wieder die gesamte Repertoirebreite, denn in den Augen vieler Experten steht es nach Masurs Abgang nicht gut um die Klangkultur. In seinen sieben Dienstjahren arbeitet der Schwede gewissenhaft an der Renaissance des unverwechselbaren Gewandhausklangs – unter anderem mit der alten deutschen Orchesteraufstellung. Wenn es eines Beweises für den Erfolg bedarf, dann liefert diesen eine preisgekrönte CD-Aufnahme: Am Ende seiner Amtszeit erscheint unter dem kleinen Label *Querstand* eine komplette Einspielung aller Sinfonien von Anton Bruckner, die zahlreiche internationale Preise abräumt und dem Gewandhausorchester wieder die Türen für die Global Player im Plattenmarkt öffnet. Blomstedt hat so den Boden bereitet für seinen Nachfolger Riccardo Chailly, der die Früchte dieser Arbeit erntet und unter dem das Gewandhausorchester in die Eliteliga der großen Orchester zurückkehrt. Ein Coup wie jener von 2018, wo man auf dem umkämpften Markt der Stardirigenten einen von vielen begehrten Klangmagier wie den noch nicht 40-jährigen Letten Andris Nelsons der Konkurrenz vor der Nase wegschnappt, wäre ohne diese fundierte Arbeit kaum möglich gewesen.

Vor allem aber müsste man auf der Suche nach den entscheidenden Stellschrauben rund um den Jahrtausendwechsel das *Ensemble amarcord* nennen – ein Quintett ehemaliger Thomaner, die 1992 nach ihrem Abitur als Sänger zusammenbleiben, weil Thomaner eben das Singen nie lassen können. So weit, so dutzendfach: Auch bei *amarcord* ist schon auf dem ersten Blick zu sehen, wer die Vorbilder sind, denen das Ensemble nacheifert. Bald aber wird klar, dass bei diesen Fünf trotzdem vieles anders ist. Zunächst einmal lassen sie in Sachen Qualität keine Kompromisse zu, weshalb sie sich nach kurzer Zeit sogar von jenem Sänger verabschieden, der zuvor den Anstoß zur Gründung des Ensembles gegeben hat. Mit leicht veränderter Besetzung singt man sich innerhalb kürzester Zeit nach ganz oben – der Name *amarcord* wird zum Markenzeichen. 1997 feiert man den fünften Geburtstag. Am liebsten mit einem Musikfest, zu dem man jene Künstler einlädt, von denen man in den Jahren zuvor lernen durfte: Hilliard, Orlando, King's Singers, Bobby McFerrin – um nur einige Namen zu nennen. Die Kollegen sind begeistert, denn derartige Festivals gibt es bis dahin kaum. Weil das aber ein kleines Ereignis bleiben soll, können längst nicht alle eingeladen werden, so dass man die anderen einfach auf die nächste Ausgabe vertröstet. Die Fünf, die diese Idee haben, sind Mittzwanziger, und nach wie vor ist Singen das, was sie am liebsten machen. Ein paar Konzerte organisieren und Übernachtungsmöglichkeiten für Freunde finden, das können sie als ehemalige Thomaner natürlich auch. Aber das finanzielle Drumherum von Festspielen mit Förderanträgen und Abrechnungen liegt ihnen weniger, weshalb sie einfach alles selbst in die Hand nehmen anstatt öffentliche Unterstützung zu beantragen: Geld borgt man sich von den Eltern und zahlt es nach dem Kassensturz zurück. Auch der zweite Jahrgang des *A-cappella-Festivals* Mitte Mai 1999 funktioniert nach diesem Prinzip. Jetzt aber hat sich der Erfolg herumgesprochen. In wesentlich größeren Sälen finden deutlich mehr Konzerte statt. Die Summe, die die Eltern diesmal vorstrecken, ist atemberaubend hoch.

Die Presse bejubelt den jugendlichen Elan. Was auch daran liegt, dass es wenige Tage später in der Musikstadt zu einem Festivalvergleich kommt, den eigentlich niemand will: Ende Mai 1999 lädt die Stadt Leipzig zum *Bachfest* ein. Das finanziell viel zu schlecht ausgestattete kommunale Musikfest wird als Generalprobe für das große *Bachfest 2000* angekündigt und gerät in vielerlei Hinsicht zum Misserfolg. Als es vorbei ist, wissen die Organisatoren vor allem, was sie alles noch erledigen müssen, damit ihr neues Musikfest wirklich Wirkung zeigt. Vor allem einen Rat gibt ihnen die Musikkritik: Etwas mehr von jenem Enthusiasmus, den das *A-cappella-Festival* kurz zuvor zeigte, würde auch dem *Bachfest* guttun.

Dass dieser Wunsch viele Jahre später auf ganz besondere Weise erfüllt wird, kann man zu diesem Zeitpunkt noch nicht wissen.

2015 wird der Leipziger Michael Maul, der in den 1990er Jahren noch Teenager ist, zunächst Dramaturg und drei Jahre später Intendant des *Bachfests*. Zweifellos ist er einer, der zwischen Vergangenheit und Zukunft der Musikstadt Brücken bauen kann. Doch diese Geschichte soll erst ganz am Schluss dieses Buches erzählt werden.

BEFREIT

ab 1990

Das erste Konzert von Rammstein vor vierzig Zuhörern · Wo einst malocht wurde, wird jetzt getanzt: der unablässige Grundschlag in den Fabriken · Von der Boygroup zur Stimme gegen Rechtsextremismus · Crossover im Musentempel

Der kreative Geist der fünf Ex-Thomaner, der nicht zuerst nach Fördermitteln fragt, sondern neuartige Konzepte präsentiert, erinnert an die wilden Jahre der unabhängigen Kulturszene nach 1989. Für das subversive Leipzig, für all die Musiker, die in der DDR von institutioneller Förderung nicht einmal träumen konnten, ist ihre Stadt aus jahrzehntelangem Dornröschenschlaf erwacht. Nun endlich werden Künstler nicht mehr gegängelt und dürfen eigene Wege gehen, ohne um Erlaubnis fragen zu müssen. Vor allem die freie Szene weiß das zu nutzen. Musikclubs, die schon in der DDR geschickt an der Grenze der Legalität agieren, avancieren zu den angesagtesten Adressen der Stadt. Zum Beispiel die *naTo*, eigentlich *Kulturhaus Nationale Front*: Quasi im Nebenzimmer des Revierpolizisten, der in der DDR Abschnittsbevollmächtigter heißt, wird hier schon in den 1980er Jahren *Freejazz* gespielt, finden Off-Theater und Happenings, Lesungen und Diskussionen statt, die eine andere Kultur als die offizielle in den Mittelpunkt rücken. Nach der Friedlichen Revolution gründet sich der Verein *Kultur- und Kommunikationszentrum naTo e. V.* als Träger und Veranstalter. Der macht in der neuen Zeit einfach dort weiter, wo man 1989 aufgehört hatte – mit subversiver Basiskultur, die sich wenig um Verordnungen schert. Zumal die Jugend im Osten mit dem *New Wave*, für den in Leipzig *Die Art* steht, eine Musik gefunden hat, die den Soundtrack der Zeit liefert und die durchaus Bezug nimmt zu jenen Klängen aus Seattle, die als Grunge das Hintergrundrauschen der 1990er Jahre bieten.

Auch in Leipzig wird in dieser Zeit eindrucksvolle Musikgeschichte geschrieben. Das bekommt nur zunächst niemand mit. Am 24. März 1994 spielt in der *naTo* eine Formation ihr allererstes Konzert, die wenige Jahre später als weltweit bekannteste deutsche Rockband mit Auftritten vor zehntausenden Menschen das Bild des neuen Deutschlands entscheidend prägen wird: *Rammstein*. Ihren Vorläufer hat die Gruppe, für die es keine Schublade gibt und für die darum der Begriff *Neue deutsche Härte* erfunden wird, in den Berliner Anarcho-Punkern von *Feeling B*, die ebenso wie *Die Art* im Umfeld von Lutz Schramms *Parocktikum* gedeihen. Kurz vor dem Mauerfall dreht die DEFA sogar noch einen Dokumentarfilm, in dem die Truppe mehrere Auftritte hat. Jahre später wird Lutz Seiler in *Kruso* den Happenings der Band am Strand von Hiddensee ein literarisches Denkmal setzen. Ende 1993 zerfällt *Feeling B*. In veränderter Besetzung gründet man *Rammstein*, die im März 1994 ihr erstes Konzert geben – bewusst nicht in Berlin, weil die Bandmitglieder die Nähe zu Kollegen und Verwandten scheuen. In Leipzig gastiert die Band *Acker Selection*, deren Keyboarder Christian »Flake« Lorenz zugleich bei Rammstein spielt. Kurzfristig organisiert er, dass seine neue Truppe als Vorband spielen darf und erinnert sich Jahre später an die Stimmung vor 40 Zuhörern: »In Leipzig angekommen, wurden wir sehr freundlich empfangen. Langsam füllte sich der Saal mit aufgeschlossenen Leipzigern, die sich auf einen lustigen Abend freuten. Also gingen wir auf die Bühne, als wäre es das Normalste auf der Welt und fingen an zu spielen. Da wir so konzentriert auf die Instrumente achteten, bewegten wir uns kein bisschen. Da standen die Leute wie erstarrt. Niemand klatschte oder tanzte, sondern alle starrten uns fassungslos an. Wir waren ja als Vorband auch nicht angekündigt. […] Wir spielten vor einem schweigenden Menschenblock, der aber wenigstens nicht wegging und am Ende des Konzertes noch genauso dastand wie vorher und dann sogar noch Beifall spendete. Wir waren sehr erleichtert.«[40]

So schön es in den traditionellen Leipziger Clubs wie *naTo* und *Eiskeller* auch ist: Für die schnell wachsende Untergrundszene werden sie bald zu klein. Darum sucht man sich neue Orte. Am begehrtesten sind dabei alte Industrieanlagen in Plagwitz oder in Connewitz. Die großen Brachen bieten viel Raum zur künstlerischen Verwirklichung. Der bekannteste dieser Clubs in den alten Fabriken ist das Connewitzer *Werk 2*, das zur ersten Adresse in Sachen Subkultur wird. Einst wurden hier ab 1848 Anlagen für die Gasmessung gebaut, 1952 erfolgte die Verstaatlichung als VEB Werkstoffprüfmaschinen. 40 Jahre später schließt der Betrieb. Die Idee einer Kulturfabrik, die Werkstätten, Vereine und Ateliers beherbergt, entsteht. Drei Jahre später legt der Trägerverein ein Nutzungskonzept vor, die Stadt erwirbt die Immobilie und stellt das *Werk 2* damit auf sichere Füße. Zu den Künstlern, die die Kulturfabrik regelmäßig nutzen, gehören die Organisatoren des *Wave-Gotik-Treffens*, das seit 1992 (zunächst unter dem internationalen Titel *Wave Gothic*) jährlich am Pfingstwochenende Fans aus der ganzen Welt nach Leipzig bringt. Es sind aber nicht nur die mehr als 100 Konzerte, die den Reiz dieses »anderen Pfingsttreffens« ausmachen. Vielmehr sind es die Besucher selbst, die mit ihren extravaganten und aufwändigen Outfits zum wesentlichen Bestandteil des Festivals werden. *WGT* – das ist nach fast drei Jahrzehnten ein Inbegriff musikalischer Toleranz, die keine Schubladen und keine Grenzen kennt. So lädt selbst das ehrwürdige Gewandhaus alljährlich am Sonnabend vor Pfingsten die Fans der *dunklen Szene* zu einem außergewöhnlichen Orgelkonzert ein: Legendär ist beispielsweise die Aufführung des Stummfilms *Faust* mit improvisierter Live-Orgelmusik im Jahr 2017.

Doch zurück in den nasskalten März des Jahres 1994. Fast zur gleichen Zeit, in der die späteren Superstars von *Rammstein* in der *naTo* ihr erstes Konzert geben, schlagen in einem anderen Stadtteil rechtsradikale Gewalttäter zu – wie so oft in diesen Jahren. Diesmal trifft es einen marokkanischen Studenten in der Straßenbahn. Nur weil der Fahrer beherzt reagiert, wird Schlimmeres verhindert. Leipzig hat in den 1990er Jahren ein massives Problem, vor dem viele Politiker die Augen verschließen. Nicht aber die Musiker: Erst wenige Tage zuvor hat die Stadt mit Herbert Grönemeyer einen Vertrag unterzeichnet – Leipzig garantiert die Sanierung eines Jugendclubs, im Gegenzug finanziert der westdeutsche Sänger für drei Jahre die Stellen zweier Sozialarbeiter, die sich um gewaltbereite Jugendliche kümmern.

Die kraftvollste musikalische Stimme gegen Extremismus aber gehört in diesen Tagen den *Prinzen* – einer Leipziger Band, die noch in der DDR als eher unpolitische Boygroup gestartet ist. Als *Die Herzbuben* singen ab 1987 fünf Jungen, vier davon mit Wurzeln im Thomanerchor, in kleinen Clubs weichgespülten Pop mit Texten wie *Ich bin der schönste Junge aus der DDR*. Weil das Quintett sein musikalisches Handwerk versteht und zudem saubere A-cappella-Sätze liefert, entdeckt gleich nach der Wende die Produzentin Annette Humpe das Potenzial der Band. Als erstes verordnet sie einen neuen Namen, um Verwechslungen mit den volkstümlichen *Wildecker Herzbuben* auszuschließen. Dann werden die Arrangements marktgerechter. Die Texte dürfen frecher sein und sollen nicht nur von den Liebessehnsüchten von *Gabi und Klaus* handeln, sondern auch dem Bandleader Sebastian Krumbiegel Raum für politische Meinungsäußerungen geben. Was zunächst für ein Missverständnis sorgt: 1992 veröffentlicht die Band den Titel *Bombe*, der eine Reihe von Ungerechtigkeiten aufzählt, angesichts derer das lyrische Ich explodieren möchte. Das halten tatsächlich einige Radiosender für einen Aufruf zum Terror. Dabei distanzieren sich die *Prinzen* stets von Gewalt – am eindrucksvollsten bei einem von ihnen organisierten Konzert am 27. März 1993 auf dem Augustusplatz unter dem Titel *Gewalt ätzt*. 70 000 Zuhörer lauschen dort trotz eisiger Kälte der Botschaft der nach 1989 erfolgreichsten Leipziger Band: Gewalt ist keine Lösung – und die Hoheit auf den Straßen wird man nie Schlägern überlassen. Noch viele Jahre lang nutzt Krumbiegel seine Möglichkeiten, um Musik mit politischen Botschaften zu verbinden und stellt dafür ein ums andere Mal Großereignisse auf die Beine. Als Rechtsextreme einige Jahre später beginnen, das Völkerschlachtdenkmal am 1. Mai für ihre Inszenierungen zu nutzen, reserviert der Musiker das Monument bereits Jahre voraus für Konzerte an jeweils diesem Tag.

Dennoch fällt auf, dass ab Mitte der 1990er Jahre der Trend zur Entpolitisierung der Musik auch nach Leipzig greift. Die wilden Jahre sind vorbei, nun wächst eine Generation heran, die Gängelung nur noch aus Erzählungen kennt. Der Trend bekommt bald einen Namen: *Techno*, elektronische Musik ohne Texte, deren wichtigstes Element ein unablässiger Grundschlag ist. Was einst in Berlin und Detroit erfunden wurde, wird bald weltweit gespielt. Lästerer behaupten, dass ein derartiger Stil nur in Deutschland erschaffen werden konnte: Spielt man Techno langsamer, dann klingt er wie jene Marschmusik, zu der einst Millionen auszogen, um die Welt zu beherrschen. Der Erfolg des aus dem Untergrund kommenden Stils, der keine Botschaft transportiert, sorgt für seine Kommerzialisierung. Anfang Januar 1995 tanzen 7000 Leipziger Jugendliche 24 Stunden lang in der *Messehalle 20* – die bis dahin größte Technoparty der Stadt. Bald spielen alle Mainstreamsender elektronisch aufgearbeitete Versionen internationaler Hits, die als *Dance Floor* den Anschluss an den Techno finden sollen. Viele der einst angesagten wilden Clubs wiederum werden mit ihrer elektronischen *Club Music* und ihren *Chill Out Lounges* austauschbar. Dem Massenphänomen möchte sich die Hochkultur dennoch nicht verschließen. Im Juni 1996 feiert man mit 6000 Fans auf der gerade erst eröffneten Neuen Messe eine *Time Endless Party*: Mit dabei sind nicht nur 25 DJs aus der Technoszene, sondern auch Musiker des Gewandhausorchesters. Seit der Weimarer Cellist Wolfram Huschke im Jahr zuvor mit seinen Platten *Diabolica* und *Give Beauty* Klassik und Techno verband, gilt es unter jüngeren Instrumentalisten als ausgesprochen chic, hin und wieder mit Crossover-Projekten in Clubs aufzutreten.

Bis derlei aber in den »heiligen Hallen« selbst ankommt, dauert es noch eine Weile. Das Gewandhaus lädt zwischen 2007 und 2017 jährlich zur *Audioinvasion*, für die sich nach einem 90-minütigen Orchesterkonzert das gesamte Haus eine Nacht lang in einen Club verwandelt, in dem eine bunte Künstlerschar für elektronische Musik sorgt. Fans des Crossover wiederum kommen beim Mitteldeutschen

Rundfunk auf ihre Kosten, wo der estnische Chefdirigent Kristjan Järvi zwischen 2012 und 2018 mit genreübergreifenden Projekten für jede Menge Rauschen im Blätterwald sorgt. Das vielleicht aufwändigste Vorhaben dieser Art stemmt man zu Wagners 200. Geburtstag im Mai 2013, als unter dem Titel *Wagner Reloaded* Chor und Sinfonieorchester des MDR gemeinsam mit den Cello-Hardrockern von *Apocalyptica* aus Finnland und dem Tanztheater *Titanick* vor 7000 Zuschauern in der Arena Leipzig auftreten. Bis ins Folgejahr hinein muss das synästhetische Spektakel zwischen Musik, Tanz und Zirkus mehrfach wiederholt werden. Man mag darüber streiten, ob Konzepte wie *Audioinvasion* oder *Wagner Reloaded* wirklich künstlerisch bedeutsam oder nachhaltig sind. Diese Einordnung soll zukünftigen Generationen vorbehalten sein. Eines aber ist unbestreitbar: Sie sorgen für mediale Aufmerksamkeit – und das ist im 21. Jahrhundert mehr denn je die globale Währung, mit der Künstler bezahlt werden.

TRÄNEN IN DER THOMASKIRCHE

2020

Eine 170 Jahre lange Serie darf nicht abreißen · »Johannespassion à trois«: eine stillgelegte Welt bleibt nicht still · »Es ist vollbracht«

Am Nachmittag des Karfreitags 2020 sitzt Michael Maul in der Thomaskirche und weint. Das ist kein Problem: Der Intendant des Bachfestes hockt hinter der Brüstung der Nordempore, wo ihn eigentlich niemand sieht. Zudem ist er im riesigen spätgotischen Gotteshaus, das weit über tausend Menschen fassen könnte, nahezu allein. Nur 20 Menschen haben sich hier versammelt, um an diesem Tag an Bachs Grab der von Leipzig ausgehenden globalen Musikgeschichte ein weiteres Kapitel hinzuzufügen. Wer den umtriebigen Maul kennt, traut ihm das problemlos zu. Der 42-jährige Musikwissenschaftler bestätigt so rein gar nicht das Klischee des Orchideenfachforschers, der sich am liebsten in muffigen Archiven vom Rest der Welt isoliert. Der eloquente Intendant plaudert lieber über seine unkonventionellen Ideen. Mal liefert er einen 30-teiligen *Kantaten-Ring*, dann holt er Bachchöre aus aller Welt in die Stadt. Zusätzlich hat der Leipziger auch Forscherglück: 2005 spürt er ein Werk Johann Sebastian Bachs auf – der erste derartige Fund seit 70 Jahren. Neun Jahre später findet er in einem Bewerbungsschreiben eines Bach-Schülers einen Hinweis darauf, dass sich der berühmteste aller Thomaskantoren jahrelang vertreten ließ – Maul lässt sich darum mit den Worten »Bach hatte Burnout« in der Boulevardpresse zitieren. Bezüglich der unklaren

Frage nach dem Kompositionsanlass der kompletten *h-Moll-Messe* sorgt seine These für einen Briefwechsel mit Benedikt XVI. Der emeritierte Papst liefert daraufhin ein Grußwort für das *Bachfest* und lädt die Thomaner nach Rom ein.

Nun aber, am 10. April 2020, hat sich der Intendant mit einigen Musikern und einem kleinen Filmteam in der Kirche eingeschlossen und schämt sich seiner Tränen nicht. Dass der Forscher, der schon so viel erlebt hat, diesmal so emotional reagiert, hat mit dem außergewöhnlichen Frühjahr zu tun, in dem die Welt aus den Fugen gerät. Seit einem Monat hat die Covid-19-Pandemie Deutschland fest im Griff. Anfang März werden erst Großveranstaltungen und dann alle Konzerte abgesagt. Wenige Tage später schließen Schulen, die Bundeskanzlerin verkündet großflächige Einschränkungen, für die die Deutschen später das Wort *Lockdown* übernehmen.

Gründonnerstag, Karfreitag, Karsamstag, Ostersonntag – das sind vier Tage, deren dichte Abfolge von Tod und Leben für viele Christen den zentralen Punkt ihres Glaubens berührt. Doch an diesem Wochenende gibt es nirgendwo im Land reale Andachten und Gottesdienste, in denen das Passions- und Ostergeschehen verkündigt wird. In ganz Deutschland, vielleicht sogar weltweit, schweigt die Kirchenmusik. Zum ersten Mal seit 170 Jahren droht die Serie Bach'scher Passionsaufführungen am Karfreitag in der Thomaskirche abzureißen. Die Thomaner sind wie alle Schüler zu Hause. Selbst die klein besetzten, historisch-informiert spielenden Ensembles sind unter Pandemie-Bedingungen noch zu groß, um Konzerte geben zu können. Und an Publikum ist in diesen Tagen gleich gar nicht zu denken. Zum Glück aber hat Maul just für das *Bachfest* 2020 ein Open-Air-Konzert geplant, das sich »coronatauglich« (der Freistaat Sachsen erlaubt Mitte April Ansammlungen von maximal 20 Personen) in die Thomaskirche übersetzen lässt. *Johannespassion à trois* heißt das Konzept, das so manchen Originalklangpuristen um den Schlaf bringen könnte. Der isländische Tenor Benedikt Kristjánsson singt dabei nicht nur den Evangelisten, sondern bietet – mit wenigen Kürzungen – auch sämtliche Arien und Chöre des Werkes. Begleitet wird er von Elina Albach am Cembalo und Philipp Lamprecht, der an diversen Schlaginstrumenten vor allem für Klangfarben sorgt. Bleiben die Choräle: Die sollten im ursprünglichen Konzept von einem mehrstimmig einstudierten Publikum auf dem Leipziger Markt gesungen werden. Jetzt verbindet der Festivalchef die Adaption der *Johannespassion* mit der Grundidee des abgesagten Bachfestes 2020 *Bach – We Are Family*. Dafür hat er schon vor langer Zeit weltweit Chöre eingeladen, gemeinsam in Leipzig zu singen. Daraus entwickeln sich virtuelle Social-Media-Auftritte, die am jeweiligen Heimatort vorproduziert und dann nach Leipzig übertragen werden. Dort sind sie am Karfreitag Teil eines einzigartigen, per Livestream weltweit zu verfolgenden Projekts. Denn die *Johannespassion à trois*, die einige einheimische Musiker unter Thomaskantor Gotthold Schwarz mit Prolog und Epilog zu einer Passionsandacht wie zu Bachs Zeiten erweitern, wird erst durch die eingespielten Choräle der globalen Bachgemeinde vollständig. Hierbei ist der Intendant auch selbst zu sehen: In einem Clip spielt Maul auf dem Thomaskirchhof eine Choralmelodie auf der Violine.

Dass Bachs Musik auf diesem Weg trotz strenger Hygieneauflagen gespielt wird und von Leipzig aus bis Alaska und Neuseeland zu hören ist, ist nicht nur für die Beteiligten ein Wunder. Viele Zuhörer berichten später, dass sie die *Johannespassion* noch nie so intensiv erlebt hätten. Genau zur traditionellen Sterbestunde Christi ertönt aus dem Chorraum der Kirche das atemberaubende »Herr, unser Herrscher«. Jener grandiose Eingangschor, der das Leidensgeschehen zur theologischen Aussage weitet: Christus war und ist Herrscher, selbst im Tod erstrahlt noch sein Triumph. Eine Botschaft, die Bach schon in seiner dreischichtigen Einleitung als Bild für den dreieinigen Gott offenlegt. Und die schließlich in einem Choral kulminiert, der zusammenfasst, was der Evangelist berichtet. Soeben ist der Heiland mit den Worten »Es ist vollbracht« gestorben, doch die Musik verweigert die Trauer. Stattdessen beginnt eine verstörend tänzerische Arie, in der der Solist nach der Erlösung der Welt fragt. Im Hintergrund erklingt eine Choralstrophe, in der das Wort »versühnt« mit der gesungenen »Erlösung« zusammenfällt. Was kein Zufall ist, weil Bach das Wort ins Unendliche dehnt, damit auch der Letzte versteht:

Christi Tod hat die Welt wieder in Einklang gebracht. Alle Passion, oder wie es auf Deutsch heißt, alles Leiden hat einen Sinn.

Ist es vermessen, in diesem Moment zu glauben, dass die im Jahr 1724 geschriebene Musik auch eine konkrete Botschaft für unsere Welt parat hält? Michael Maul hinter der Brüstung der Thomaskirchenempore spürt dies jedenfalls. »Ich begriff, dass wir mit dem Stemmen dieser in jeglicher Hinsicht besonderen Aufführung wirklich vielen Menschen auf der ganzen Welt ein Herzensbedürfnis erfüllt, unter schwierigen Rahmenbedingungen zugleich Zeitgeschichte eingefangen und vielleicht sogar ein Stück Mediengeschichte geschrieben haben«,[41] schreibt er wenige Tage später. Wie sehr diese Passion die Zuhörer rührt, bezeugen neben hunderttausenden Abrufen des Streams auch unzählige Videoeinsendungen begeisterter Mitsänger. Enthusiasten aus mehr als 70 Ländern sitzen mit Noten vor dem Bildschirm, singen und spielen mit und trösten sich so über abgesagte Konzerte von New York bis Tokio. Die Wirkung darf man darum getrost global sehen: Inmitten einer durch die Pandemie stillgelegten Welt geht eine Aufführung aus Leipzig um die Welt, findet gemeinsam mit der Welt statt und vereint die Welt in der Musik von Johann Sebastian Bach.

EPILOG

Drei Fragen durchziehen dieses Buch: Warum zog gerade Leipzig so viele Musiker aus der ganzen Welt an? Warum kulminiert in dieser Stadt europäische Kulturgeschichte? Und was macht sie bis heute so besonders? Am Endpunkt des vielschichtigen Pfades durch die Musikgeschichte einer außergewöhnlichen Stadt steht ein ganzes Bündel von Antworten. Vor allem aber wird deutlich: Die 800-jährige Historie dieser Musikmetropole ist keine beweihräuchernde Heiligenerzählung. Neben Berichten über Einzigartiges, das von Leipzig ausging, finden sich darin auch Schilderungen vergebener Chancen. Im milden Licht der Gesamtschau rücken diese aber oft ins Dunkel. Im Vordergrund leuchtet dafür die ruhmreiche Vergangenheit bisweilen umso heller.

Dies bereitet den Boden für ein vielfach gehörtes Missverständnis: Die Musikstadt Leipzig zehre ausschließlich von ihrer Historie und der Beschwörung einer reichen Tradition, anstatt unentwegt den Boden für Neues zu bereiten. Abgesehen davon, dass dieser Vorwurf zu pauschal ist, offenbart er auch ein irrtümliches Geschichtsverständnis. Geschichte, und die Musikgeschichte bildet da keine Ausnahme, berichtet meist vom Besonderen. Sie stellt Menschen in den Mittelpunkt, die etwas bewegen und andere bewegen, die Inspiration geben und empfangen, die selbst kreativ tätig sind und für andere so zum Vorbild für eigenes schöpferisches Wirken werden. Oft handelt Geschichte vom Glück des Tüchtigen, davon, dass die richtigen Menschen zur richtigen Zeit am richtigen Ort sind. Es waren und sind Ideen, die dafür sorgen, dass später von Großem erzählt werden kann.

Ideen, die mit Mut und Beharrlichkeit vorangebracht werden und für deren Umsetzung ein geeignetes Umfeld benötigt wird.

Zu diesem gehört jedoch weniger der nostalgische Rückblick auf Vergangenes, sondern vielmehr, dass Menschen Verantwortung für ihre jeweilige Gegenwart übernehmen und mit den Ideen von heute die Welt von morgen erschaffen. Eine Entgegnung auf die Behauptung, die Musikstadt Leipzig sei nur noch ein verblassender Abglanz früherer Größe, fällt darum leicht: Solange hier Menschen leben, die den Anspruch haben, etwas zu bewirken, ja: die diese Welt in der Musik vereinen wollen – und sei es auch nur an einem Karfreitag inmitten einer Pandemie – so lange wird es nicht nötig sein, das finale Kapitel der Biografie der Musikmetropole Leipzig zu schreiben.

DANK

Dieses Buch hätte ohne die zahlreichen Anregungen unzähliger Menschen nicht entstehen können. Dem Henschel-Verlag, allen voran Sabine Melchert, danke ich für sensibles Lektorat, für vielfache Motivation, für unablässigen Zuspruch. Meinen langjährigen Kollegen und Gesprächspartnern Volker Hagedorn, Peter Korfmacher und Claudius Böhm danke ich für unendlich viele Anregungen zur Leipziger Musikgeschichte. Meiner Frau Susan danke ich für permanenten inhaltlichen Austausch selbst zu gewagtesten Thesen, meiner Freundin Anna für gewissenhafte sprachliche Durchsicht zahlreicher Texte: Ohne beider stets ehrliche und kritische Rückmeldung würde mir Vieles fehlen! Besonders aber danke ich meiner gesamten Familie für unablässige Geduld und Rücksicht, weil mich dieses Buch an so vielen Abenden, an Wochenenden, an Feiertagen und selbst im Urlaub beschäftigt hat.

Hagen Kunze
Döbeln, im Januar 2021

ANMERKUNGEN

Editorischer Hinweis: Interpunktion und Orthographie der jeweiligen Zitate bleiben erhalten, ebenso deren Hervorhebungen. Nur offensichtliche Druckfehler werden stillschweigend korrigiert. Fremdsprachige Texte werden in deutscher Übertragung wiedergegeben und folgen der heute gültigen Schreibweise.

TEIL 1: LIED DER STADT

1 Siehe dazu auch Hanke 1979, S. 11: Obwohl Leipzig jünger als andere sächsische Städte ist, hat es sich innerhalb kurzer Frist zu einem Handelszentrum entwickelt, dessen Bedeutung weit über die Grenzen der Mark Meißen hinausreicht: In Leipzig kreuzen sich die zwei meistfrequentierten europäischen Fernhandelsstraßen: die Via Regia (Königstraße) die von Spanien und Frankreich bis Krakau und Kiew führt, und die Via Imperii (Reichsstraße), die die Nord- und Ostseeküste mit Venedig, Genua und Rom verbindet.

2 Für den Dreiklang aus Schule, Chor und Kirche wird sich später der zusammenfassende Begriff *Thomana* einbürgern.

3 Dies behauptet zumindest die *Ballade vom edlen Moringer* aus dem 14. Jahrhundert – eine Darstellung, die seit langem jedoch bezweifelt wird. Wahrscheinlicher ist, dass Heinrich im Gefolge Dietrichs Edessa, das heutige Şanlıurfa im türkischen Grenzgebiet zu Syrien, besucht. Dort hatte Ibas von Edessa im 5. Jahrhundert für zuvor aus Indien erworbene Thomas-Reliquien eine Kirche gebaut. Die Überreste des Heiligen werden im 13. Jahrhundert in verschiedene mitteleuropäische Länder überführt. In diesem Zusammenhang wird verständlich, warum Heinrich von Morungen einige der Kostbarkeiten nach Leipzig bringt.

4 Auch das Todesdatum des Minnesängers liegt im Unklaren. Hanke 1979, S. 12, führt 1222 an und schreibt von »neuerer Forschung«. Dieses vermeintliche Sterbejahr aber bezieht sich ausschließlich auf den 1963 verstorbenen österreichischen Philologen Hermann Menhardt und wird mittlerweile ebenfalls bezweifelt. Es kann darum lediglich als gesichert gelten, dass Heinrich von Morungen nach dem 17. August 1218 in Leipzig stirbt.

5 Hanke 1979, S. 10.

6 Czok 1978, S. 15.

7 Kieres 2012, S. 43. Original in Latein. Die Urkunde enthält die Verfügung Propst Konrads, dass von dem Zins, der von der »äußeren Schule« der Rentenkammer

des Klosters zufließe, jährlich drei Talente zur Verbesserung der Krankenpflege und zur Erleuchtung des Schlafhauses aufzuwenden seien.

8 Das Kloster *St. Afra* in Meißen und die stiftseigene Schule wird 1205 gegründet, die Geschichte des Altenburger *Liebfrauenklosters* und der dortigen Klosterschule reicht bis ins Jahr 1165 zurück.

9 Bischof Johannes von Merseburg lässt die Stiftsstatuten im Jahr 1445 überarbeiten. Hanke 1979, S. 18, mutmaßt, dass es möglich sein könnte, dass die frühen Kantoren wie Orba über diese Aufgaben hinaus keine mehrstimmigen Werke einstudieren und leiten, sondern diese Aufgabe gegen entsprechende finanzielle Abfindung an *succentores* (Unterkantoren) abtreten. Er folgt damit Rudolf Wustmann, der glaubt, dass im späten 15. Jahrhundert die Rektoren der Thomasschule die mehrstimmige Figuralmusik dirigieren. Als Beleg dient ein Unglück vom 21. Dezember 1494, als beim Einsturz einer Empore in der Thomaskirche neben zahlreichen Chorknaben auch der Rektor Nikolaus Zehler schwer verletzt wird. Maul 2012 übernimmt diese Deutung.

10 Dieses Gotteshaus ändert im Laufe der Jahrhunderte mehrfach seinen Namen. Zu Bachs Zeiten lediglich als *Neukirche* benannt, wird ein Neubau im 19. Jahrhundert dem Evangelisten Matthäus geweiht. Das 1943 zerstörte Gotteshaus wird später nicht wieder neu aufgebaut und 1949 abgerissen.

11 Das Bonmot geht auf Mozart zurück, der aber von der Orgel als dem »König unter den Musikinstrumenten« schreibt.

12 Hanke 1979, S. 31.

13 Dies berichtet Otto Kaemmel in seiner *Geschichte des Leipziger Schulwesens* (Kaemmel 1909, S. 5).

14 Maul 2015, S. 14.

15 Gustav Wustmann stellt die Stadtpfeifer an den Anfang einer Tradition, die zum Gewandhausorchester führt (Wustmann, Gustav 1885, S. 311), ein Narrativ, das von vielen übernommen wird (Weinkauf/Große 1987, S. 35).

16 Alleine schon die Tatsache, dass es in Leipzig eine Konkurrenztruppe wie die *Habichtschen Geiger* gibt, die 1607 in städtische Trägerschaft genommen und später mit den Stadtpfeifern vereinigt werden, zeigt, dass man hier keinesfalls von einem Monopol der Stadtpfeifer sprechen kann.

17 Fröschels Bericht erscheint erst ein halbes Jahrhundert nach den Ereignissen: Seine Chronik *Vom Königreich Christi Jhesu. Der Christen grösten und höhesten Trost neben seinem Ewigen Priesterthumb* von 1566 wird von Rudolf Wustmann als Quelle entdeckt. Nahezu alle Autoren, die über die Musik bei der Leipziger Disputation 1519 schreiben, zitieren Fröschel nach Wustmann (Wustmann, Rudolf 1909, S. 99).

18 Original in Latein. Zitiert nach Maul 2012, S. 19.

19 Zitiert nach Wustmann, Rudolf 1909, S. 99.

20 Die drastischen Worte gehen auf Herzog Georg zurück. Möglicherweise ist es die Enttäuschung über die Disputation, die den Landesherrn bis zu seinem Tod 1539 in Gegnerschaft zu Luther bringt. 1524 wird die Bitte von 104 Leipziger Bürgern, einen evangelischen Prediger anzustellen, rüde abgelehnt, der Hauptbittsteller wird hingerichtet. Dennoch bekennen sich zahlreiche Leipziger zu Luthers Lehre: Der Verleger Michael Blum druckt 1525 Luthers Schriften und muss dafür ins Gefängnis. Kaum wieder in Freiheit, veröffentlicht er das erste hochdeutsche evangelische Gesangbuch mit 63 Chorälen, darunter *Ein feste Burg ist unser Gott*.

21 Natürlich nur gegen Zahlung großzügiger Entschädigungen an den Landesherren, dem die Klöster und deren umfangreiche Ländereien und Pfründe nach der Säkularisierung Kraft des Gesetzes zufallen.

22 Das Recht des Herzogs, ein Oberhaupt für die städtischen Prediger und Diakone einzusetzen, ist kein nachreformatorisches Recht, da dem Landesherrn schon vor 1539 die Aufsicht über die kirchlichen Einrichtungen in seinem Herrschaftsbereich zusteht. Reformatorisch ist jedoch das neu geschaffene Amt des Superintendenten, das Aufgaben vereint, für die in der katholischen Kirche der Dekan und der Bischof verantwortlich sind.

23 Hanke 1979, S. 26.

24 Maul 2012, S. 26.

25 Ebenda, S. 20.

26 Zitiert nach Hanke 1979, S. 18, der die Quelle nicht näher benennt.

27 Zitiert nach Hempel 1997, S. 30.

28 Hanke 1979, S. 25.

29 Zitiert nach Hanke 1979, S. 32.

30 Wustmann, Rudolf 1909, S. 104.

31 Dieser Ausdruck wird vor allem von Michael Maul in diversen Publikationen verwendet. In seinem Buch über die Geschichte des Thomanerchores bis zum Jahr 1804 (Maul 2012) legt er dar, dass die Ausrichtung der Thomasschule als Singschule unter Calvisius an Entwicklungen anknüpft, die bereits zuvor beginnen.

32 Forkel 1801, S. 65.

33 Der freilich setzt im 16. Jahrhundert bei vielen Knaben erst rund um den 17. Geburtstag ein.

34 Zitiert nach Maul 2015, S. 37.

35 Zitiert nach Schering 1941, S. 647.

36 Wörtlich schreibt Praetorius: »Weil denn Ehrenveste hoch- und Wohlweise Herren besonders große fautores der Music sein und dieselbe hoch, lieb und wert halten; gestalt sie denn vornehme Leute in ihrer hochlöblichen Schule jederzeit gehabt, alß Georgium Rhaw, welcher zu seiner Zeit, albereit eine Missam mit 12 Stimmen componiret, in Sanct Thomas Kirchen in grosser Versammlung musiciret, und damit einen grossen applausum promeriret hat. Anderer nach diesen geliebter kurtze halben zu geschwiegen, wir mit allen Ehren und Ruhm gedacht deß hocherfahrenen und vortrefflichen Mathematici, Musici und Chronologi Herrn Sethi Calvisii S. Gedechtnüß, welcher nicht allein in Chronologicis und Musicis ihm einen unsterblichen Nahmen erlanget, dessen Stell aber numehr mit einem auch vornemen Musico practico und Componisten Johan Hermanno Schein ersetzen worden.« (Zitiert nach Maul 2012, S. 47). Dass Praetorius bezüglich der 1519 von Rhau aufgeführten Messe von »componiret« schreibt, spricht Maul zufolge nicht gegen die These einer Brumel-Aufführung.

37 Alle Informationen bezüglich der Zuwendungen an Praetorius zitiert nach Wustmann, Rudolf 1909, S. 205.

38 Der Weg in den kommunalen Bankrott und dessen Gründe wird bei Maul 2012, S. 57, genau nachvollzogen: eine nicht nur für Musikhistoriker, sondern auch für Finanzpolitiker spannende Literatur.

39 Dies verdeutlichen jene Titel, die Schein sich in den Vorreden seiner Werke selbst verleiht: 1617 nennt er sich in *Banchetto musicale* »Cantor und Musicus zu Leipzig«. Im Jahr darauf wird er im ersten Teil der *Opella Nova* zum »Director musicus«. Das *Chorbuch* von 1627 veröffentlicht dann der »General-Director der Music«.

40 Wustmann, Rudolf 1909, S. 80, überliefert zahlreiche Details zum Skandal um die Hochzeit des jüngsten Bürgermeistersohnes. Michael Maul hat zudem die städtischen Akten zur Angelegenheit durchgesehen und ordnet das Geschehen zeithistorisch ein (Maul 2012, S. 51ff).

41 Maul 2012, S. 55.

42 Zitiert nach Maul 2015, S. 53.

43 1631 rechnet Rektor Avian in einem Memorandum vor, dass es den Alumnen wegen der ausbleibenden Stiftungserträge mittlerweile an zwölf wöchentlichen Mahlzeiten mangelt.

44 Zitiert nach Maul 2015, S. 59.

45 Die Tabulatur soll bereits zu Ostern 1638 veröffentlicht werden, doch der Tod des Organisten vereitelt dies. Wohl, weil der Kupferstecher nicht sein Geld verlieren will, wird das unvollendete Werk ein Jahr später dennoch veröffentlicht. Um den Ruch des Unfertigen zu umgehen, erscheint die Tabulatur aber außerhalb Leipzigs.

46 Zitiert nach Maul 2012, S. 68.

47 Die Schulordnung der Thomasschule von 1634 wurde in den vergangenen Jahrzehnten oftmals publiziert. Für sein Buch über den Thomanerchor sah Michael Maul die Originalakten ein und studierte die Anmerkungen auf den handschriftlichen Entwürfen. Dieses Verfahren lässt die Debatte im Zug der Erarbeitung der neuen Schulordnung 1634 äußerst lebendig werden. (Maul 2012, S. 71f).

48 Zitiert nach Maul 2012, S. 170.

49 Zitiert nach Maul 2015, S. 64.

50 Ebenda, S. 65.

51 Die folgende Darstellung folgt Horneffer 1898. Zitiert nach Hempel 1997, S. 29.

52 Ebenda.

53 Ebenda.

54 Maul 2012, S. 247.

55 Zitiert nach Maul 2012, S. 248.

56 Maul 2015, S. 72.

57 Maul 2012, S. 136.

58 https://de.wikipedia.org/wiki/Einwohnerentwicklung_von_Leipzig#Von_1165_bis_1940.

59 Maul 2015, S. 131f., übermittelt das im Dresdner Stadtarchiv aufbewahrte Schreiben, mit dem Horn beim Dresdner Rat um eine Zulage für die Kirchenmusik an der Frauenkirche und Sophienkirche wirbt.

60 Zitiert nach Maul 2015, S. 91.

61 »Clavier« ist im 17. und 18. Jahrhundert ein Sammelbegriff für Tasteninstrumente aller Art. Darum kann selbst noch bei Johann Sebastian Bach allein aus dem Titel *Clavier Übung* nicht geschlossen werden, für welches Instrument die dort veröffentlichten Kompositionen gedacht sind.

62 Maul 2012, S. 151.

63 In der Literatur findet sich für das Gotteshaus häufig auch die Beschreibung *Alte Peterskirche*, um Verwechslungen mit dem 1885 eingeweihten Nachfolgebau an anderer Stelle zu vermeiden. Die frühere Peterskirche hat ihren historischen Platz am Ende der Petersstraße unmittelbar am dortigen Stadttor. An ihrer Stelle wird 1886 ein großes Gebäude errichtet, das heute der Musikschule »Johann Sebastian Bach« als Heimstätte dient.

64 Maul 2012, S. 152.

65 Ebenda.

66 Maul 2012, S. 153.

67 Telemann 1740, S. 358.

68 Ebenda.

69 Ebenda, S. 358f.

70 Ebenda, S. 359.

71 Maul 2015, S. 134.

72 Vgl. Siegele 1999, S. 14ff. Auch wenn die Folgerungen des Autors zu den politischen Intentionen zweier gegensätzlicher Parteien im Rat deutlich aus der

Perspektive des 20. Jahrhunderts getroffen werden, so legt Siegele dennoch eine überzeugende Chronik des Verfahrens vor: Von den ursprünglich sieben Bewerbern um Kuhnaus Nachfolge treten zwei (Telemann und Graupner) trotz Wahl das Amt nicht an. Fasch tritt von seiner Kandidatur zurück, als ihm deren Aussichtslosigkeit klar wird. Der Merseburger Hofkapellmeister Georg Friedrich Kauffmann wird für den 1. Advent 1722 zum Probedirigat geladen und erstreitet sich sogar eine weitere Probe, verzichtet dann jedoch zugunsten Graupners. Christian Petzold, Hoforganist in Dresden, wird vom Rat nicht zur Probe geladen, so dass Anfang Februar 1723 nur noch Bach und Schott im Bewerberkreis verbleiben.

73 Bach-Dokumente 1, Nr. 92.

74 Bis ins späte 19. Jahrhundert hinein gehört in Knabenchören der Alt zu den Männerstimmen, was auch der ursprünglich lateinischen Wortbedeutung (alt = hoch) entspricht. Die Zuordnung des Alt zu den Frauenstimmen wird erst mit der gemischtstimmigen Massenchorbewegung gebräuchlich. Die seit dem frühen 20. Jahrhundert immer wieder zu findende musikalische Praxis, danach auch in Knabenchören den Alt von Knaben vor ihrem jeweiligen Stimmbruch singen zu lassen, ist im internationalen Vergleich jedoch ein deutscher Sonderweg.

75 Bach-Dokumente 1, Nr. 22. Die folgenden Zitate stammen aus diesem Dokument.

76 Bach-Dokumente 1, Nr. 23.

77 Zitiert nach Maul 2015 (2), S. 76.

78 Zitiert nach Wolff 2000, S. 381.

79 Bach-Dokumente 2, Nr. 584.

80 Der einstige Sitz des Verlages, der sich auf dem heutigen Universitätsgelände befindet, wurde im Dezember 1943 zerstört. Die dort heute zu findende Plakette weist jedoch auf das falsche Gebäude hin: Während der Verlag im *Goldenen Bären* residierte, befand sich im *Silbernen Bären* das Wohnhaus des Verlegers.

81 Frenzel 2019, S. 42.

82 Zitiert nach Maul 2012, S. 265.

83 Frenzel 2019, S. 49.

84 Frenzel 2019.

85 Vgl. dazu die von Hans-Rainer Jung verfasste Chronik *Das Gewandhausorchester. Seine Mitglieder und seine Geschichte seit 1743*. Claudius Böhm ordnet darin in sechs einleitenden *Beiträgen zur Kultur- und Zeitgeschichte* die Orchestergeschichte in einen historischen Zusammenhang ein. Der ersten Einleitung entstammt der Hinweis auf das Porträt des Kurfürsten (S. 15). Zitiert fortan als: Jung 2006.

86 Beim berühmten Pariser Vorbild der *Concert spirituels* handelt es sich um Aufführungen von Passionen oder Oratorien, mit denen die Lücke der konzertlosen Zeit in der Karwoche geschlossen wird. In Leipzig treten diese Konzerte zweifellos in direkte Konkurrenz zu den kirchlichen Passionsaufführungen am Karfreitag.

87 Ähnliches geschieht auch in Dresden, wo Friedrich II. die Stadt durch Kanonen beschießen lässt und dann eine Privatvorführung in der von Johann Adolph Hasse geleiteten Hofoper anordnet.

88 Zumindest berichtet Hiller dies in seiner 1784 vorgelegten Autobiografie, in der er auch den später vollzogenen Namenswechsel erläutert: »Dass ich seit dem Jahre 1763 meinen Zunamen mit mehr mit ü, sondern mit i schreibe, ist bloß geschehen, um eine unrichtige Aussprache zu verhindern, wenn ich genöthigt war, ihn lateinisch oder italiänisch zu schreiben« (Lehmstedt 2004, S. 7).

89 Ebenda, S. 19.
90 Dies mutmaßt zumindest Maul 2015, S. 217.
91 Vgl. Jung 2006, S. 36.
92 Maul 2012, S. 288.
93 Ebenda.
94 Seine Erinnerungen an Mozarts Besuch in Leipzig schreibt Rochlitz neun Jahre später nieder und veröffentlicht sie im ersten Jahrgang der *Allgemeinen Musikalischen Zeitung* unter dem Titel *Verbürgte Anekdoten aus Wolfgang Gottlieb Mozarts Leben, ein Beytrag zur richtigen Kenntnis dieses Mannes, als Mensch und Künstler* in Fortsetzungen.
95 Rochlitz 1798, S. 18ff.
96 Ebenda.
97 Michaelis 1805, S. 132.
98 Rochlitz 1798, S. 20.
99 Rochlitz 1798, S. 20.
100 Zitiert nach Hanke 1979, S. 110.
101 Womit jedoch keineswegs gemeint ist, dass Hiller das *Kirchenorchester* genannte professionelle Ensemble, das die offizielle Kirchenmusik begleitet, mit Alumnen besetzt. Im Gegenteil: Schon zu seinem Amtsantritt 1789 bittet der Thomaskantor um eine Erweiterung dieses Ensembles um sieben zusätzliche Stellen (aus den Reihen des Gewandhausorchesters), die ihm auch gewährt wird.
102 Gerber 1812, Sp. 674.
103 Ebenda.
104 Böhm 2012, S. 249.
105 Lehmstedt 2004, S. 121.

TEIL 2: ORCHESTER

1 Anonym 1809, Sp 191f.
2 Hanslick 1869, S. 38.
3 Hier sei betont, dass im 19. Jahrhundert das Wort Dilettant keine pejorative Konnotation besitzt: Ein Dilettant (italienisch: dilettare = jemanden erfreuen, lateinisch: delectare = sich erfreuen) ist ein Musikliebhaber, der die Musik nicht für seinen Lebensunterhalt ausübt, der als Laie also eine Sache um ihrer selbst willen aus Interesse, Vergnügen oder Leidenschaft tut. Rasumowski, dessen Geigenspiel von vielen Zeitgenossen bewundert wird, ist in diesem Sinne ein Dilettant. Der heutige abwertende Gebrauch (dilettantisch im Sinne von unfachmännisch) ist im frühen 19. Jahrhundert nicht belegbar.
4 Heute die beiden Konzertmeister.
5 Der Riedel-Verein wird später sogar oft zu Konzerten außerhalb von Leipzig eingeladen: 1859 singt der Chor die Uraufführung der Graner Festmesse von Franz Liszt, 1872 unter dem Dirigat von Richard Wagner Beethovens Sinfonie Nr. 9 zur Grundsteinlegung des Bayreuther Festspielhauses.
6 Zitiert nach Middell 1985, S. 7.
7 Ebenda. Wagner datiert den Tod seines Vaters jedoch falsch in den Oktober 1813.
8 Ebenda.
9 Wagner 1843, S. 116f.
10 Zitiert nach Ortheil 1982, S. 15.
11 Hoffmann 1843, Sp. 633.
12 Zitiert nach Preißendörfer 2015, S. 76.

13 Grisebach 1900, S. 17.
14 Marc 1965, S. 12.
15 Hitzig 1823, Band 2, S. 67.
16 Zitiert nach Hurlimann 1946, S. 273.
17 Ebenda.
18 Zum Kaufkraftvergleich siehe Seite 136.
19 Dies ist für lange Zeit auch die übliche Bezeichnung. Der Begriff *Opernchor* für jenes Leipziger Ensemble, das im Jahr 2017 berechtigt sein 200-jähriges Jubiläum als einer der traditionsreichsten Opernchöre Deutschlands feiert, geht auf die viel spätere Zeit zurück, in der die Sparten des Theaters getrennt werden.
20 Anonym 1817, S. 4.
21 Vgl. dazu Wünsche 2017, S. 34.
22 Zitiert nach Küstner 1830, S. 36.
23 Anonym 1817, S. 16.
24 Kaufkraftberechnung nach Deutsche Bundesbank 2020.
25 Vgl. Küstner 1830.
26 Lodemann 2000, S. 128. Fritz Hennenberg rechnet vor, dass Ringelhardt jährlich 7000 Taler verdient, was auf sein Abschiedsjahr 1844 bezogen heute mehr als 228 000 Euro entspricht. (Hennenberg 1993, S. 42).
27 Der Anstellungsvertrag mit Albert Lortzing findet sich zwar nicht mehr im Leipziger Stadtarchiv. Lodemann vermutet aber als Gagen die oben genannten Summen, weil diese die damals übliche Steigerung zum vorherigen Engagement beinhalten (Lodemann 2000, S. 129).
28 In *Don Carlos* geht es um »Gedankenfreiheit«, im Egmont um eine Volkserhebung und um die Hinrichtung eines Adligen.
29 Eine schriftliche Äußerung Mendelssohns zu Lortzing gibt es aus dem Jahr 1842, als Mendelssohns *Antigone* im Theater unter Leitung des Komponisten aufgeführt wird. Zur Schauspielmusik gehört ein vierstimmiger Chor, für dessen Aufführung sich Mendelssohn in einem Brief an den Theaterdeputierten Walter Demuth vier konkrete Solisten des Theaters, darunter Lortzing, wünscht.
30 Zitiert nach Lodemann 2000, S. 148.
31 Ebenda, S. 160.
32 Ebenda, S. 223.
33 Die Gründung eines Schillervereins durch Blum und Lortzing ist im Vormärz ein politisches Zeichen, stehen doch in den Staaten des Deutschen Bundes Schillers Freiheitsdramen auf der Verbotsliste der Zensur. Dass der politische Anspruch Blums jedenfalls weit über das hinausreicht, was sich der Tunnel in Leipzig traut, zeigt die Tatsache, dass er unter anderem einen Redeübungsverein gründet, der seinerseits Pate steht für van Betts rhetorisch aufgeblasenen Auftritt in *Zar und Zimmermann*.
34 Zitiert nach Lodemann 2000, S. 320.
35 Ebenda, S. 391.
36 Ebenda, S. 397.
37 Zitiert nach Todd 2008, S. 108.
38 Ebenda, S. 115–117.
39 Ebenda, S. 336.
40 Ebenda, S. 341.
41 Ebenda.
42 Mendelssohn sucht nach Amtsantritt nach adäquatem Ersatz für Matthäi, den er eigentlich selbst ersetzen sollte: Aus Dorpat holt er Ferdinand David, der schon am 10. Dezember 1835 erstmals als Konzertmeister zu erleben ist – eine Position, die er bis zu seinem Tod 1873 behält. Für Mendelssohn ist David der wichtigste musikalische Partner in Leipzig: Im September 1838 vertritt er den

erkrankten Gewandhauskapellmeister als Dirigent, drei Jahre später leitet er eine ganze Saison lang die Konzerte.

43 Zitiert nach Metzger / Riehn 1980, S. 99.
44 Schumann 1835, S. 187.
45 Ebenda.
46 Ebenda.
47 Ebenda, S. 188.
48 Zitiert nach Borchard 1991, S. 258.
49 Zitiert nach Litzmann 1906, S. 430.
50 Der Brief an die Mutter ist vielfach veröffentlicht – beispielsweise bei Sousa 2006, S. 26.
51 Zitiert nach Borchard 1991, S. 32.
52 Ebenda, S. 43.
53 Zitiert nach Kunze 2009, S. 56.
54 Zitiert nach Ortheil 1982, S. 21.
55 Ebenda, S. 25.
56 Ebenda, S. 26.
57 Ebenda, S. 28.
58 Zitiert nach Eismann 1971, S. 422.
59 Zitiert nach Ortheil, S. 29.
60 Ebenda, S. 47.
61 Ebenda, S. 48.
62 Zitiert nach Litzmann 1906, S. 380.
63 Zitiert nach Ortheil, S. 79.
64 Burger 1999 S. 218.
65 Zitiert nach Söhnel 2004, S. 11.
66 Vgl. Todd, S. 442.
67 Schumann 1840, S. 56.
68 Zitiert nach Söhnel 2004, S. 23.
69 Ebenda, S. 39.
70 Schumann 1843, S. 144.
71 Zitiert nach Söhnel 2004, S. 42.
72 Zitiert nach Kunze 2009 (2), S. 80.
73 Zitiert nach Metzger / Riehn 1980, S. 122.
74 Zitiert nach Kunze 2009 (2), S. 103.
75 Schumann 1835, S. 187. Näheres hierzu auch im Kapitel Liebeserklärung auf S. 152.
76 Schumann 1837, S. 209f.
77 Zitiert nach Forner 2007, S. 14.
78 Schumann 1853, S. 185f.
79 Zitiert aus Schmidt 1999, S. 31.
80 Zitiert nach Forner 2007, S. 34.
81 Ebenda, S. 35.
82 Die Zeitspanne zwischen den jeweiligen Uraufführungen und den Leipziger Erstaufführungen wird immer kürzer: Die Erstaufführung der Ersten Sinfonie unter Leitung des Komponisten erfolgt am 18. Januar 1877 und damit elf Wochen nach der Uraufführung in Karlsruhe. Die Zweite Sinfonie erklingt erstmals in Leipzig am 10. Januar 1878, 12 Tage nach der Uraufführung in Wien. Das Violinkonzert schließlich wird am 1. Januar 1879 im Gewandhaus aus der Taufe gehoben.
83 Zitiert nach Forner 2007, S. 113.
84 Ebenda, S. 112.
85 Ebenda, S. 113.
86 Zitiert nach Köhler 2006, S. 64.

87 Zitiert nach Ramann 1887, S. 244.
88 Zitiert nach Holland 1891, S. 176.
89 Zitiert nach Mundus 2015, S. 72.
90 Ebenda, S. 202.
91 Blaukopf 1996, S. 58.
92 Die Materialien aus Grünbergs Nachlass werfen nicht nur ein neues Licht auf das kompositorische Frühwerk Mahlers, sondern ermöglichen auch eine differenzierte Bewertung der Beziehung des Komponisten zu Nikisch (Vgl. Kunze 2011).
93 Zitiert nach: Mundus 2015, S. 199.
94 Kunze 2011, S. 256f. Nach Grünbergs Tod gelangt dessen Nachlass in den Besitz seines Schülers Louis Krasner, des späteren Solisten der Uraufführung des Violinkonzerts von Alban Berg. Krasner berichtet in einem Schreiben an Christoph Wolff, dass ihm Mahlers Brief 1930 gestohlen worden wäre, fasst dessen Inhalt aber auf Englisch zusammen. Diese Zusammenfassung ist Teil des Grünberg-Nachlasses, den die Harvard University aufbewahrt und den der Autor im Vorfeld des Mahler-Jubiläums 2011 sichtete und auswertete. (Eugene Gruenberg papers: Harvard University, Harvard College Library, Houghton Library, MS Mus 234.2)
95 Mit der Zerstörung der Firma beim Bombenangriff auf Leipzig am 4. Dezember 1943 endet die Firmengeschichte. Die heute unter dem Label J. G. Irmler angebotenen Klaviere kommen aus dem Ausland, es handelt sich um Einsteiger-Instrumente, für die der Hersteller lediglich die Rechte am traditionsreichen Namen erworben hat.
96 Zitiert nach Mundus 2015, S. 158.
97 Zitiert nach Hennenberg 1993, S. 87.
98 Ebenda.
99 Der Saal mit 760 Plätzen wird bei einem Bombenangriff am 20. Februar 1944 zerstört. Nach dem Krieg, als das beschädigte Gebäude wieder für den Unterrichtsbetrieb hergerichtet wird, entscheidet man sich gegen einen Wiederaufbau. Erst 2001 erhält die nun *Hochschule für Musik und Theater Felix Mendelssohn Bartholdy* genannte Einrichtung einen neuen, in moderner Formensprache gehaltenen Konzertsaal.

TEIL 3: MÄCHTE DER FINSTERNIS. LIED VOM GLÜCK

1 Forner 2015, S. 158.
2 Münkler 2013, S. 563.
3 Vgl. dazu Kröplin 2020, S. 18ff.
4 Zitiert nach Schwebke 2014, S. 9.
5 Zitiert nach Böhme-Mehner 2017, S. 34.
6 Riemann 1894, S. 870.
7 Zitiert nach Böhm 2015, S. 30.
8 Ebenda, S. 31.
9 Niemann 1923, S. 86.
10 Clemen / Lieberwirth 1999, S. 68.
11 Zitiert nach Uhrbach 2020.
12 Heuß 1897, S. 551.
13 Zitiert nach Uhrbach 2020.
14 Zitiert nach Kunze 2017, S. 116.
15 Zitiert nach Uhrbach 2020.

16 Ebenda.

17 Böhm 2006, S. 40. Böhm betont, dass das Schreiben nur in Abendroths Nachlass zu finden ist.

18 Zitiert nach Kunze 2013 (2), S. 39.

19 Zitiert nach Anonym 2005.

20 Zitiert nach Kunze 2013 (2), S. 39.

21 Die von Günther Hartmann 1991 begonnene Debatte über eine mögliche vorherige NSDAP-Mitgliedschaft Straubes wird an dieser Stelle nicht thematisiert. Verwiesen wird in diesem Zusammenhang auf David Backus' Aufsatz *Karl Straube und das Dritte Reich.* Backus, der alle Indizien hinreichend darlegt, kommt zum Schluss »Ein Eintritt im Jahr 1925 ist durch die hier erläuterten Umstände ausgeschlossen.« (Backus 2012, S. 283).

22 Zitiert nach Kunze 2013, S. 17ff.

23 Quelle dieser Anekdote ist der 2019 verstorbene Werner Wolf selbst, der sie dem Autor mehrfach schilderte.

24 Zitiert nach Hennenberg 1993, S. 152.

25 Böhme-Mehner 2017, S. 98.

26 Vgl. Kröplin 2020, S. 143.

27 Röhlig 1989, S. 70.

28 Neumann 1993, S. 17.

29 Zitiert nach Böhm 2001, S. 11.

30 Meißner 1982, S. 166.

31 Zitiert nach Lange 1988, S. 293.

32 Anonym 1948, S. 12.

33 Jazzclub Leipzig 2016, S. 5.

34 Böhme-Mehner 2017, S. 104. Die falsche Schreibweise des Künstlernamens entstammt der dort zitierten Stasi-Anweisung.

35 M-M 1965.

36 Böhme-Mehner 2017, S. 105.

37 Zitiert nach Rauhut 2002, S. 122.

38 Zitiert nach Lieberwirth 1990, S. 28.

39 Zitiert nach Lange 2019, S. 83.

40 Elstermann 2013, S. 15.

41 Facebook-Post von Michael Maul vom 13.4.2020. https://www.facebook.com/michael.maul.7/posts/3944058918968081.

LITERATUR

ANONYM 1809 (ohne Autor), Übersicht der wöchentlichen Concerte von Michael bis Weihnacht, in: Allgemeine Musikalische Zeitung (12), Leipzig 1809

ANONYM 1817 (ohne Autor), Von der Gründung und Einweihung des stehenden Theaters der Stadt Leipzig, in: Leipziger Kunstblatt für gebildete Kunstfreunde 1, Leipzig 1817

ANONYM 1948 (ohne Autor), Tanzorchester Leipzig, in: Melodie: illustrierte Zeitschrift für Musik-, Film-, Theater-Freunde (3), Heft 5, Berlin 1948

ANONYM 2005 (ohne Autor), Karl Straube – ein prinzipientreuer Organist und Thomaskantor, in: MDR Zeitreise v. 5.12.2005, https://www.mdr.de/zeitreise/weitere-epochen/zwanzigstes-jahrhundert/artikel12574.html

BACH-DOKUMENTE 1 Schriftstücke von der Hand Johann Sebastian Bachs, vorgelegt und erläutert von Werner Neumann und Hans-Joachim Schulze, Kassel 1963

BACKUS 2012 David Backus, Karl Straube und das Dritte Reich, in: Stefan Altner und Martin Petzoldt (Hg.), 800 Jahre Thomana. Glauben – Singen – Lernen, Wettin 2012

BLAUKOPF 1996 Herta Blaukopf, Gustav Mahler – Briefe, Wien 1996

BÖHM 2001 Claudius Böhm, Siebenmal Sonnengesänge, siebenmal Götterfunkenfreude, in: Gewandhausmagazin 32, Altenburg 2001

BÖHM 2006 Claudius Böhm, »Ein wirklich deutscher, national empfindender Kapellmeister«, in: Gewandhausmagazin 50, Altenburg 2006

BÖHM 2012 Claudius Böhm, »Theils aus den Alumnen der Thomasschule, theils aus heisigen Orchester Musicis« – Die historisch gewachsene Partnerschaft zwischen Thomanerchor und Gewandhausorchester, in: Stefan Altner, Martin Petzoldt (Hg.), 800 Jahre Thomana. Glauben – Singen – Lernen, Wettin 2012

BÖHM 2015 Claudius Böhm, Reger und Leipzig, in: Gewandhausmagazin 89, Altenburg 2015

BÖHME-MEHNER 2017 Tatjana Böhme-Mehner, Musikstadt Leipzig in Bildern, 3. Band: Das 20. Jahrhundert, Leipzig 2017

BORCHARD 1991 Beatrix Borchard, Clara Schumann. Ihr Leben. Frankfurt/Main 1991

BURGER 1999 Ernst Burger, Robert Schumann. Eine Lebenschronik in Bildern und Dokumenten, Mainz 1999

CLEMEN / LIEBERWIRTH 1999 Jörg Clemen und Steffen Lieberwirth (Hg.), Mitteldeutscher Rundfunk. Die Geschichte des Sinfonieorchesters. Altenburg 1999

CZOK 1978 Karl Czok, Das alte Leipzig, Leipzig 1978

DEUTSCHE BUNDESBANK 2020 Deutsche Bundesbank (Hg.), Kaufkraftäquivalente historischer Beträge in deutschen Währungen, https://www.bundesbank.de/resource/blob/615162/3334800ed9b5dcc-976da0e65034c4666/mL/kaufkraftaequivalente-historischer-betraege-in-deutschen-waehrungen-data.pdf

EISMANN 1971 Georg Eismann (Hg.), Robert Schumann. Tagebücher, Band 1, Leipzig 1971

ELSTERMANN 2013 Falk Elstermann (Hg.), 30 Jahre naTo – das Buch, Leipzig 2013

FORKEL 1801 Johann Nikolaus Forkel, Allgemeine Geschichte der Musik. Band 2, Leipzig 1801

FORNER 2007 Johannes Forner, »In Leipzig war's aber doch am schönsten«: Johannes Brahms und seine Beziehung zu Leipzig, Leipzig 2007

FORNER 2015 Johannes Forner, Aufschwung, große Namen, Katastrophe, in: Claudia Forner und Johannes Forner, Musica Lipsiensis. Leipzig – eine Weltstadt der Musik, Leipzig 2015

FRENZEL 2019 Thomas Frenzel (Hg.), Breitkopf & Härtel. 300 Jahre europäische Musik- und Kulturgeschichte. Wiesbaden 2019

GERBER 1812 Ernst Ludwig Gerber, Neues historisch-biographisches Lexikon der Tonkünstler, Band 2, Leipzig 1812

GRISEBACH 1900 Eduard Grisebach, Biographische Einleitung zu E. T. A. Hoffmanns sämtliche Werke in fünfzehn Bänden, Leipzig 1900

HANSLICK 1869 Eduard Hanslick, Geschichte des Concertwesens in Wien, Band 1, Wien 1869

HENNENBERG 1993 Fritz Hennenberg, 300 Jahre Leipziger Oper. Geschichte und Gegenwart, Leipzig 1993

HEUSS 1897 Alfred Heuß, Concertaufführungen in Leipzig, in: Neue Zeitschrift für Musik (64) 1897

HANKE 1979 Wolfgang Hanke, Die Thomaner, Berlin 1979

HITZIG 1823 Aus Hoffmanns Leben und Nachlass, Berlin 1823

HOFFMANN 1810 Ernst Theodor Amadeus Hoffmann, Rezension der Sinfonie Nr. 5 c-Moll von Ludwig van Beethoven, in: Allgemeine Musikalische Zeitung (12), Leipzig 1810

HOLLAND 1891 Henry Scott Holland, Jenny Lind. Ihre Laufbahn als Künstlerin 1820 bis 1851, Leipzig 1891

HORNEFFER 1898 August Horneffer, Johann Rosenmüller, Berlin 1898

HURLIMANN 1946 Martin Hurlimann (Hg.), E. T. A. Hoffmann – Autobiographische, musikalische und vermischte Schriften, Zürich 1946

JAZZCLUB LEIPZIG 2016 Jazzclub Leipzig (Hg.), Flamingos und andere Paradiesvögel – 40 Jahre Leipziger Jazztage, Leipzig 2016

JUNG 2006 Hans-Rainer Jung, Das Gewandhausorchester. Seine Mitglieder und seine Geschichte seit 1743. Mit Beiträgen zur Kultur- und Zeitgeschichte von Claudius Böhm, Leipzig 2006

KAEMMEL 1909 Otto Kaemmel, Geschichte des Leipziger Schulwesens vom Anfange des 13. bis gegen die Mitte des 19. Jahrhunderts (1214 bis 1846), Leipzig und Berlin 1909

KRÖPLIN 2020 Eckart Kröplin, Operntheater in der DDR, Leipzig 2020

KÖHLER 2006 Hans Joachim Köhler, Robert und Clara Schumann. Ein Lebensbogen, Altenburg 2006

KUNZE 2009 Hagen Kunze, Clara und Robert Schumann. Musik und Liebe, Leipzig 2009

KUNZE 2009 (2) Hagen Kunze, Lobgesang. Mendelssohn in Leipzig, Berlin 2009

KUNZE 2011 Hagen Kunze, Grünberg, Nikisch, Mahler: Drei Wiener in Leipzig, in: Claudius Böhm (Hg.), Mahler in Leipzig, Altenburg 2011

KUNZE 2013 Hagen Kunze (Hg.), Der Thomanerchor Leipzig zwischen 1928 und 1950. Umbrüche: Erinnerungen und Dokumente (Edition Thomanerchor 1), Altenburg 2013

KUNZE 2013 (2) Hagen Kunze (Hg.), Der Thomanerchor in frühesten Filmdokumenten (Edition Thomanerchor 2), Altenburg 2013

KUNZE 2017 Hagen Kunze (Hg.), 200 Jahre Opernchor Leipzig, Altenburg 2017

LANGE 2019 Bernd-Lutz Lange, David gegen Goliath, Berlin 2019

LANGE 1988 Horst Lange, »Artfremde Kunst und Musik unerwünscht«. Jazz im Dritten Reich, in: That's Jazz, Darmstadt 1988

LEHMSTEDT 2004 Mark Lehmstedt (Hg.), Johann Adam Hiller. Mein Leben. Autobiographie, Briefe und Nekrologe, Leipzig 2004

LIEBERWIRTH 1990 Steffen Lieberwirth, Wer eynen spielmann zu tode schlaegt: Ein mittelalterliches Zeitdokument anno 1989, Leipzig 1990

LITZMANN 1906 Berthold Litzmann, Clara Schumann. Ein Künstlerleben. Nach Tagebüchern und Briefen, Leipzig 1906

LODEMANN 2000 Jürgen Lodemann, Lortzing. Gaukler und Musiker, Göttingen 2000

KIERES 2012 Christine Kieres, Die Thomasschule zu Leipzig – Etappen einer außergewöhnlichen Historie, in: Kathleen-Christina Kormann und Christine Kieres (Hg.), 800 Jahre Schola Thomana, Leipzig 2012

KÜSTNER 1830 Karl Theodor Küstner, Rückblick auf das Leipziger Stadttheater. Ein Beitrag zur Geschichte des Theaters, nebst allgemeinen Bemerkungen über die Bühnenleitung in artistischer, wie finanzieller Hinsicht, Leipzig 1830

M-M 1965 J. M-M, Rollender Steinschlag um ein Orchester, in: Die Zeit, Heft 39, Hamburg 1965

MARC 1965 Julie Marc, Friedrich Speyer, Friedrich Schnapp, Erinnerungen an E. T. A. Hoffmann (1837), Bamberg 1965

MAUL 2012 Michael Maul, »Dero berühmbter Chor«. Die Leipziger Thomasschule und ihre Kantoren 1212–1804, Leipzig 2012

MAUL 2015 Michael Maul, Musikstadt Leipzig in Bildern, 1. Band: Von den Anfängen bis ins 18. Jahrhundert, Leipzig 2015

MAUL 2015 (2) Michael Maul, «zwey ganzer Jahr die Music an Statt des Capellmeisters aufführen, und dirigiren müssen«: Überlegungen zu Bachs Amtsverständnis in den 1740er Jahren, in: Bachjahrbuch 101, Leipzig 2015

MEISSNER 1982 Günter Meißner, Architektur und Bildkunst des neuen Gewandhauses zu Leipzig, in: Bildende Kunst 4/82, Berlin 1982

METZGER / RIEHN 1980 Heinz-Klaus Metzger und Rainer Riehn (Hg.), Robert Schumann: Erinnerungen an Felix Mendelssohn-Bartholdy, in: Musik-Konzepte (14/15), München 1980

MICHAELIS 1805 Christian Friedrich Michaelis, Erinnerungen an Mozarts Aufenthalt zu Leipzig, in: Berliner Musikalische Zeitung, Berlin 1805

MIDDELL 1985 Eike Middell (Hg.), Richard Wagner – Mein Leben. Vollständige Ausgabe, Band 1, Leipzig 1985

MUNDUS 2015 Doris Mundus, Musikstadt Leipzig in Bildern, 2. Band: Das 19. Jahrhundert, Leipzig 2015

MÜNKLER 2013 Herfried Münkler, Der Große Krieg. Die Welt 1914 bis 1918, Hamburg 2013

NEUMANN 1993 Vaclav Neumann, 1968: Ende eines Abenteuers. Interview mit Björn Achenbach und Claudius Böhm, in: Gewandhausmagazin 3, Leipzig 1993

NIEMANN 1923 Walter Niemann, Aus dem Leipziger Musikleben, in: Zeitschrift für Musik (90), Leipzig 1923

ORTHEIL 1982 Hanns-Josef Ortheil (Hg.), Robert und Clara Schumann: Briefe einer Liebe, Königstein 1982

PREISSENDÖRFER 2015 Bruno Preißendörfer, Als Deutschland noch nicht Deutschland war, Köln 2015

RAMANN 2012 Lina Ramann, Franz Liszt als Künstler und Mensch, Band 2, Leipzig 1887

RAUHUT 2002 Michael Rauhut, Rock in der DDR: 1964 bis 1989, Bonn 2002

RIEMANN 1894 Hugo Riemann, Musiklexikon, Vierte vollständig umgearbeitete Auflage, Leipzig 1894

ROCHLITZ 1798 Johann Friedrich Rochlitz, Verbürgte Anekdoten aus Wolfgang Gottlieb Mozarts Leben, ein Beytrag zur richtigen Kenntnis dieses Mannes, als Mensch und Künstler, in: Allgemeine Musikalische Zeitung (1), Leipzig 1798

RÖHLIG 1989 Eginhard Röhlig, »Chorsänger werden doch genannt«, Zur Geschichte des Leipziger Opernchors, in: Leipziger Blätter (14), Leipzig 1989

SCHEBERA 1990 Jürgen Schebera, Gustav Brecher und die Leipziger Oper 1923–1933, Leipzig 1990

SCHERING 1941 Arnold Schering, Musikgeschichte Leipzigs in drei Bänden, Band 3: Das Zeitalter Johann Sebastian Bachs und Johann Adam Hillers (von 1723 bis 1800), Leipzig 1941

SCHMIDT 1999 Christian Martin Schmidt, Brahms Sinfonien. Ein Musikalischer Werkführer, München 1999

SCHUMANN 1835 Robert Schumann, Schwärmbrief an Chiara, in: Neue Zeitschrift für Musik (3), Leipzig 1835

SCHUMANN 1837 Robert Schumann, Fragmente aus Leipzig, in: Neue Zeitschrift für Musik (5), Leipzig 1837

SCHUMANN 1840 Robert Schumann, Mendelssohn's Orgelkonzert, in: Neue Zeitschrift für Musik (13), Leipzig 1840

SCHUMANN 1843 Robert Schumann, Die Einweihungsfeier von Bach's Denkmal in Leipzig, in: Neue Zeitschrift für Musik (18), Leipzig 1843

SCHUMANN 1853 Robert Schumann, Neue Bahnen, in: Neue Zeitschrift für Musik (39), Leipzig 1853

SCHWEBKE 2014 Hans-Jürgen Schwebke, Die Friedensbotschaft der 9. Sinfonie, in: Das Blättchen (17), Berlin 2014

SIEGELE 1999 Ulrich Siegele, Bach politisches Profil oder Wo bleibt die Musik, in: Konrad Küster (Hg.), Bachhandbuch, Kassel 1999

SÖHNEL 2004 Marion Söhnel, »Das Denkmal für den alten Sebastian Bach ist wunderhübsch geworden«. Felix Mendelssohn Bartholdys Wirken für ein Bach-Denkmal in Leipzig, in: Peter Wollny, Ein Denkstein für den alten Prachtkerl, Leipzig 2004

SOUSA 2006 Karin Sousa (Hg.), Robert Schumann: »Schlage nur eine Weltsaite an«, Briefe 1828–1855, Leipzig 2006

TELEMANN 1740 Georg Philipp Telemann, Autobiographie 1740, in: Johann Mattheson, Grundlage einer Ehren-Pforte, woran der Tüchtigsten Capellmeister, Componisten, Musikgelehrten, Tonkünstler etc. Leben, Wercke, Verdienste etc. erscheinen sollen. Zum fernern Ausbau angegeben von Mattheson, Hamburg 1740

TODD 2008 R. Larry Todd, Felix Mendelssohn Bartholdy. Sein Leben, seine Musik, Stuttgart 2008

UHRBACH 2020 Peter Uhrbach, Auch nach Leipzig gehört ein Stolperstein für Gustav Brecher, in: Leipziger Internet Zeitung v. 21. 5. 2020, https://www.l-iz.de/bildung/zeitreise/2020/05/Auch-nach-Leipzig-gehoert-ein-Stolperstein-fuer-Gustav-Brecher-332378

WAGNER 1843 Richard Wagner, Autobiographische Skizze, in: Zeitung für die elegante Welt (43), Leipzig 1843

WEINKAUF / GROSSE 1987 Bernd Weinkauf, Gerald Große, Gewandhaus zu Leipzig, 2 Variationen über ein Thema, Halle und Leipzig 1987

WOLFF 2000 Christoph Wolff, Johann Sebastian Bach, Frankfurt/Main 2000

WÜNSCHE 2017 Stephan Wünsche, »Ohne große Mittel zur vollkommensten Zufriedenheit«. 1817–1917, in: Hagen Kunze (Hg.), 200 Jahre Opernchor Leipzig, Altenburg 2017

WUSTMANN, GUSTAV 1895 Gustav Wustmann, Urkunden und Aktenstücke zur Geschichte des Leipziger Rats, in: ders, Quellen zur Geschichte Leipzigs. Veröffentlichungen aus dem Archiv und der Bibliothek der Stadt Leipzig, Band II, Leipzig 1895

WUSTMANN, RUDOLF 1909 Rudolf Wustmann, Musikgeschichte Leipzigs in drei Bänden, Erster Band: Bis zur Mitte des 17. Jahrhunderts, Leipzig 1909

REGISTER

Entdecken Sie die Musik aus dem »Gesang vom Leben«:
Hier geht es zur Spotify-Playlist.

IMPRESSUM

Bibliografische Information der Deutschen Nationalbibliothek: Die Deutsche Nationalbibliothek verzeichnet diese Publikation in der Deutschen Nationalbibliografie; detaillierte bibliografische Daten sind im Internet über http://dnb.dnb.de abrufbar.

ISBN 978-3-89487-811-5

Umschlaggestaltung: Lena Haubner, Weimar
Umschlagbild und Bilder auf den Seiten 10, 106, 210: Sighard Gille, Ausschnitt aus dem Deckengemälde »Gesang vom Leben« im Gewandhaus zu Leipzig,
Foto: © Carsten Humme und Gewandhaus zu Leipzig
Layout und Satz: Lena Haubner, Weimar
Lektorat: Sabine Melchert
Druck und Bindung: Multiprint GmbH
Printed in the EU

www.henschel-verlag.de